Über dieses Buch

Meyer Levins berühmter dokumentarischer Roman über ein Jahrhundertverbrechen – unvergessen in der Verfilmung mit Orson Welles – ist der Vorläufer von Truman Capotes Welterfolg »Kaltblütig« und Norman Mailers Bericht über den Doppelmörder Gary Gilmore, »Das Lied vom Henker«. Der engagierte Journalist Levin recherchiert ein ebenso wahnsinniges wie sinnloses Verbrechen, das Anfang der zwanziger Jahre Amerika erschütterte, die Entführung und Ermordung eines Kindes in Chicago durch zwei College-Studenten, dreißig Jahre nach dem Geschehen. Er rekonstruiert minutiös den Tathergang anhand von Prozeßprotokollen, Interviews mit Prozeßteilnehmern, Verwandten und Freunden der jungen Verbrecher und Gesprächen mit einem der beiden damals noch lebenden Mörder im Gefängnis. Meyer Levin geht es dabei nicht um die Wiederbelebung einer grausigen Sensation, sondern um die psychologische und soziale Erklärung einer Tat, in der sich im Wahn vom Übermenschen der ganze Hochmut und die ganze Hilflosigkeit einer haltlosen Jugend offenbaren. Er entwirft ein Psychogramm der Täter als Opfer ihrer aus den gesellschaftlichen Verhältnissen geborenen Zwangsvorstellungen – ein ebenso spannender wie erschütternder Tatsachenroman.

»Wenn ich davon schreibe, dann tue ich dies in der Hoffnung, jenes gräßliche Geschehen im Lichte der heute so viel größeren Kenntnis vom inneren Mechanismus solcher Verbrechen darzustellen und damit unser Wissen von den menschlichen Verhaltensweisen um einen weiteren Beitrag zu bereichern. Indem ich von einem wirklichen Vorfall ausgehe, folge ich einer großen Tradition, die durch Stendhals ›Rot und Schwarz‹, durch Dostojewskis ›Schuld und Sühne‹ und durch Dreisers ›Amerikanische Tragödie‹ vorgezeichnet ist.« (Meyer Levin)

Der Autor

Meyer Levin wurde 1905 in Chicago geboren. Er wandte sich nach Versuchen in der Malerei dem Journalismus zu, war Mitarbeiter und Herausgeber einer Reihe von Zeitschriften, Kriegsberichterstatter im Zweiten Weltkrieg und arbeitete zeitweilig in Hollywood. Seinen ersten Roman ›Reporter‹ veröffentlichte er 1929; es folgten zahlreiche weitere Bücher und Theaterstücke, u. a. der Roman ›Citizens‹ (1940), der ihm die Anerkennung Hemingways eintrug.

Meyer Levin lebt heute als freier Schriftsteller zeitweise in Israel, New York und Paris.

MEYER LEVIN

ZWANG
ROMAN

AUS DEM AMERIKANISCHEN
VON HERMANN UND MARGOT STIEHL

FISCHER TASCHENBUCH VERLAG

Fischer Taschenbuch Verlag
1.–40. Tausend: Mai 1961
Neuausgabe:
41.–55. Tausend: August 1980
Ungekürzte Ausgabe

Umschlagentwurf: Jan Buchholz/Reni Hinsch
Fotos: aus dem gleichnamigen Film
Fischer Taschenbuch Verlag GmbH, Frankfurt am Main
Lizenzausgabe mit freundlicher Genehmigung des Verlags Simon & Schuster
A Division of Gulf & Western Corporation, New York
Titel der Originalausgabe: ›Compulsion‹ © Meyer Levin 1956
Deutsche Ausgabe: © S. Fischer Verlag GmbH, Frankfurt am Main 1958
Gesamtherstellung: Hanseatische Druckanstalt GmbH, Hamburg
Printed in Germany
980-ISBN-3-596-22611-2

VORWORT

Der eine oder andere mag fragen, warum ich dieses grauenhafte Verbrechen nach mehr als dreißig Jahren wieder heraufbeschwöre. Sollte es nicht im Schoße der Zeit, die alle Wunden heilt, versunken und vergessen bleiben?
Allerdings – aus reiner Sensationslust käme ich nicht darauf zurück. Wenn ich davon schreibe, dann tue ich dies in der Hoffnung, jenes gräßliche Geschehen im Lichte der heute so viel größeren Kenntnis vom inneren Mechanismus solcher Verbrechen darzustellen und damit unser Wissen von den menschlichen Verhaltensweisen um einen weiteren Beitrag zu bereichern.
Indem ich von einem wirklichen Vorfall ausgehe, folge ich einer großen Tradition, die durch Stendhals *Rot und Schwarz*, durch Dostojewskis *Schuld und Sühne* und durch Dreisers *Amerikanische Tragödie* vorgezeichnet ist.
Gewisse Verbrechen scheinen schlagwortartig das Denken einer ganzen Ära zusammenzufassen. So mußte *Schuld und Sühne* aus der fieberhaften Seelenforschung im Rußland Dostojewskis hervorgehen und die *Amerikanische Tragödie* aus dem soziologischen Denken des Amerika zur Zeit Dreisers. In unserer Zeit nun ist der psychologische Gesichtspunkt in den Vordergrund getreten.
Wenn ich mich auf Vorkommnisse der Wirklichkeit stütze, sind deshalb auch meine Gestalten ›wirklich‹? Ich möchte es hier nicht mit den meisten modernen Romanschriftstellern halten, denen ohnehin niemand glaubt, daß alles ›völlig frei erfunden‹ sei. Ich folge Ereignissen, die bekannt sind. Einige Szenen sind jedoch erdachte Einschübe, und einige meiner Gestalten haben keinerlei Beziehung zu Personen, die in den vorliegenden Fall verwickelt waren. Man wird ein solches Vorgehen zur Technik des historischen Romans rechnen müssen. Ich glaube, man kann *Zwang* als zeitgenössischen historischen Roman oder als dokumentarischen Roman

bezeichnen und ihn somit vom sogenannten *Schlüsselroman* abgrenzen.

Obwohl die Handlung der Wirklichkeit entnommen ist, muß darauf hingewiesen werden, daß Gedanken und Empfindungen den Gestalten vom Autor beigelegt wurden, so wie dieser sie in Verbindung mit den tatsächlichen Geschehnissen für zwingend hielt. Aus diesem Grund habe ich nicht die Namen der in den Prozeß verwickelten Personen benutzt, wenn ich auch gelegentlich auf wörtliche Zitate zurückgegriffen habe, wie sie in der Presse wiedergegeben wurden. Das längste hiervon ist das Plädoyer des Verteidigers, und in diesem Falle möchte ich dem wirklichen Autor, Clarence Darrow, die literarische Anerkennung nicht versagen.

Während die Psychoanalyse Licht in manche Regionen bringt, die bisher im Dunkel blieben, ist uns allen das menschliche Verhalten seinem letzten Wesen nach noch immer ein Geheimnis. Die psychiatrischen Gutachten zu dem vorliegenden Fall waren verständnisvoll, fortschrittlich und in mancher Beziehung hervorragend, doch mag mit den Jahren eine noch umfassendere, noch tiefer in die Dinge eindringende Erklärung angezeigt sein. Ob meine Deutung nun in allen Einzelheiten zutrifft, kann ich unmöglich wissen. Aber ich hoffe, daß sie künstlerische Gültigkeit hat und daß sie zu einer besseren Anwendung des verfügbaren Wissens bei der abwägenden, einsichtsvollen Beurteilung menschlichen Fehlens beiträgt.

Ich gebe nichts auf die Redensart, die da behauptet, alles verstehen heiße alles verzeihen, aber gewiß geben wir alle der Heilung vor der Strafe den Vorzug.

ERSTES BUCH

Das Verbrechen des Jahrhunderts

Nichts hat je ein Ende. Ich hatte mir vorgestellt, meine Rolle in der Sache Paulie Kessler sei ausgespielt, und jetzt soll ich mit Jos Steiner sprechen, jetzt, nachdem er schon dreißig Jahre im Kerker verbracht hat. Ich hatte mir eingebildet, meine Beziehungen zu Jos Steiner seien endgültig abgebrochen, als der Prozeß vorüber war und man ihn und Artie Straus zu lebenslänglichem Zuchthaus und darüber hinaus noch zu einer Haftstrafe verurteilt hatte, die die durchschnittliche Lebensdauer des Menschen überschreitet – zu neunundneunzig Jahren. Und gleichsam um die beiden noch endgültiger aus der menschlichen Gesellschaft zu entfernen, um ihre Zelle mit noch mehr Mauern und Riegeln zu sichern, hatte der Richter empfohlen, sie für alle Zeit vom Begnadigungsverfahren auszuschließen.
Mauern und Riegel, Urteile und Verfügungen können aber nicht Menschen aus dem Gedächtnis verbannen, und Jos Steiner und Artie Straus sind mir nicht nur einfach als Namen im Gedächtnis haften geblieben, sondern sie haben darin fortgelebt, jene Wechselwirkung ausgeübt, die allem menschlichen Leben eigentümlich ist.
Über Jahre hinweg schienen sie friedlich in meinen Gedanken zu schlummern, als warteten sie geduldig auf den Tag, da ich mich wieder mit ihnen beschäftigen würde. Ja, ich mußte wohl eines Tages zu verstehen suchen, was sie damals zu ihrer Tat trieb. Und einmal, im Krieg, war mir plötzlich, als könnte ich sie verstehen. An jenem Tag, an jenem Kriegstag – von dem ich noch sprechen werde – standen die beiden in ihrer Zelle hinter den Mauern meiner Gedanken auf und nahmen Einfluß auf mein Tun, obwohl einer von ihnen schon lange tot war.
Das war das letzte Mal, und ich glaubte, ihrer endgültig ledig zu sein, da Artie nicht mehr lebte und Jos wohl schließlich, zu seinen neunundneunzig Jahren über den Tod hinaus verurteilt,

im Gefängnis sterben würde. Doch in diesen Tagen hat ein Gouverneur Jos Steiner zu einer Untersuchung zwecks Anwendung des Begnadigungsverfahrens zugelassen. Sein Fall soll noch einmal zur Sprache kommen.
An irgendeiner Stelle des weitverzweigten Apparats unserer Nachrichtendienste hat sich daraufhin ein Redakteur der besonderen Rolle erinnert, die ich damals in dieser Sache als Reporter spielte, und ihm kam sogleich der Gedanke, es müßte doch interessant für mich sein, Jos Steiner zu interviewen und meine Eindrücke hinsichtlich seiner Eignung zur Rückkehr in die menschliche Gesellschaft niederzuschreiben.
Nun ist dies ein außerordentlich verantwortungsvoller Auftrag, denn ich bin tatsächlich der einzige, der Jos Steiner noch mit der ganzen persönlichen Kenntnis des Falles gegenübertreten kann. Wir sind nicht etwa beide alte Männer, wir haben gerade erst das fünfzigste Lebensjahr überschritten, jenen Termin, von dem der Verteidiger seinerzeit im Hinblick auf eine mögliche spätere Begnadigung sprach, aber alle Personen, die an dem Prozeß mitwirkten – die Verteidiger, die Psychiater, die Staatsanwälte, der Richter –, alle waren damals auf dem Höhepunkt ihrer Laufbahn. Der große Jonathan Wilk war siebzig. Sie sind heute alle tot.
Ich bin ein noch existierendes Bindeglied zu dem wirklichen Geschehen. Was ich schreibe, wird sich möglicherweise auf Jos Steiners Chancen für seine Freilassung auswirken.
Wie kann ich eine derartige Verantwortung auf mich nehmen? Ist auch nur einer der bei dem Prozeß so heiß umstrittenen Fragenkomplexe – Schuld, Willensfreiheit und Handeln unter Zwang – inzwischen enträtselt? Wird menschliche Forschung überhaupt jemals eine Antwort darauf wissen? Wenn ich mich, ausgerüstet mit meinen Bruchstücken an Wissen und Erfahrung, des Falles jenes Mannes annehme, der hinter seinen Kerkermauern und in der Zelle meiner Gedanken gefangensitzt, wenn ich all meine Aufmerksamkeit aufbiete, um ihn zu verstehen, handle ich dann richtig oder trage ich nur zur Verwirrung bei?
Vieles, sehr vieles brachte die für ihre Zeit fortschrittliche Psychiatrie über die Persönlichkeit Jos' und Arties in Erfahrung. Die ungeheure Publizität zerrte jede Einzelheit ihres Lebens ans Licht. Und ich stand nun einmal, aus einem ganz persönlichen Grund, dem ganzen Fall sehr nahe. Ich identifizierte mich zum Teil mit Jos, so daß ich bisweilen das Gefühl

hatte, nicht nur in den Zusammenhang der Vorgänge hineinzusehen, die außerhalb meiner Gegenwart sich ereignet hatten, sondern sogar in seine, Jos', Gedanken selbst.
Wegen dieser Identifizierung fällt es mir manchmal schwer, mit Sicherheit zu sagen, wo meine eigene Vorstellung Lücken in den Unterlagen und in den persönlichen Enthüllungen ausfüllt. An manchen Stellen wird vielleicht die Frage auftauchen: Ist dies wahr, hat sich dies tatsächlich so zugetragen? Und da lautet meine Antwort, daß es so geschehen sein muß; es muß sich so zugetragen haben, wie ich es darstelle, oder doch in einer ganz ähnlichen Weise, denn sonst vermag ich mir überhaupt nichts zu erklären. Bei der letzten Analyse muß man, glaube ich, davon ausgehen, daß das, was ich berichte, für mich die Wahrheit ist. Denn besonders wo Gefühle im Spiel sind, gibt es keine fest umrissene Wirklichkeit; unsere Vorstellung von den Tatsachen muß immer durch ein Individuum Ausdruck finden, und dies nun ist die Wirklichkeit, wie sie durch mich Ausdruck gefunden hat.

1

Nichts hat je ein Ende, und wenn wir Glied um Glied die Kausalkette zurückverfolgen – nie kommen wir zu ihrem Anfang. Aber es gab einen Tag, an dem dieses Ereignis der Welt bekannt zu werden begann. An jenem Tag nahm Jos Steiner, der zu spät gekommen war, auf einer der hinteren Bänke im Hörsaal Platz, in dem McKinnon über die Entwicklung des Rechts las. Jos saß in seiner letzten Bankreihe eine Stufe über den Kommilitonen, und diese Erhöhung entsprach genau dem, was in ihm vorging: er dünkte sich allen überlegen.
Von gestern war noch ein bebendes Hochgefühl in ihm, so wie wenn man auf einem schwankenden Deck das Gleichgewicht hält. Nicht, daß er auch nur einen Augenblick lang in Gefahr gewesen wäre, die Selbstbeherrschung zu verlieren. Nein. Im Augenblick der Tat selbst hatte er ein klein wenig die Fassung verloren. Artie war großartig gewesen.
Jos wünschte nichts, als daß Artie jetzt bei ihm wäre, damit sie, mit halbem Ohr McKinnons Plattheiten lauschend, ein rasches Augenzwinkern hätten tauschen können.
McKinnon gab sich wieder einmal – die anderen hielten es wenigstens dafür – brillant. Er war bei einem seiner großen

Überblicke und stellte mit einer einzigen Handbewegung das ganze Gebäude des Rechts vor seine Zuhörerschaft hin.
Lag zwischen der primitiven hebräischen Vorstellung des ›Auge um Auge‹ – »ziemlich blutdürstig, diese semitischen Stämme«, bemerkte McKinnon trocken – und unserer heutigen Rechtsauffassung wirklich ein großer Fortschritt? Anstelle eines Auges forderte man jetzt dem Verbrecher den Gegenwert eines Auges, den Gegenwert eines Zahns, den Gegenwert eines Lebens ab. Und in manchen Fällen bestand der alte, primitive Kodex fort: ein Leben für ein Leben.
Viele der Kommilitonen machten sich Notizen, besonders die, die am nächsten Tag in die Aufnahmeprüfung für die Harvard Law School gingen. Auf dem Platz vor Jos schrieb Milt Lewis fieberhaft alles mit; die Haare standen ihm widerlich ab vom fleischigen, gebeugten Nacken.
Während der Professor sprach, eilte auch Jos' Feder geschäftig über das Blatt seines Notizheftes. Immer und immer wieder zeichnete er einen Falken. Der Falke schwebte mit geöffneten Krallen herab... Wo war Artie? Jos war an Arties Wohnung vorübergefahren und an dem Haus ihres Studentenklubs, und er hatte sich im Campus umgesehen. Danebengegangen war bestimmt nichts. Artie ließ ihn absichtlich auf heißen Kohlen sitzen... Jos zeichnete einen Geier. Die Seite füllte sich; er schlug sie um und zeichnete ein großes, kunstvoll ausgearbeitetes Kreuz mit einer entrollten Inschrift. Auf Sanskrit schrieb er »In Memoriam« hinein. Zu Füßen des Kreuzes setzte er in verschnörkelten gotischen Lettern seine Initialen: J.S.
Dann sah er zum Fenster hinaus. Vielleicht ging Artie vorbei. Jedenfalls tat Artie gut daran, wie ausgemacht, nach der Zehn-Uhr-Vorlesung aufzukreuzen. Sie hatten noch so ziemlich alles zu erledigen.
McKinnon machte gerade eine effektvolle Pause; er hatte das gesamte Gebäude des menschlichen Rechts hochgehoben und hielt es der Bewunderung seiner Zuhörerschaft entgegen – vielleicht weniger das Gebäude als sich selbst, den zweiten Atlas. Jos konnte der Versuchung, den ausgestreckten Arm ein wenig zu kitzeln, nicht widerstehen.
»Wenn wir einmal annehmen, daß das Recht sich auf den gewöhnlichen Menschen der Gesellschaft bezieht«, sagte Jos, »wie könnte es dann auf den Übermenschen Anwendung finden? Schon der Begriff ›Übermensch‹ bedeutet doch, daß er über der gewöhnlichen Masse stehen muß. Wenn er sich den

gewöhnlichen Gesetzen fügte, könnte er nie die Taten vollbringen, die vielleicht zum größten Nutzen für die Menschheit wären – ich will damit allerdings nicht den Nutzen der Menschheit als Kriterium verstanden wissen.«
McKinnon lächelte gönnerhaft. »Ich nehme an, Sie verstehen unter einem Übermenschen eine glanzvolle historische Gestalt wie etwa Napoleon.«
Jos wollte ihn unterbrechen und den Fall Napoleon zur Diskussion stellen, denn bewies Napoleons Ende nicht, daß er kein echter Übermensch war? Aber Milt Lewis, wie stets bestrebt, sich an anderer Leute Gedanken anzuhängen, sprang für McKinnon ein. »Haben sich nicht viele der amerikanischen Pioniere und Industriellen als über dem Gesetz stehend betrachtet?«
»Nicht so recht eigentlich«, sagte McKinnon. »Oft glaubte ein derartiger Tatenmensch, ein Eroberer oder ein Revolutionsführer, den Gesetzlosen das Gesetz zu bringen oder alte Gesetze neueren menschlichen Lebensformen anzupassen. Aber Sie werden immer feststellen, daß solche Menschen ihr Tun eher mit allen Mitteln gesetzmäßig zu rechtfertigen suchen als zu dekretieren, sie stünden über dem Gesetz.« Und in das Gesamtbild der Geschichte, so führte er weiter aus, fügten sich auch diese überragenden, herrischen Persönlichkeiten ein, denn die allgemeine Vorstellung von Gut und Böse, von Schuld und Sühne bilde mit der Gesellschaftsordnung ein organisches Ganzes und widersetze sich individualistischen Reformversuchen.
»Das ist übrigens ein passendes Beispiel – *Schuld und Sühne*«, sekundierte Milt Lewis eifrig, immer sogleich bereit, die Fahne nach dem Wind zu hängen. »Der Held hielt sich für eine Art Übermensch, und doch brach er zusammen und fügte sich dem Gesetz.«
»Aber das ist doch kein Übermensch!« rief Jos. »Der ist dem Begriff nach etwas ganz anderes!« Sei Raskolnikow etwa nicht letztlich ein sentimentaler Schwächling voll moralischen und religiösen Gefasels? Sei sein Verbrechen etwas anderes als ein kleinlicher Diebstahl aus größter Armut heraus? Wo bleibe da die Vorstellung vom Übermenschen? Raskolnikows Verbrechen sei einfach eine Gewalttat aus einem Beweggrund – er brauchte Geld. Er habe lediglich den Mord mit Vernunftgründen zu rechtfertigen versucht, indem er sich sagte, er brauchte das Geld dringender als die geizige alte Pfandleiherin. Um sich

über alltägliche Vorstellungen und Begriffe erheben zu können, müsse ein Verbrechen völlig ohne Zwang, ohne Not begangen werden, ohne eines der gefühlsmäßigen Motive wie Wollust, Haß, Begierde. Es müsse wie eine Kraft sein, die sich dem Zugriff der Gravitation entziehe. Dann erst werde es reine Handlung, die Handlung eines absolut freien Wesens – eines Übermenschen.
Zu schwerfällig, um diese Vorstellung zu erfassen, begannen alle darauf loszureden: Wie konnte es einen solchen Menschen geben?... Sie bekamen diesen Begriff des Übermenschen einfach nicht mit, er überstieg ihre Vorstellungskraft. Jos hätte ihnen beinahe ins Gesicht geschrien: »Seht Artie an! Seht mich an!« Statt dessen genoß er die Situation innerlich. Das war die wahre Wonne. Die Dinge von einer ganz anderen Stufe des Wissens her zu betrachten, aus einer vierten Dimension heraus, in die keiner von ihnen einzudringen vermochte.
»Nun, das ist eine ganz interessante Spekulation«, sagte McKinnon mit seinem schmallippigen Lächeln; die Stunde war um. »Wie Sie das auffassen, ist es ein reiner Begriff, ein wenig abstrakt. Aber bedenken Sie eines«, – er steuerte auf seinen zusammenfassenden Schlußsatz zu –, »eine Gesellschaft von Übermenschen würde zweifellos ihre eigenen Gesetze entwickeln.«
»Übergesetze!« sagte Milt Lewis dumpf.
Als Jos auf die Sleepy-Hollow-Wiese zuschritt, erblickte er Artie – er lag, auf den Ellenbogen gestützt, im Gras, inmitten einer Gruppe von Studentinnen. Myra war dabei und Dorothea, eine komische Neue, die eine Schwäche für Artie hatte...
Jos fühlte eine Welle des Neids in sich hochfluten, der fast schon Haß war. Er reckte den Arm vor und deutete auf seine Uhr. Artie rollte sich nur auf die andere Seite und klopfte mit der Hand einladend auf den Boden. Diese komische Dorothea las laut aus Cabbels *Jurgen* vor, und alle trugen sie ein wissendes Schmunzeln zur Schau; sie kicherten jedesmal, wenn ihre rosige Zunge bei einer Anspielung auf Jurgens harten »Stab« zögerte, im Genuß des Doppelsinns.
Es war einer jener Augenblicke, da Artie so strahlend göttlich, so vollkommen aussah, hingestreckt jetzt in seinem pastellblauen Pullover, so daß Jos das Verlangen ankam, ihn in Gegenwart der anderen ›Dorian‹ zu nennen. Aber wieder beherrschte er sich und sagte nur: »Hallo, Artie, wir haben nicht mehr viel Zeit.«

»Nicht mehr viel Zeit wozu?« fragte Dorothea dumm.
»Das möchtest du gern wissen, was?« rief Artie und richtete sich auf.
Jos konnte kaum ein Kichern unterdrücken. Wenn sie wüßten!
»Vergiß deinen Stab nicht!« bemerkte Dorothea dreist, indem sie den Blick langsam von ihrem Buch zu einem silbernen Drehbleistift wandern ließ, der aus Arties Jacke ins Gras gefallen war.
»Dachte, ihr Mädchen könntet so was vielleicht gebrauchen«, meinte Artie, so daß sie alle schockiert belustigt hochfuhren und sogar Myra lächelte. Dann ging Artie mit Jos zum Wagen. Aber diese dumme Dorothea sprang auf, glättete ihre rauschenden Plisseefalten und kam ihnen nachgeeilt und fragte, in welcher Richtung sie fahren wollten.
»Nur was für Männer.« Artie zeigte ihr sein verwirrendes Lächeln, und damit ließen sie sie stehen, ihr Buch an die Brust gedrückt.
»Lästiges Biest!« Artie zündete sich eine Zigarette an und atmete den Rauch aus. Jos fragte nicht, wie Artie sich fühle. In gewissem Sinn glichen sie zwei Ärzten und Forschern, die sich zu Versuchszwecken selbst ein neues Serum injiziert haben. In ihm hatte es vielleicht eine leise Beschleunigung des Lebensgefühls hervorgerufen, aber er vertrug es ganz gut, das wußte er. Artie merkte man nicht die geringste Wirkung an. Aber hatte Artie nicht auch schon früher ein- oder zweimal eine Dosis ausprobiert?
»Hast du die Briefe?« fragte Artie in seiner kurz angebundenen Art.
Jos klopfte mit der Hand auf die Tasche seines Sportsakkos. Er hatte den einen Brief in die linke, den anderen in die rechte Seite gesteckt, um jeden Irrtum auszuschließen. In der rechten Tasche war der Brief, der den Vater ihres Opfers aufforderte, in Hartmanns Drugstore auf einen Anruf zu warten. In der linken war der letzte Brief, aus dem er erfahren würde, wo er sich des Lösegeldes zu entledigen hatte. Ihre Aufgabe war es jetzt, die Schnitzeljagd vorzubereiten, die den Vater von einem Ort an den anderen führen sollte, während er die Briefe abholte.
Artie sagte ihm, er solle durch die Ellis Avenue fahren.
Das bedeutete nur den Umweg um einen Häuserblock. Jos wäre von allein nicht an diesem Haus vorübergefahren, er hätte eher einen weiten Bogen darum gemacht, aber gerade in solchen

kühn herausfordernden Ideen drückt sich Arties Überlegenheit aus.

Als sie sich der großen, gelben Backstein- und Fachwerkvilla näherten, lehnte sich Artie halb aus dem Wagen hinaus, um mehr sehen zu können. Ihr erster Brief, der Eilbrief, mit dem sie das Lösegeld verlangten, mußte inzwischen eingetroffen sein.

Die Straße machte einen ganz normalen Eindruck. Kein Mensch würde auf den Gedanken kommen, daß irgend jemanden in diesem Haus dort ein ungewöhnliches Ereignis getroffen hatte. Und so durchzuckte Jos die Vorstellung, daß vierdimensionales Handeln innerhalb des Raumes menschlichen Handelns abrollen könne, ohne Spuren zu hinterlassen.

Gerade als sie langsam weiterfuhren, bog die Kesslersche Limousine um die Ecke und glitt zur Einfahrt hinein. »Warte, warte!« rief Artie, aber Jos fuhr weiter und murmelte ein unterdrücktes »Wohl wahnsinnig geworden!«

Artie drehte sich auf seinem Sitz herum, um durch das Rückfenster sehen zu können. Mr. Kessler stieg eilig aus der Limousine – er hatte eine pralle Aktentasche unter dem Arm, wie Artie dem Gefährten begeistert mitteilte – und ihm folgte ein großer Mann mit vorgeneigtem Kopf. Artie erkannte ihn – der alte Richter Wagner. Wohl der Anwalt der Kesslers.

»Er war gerade auf der Bank und hat das Geld geholt!« Artie hopste herum und lachte und zwickte Jos ins Knie. »Er hat den alten Wagner bei sich. Ha, das habe ich dir ja noch gar nicht gesagt. Hat mir Ma heute morgen erzählt. Die zwei sind gestern abend in der ganzen Nachbarschaft herumgeschlichen und haben Paulie gesucht. Sie waren sogar auf unserem Tennisplatz – wollten wissen, ob der Kleine mit Billy gespielt hätte!« Billy war Arties kleiner Bruder und genauso alt wie der Junge, den sie entführt hatten. »Der alte Kessler und der alte Richter haben sogar Fathands Weismiller aus dem Bett geholt!« Das war der Turnlehrer an der Twain School. »Er mußte mit ihnen durch das ganze Gebäude ziehen. Ich glaube, Fats ist durchs Fenster gekrochen!« Artie lehnte sich zurück und lachte über diese Vorstellung. »Sie dachten, der Kleine sei vielleicht eingeschlossen worden, als er mal austreten war. Ich habe Ma gesagt, daß Paulie nach meiner Ansicht einfach von zu Hause fortgelaufen ist.«

Jos ärgerte es ein wenig, daß Artie nicht morgens gleich zu ihm gekommen war, um alle diese Neuigkeiten mit ihm gemeinsam

zu genießen.« »Ma war ziemlich aufgeregt heute morgen«, fuhr Artie fort. »Vor lauter Angst hätte sie ihren lieben kleinen Billy beinahe nicht in die Schule geschickt!«
Sie waren jetzt vor dem Haus der Steiners angelangt, einem reich verzierten Giebelbau in der Greenwood Street. Aber anstatt anzuhalten, fuhr Jos noch einen Häuserblock weiter zu der Stelle, an der sie am Abend zuvor nach der Tat den gemieteten Willys stehengelassen hatten.
»Jede Mama, die einen Knirps in der Twain hat, ist jetzt aus dem Häuschen.« Artie lachte.
Aber Jos versetzte diese Bemerkung in Unruhe. Zweifellos würden alle verängstigten Mütter die Kesslers anrufen. »Die Leitung wird dauernd besetzt sein«, meinte er.
Das war ein Umstand, den sie nicht bedacht hatten. Damit sie ihren zeitlich genau festgelegten Lösegeldplan durchführen konnten, mußte die Leitung der Kesslers für ihren Anruf frei sein. Sie hatten Charles Kessler in ihrem Eilbrief sogar angewiesen, das Telefon nicht zu benutzen.
»Ischkabibbel«, sagte Artie.
Jos haßte diesen Ausdruck. Nach seinem Wunsch hätte der Tag für sie beide ungetrübt, vollkommen sein sollen. Manchmal – sogar bei einem so gefährlichen Ding wie diesem hier – benahm sich Artie plötzlich, als wäre ihm alles gleich.
Aber als Jos hinter dem Willys hielt, blickte Artie in seiner nüchternen Art nach links und rechts die Straße entlang. Er war wieder mit von der Partie.
Sie näherten sich dem gemieteten Wagen. Er stand vor einem ganz alltäglichen Miethaus, denn dieser Block gehörte schon nicht mehr zum vornehmen Hyde-Park-Viertel. Wie anonym, wie restlos unschuldig der Wagen aussah. Befriedigung über die Richtigkeit ihres genau durchdachten Planes stieg in Jos hoch. Der Mietwagen und die gefälschten Personalien – das war eine meisterhafte Idee gewesen. Und ebenso wie dieser Wagen, diese metallene Schale, die ihre Tat von gestern umschloß, von der Tat in ihrer Wesenheit völlig unberührt geblieben war, ebenso waren sie selbst von der Tat nicht in Mitleidenschaft gezogen worden.
»Möchten Sie ans Steuer, Mr. Singer?« Jos gebrauchte den Decknamen und machte vor Artie eine Bitte-nach-Ihnen-Verbeugung, während er die Tür öffnete. Aber als er nach dem Griff faßte, bemerkte er einige kleine, dunkle Spritzer. Nein, die waren sicher von etwas anderem. Aber wenn nun

tatsächlich der Wagen entdeckt wurde und sich bei der chemischen Untersuchung herausstellte, daß die Spritzer...?
Sie waren gestern abend allzu oberflächlich vorgegangen, als sie den Wagen mit Hilfe von Arties Gartenschlauch gewaschen hatten.
Jos unterdrückte die leichte Übelkeit, die Blut immer in ihm hervorrief, und sah in den Wagen hinein. Vor dem Rücksitz waren auf dem Boden Flecken.
»Ach, das könnte alles mögliche sein«, meinte Artie. »Jeder Wagen ist schmutzig.«
»Sie sind aber so bräunlich.« Jos fühlte sich plötzlich sehr niedergedrückt.
»Schön, dann waschen wir sie eben raus!« Artie sprang auf den Fahrersitz und steuerte die Einfahrt des Steinerschen Hauses an. Jos zögerte zuerst; aber es war Mittag, und Emil war wohl zum Essen hinaufgegangen. Außerdem – was er machte, ging den Chauffeur ja nichts an.
Artie brachte den Wagen vor der Garagentür zum Stehen. Jos ließ den Blick über das Haus gleiten. Groß, schweigend, mit den fast an allen Fenstern zugezogenen Vorhängen – seit Jos' Mutter tot war, wollte es der Vater nicht anders haben – machte es einen unbewohnten Eindruck.
Artie hatte einen Eimer geholt und ließ Wasser hineinlaufen. Das Mädchen trat zur Tür hinaus und fragte, ob die Köchin für sie beide das Mittagessen richten sollte.
Jos kam sich beobachtet vor. »Wir haben noch zu tun«, sagte er, sich zu einem höflichen Ton zwingend. »Danke, aber lassen Sie nur. Wir holen uns nachher aus der Stadt ein Sandwich.«
»Ich stelle Ihnen auf jeden Fall etwas kaltes Huhn auf den Tisch.« Und sie lächelte jenes nachsichtige Lächeln der Frau, die besser weiß, was Männer wollen, als die Männer selbst.
Artie goß den Eimer Wasser über den Wagenboden vor dem Rücksitz. Jos nahm einen Lappen und begann die Spritzer um den Türgriff herum abzuwischen. Wie waren die nur dahingekommen? Das Bild von gestern, der Blutstrahl – die ganze gräßliche Szene drang für einen Augenblick auf ihn ein, doch er scheuchte sie gleich wieder fort. An ihre Stelle trat sofort ein Bild aus seiner frühen Kindheit: er sah einem Arzt zu, der eine Spritze in der Hand hielt und dem Arm seiner Mutter Blut entnehmen wollte, und da überkam ihn wie ein fernes Echo ein Schwindelgefühl. Jos schob diese Schwäche von sich, wischte

entschlossen alle Bilder fort. Er hatte sich vollkommen unter
Kontrolle, hatte seine Gefühle absolut in der Hand. Er hielt sich
den Kopf klar, schob einen Riegel vor.
Artie fluchte – die verdammten Flecken wollten nicht rausgehen –, und in diesem Augenblick kam Emil die Treppe zur
Garage herunter. Er kaute noch. »Kann ich euch Jungens was
helfen?« fragte er mit seinem vollen Mund.
»Nein, lassen Sie nur«, sagte Artie. »Wir machen gerade noch
einen geliehenen Wagen sauber.« Er streckte den Kopf aus dem
Fond des Wagens heraus. »Mensch, toller Betrieb gestern
abend! Wir haben die Kiste ganz schön zugerichtet!«
»Was nehmen Sie denn dazu? Nur blankes Wasser?« Emil kam
näher und sah ihnen zu. »Nehmen Sie doch einfach Gold
Dust.«
»Es sind Weinflecken«, erwiderte Artie. »Wir haben eine Flasche Rotwein verschüttet.« Er lachte.
Emil ging die Büchse mit Gold Dust holen. »Lassen Sie mich
das mal machen.«
»Nein, es ist ja schon gut«, fiel Jos ein. »Ist ja gar nicht mehr
schlimm. Lassen Sie sich durch uns nicht vom Mittagessen
abhalten.«
»Ach, das macht nichts«, meinte Emil. Aber dann schien der
schwerfällige Schwede doch den Wink zu verstehen; er begann, langsam wieder die Treppe hinaufzusteigen. Er blieb aber
noch einmal stehen und fragte, ob Jos' Stutz heute auch in
Ordnung sei, ob das Quietschen, über das sich Jos gestern beim
Verlassen der Garage beklagt habe, sich immer noch bemerkbar mache. »Ich habe nur ein paar Tropfen Petroleum auf die
Bremse gespritzt«, fügte er hinzu. »Nicht zuviel, nur ein paar
Tropfen.«
»Ist jetzt wieder in Ordnung, danke schön«, sagte Jos. Und
dann rief er Artie zu: »Los, fahren wir!«
Artie setzte sich ans Steuer und fuhr mit donnerndem Getöse
rückwärts auf die Straße hinaus. »Mensch, du hast noch nie
einen Wagen richtig rückwärts herausgebracht!« schimpfte
Jos. »Paß doch auf!«
Sie fuhren zur Vincennes Avenue. Als erste Station der Nachrichtenkette, die Paulie Kesslers Vater ablaufen sollte, hatten
sie sich ein unbebautes Stück Land ausgesucht an der Stelle, wo
die 39. Straße und die Vincennes zusammenstießen. An der
Kurve stand eine dunkelgrün gestrichene metallene Abfalltonne der Stadt Chikago. Auf der einen Seite las man in weißen

Schablonenbuchstaben die Aufforderung »Bürger, helft eure Stadt sauberhalten«.
Sie stiegen aus. Jos zog den einen Brief aus der Tasche. Es waren nur wenige Leute auf der Straße, und wer sie tatsächlich beobachtete, mußte annehmen, sie wollten irgendwelchen Abfall in die Tonne werfen.
Jos hob den Deckel hoch. Er hatte eine kleine Rolle Klebestreifen mitgebracht und versuchte nun, den Brief an die Unterseite des Deckels zu heften. Der Streifen wollte nicht kleben bleiben.
»Halt mal den verdammten Deckel!« fuhr er Artie an.
»Das Zeug hält nie«, kritisierte Artie. »Herrgott, daß man dich aber auch nichts allein machen lassen kann! Wo ist das Heftpflaster, die Rolle, die du da hattest?«
Es war eine Rolle, die Jos gestern aus dem Badezimmer mitgenommen hatte, um nach Arties Angaben die spitze Kante des Meißels zu umwickeln, damit man das hölzerne Ende als Keule benutzen konnte. »Du hast doch gesagt, ich soll die ganze Rolle nehmen, daß es auch richtig hält.«
»Idiot!«
»Wir können ja gleich welches kaufen. Wir haben ja noch Zeit.«
»Ach, Blödsinn!« schrie Artie. Er ließ den Deckel fallen und hätte um ein Haar Jos' Hand eingeklemmt. »Wir lassen diese Station einfach aus.«
»Wie erfährt er aber dann, wie er zur nächsten kommt?« fragte Jos zweifelnd.
»Wenn wir ihn zu Hause anrufen«, sagte Artie kurz angebunden, »schicken wir ihn eben nicht erst zu dieser Tonne, sondern gleich zu Hartmanns Drugstore, wo er auf weitere Nachricht warten soll. Genau das hätte er ja auch aus diesem blöden Brief erfahren.«
»Auf!« Artie war schon im Wagen. Er zerriß den Brief, der in der Tonne hätte des ›Jägers‹ harren sollen, und ließ einzelne Schnitzel davon auf die Straße fallen.
»Halt! Um Gottes willen!« Jos griff nach seinem Arm. Artie gab Gas, daß der Wagen einen Satz machte, und ließ die kleinen Papierfetzen einen nach dem anderen in den Fahrtwind gleiten und lachte aufreizend.
Er fuhr zur I.C. Station in der 12. Straße, dem Hauptbahnhof der Illinois-Central-Bahn. Dort mußte der andere Brief, der die endgültigen Anweisungen enthielt, an einem ganz bestimmten Zug an einer ganz bestimmten Stelle deponiert werden.

2

Vielleicht bin ich an jenem Morgen an Artie vorübergegangen, als er sich inmitten seines kleinen Harems von Studentinnen in Sleepy Hollow auf dem Rasen herumrekelte. Vielleicht habe ich ihm sogar zugewinkt und Myra Seligman zugelächelt, vielleicht habe ich einen Augenblick stehen bleiben wollen in der Hoffnung, sie näher kennenzulernen, obwohl ich damals schon mit Ruth befreundet war.

Ich sehe mich noch vor mir – achtzehn Jahre, eine Art Wunderknabe, mit meinen langen Handgelenken, die weit aus den Rockärmeln herausragten, immer im Sturmschritt über den Campus eilend, als hätte ich Angst, etwas zu versäumen, und mit meiner kleinen Schopenhauerausgabe in der Tasche, die mir immer gegen die Hüfte schlug, wenn ich so dahinstürzte.

Ich war achtzehn und bereitete mich schon auf mein Examen vor – ich hatte einen Sommerkursus mitgemacht, um früher fertig zu werden. Denn ich hatte es sehr eilig, das Leben kennenzulernen. Ich mußte herausfinden, wie ich es schaffte. Ich war schon so etwas wie Halbtagsreporter beim *Globe*; ich war für Universitätsneuigkeiten zuständig und eilte nachmittags in die Stadt und wartete in der Redaktion auf Aufträge.

Nach dem Examen wollte ich ganztägig für den *Globe* arbeiten. Ich wollte mich dann an der großen Welt versuchen. Und ich wollte auch versuchen zu schreiben.

An jenem Tag hatte ich den Stoff zu einer kleinen Story. Ich weiß noch, es ging um eine Laboratoriumsmaus, die der allgemeine Liebling geworden war und nun von niemandem mehr getötet werden konnte. Und als ich telefonierte, fragte der Stadtredakteur – und so etwas fragte er nur selten –: »Können Sie hierher kommen und das schreiben?«

Ich ließ die Zehn-Uhr-Vorlesung ausfallen und eilte – es war schon ein halber Dauerlauf – die fünf Häuserblocks zur I.C. Station in der Hoffnung, daß mich Bekannte sahen, wie ich mit einer Story in die Stadt sauste.

Ich hatte Glück. Ein Zug fuhr gerade ein, als ich den Bahnsteig erreichte, und in zwanzig Minuten war ich in der Redaktion. Ich setzte mich vor eine Schreibmaschine im Hintergrund des großen Nachrichtenraums, in der Nähe der Fenster, von denen aus man fast die Geleise der Hochbahn berühren konnte. Ich brachte meine Story selbst nach vorn, und als ich noch einen

Augenblick zögernd herumstand, sah Reese, der Stadtredakteur, von seinen Papieren auf und meinte: »Wieder ins Universitätsviertel?« Und ohne meine Antwort abzuwarten, wirbelte er einen Zettel von den Stadtmeldungen über den Tisch. »Kind ertrunken. Kannst ja mal hingehen.«
Die Zeitungen in Chikago benutzten für die üblichen Nachrichtenquellen wie etwa Polizeistationen gemeinsam die City News Agency.
Der Bericht stammte von der Polizeistation South Chicago. Die noch nicht identifizierte Leiche eines Jungen von schätzungsweise zwölf Jahren, Brillenträger, war im Hegewisch-Moor am Rand der Stadt gefunden worden. Der Junge mußte ertrunken sein.
»Sag am besten noch Daly Bescheid«, fügte Reese hinzu. Er blinzelte mich mit seinem säuerlichen Halblächeln an. »Schleicht gerade hinter einer Kindesentführung her. Kann sich zwar nicht um das gleiche Kind handeln, aber geh lieber mal hin.«
Tom Daly war für mich ein ›richtiger‹ Reporter; er wußte immer, an wen er sich zu wenden und wohin er zu gehen hatte. Außerdem hatte er einen Bruder bei der Kriminalabteilung, und somit gehörte er zu jenem engeren Kreis von Leuten, die für mich einfach ›sie‹ waren – die Großen, die wirklich an den Vorgängen teilhatten.
Ich entdeckte Daly in einer der Telefonzellen, die sich an der Wand aneinanderreihten. Er streckte das eine Bein durch die halb geöffnete Tür und tappte ununterbrochen mit dem Fuß auf, während er mit einem schwierigen Anruf beschäftigt war. Ich hörte eine Männerstimme – ein dünner Geräuschfaden drang aus Toms Hörer heraus zu mir hin –: »Nein, nein, ein ertrunkener Junge – das kann unser Paulie nicht sein. Wir haben gerade von ... von diesen Leuten Nachricht bekommen. Unserem Jungen ist bestimmt nichts zugestoßen.«
Tom unterbrach die Stimme. Welche Nachricht man denn erhalten habe. Und auf welche Weise.
»Bitte setzen Sie davon noch nichts in die Zeitung. Bitte, verstehen Sie? Ihr Redakteur hat uns sein Ehrenwort gegeben – Ihr Chef, Mr. Reese. Wir hoffen, daß in ein paar Stunden alles ausgestanden ist. Wir berichten Ihrem Blatt den ganzen Hergang, sowie wir unseren Jungen wiederhaben.« Die Stimme klang nicht eigentlich flehend; sie vermittelte noch einen Rest

Autorität. Ein reicher Mann. Millionär. Ein Selfmademan, der sich in der Gewalt hatte und mit einem unvorhergesehenen furchtbaren Ereignis fertig wurde. Tom versprach, nichts zu unternehmen, was für den Jungen von Nachteil sein könnte.
»Ich danke Ihnen. Sie tun uns damit in dieser schrecklichen Sache wirklich einen Gefallen. Aber dieser andere Junge, von dem Sie da sprachen – das kann nicht unser Paulie sein. Unser Junge lebt. Wir haben eine Nachricht erhalten. Außerdem trägt dieser Junge eine Brille, wie Sie sagen. Paulie trägt keine Brille.«
Tom wollte den Vater noch weiter ausquetschen und wies darauf hin, daß wir, auch wenn der *Globe* sich an sein Versprechen halten würde, unter Umständen doch von Nutzen sein könnten, wenn man uns inzwischen schon die letzten Informationen mitteilte. Er sah zu mir hin und sagte in das Telefon hinein: »Mr. Kessler, wir schicken einen Reporter los, der sich mal das Kind anschauen soll, das da in South Chicago ertrunken ist, und wenn wir dann noch zum Vergleich ein Foto von Ihrem Jungen bekommen könnten ... Ja, ich weiß, Sie sagten, er trägt keine Brille, aber es kann immerhin ein Irrtum vorliegen.«
Tom hatte ein rundes, rötliches Gesicht, so der Typ des sogenannten gutmütigen Iren. Er wich eben gerade der Frage aus, von welcher Seite er denn von der Entführung erfahren habe – »natürlich haben wir unsere eigenen Informationsquellen« –, und wollte herausbekommen, wie die Mutter die ganze Sache aufnahm. Dann versicherte er Mr. Kessler noch einmal unserer verständnisvollen Haltung und hängte ein. Ohne die Zelle zu verlassen, erzählte mir Tom alles, was er inzwischen erfahren hatte. Charles Kessler war ein Millionär von der South Side. Gestern abend war sein Sohn Paulie nicht von der Schule heimgekommen. Sie hatten überall nach ihm gesucht. Um zehn Uhr hatte jemand angerufen und gesagt, der Junge sei entführt worden, und man würde am nächsten Morgen Näheres erfahren. Heute morgen war dann ein Eilbrief eingetroffen, in dem zehntausend Dollar Lösegeld verlangt wurden. Die Polizei hatte bis jetzt mit der Sache nichts zu tun. Das Kriminalbüro war lediglich von dem Anwalt der Familie Kessler, dem Richter a. D. Wagner, davon unterrichtet worden. Kessler glaubte offenbar fest, daß sein Junge am Leben war. »Aber du schaust da besser mal nach«, schloß Tom.

»Wie soll ich aber wissen, ob er es ist?« fragte ich.
Tom zuckte mit den Schultern. Ich sollte ihn anrufen und eine Personalbeschreibung durchgeben.

So begann also die Geschichte mit einem alltäglichen Polizeibericht über die Auffindung eines ertrunkenen Jungen im Hegewisch-Moor und dem inoffiziellen Hinweis auf einen Fall von Kindesentführung. Auf dem Tisch des Stadtredakteurs begegneten sich die beiden Meldungen – sie gehörten zu den üblichen Schlagzeilen – Kind entführt, Lösegeld, noch nicht identifizierte Leiche eines Jungen.
Ich eilte zurück zur I.C. Station. Ob andere Reporter auch hinkommen würden? Ob vielleicht schon welche da waren? Die Angst, ein anderes Blatt könnte uns mit der Erstmeldung zuvorkommen – eine Angst, die damals im Pressewesen wohl mehr zu Hause war als heute –, ließ mich fest die Zähne aufeinanderbeißen.
Der Zug fuhr an der Universität vorbei hinaus in die Randgebiete der Stadt, wo sich Chikago in Sümpfe und Teiche auflöste, zwischen denen sich Öltanks und Stahlwerke angesiedelt hatten.
Die Polizeistation lag in einem Viertel, das durch kleine Ladengeschäfte und breite Nebenstraßen mit Holzhäusern gekennzeichnet war, in denen polnische Fabrikarbeiter wohnten. Ruß hing in der Luft; nach Gary zu sah ich hier und da Flammenzungen aus den Schornsteinen schlagen.
In der Polizeistation beruhigte mich schon der erste Blick: es waren keine Reporter da. Ich setzte das gleichgültige Gesicht des abgebrühten Zeitungsmannes auf. »Hallo, Sergeant, ich bin vom *Globe*. Haben Sie die Kindesleiche vom Hegewisch-Moor hier?«
Der Polizist blickte mich einen Augenblick an, ohne Antwort zu geben.
»Ich will mir den Jungen mal ansehen –«
»Bestattungsinstitut Swaboda«, sagte er und gab mir die Adresse. Es war ganz in der Nähe, ein gewöhnlicher Laden mit einem großen Gummibaum im Fenster. Innen die übliche Einrichtung – Rollpult, Ledersessel, an der Wand Christus in Öldruck. Und keine Menschenseele.
Ich öffnete die hintere Tür. Ein Raum mit Zementfußboden, in dem es wie in einer Garage roch. Niemand zu sehen. Ein überdeckter Zinktisch.

Das Tuch wölbte sich kaum. Ein Kind nimmt nicht viel Raum ein.
Ich trat näher und zog, mit dem Gefühl, ein eiskalter Reporter zu sein, das Tuch zurück. Denn ich hatte tatsächlich noch nie einen toten Menschen erblickt.
»He, Sie da!«
Ich zuckte zusammen. Noch ein Reporter?
In der Tür stand ein beleibter Mann in einem braunen Anzug. Ich fragte hastig: »Sind Sie der Leichenbestatter? Ich bin vom *Globe*. Die Tür stand offen, und da bin ich ... Auf der Polizei hat man mir gesagt, Sie hätten die Leiche hier ...«
Mr. Swaboda trat stirnrunzelnd, aber nicht ärgerlich, näher.
»Schon andere Reporter dagewesen?« fragte ich.
»Oh, Sie sind von der Presse.«
»Hat schon jemand den Jungen identifiziert? Wissen Sie, wer er ist?«
Er schüttelte den Kopf. »Vielleicht wissen Sie es? Steht es schon in der Zeitung?«
»Wir haben nur eine Meldung von einem ertrunkenen Jungen.«
Wieder schüttelte Swaboda den Kopf. Ein Glanz vielsagenden Besserwissens stahl sich in seine Augen. »Er ist nicht ertrunken.« Er deutete auf den Kopf des Jungen und trat dabei näher heran. »Das hat nicht mal der Polizeibeamte gesehen. Das muß man denen erst zeigen.« Der Leichenbestatter strich eine Haarlocke zurück und legte zwei kleine Schnittwunden oberhalb der Stirn frei, die mit geronnenem Blut ausgefüllt waren.
Die Sensationszeile tauchte vor meinem geistigen Auge auf – *Millionärssohn entführt und ermordet!* Und dieses Mal überkam mich ganz bestimmt eine Art Hochgefühl.
»Kann ich bei Ihnen mal telefonieren? Ich muß meine Zeitung anrufen.«
»Bitte.« Er folgte mir zu dem Rollpult. »Kennen Sie die Familie des Jungen?«
Er mochte mich um meine Story bringen. Ich hätte von irgendwo draußen telefonieren sollen. Während ich noch zögerte, erblickte ich auf dem Tisch eine Brille. Schildpatteinfassung. Ich hob sie auf. »Er soll eine Brille getragen haben. Ist das vielleicht diese hier?«
Der Leichenbestatter nahm mir die Brille aus der Hand und lächelte abermals. »Seine Brille ist das nicht.« Er ging ins Hinterzimmer; ich folgte ihm nach. Swaboda setzte dem klei-

nen Toten die Brille auf und blickte mich triumphierend an. Ich sah, daß die Brille überhaupt nicht paßte; die Bügel waren viel zu lang. »Die Polizei hat ihm die Brille aufgesetzt«, sagte er, »und ich habe sie ihm wieder abgenommen.«
Ich stürzte zum Telefon und bekam Tom Daly an den Apparat.
»Er ist es!« sagte ich.
»Hat man ihn identifiziert?«
»Nein, aber ich habe ihn mir genau angesehen und so eine dunkle Ahnung bekommen.«
Aus seiner Stimme schwand die Erregung. »Jetzt hör mal zu, Junge: erzähle mir nur das, was du hundertprozentig weißt.«
»Zunächst einmal handelt es sich um einen jüdischen Jungen«, erwiderte ich. »Jedenfalls ist er beschnitten.«
Aus seinem nur einen Sekundenbruchteil dauernden Zögern fühlte ich den leisen Schock heraus, den man immer empfindet, wenn irgend etwas Jüdisches im Spiel ist.
»Und was ist mit seiner Brille? Kessler hat doch gesagt, sein Junge trägt keine.«
»Die Brille hier paßt ihm gar nicht. Hör zu. Die Brille muß dem Mörder gehören. Er muß sie dabei verloren haben. Und hör zu – er hat Stich- oder Hiebwunden am Kopf –«
»Augenblick! Augenblick!« Ich hörte, wie er Reese meine Neuigkeiten zubrüllte. Dann sagte er: »Bleib dort. Ich rufe gleich die Kesslers an; die sollen ihn identifizieren.«
Man hat sogar nachher gemeint, die Mörder wären vielleicht überhaupt nicht gefaßt worden, wenn ich mir damals nicht die Leiche angesehen hätte. Ich kann mir das nicht als Verdienst anrechnen. Und die Entdeckung der Leiche selbst ist schließlich dem Stahlarbeiter zu verdanken, der über das unbebaute Gelände ging und zufällig im Gestrüpp etwas Weißes leuchten sah – den Fuß des toten Jungen.
Es sollte darüber noch viel moralisiert werden; die Vorsehung wurde zitiert. Ich glaube, ich bin über die zynische Einstellung der zwanziger Jahre hinausgewachsen; ich würde heute nicht mehr behaupten, daß alles Sein und Geschehen das rein zufällige Ergebnis eines blinden Antriebs sei.
Auf jeden Fall ging Peter Wrotzlaw, ein Stahlarbeiter, an jenem Morgen nicht auf dem Wege zur Arbeit, den er sonst immer einschlug, weil er seine reparierte Uhr abholen wollte. An der 118. Straße war ein morastiges Gelände, ein Teich mit

einem Wasserabflußrohr unter einem Bahndamm hindurch. Wrotzlaw stieg den Bahndamm hinauf, um den Teich zu überqueren, und dabei sah er den weißen Fleck in der Öffnung des Abflußrohrs.
Gerade in dem Augenblick fuhr oben auf den Schienen eine Lore vorüber. Wrotzlaw schrie hinauf. Die beiden Eisenbahner brachten ihre Lore zum Stehen und kamen herunter. Einer von ihnen sprach polnisch.
»Da, seht mal her«, sagte Wrotzlaw. »Ich habe da gerade eben etwas Weißes gesehen. Und das hier habe ich gefunden!«
Die Eisenbahner hatten hohe Stiefel an. Der eine, der polnisch sprach, stieg ins Wasser; es ging ihm gerade bis an die Knie. Er packte zu, zog die Leiche des Jungen aus dem Rohr und trug sie ans Ufer, wo er sie niederlegte, das Gesicht dem grauen, dunstigen Morgenhimmel zugekehrt. »Ertrunken. Armer Kerl.«
Wie konnte der Junge in das Abflußrohr geraten sein? Vielleicht aus Leichtsinn: Kinder hatten Durch-das-Rohr-Kriechen gespielt. Und das eine hier war darin steckengeblieben und ertrunken.
Ein Kind von irgend jemand. Schlimm. »Hast du den schon mal hier in der Gegend gesehen?«
Die beiden Eisenbahner hoben die Leiche auf und trugen sie zu ihrer Lore. Aber dann fragten sie: »Wo sind denn seine Kleider?«
Wrotzlaw durchsuchte das Gebüsch. »Da!« Er griff nach der Brille, die dort glänzte, und setzte sie dem Toten auf. Er suchte noch weiter in dem zertrampelten Gras. »Strumpf.«
Er hielt ihn hoch – ein langer Kinderstrumpf, ein guter, ganz neuer Strumpf; keiner von den Strümpfen mit Stopflöchern an den Knien, wie sie die Kinder aus der Nachbarschaft trugen.
Aber das war auch das einzig auffindbare Kleidungsstück. »Vielleicht haben andere Kinder Angst bekommen und sind fortgelaufen und haben alles mitgenommen.« Die Eisenbahner forderten nun Wrotzlaw auf, mit ihnen zu kommen; sie wollten die Leiche zum Rangierbahnhof bringen. Da käme er ja zu spät zur Arbeit, meinte er, aber der andere Pole ließ nicht locker.
An der Verladerampe gab es eine Menschenansammlung. Der Vorsteher rief die Polizei an. Ein Streifenwagen fuhr die Leiche fort. »Unbekannter Junge, ertrunken«, lautete der Vermerk, und dann verständigte man das Bestattungsinstitut Swaboda.

Tom Daly rief Kessler an. Fast ehe Tom noch das Klingelzeichen hörte, wurde der Hörer abgenommen. »Ja? Ja?«
»Hier ist der *Globe*.«
»Bitte! Wir erwarten eine wichtige Nachricht. Bitte rufen Sie unsere Nummer jetzt nicht an. Bitte halten Sie jetzt unsere Leitung frei.«
»Aber unser Reporter glaubt, daß er Ihren Jungen gefunden hat, Mr. Kessler.«

Charles Kessler hatte neben dem Telefonapparat gesessen und auf den Anruf gewartet, der dem Eilbrief zufolge kommen sollte. Er stammte aus kleinen Verhältnissen und legte stets großen Wert auf sauberes, korrektes Aussehen. Wie er jetzt so in seinem soliden Haus mit seiner soliden Einrichtung saß, schien es ganz unmöglich zu sein, daß ihn ein Fall von Kindesentführung betroffen haben könnte.
Er hatte immer mit jedermann auf Heller und Pfennig abgerechnet, wie es seine Ordnung hatte. Sogar vor Jahren schon, als Pfandleiher noch, war er stolz darauf gewesen, daß er im Ruf der Ehrbarkeit und Korrektheit stand – fünfundneunzig Cents auf den Dollar. In Chikagos schrankenlosen Tagen, als es im Zentrum von eleganten Spielsalons wimmelte, hatte er sein vornehmes kleines Pfandbüro bis tief in die Nacht hinein offengehalten, um den ersten Fleisch- und Weizenkönigen zu Diensten zu sein, die ihre diamantenen Manschettenknöpfe versetzten, weil sie die angefangene Partie nicht unterbrechen wollten. Vor nunmehr dreißig Jahren hatte er dieses Geschäft aufgegeben und war Grundstücksmakler geworden – konnte dieses Verbrechen wirklich ein aus langgenährtem Haß geborener wahnsinniger Akt der Vergeltung für irgendein eingebildetes Unrecht sein?
Wie sollte ein Mann, der gewohnt war, in aller Korrektheit mit Hypothekenscheinen und Schuldverschreibungen umzugehen, sich zu einer Lösegeldforderung stellen? Und er *wollte* sich ihr gerade stellen, wollte ihr nicht ausweichen, wollte kein Risiko eingehen. Der Brief lag dort auf dem Mahagonitisch, auseinandergefaltet. Er teilte mit, daß die Leitung freizuhalten sei – es würde ein Anruf kommen.
Der Brief selbst bewies, daß die Entführung Wirklichkeit war und kein verrückter Streich, wie er noch gehofft hatte, als sie gestern abend nach der Durchsuchung der Schule zurückgekommen waren – er und Richter Wagner – und seine Frau wie

betäubt neben dem Telefon hatten sitzen sehen. »Jemand – ein Mann – entführt, hat er gesagt. Nähere Anweisungen morgen früh. Er hat auch einen Namen genannt. Ich weiß nicht mehr – einen Namen...«
Ein übler Streich? Paulie war nicht der Junge, der seinen Eltern solche Streiche spielte. Vielleicht einer von seinen Klassenkameraden? Oder sollte man doch lieber die Polizei benachrichtigen?
Richter Wagner, ein kluger Mann, ein Mann mit Verbindungen, riet zur Geduld. Ein Großalarm könne für Paulie von Nachteil sein – wenn es sich tatsächlich um eine Entführung handelte. Und dann hatten sie die ganze lange Nacht hindurch versucht, einflußreiche Leute an den Apparat zu bekommen – den Chef der Kriminalabteilung, den Bürgermeister, den Staatsanwalt.
Und heute in der Frühe war Kessler auf das Läuten persönlich zur Tür geeilt. Ein Eilbrief. Von einem gewissen Harold Williams. Zwecklos, sich an diesen Namen erinnern zu wollen, der sicher nur erfunden war. »Aber warum trifft das gerade mich?« Immer wieder stellte Kessler im Laufe des Morgens seinem Freund Wagner und seinem Bruder Jonas diese Frage. »Warum gerade mich? Ich habe nie einem Menschen etwas zuleide getan. Warum gerade mich?« Und er fragte weiter: »Wer ist zu so etwas fähig? Wer? Einem anständigen ehrlichen Mann das anzutun, einer armen unschuldigen Mutter...«
Dort lag der Brief. Er war mit der Maschine geschrieben:

Sehr geehrter Herr,
wie Sie inzwischen zweifellos wissen, ist Ihr Sohn entführt worden. Erlauben Sie uns die Versicherung, daß er zur Zeit bei bester Gesundheit ist. Sie brauchen für sein Wohlergehen keine Befürchtung zu hegen, wenn Sie sich genau an die folgenden sowie bei späterer Gelegenheit noch an Sie ergehenden Anweisungen halten. Sollten Sie von diesen jedoch auch nur geringfügig abweichen, wird das seinen Tod zur Folge haben.
1. Machen Sie aus naheliegenden Gründen keinesfalls den Versuch, mit der Polizei oder einem Detektiv in Verbindung zu treten. Sollten Sie die Polizei schon verständigt haben, so lassen Sie sie ihre Nachforschungen weiterführen, aber erwähnen Sie nichts von diesem Brief.
2. Beschaffen Sie sich noch vor heute mittag zehntausend

Dollar ($ 10000,–). Dieser Betrag darf nur aus *gebrauchten Scheinen* zusammengesetzt sein, und zwar aus
    $ 2000,– in Zwanzig-Dollar-Scheinen und
    $ 8000,– in Fünfzig-Dollar-Scheinen.
Es müssen gebrauchte Scheine sein. Jeder Versuch, neue oder irgendwie gekennzeichnete Scheine beizufügen, macht die gesamten Abmachungen hinfällig.
3. Das Geld muß in eine Zigarrenkiste oder, falls dies nicht möglich, in einen *schweren* Pappkarton gelegt, das Ganze *fest* verschlossen und in weißes Papier eingewickelt werden. Das Einwickelpapier ist an allen offenen Rändern mit Siegellack zu versiegeln.
4. Halten Sie das nach dieser Vorschrift verpackte Geld griffbereit und verlassen Sie nach 13 Uhr nicht mehr das Haus. Sorgen Sie dafür, daß die Telefonleitung nicht besetzt ist.
Sie werden noch einen Anruf erhalten, der Ihnen weitere Anweisungen gibt.
Noch eine letzte Warnung: Es ist dies ein rein geschäftlicher Vorschlag, und wir werden unsere Drohung auf der Stelle wahrmachen, falls wir Grund zu der Annahme haben sollten, daß Sie gegen die obigen Anweisungen verstoßen haben. Wenn Sie sich jedoch genau an unsere Vorschriften halten, können wir Ihnen versichern, daß Ihr Sohn Ihnen spätestens sechs Stunden nach Erhalt des Geldes übergeben wird.
                    Mit vorzüglicher Hochachtung!
                    Harold Williams

Charles Kessler war gleich nach Schalteröffnung zur Bank geeilt und hatte gebeten, die Scheine nicht zu notieren; er wollte ganz sicher gehen. Was waren zehntausend Dollar für ein Menschenleben, für das Leben seines Kindes! Dann war kein Siegellack im Haus gewesen, und er hätte beinahe Martin, Paulies älteren Bruder, in den Papierladen geschickt, hatte sich aber noch rechtzeitig eines Besseren besonnen und Martin und die kleine Adele von dem Chauffeur zu seinem Bruder Jonas bringen lassen. Vielleicht waren sie dort sicherer. Und dann war er selbst fortgerannt und hatte den Siegellack geholt.
Ein Uhr. Jetzt konnte jeden Augenblick der Anruf kommen. Jonas wartete neben ihm, Richter Wagner wartete neben ihm. Die arme Martha war oben; der Arzt hatte ihr ein Beruhigungsmittel gegeben.

Auf dem Tisch, in weißes Papier eingewickelt, versiegelt – die Zigarrenkiste.
Und jetzt kam dieser Anruf von der Zeitung. Paulie sollte bereits tot sein. Wie konnte der Junge aber tot sein, wo doch in dem Brief stand, er sei gesund und unverletzt?
Richter Wagner ergriff den Hörer. Er flehte. »Bitte, haben Sie doch Verständnis für unsere Lage. Rufen Sie jetzt nicht an...«
Aber der Mann von der Zeitung gab sich nicht zufrieden. Es spreche vieles dafür, daß der tote Junge mit Paulie identisch sei. Es handle sich ganz offensichtlich um einen jüdischen Jungen.
»Aha«, sagte da der Richter. Er notierte sich die Adresse des Bestattungsinstitutes.

3

Um diese Zeit saß Jos auf einer Bank im Wartesaal der rußgeschwärzten alten I.C. Station. Ein barhäuptiger Collegestudent, aufgeweckt, mit leuchtenden dunklen Augen. Mit der einen Hand hielt er in der Jackentasche den Brief mit den letzten Anweisungen. Er hatte gerade die Worte *Mr. Charles Kessler, persönlich* darauf geschrieben. Jetzt ließ er den Blick nicht von Artie, der am Fahrkartenschalter stand. Artie nahm jetzt gleich von ihm den Brief in Empfang. Und dann stieg Artie in den Zug nach Michigan und deponierte nur den Brief in dem Kasten mit den Telegrammformularen im letzten Wagen. Dann verließ Artie den Zug wieder. Darauf riefen sie Kessler an und sagten ihm nur die Adresse des Drugstores in der Nähe des Bahnhofs 63. Straße. Kessler würde gerade genug Zeit haben, um sich in den Drugstore zu begeben und dort ihren zweiten Anruf entgegenzunehmen, bei dem er dann erfuhr, daß er an der 63. Straße in diesen Zug hier einzusteigen und in dem Kasten mit den Telegrammformularen im letzten Wagen nachzusehen hatte.
Ihrer Berechnung nach mußte er gerade noch Zeit haben, rasch einzusteigen, den Brief aus dem Kasten zu holen, die Anweisungen durchzulesen und dann auf die hintere Plattform zu treten, um auf der rechten Seite der Strecke nach einem großen Gebäude Ausschau zu halten, an dessen freier Mauerwand *Champion Manufacturing* geschrieben stand. Wenn der Zug

an diesem Gebäude – es lag in der Nähe der 75. Straße – vorbeifuhr, hatte der Vater das Paket mit dem Lösegeld auf das Fabrikgelände hinüberzuschleudern. Jos und Artie warteten dann inzwischen schon an der Stelle, wo das Paket ungefähr zu Boden fallen mußte.
Daß das Paket aus dem fahrenden Zug geworfen werden sollte, war Arties Idee gewesen. Jos hatte dem Freund gratuliert, während er sich im stillen die Frage vorlegte, ob Artie das Ganze wohl aus einem seiner Kriminalschmöker hatte.
Als damit das Hauptproblem gelöst und der absolut sichere Mechanismus gefunden war, konnte es Artie nicht mehr abwarten. »Los, tun wir's doch. Tun wir's doch schon.« Aber Jos hatte gesagt, die Tat müsse restlos durchgeplant werden, um vollkommen sein zu können; sie müßten zuerst den richtigen Zug aussuchen; und sie müßten es einmal auf Probe machen.
Zusammen waren sie zu dieser Station hier gefahren und hatten sich unter den Nachmittagszügen, die nicht von übermäßig vielen Reisenden benutzt wurden, für einen Kurzstreckenzug entschieden, der nur bis Michigan City fuhr, um die Möglichkeit, daß jemand sich der Telegrammformulare bediente und dabei den Brief entdeckte, so gut wie auszuschließen. Und sie hatten eine Testfahrt mit diesem Zug gemacht, sie hatten nebeneinander gesessen – Artie am Fenster und er dicht an ihn gedrängt –, um sich die Strecke genau anzusehen und die richtige Stelle für den Abwurf auszuwählen. Und jetzt saß man hier im Bahnhof und sah Artie zu, der so ungezwungen lächeln konnte und sich zu dem Schalterfenster hinabbeugte, und man wußte, warum. Und nur sie beide wußten das! Man konnte durchs Leben schreiten und sich in außergewöhnliche Taten teilen, die allen diesen kleinen Leuten verborgen blieben, und man war auf ewig fest miteinander verhaftet durch die gemeinsame Tat und das Wissen darum!
Die Probefahrt mit dem genau den Bedingungen nachgebildeten Paket, um zu sehen, wo es auftraf, wenn man es aus dem fahrenden Zug warf... Vor ein paar Wochen erst... Sie standen gemeinsam auf der Plattform und sahen das Paket auf einem Seitenweg neben jener Fabrik zu Boden fallen... Und dann Arties begeisterter Ausruf: »Mensch, das klappt prima! Auf, gleich am Montag drehen wir das Ding!« Und er hatte Artie gesagt, sie müßten noch warten. Wußten sie denn auch, ob sie das Paket unten ungehindert an sich bringen könnten?

Wer sagte denn, daß auf dem Weg bei der Fabrik auch die Luft rein war?
»Herrje, es gibt doch immer wieder Leute, die was aus dem Zug werfen.«
Artie hatte sich jedoch mit einem weiteren Aufschub, einem weiteren Testversuch einverstanden erklärt.
Jos hatte sich auf dem Seitenweg aufgestellt, neben der Fabrik mit der fensterlosen Mauerwand. Um alles wirklichkeitsgetreu auszuführen, hatte er seinen Wagen in nur etwa sechzig Meter Entfernung mit laufendem Motor stehenlassen. Und dann kam der Augenblick, als er den Zug sah und Artie, der auf die hintere Plattform hinaustrat und zuerst seine Zigarette fortschnickte und ihm darauf das Paket zuwarf. Es rollte den Damm hinunter, ihm bis fast vor die Füße. In wenigen Minuten saß er im Wagen und traf sich an der nächsten Station mit Artie. Und doch war er noch immer für eine Verschiebung des Zeitpunkts der Tat gewesen. »Vielleicht ist das noch nicht die richtige Stelle. Von der Straße aus kann mich jemand gesehen haben.«
Und Artie hatte getobt. »Jetzt haben wir schon fast Sommer, du Idiot! Wenn du so weitermachst, kommen wir nie dazu!«
Jos fragte sich, jetzt, in diesem Augenblick, ob er im Unterbewußtsein die Tat vielleicht wirklich nicht hatte geschehen lassen wollen. Ob er die Sache durch diesen oder jenen Einwand hatte hinauszögern wollen, bis der Tag seiner Abreise nach Europa kam. Und Jos schämte sich ein wenig seines früheren Zögerns. Denn alles klappte wunderbar. Da, jetzt kam Artie vom Fahrkartenschalter her auf ihn zu, das ungezwungene Lächeln auf den Lippen, das nur sie beide zu deuten verstanden. Wie immer fühlte sich Jos durch Arties Lächeln in festliche Stimmung versetzt. Durch diese natürliche Sorglosigkeit, die um ihn war, seine flotte Leichtigkeit jetzt in dem Jackett mit der Rückenschnalle, einfach durch die zwanglose Art, zu der er, Jos, sich nie würde durchringen können.
Artie eilte an ihm vorbei wie an einem völlig fremden Menschen. (Bahnhöfe wimmeln von Detektiven; man fällt am besten gar nicht auf.) Jos erhob sich, trat zu dem Zeitungsstand und streifte Artie, wobei ihn wie immer der Kontaktstrom durchrieselte. Aber da hatte er Artie schon den Brief zugeschmuggelt, und jetzt sah er dem Freund nach, der sich an der Sperre seine Fahrkarte lochen ließ.
Jos setzte sich wieder hin. Der Mechanismus war jetzt in Gang.

Sobald Artie, nachdem er den Brief deponiert hatte, wieder aus dem Zug stieg, würden sie Kessler anrufen. Michigan 2505. Jos konnte sich Kessler nicht recht vorstellen. Ein dürrer Knochen, hatte Artie gesagt. Bis gestern war er Mr. G. – G für Gegner – gewesen. Jetzt hatte er einen Namen. Auch das war herrlich gewesen, herumzusitzen und die Flaschen des alten Herrn zu leeren und mit den Namen möglicher Opfer zu spielen. Wen man gerade mal für einen Tag haßte, den konnte man als Opfer ausersehen.
Danach hatten sie abendelang die Höhe des Lösegelds ausgehandelt. Wenn man von jemandem hunderttausend verlangte, brachte man die gesamte Polizei der Stadt auf die Beine, meinte Artie. Wieviel würde jemand für das Leben seines Sohnes riskieren, ohne die Polizei zu benachrichtigen?
»Wieviel würde denn dein Alter ausgeben?«
»Ha! Das kommt darauf an, um welchen Sohn es sich handelt!«
Arties Augen zuckten, und er hatte zu stammeln begonnen, was er nur in höchster Erregung tat. »Billy, ja! Billy, der Kleine, der Süße! Für den würden sie hunderttausend, eine Million auf den Tisch legen! Ha! Warum nehmen wir eigentlich nicht Billy?«
Einen Augenblick lang war es ihm ernst damit gewesen, das fühlte Jos, aber dann hatte er den Gedanken als undurchführbar von sich gewiesen. Er hätte dann ständig die Polizei um sich herum im Haus, und das würde die Einkassierung des Lösegelds sehr erschweren.
Aber das Ganze war ja schon vorbei, sagte sich Jos. Obwohl – wenn sie mit dieser Sache davonkamen, wollte Artie vielleicht, daß er – Nein. Denn wenn er aus Europa zurückkehrte und erst Student von Harvard war, würde er anders sein; vielleicht stand er dann auch nicht mehr so zu Artie ...
Jos hielt den Atem an und blickte ängstlich zur Sperre hinüber, als ob ihn schon allein dieser treulose Gedanke Arties Zuneigung kosten könnte.
Gleich würde Artie zurückkommen. Jos wiederholte im Geist die Telefonnummer der Kesslers, die Adresse des Drugstores und prägte sich zum soundsovielten Male ein, daß er jetzt den ›Gegner‹ nicht erst zur Mülltonne schicken durfte. Die war aus der Schnitzeljagd gestrichen.
Da kam Artie wieder durch die Sperre, als wäre er gerade nur mal ausgestiegen, um sich eine Zeitung zu kaufen. Jetzt war es

Zeit für den Anruf. Jos stellte sich ›Mr. G.‹ neben einem Telefon sitzend vor. Und wieder sah er einen Mann wie seinen Vater vor sich. Aber es war doch besser, ›reiner‹ im Sinne eines ›reinen‹, an keine Motive gebundenen Aktes, daß sie sich bei ihrer endgültigen Wahl nicht von persönlichen Dingen hatten leiten lassen. Daß sie die Adresse auf dem Brief mit der Geldforderung noch offengelassen hatten, als sie schon die Straße nach dem Opfer absuchten – das war eine herrliche Bestätigung für ihr Tun gewesen. Sie bewies, daß das Schicksal auf Zufall beruhte.

Er hatte schon ein Fünfcentstück in eine Telefonmünze umgetauscht, da jeder öffentliche Fernsprechapparat seinen besonderen Schlitz hatte. Mit der Münze in der Hand wartete Jos, bis Artie neben ihm in der Zelle stand. Sie hörten beide das Besetztzeichen. Artie riß Jos den Hörer aus der Hand und hängte ihn krachend wieder an den Haken. »Diese Bande! Verstoßen gegen unsere Anweisungen!« Seine Augen waren gelb. Jos kannte diese plötzlichen Wutanfälle, die Artie manchmal packten. Aber immerhin ... »Vielleicht hat sie zufällig gerade jemand angerufen«, sagte er.

»Komm! Raus hier!«

Sie eilten vom Bahnhof fort. Artie mit seinem langen Schritt ließ schon den Wagen an, als Jos ihn eingeholt hatte. »Wir probieren es noch einmal von einem Drugstore aus«, schlug Jos vor. Die Botschaft wartete jetzt im Formularkasten des Zugs, der bald abfahren würde.

Sie fuhren vor dem nächsten Drugstore vor, und Artie war schon aus dem Wagen, ehe er noch richtig hielt. Er knipste dem Verkäufer, der ihm Telefonmünzen geben mußte, mit dem Finger zu. Der Mann legte gerade einer dickgesichtigen Frau verschiedene Rouge-Sorten vor.

Aber Artie ließ seinen Charme spielen. »Ach, entschuldigen Sie bitte«, wandte er sich an die Dame. »Ich möchte meine Kleine nicht auf den Anruf warten lassen.« Die Dame verzog den Mund zu einem fetten, spröden Lächeln, während der Verkäufer das Zehncentstück wechselte, das Artie ihm hingeschoben hatte.

Artie stürzte in die Telefonzelle und nahm den Hörer ab; Jos riß ihn ihm aus der Hand: Kessler kenne vielleicht seine Stimme.

»Ich wollte ja nur erst mal die Nummer wählen«, zischte Artie.

Am anderen Ende der Leitung klingelte es.

Charles Kessler griff fast mit dankbaren Gefühlen zum Telefon. »Ja, hier spricht Charles Kessler. Persönlich. Ist mein Junge wohlauf?« Die Kidnapper hielten ihr Wort; sie hatten angerufen. Der Zeitungsreporter hatte zweifellos Unsinn geredet. Paulie lebte.
»Haben Sie das Geld griffbereit, so wie es in unserem Brief stand?«
»Ja, ja. Ist mit Paulie alles in Ordnung?«
»Ihr Junge lebt. Gleich fährt ein Taxi bei Ihnen vor. Fahren Sie in diesem Taxi zu einem Drugstore an der 63. Straße Ost 1360. Warten Sie dort in der ersten Telefonzelle gleich hinter der Tür auf einen weiteren Anruf. Alles verstanden?«
Kessler fing noch einmal von Paulie an. Ob er mit ihm sprechen könne.
»Merken Sie sich genau die Adresse: 63. Straße Ost 1360. Dort erhalten Sie telefonisch weitere Anweisungen.« Es knackte: man hatte eingehängt.
»Halt! Warten Sie doch! Einen Augenblick noch...!«
Richter Wagner ergriff den Hörer. »Hallo! Vermittlung –« Aber es war schon zu spät, um festzustellen, von wo aus der Anruf gekommen war.
»Er hat gesagt, ich soll zu einem Drugstore gehen. In der 63. Straße...«
Und da schlug sich Kessler voller Verzweiflung an den Kopf. Er konnte sich nicht mehr an die Adresse des Drugstores erinnern.

Von der Nebenzelle aus hatte Artie inzwischen das Taxi bestellt. Jos verspürte aufs neue den prickelnden Reiz des Spiels, das eine Art Duettspiel mit Artie war. Ihr Zusammenwirken verlief so berauschend glatt.
Die Frau hatte sich endlich für ihre Rouge-Sorte entschieden und wandte sich mit der Miene eines unartigen Kindes an sie beide.
»Na, um wessen Mädchen handelt es sich denn nun eigentlich?« fragte sie schnippisch.
»Oh, wir machen ein doppeltes Rendezvous aus«, erwiderte Artie und schenkte ihr abermals sein gewinnendes Lächeln.
Jos sah auf seine Uhr. »Los, wir schaffen es gerade noch.« Diesmal setzte er sich ans Steuer. Arties wilde Fahrerei konnte sie nur in einen Unfall verwickeln. Besonders wenn er die Vorstellung hatte, mit einem Zug um die Wette rasen zu müssen.

4

Ich wartete auf dem Bürgersteig, als die Pierce-Arrow-Limousine vor dem Bestattungsinstitut vorfuhr. »Er ist hier drin aufgebahrt, Mr. Kessler.« Jonas Kessler nahm seinen steifen Hut ab und folgte mir in das Hinterzimmer des Ladens.
»Das ist Paulie!« rief er. Und seinem Mund entrang sich ein rauher, keuchender Klagelaut, ein Echo archaischer Zeiten. Die beiden Polizisten waren hinzugetreten. »Ich muß telefonieren. Wir haben keine Zeit zu verlieren.«
Wir geleiteten ihn zu dem Pult, aber er hatte nicht gleich den Mut, den Hörer in die Hand zu nehmen. »Ich habe selbst Kinder«, sagte er. »Paulie war wie mein eigenes Kind.« Ich erbot mich, an seiner Statt anzurufen. »Wir haben keine Zeit zu verlieren«, wiederholte Jonas Kessler und saß immer noch regungslos da. »Sie haben gesagt, der Junge sei wohlauf. Wie können sie nur ... Oh, das ist ungeheuerlich.«

Bei Kesslers klingelte es. Ein Taxifahrer wartete draußen. Kessler griff nach der Zigarrenkiste mit dem Geld und ging auf die Tür zu. Aber die Adresse, die Adresse! Ein Drugstore in der 63. Straße?
»Haben sie Ihnen die Adresse gesagt?« fragte er den Fahrer.
Der Mann sah ihn verblüfft an. »Ja, haben denn nicht Sie angerufen, Mister?«
»Die Adresse, wo ich hinfahren soll. In der 63. Straße –?«
Und in diesem Augenblick läutete abermals das Telefon. Kessler stürzte zurück ins Haus. Vielleicht geschah ein Wunder und der Kidnapper rief noch einmal an.
Richter Wagner reichte ihm den Hörer. »Ihr Bruder.«
»Charles, hier spricht Jonas. Der Reporter hatte leider recht, Charles. Es ist Paulie.«
In Kesslers Gesicht verzog sich keine Miene. Ganz mechanisch, mit tonloser Stimme, fragte er, ob sein Junge lange habe leiden müssen.

Es kam mir immer sehr bezeichnend vor, daß die Opfer dieser Tragödie irgendwie nur am Rande des Geschehens zu stehen schienen. Der Junge selbst existierte für uns gar nicht, da wir ihn erst kennenlernten, als er schon tot war. Den Vater sahen wir zwar ziemlich oft, da er sich ganz in den Dienst der Ermittlungen stellte, aber er blieb dennoch ein gänzlich in sich gekehrter, verschlossener Mensch. Die Mutter bekamen wir nur ein-, zweimal flüchtig zu Gesicht. Wir erfuhren nicht viel über sie, nur daß sie etwa fünfzehn Jahre jünger war als ihr Gatte und daß sie einen Nervenzusammenbruch erlitten hatte. In gewissem Sinn schien diese Unpersönlichkeit der Betroffenen völlig angemessen zu sein: in unserer Welt, die ich bald kennenlernen sollte, bedeuten die Opfer nicht viel. Der Mordfall Kessler lehrte als erster, wie das Opfer vom Zufall auserwählt werden kann.

5

Jos schaffte es bis zur Ecke 63. Straße – Stony Island in so kurzer Zeit, daß noch sieben Minuten bis zur Ankunft des Zuges blieben. Er fuhr noch einen Häuserblock weiter und hielt vor einer Walgreen-Filiale; Fernsprechmünzen für die Walgreen-Läden hatte er schon in der Tasche. Alles klappte wunderbar. Artie klopfte ihm auf den Rücken, als sie den Laden betraten.
Jos wählte die Nummer, die sie notiert hatten – die Telefonzelle in Hartmanns Drugstore, in der Kessler um diese Zeit warten mußte. Artie war ganz durchgedreht, er sah nervös zum Fenster hinaus auf die Gleise der Bahn.
Am anderen Ende der Leitung klingelte es. Kessler hatte genügend Zeit gehabt, um inzwischen mit dem Taxi angelangt zu sein. Nachdem sie das Taxi bestellt hatten, war er selbst, Jos, von der 12. Straße bis hierher gefahren, eine Strecke von mehr als der zweifachen Entfernung.
Artie riß die Tür der Telefonzelle auf. »Hast du auch bestimmt die richtige Nummer gewählt?«
In diesem Augenblick meldete sich jemand. »Ja, hallo?«
»Spreche ich mit Hartmanns Drugstore?«
Eine Negerstimme antwortete: »Ja, was wünschen Sie, Mister?«
»Wollen Sie bitte nachsehen, ob ein Mr. Kessler im Laden ist. Er sollte bei Ihnen auf einen Anruf warten.« Wenn Kessler da war, warum hatte er sich dann nicht selbst gemeldet?
»Ein Mr. was?«
»Wartet bei Ihnen niemand auf einen Anruf? Ein Mr. Kessler?«
»Sie müssen falsch verbunden sein.«

Jos behielt seine Stimme in der Gewalt. »Fragen Sie doch bitte einfach, ob ein Mr. Kessler, ein Kunde –«
»Eben gar kein Kunde im Laden.«
»Sind Sie sicher?«
»Niemand hier, Mister.« Und man hatte eingehängt.
Artie war blaß geworden. Er sauste halb gebückt aus dem Laden hinaus, als warteten auf der Straße bereits die Polizeibeamten auf ihn.
Seltsamerweise verspürte Jos keinerlei Anzeichen von Niedergeschlagenheit, wie er sie doch wahrgenommen hatte, als das mit der Mülltonne schiefgegangen war. Stattdessen erfüllte ihn eine ganz neue, kitzelnde Erregung. Er trat zu Artie auf die Straße hinaus und sagte: »Los, wir fahren mal an dem Drugstore vorbei.«
»Zu gefährlich.« Artie schnickte eine eben angezündete Zigarette fort.
»Wir könnten anrufen und feststellen, ob das Taxi auch zu Kessler gefahren ist.«
Arties ruheloser Blick blieb an der Schlagzeile des *Globe* haften, der an einem Zeitungsstand aushing: *Unbekannter Junge in Sumpf-Gelände tot aufgefunden.*
»Die Sache ist aufgeflogen«, sagte Artie, der, wenn er nervös war, dazu neigte, in den Kriminalroman-Stil zu verfallen. »Auf! Machen wir um Gottes willen, daß wir hier wegkommen!«
»Du kriegst es zu schnell mit der Angst zu tun«, erwiderte Jos. »Man darf nicht mitten in einem Experiment stehenbleiben.«
Artie starrte ihm ganz tief in die Augen. Jos fühlte sich stark, fühlte sich als der Stärkere. »Du Idiot, jetzt ist alles aus!« zischte Artie. »Wir sehen jetzt am besten, wie wir diesen verdammten Wagen loswerden, und verziehen uns!«
Jos faltete die Zeitung zusammen und wollte wieder in den Walgreen-Laden gehen. Artie faßte ihn am Ärmel: »Wo willst du hin?«
»Ich rufe noch einmal an. Der Zug fährt erst in einer Minute. Vielleicht hat sich das Taxi verspätet oder es war sonstwas los. Warum sollen wir die Sache so einfach aufgeben, wenn er vielleicht nur in eine Verkehrsstockung geraten ist!«
»Du mit deiner verdammten Vogelstellerei!« brach Artie los. »Ja, du weißt das richtige Versteck! Im Vogelparadies! Da kommt nie einer hin! Da findet kein Mensch die Leiche!«

Das war ungerecht. Und etwas in Jos wollte die Entdeckung immer noch nicht wahrhaben. Etwas in ihm bestand darauf, daß das Versteck auch jetzt noch das richtige war, der einzig mögliche Ort, eben der Ort, an den die Leiche gehörte. Und eine Identifizierung war nicht mehr möglich. Hatten sie nicht die Säure darübergegossen, um eine Identifizierung auszuschließen? Aber noch unter dieser Überlegung, noch viel tiefer in seiner Seele wohnte eine Art Gewißheit, daß die Leiche unmöglich identifiziert werden konnte, denn... denn wer war sie eigentlich? Tief in seinem Innern sagte eine Stimme, daß das einfach niemand wissen konnte.
Es war ein verwirrender, verschwommener Gedanke. Jos gefiel er nicht, weil er so verschwommen, so ungreifbar war. Er riß sich von Artie los, um hineinzugehen und zu telefonieren.
»Um Gottes willen! Doch nicht von hier aus. Vielleicht sind sie dem letzten Anruf nachgegangen!«
Sie eilten zur nächsten Ecke. Ein Süßwarenladen.
Diesmal antwortete Jos eine andere Stimme. »Jackson 2502.«
Jos verspürte ein Triumphgefühl. »Mr. Kessler?« fragte er.
»Wer? Hier ist Hartmanns Drugstore.«
Auf Jos' Bitte rief der Inhaber in den Laden hinein: »Jemand namens Kessler hier, der auf einen Anruf wartet?« Dann: »Nein, kein Mr. Kessler hier.«
»Danke«, sagte Jos. Es war also klar: Kessler war nicht in das Taxi gestiegen. Die Leiche mußte während der letzten halben Stunde identifiziert worden sein.
Artie empfing ihn draußen mit einem mörderischen Blick.
»Schön, das Lösegeld ist zwar hopsgegangen«, sagte Jos – er fühlte seinen Verstand immer noch nüchtern und klar arbeiten, auch in diesem kritischen Augenblick –, »aber daß sie vielleicht die Leiche identifiziert haben, heißt noch lange nicht, daß sie auch uns identifizieren können.«
Artie fluchte und wandte sich der Bahnlinie zu. Auch Jos sah nach dem Zug, der noch dastand, als wartete er darauf, daß Mr. Kessler durch die Sperre stürzte. Dann fuhr der Zug an. Sie gingen zurück zu ihrem Mietwagen. »Müssen sehen, wie wir ihn irgendwo loswerden.«
Das wäre das Unvorsichtigste, was sie tun könnten, meinte Jos. Der Wagenverleiher würde todsicher eine Fahndung veranlassen und durch irgendeinen dummen Zufall könnte man auf sie

beide kommen, auch wenn sie falsche Namen angegeben hatten. Nein, am besten brachten sie den Wagen ordnungsgemäß wieder zurück.

6

Jetzt, da man wußte, daß es sich bei dem toten Jungen um den Sohn eines Millionärs handelte, wimmelte es vor Swabodas Bestattungsinstitut von Polizeiwagen. Fortwährend knallten die Türen der Taxis und in ununterbrochener Folge trafen Reporter ein. Einige blickten mich an, mit jenem feindseligen Respekt, den man dem siegreichen Konkurrenten schuldet; andere schienen mich zu übersehen – für die war ich einfach ein junger Kerl, dem ein glücklicher Zufall diese Sensation in die Hände gespielt hatte.
Und dann, als die Geheimpolizisten in Zivil und die Berichterstatter und die Kriminalbeamten alle im Hinterraum bei Swaboda versammelt waren, kam das Gerede vom ›perversen‹ Verbrechen auf. Das Wort schien ganz von selbst aufgetaucht zu sein, gewissermaßen als die natürliche, offenkundige Erklärung, und sogar ich gab vor, auf den ersten Blick diesen Gedanken gehabt zu haben. Man nahm die Leiche in Augenschein und sagte: »Wieder so ein verdammter perverser Lüstling«, und sah noch einmal genau hin, als böten sich den Wissenden dort ganz untrügliche Anzeichen.
Was mich persönlich betraf, so deckte sich das Thema ungefähr mit dem Wort *degeneriert*, das wir damals bei der Zeitung oft genug gebrauchten. Ich hatte sogar an einem Samstag einmal eine Frau von der West Side interviewen müssen, deren vierjähriges Töchterchen mißbraucht worden war. In solchen Fällen griff man zu dem Wort *degeneriert*, und das erklärte alles. In den Gemütern der Leute von Chikago lebten noch die Schrecken der Tat Fitzgeralds fort – des Sexualverbrechers, der sich an einem kleinen Mädchen vergangen und es anschließend getötet hatte und der halb bewußtlos zum Galgen geschleppt worden war.
Aber hier handelte es sich ja um einen Jungen, und in diesem Fall war ich einigermaßen ratlos, denn wenn auch damals viele von uns ihren Oskar Wilde in der roten Saffianlederausgabe mit sich herumtrugen, so überwogen die wissenden Blicke doch das tatsächliche Wissen. Liebe zwischen Männern oder Liebe zu

Knaben – das erweckte in uns eigentlich nicht die Vorstellung eines physischen Aktes. Ich dachte bei dieser Art Liebe immer an Reinheit, an Schönheitsliebe und Hochherzigkeit. Verse eines Keats, Phantasien eines ältlichen Philosophen, eines Sokrates, der sich gemeinsam mit einem Jüngling ergeht und diesem die Hand auf die Schulter legt, die Vorstellung eines eleganten Oskar Wilde, der mit einem jungen Lord Epigramme tauscht – alles dies ließ eine solche Liebe eher als das Vermeiden des plumpen, manchmal ekelhaften physischen Teils des Akts erscheinen, den der Mann mit der Frau vollzog.

Wenn es aber ein Lustmord war, wie sollte man sich dann zu der Frage der Lösegeldforderung verhalten, die doch auf eine ›normale‹ Kindesentführung hindeutete? Und wir waren uns über die tatsächliche Todesart im Zweifel, denn die Schläge auf den Kopf konnten unmöglich den Tod des Jungen zur Folge gehabt haben, und er schien auch nicht ertränkt worden zu sein.

Dann traf der Polizeiarzt ein, ein dicklicher Mann mit dunklen Tränensäcken, die ihm den Ausdruck ständiger Gereiztheit verliehen. Mit schriller, gebieterischer Stimme rief er: »Zur Seite, zur Seite!« Während Dr. Kruger noch seinen Mantel auszog, hatte sich Mike Prager schon an ihn herangemacht und flüsterte auf ihn ein, und alle anderen fragten: »War es ein Lustmörder, Doc?«

In Weste und Hemdsärmeln beugte sich der Arzt über die Leiche. Der Tod sei irgendwann im Laufe des vergangenen Abends eingetreten, sagte er. Offenbar nicht durch Ertrinken verursacht. Wahrscheinlich durch Ersticken. »Da, sehen Sie sich die geschwollenen Halsmuskeln an.«

»Gingen irgendwelche Mißhandlungen voraus?« wollte der Mann von der *Tribune* wissen.

Der Arzt beugte sich wieder über die Leiche. »Sicher so ein Sexualverbrecher«, meinte ein Polizist.

»Scheint mir ganz danach auszusehen«, bestätigte der Arzt.

Es ging fast wie ein Summen der Befriedigung durch den Raum. Richard Lyman fragte, ob positiv feststehe, daß es sich um die Tat eines Entarteten handle, und Dr. Kruger zuckte die Achseln – vorläufig sehe er ja auch nicht mehr als die Anwesenden; mit Sicherheit könne man das erst nach der Autopsie sagen, aber vielleicht verlaufe diese ganz ergebnislos. Die Leiche habe die ganze Nacht im Wasser gelegen, und dabei könnten eventuelle Spuren wieder verschwunden sein.

Ich nahm zusammen mit den anderen die Szene in mich auf, und mir war, als werde alles beschmutzt – auch der tote Junge –, und ich hatte das sichere Gefühl, nun wirklich im untersten Sumpf der Stadt, der Menschheit zu stehen.
Der Mann von der *Tribune* belegte vor den anderen das Telefon mit Beschlag, und wir stürzten alle hinaus zu den nächstgelegenen Fernsprechzellen. Ich konnte nur Dr. Krugers Worte durchgeben, aber als ich Jonas Kessler hinausgehen sah, eilte ich ihm nach und fragte ihn, ob ich mitkommen könne. Er nickte nur leicht mit dem Kopf, als erkenne er damit meinen Beitrag zur Identifizierung des Jungen an. Einige der Reporter blickten mir nach, als ich in den Wagen stieg, und wieder meldete sich das leise Triumphgefühl.
Paulies Onkel meinte in bittendem Ton: »Wir müssen ihnen sagen, daß er nicht hat zu leiden brauchen, verstehen Sie? Der Tod ist auf der Stelle eingetreten. Auch die Presse sollte diese Darstellung geben.«
Ich versprach ihm, daß meine Zeitung nicht anders verfahren würde.
Eine Zeitlang schwiegen wir, obwohl ich nicht das quälende Gefühl los wurde, daß ich eine Gelegenheit verpaßte.
Wieder war es Kessler, der zu sprechen anfing. Warum habe es gerade Paulie sein müssen, warum nur?
»Hatte sein Vater irgendwelche Feinde?« fragte ich vorsichtig.
Er schüttelte den Kopf. Wer würde einem anderen, selbst seinem schlimmsten Feind, so etwas antun? Und sein Bruder sei ein angesehener Geschäftsmann, Grundstücksmakler, praktisch schon im Ruhestand. Er habe keine Feinde.
Er schüttelte den Kopf. Nein, sein Bruder war ein korrekter Grundstücksmakler.
Der Wagen fuhr über den Midway, an der Universität vorbei. »Die sollte Paulie in ein paar Jahren besuchen«, sagte Jonas Kessler.
»Ich besuche sie schon«, bemerkte ich. »Mache gerade mein erstes Examen.« Und ich dachte an die Sensation, die ich hervorrufen würde, wenn ich meinen Campusfreunden und auch Ruth von der Sache erzählte. Wir überquerten den Hyde Park Boulevard. Die Wohnhäuser aus rotem Backstein blieben zurück, und wir waren in der Enklave der baumbeschatteten Straßen mit ihren Villen und großen Vorgärten.
Der Pierce-Arrow hielt vor einer Villa im englischen Land-

hausstil. In der Toreinfahrt stand ein Polizeibeamter, der sich vorbeugte und mir einen fragenden Blick zuwarf. Ich sagte: »*Globe*«, und Paulies Onkel sagte: »Schon in Ordnung, Officer. Ich habe ihn mitgenommen.«

Wir betraten einen großen Raum mit schwerem, dunklem Möbel, in dem wiederum Reporter und Fotografen und sehr dienstlich tuende Geheimpolizisten versammelt waren. Tom Daly war unter ihnen, den gelben Notizblock in der Hand, und bei seinem Anblick verspürte ich zugleich eine Enttäuschung und eine Erleichterung.

Im selben Augenblick sah ich den Vater des Jungen von einem hochlehnigen Stuhl aufstehen und auf seinen Bruder zutreten. Die beiden zogen sich in eine Seitennische des Raums zurück. Das Gesicht des Vaters war gleich dem des Bruders gefaßt, ohne äußere Anzeichen der Gemütserregung; aber mir schien, als werde es einen Ton dunkler, während sie dort standen und miteinander sprachen.

Tom drängte sich zu mir durch und legte mir die Hand auf die Schulter. »Klare Erstmeldung für uns!« Er sah auf seine Uhr. »Noch etwas in Erfahrung gebracht?«

»Sein Bruder sagt, er hat keine Feinde.« Wir blickten zu den beiden Männern hinüber. Auf eine ganz merkwürdige Weise waren sie jetzt unsere Gegner; wenn sie irgendwelche Einzelheiten aus ihrem Leben geheimzuhalten wünschten, würden wir sie dennoch herausfinden müssen. Was mich hemmte, war immer noch mein Gefühl der Scheu vor einem schwer getroffenen Menschen – und vor einem Millionär.

Aber selbst die schwer Getroffenen konnten verdächtig sein. Tom sagte: »Natürlich hat kein Mensch Feinde.« Und wir fragten uns, welche Geheimnisse der Vergangenheit die beiden jetzt wohl durchgingen. Wenn einen Menschen ein Unglück trifft, muß er irgendeine Sünde begangen haben. Und so wird das Opfer sofort zum Angeklagten.

»Zeig du mir einen Pfandleiher, der nicht einen einzigen Feind hat«, fuhr Tom fort.

Ich war überrascht. »Sein Bruder sagte, er sei Grundstücksmakler.«

»Vor Jahren hat er mal eine Pfandbude für die Hautevolée gehabt«, klärte mich Tom auf.

Ich sah mich in dem Raum um. Hier war nun dieses imposante Haus, mit seinen Balkendecken, seiner soliden Millionärsnachbarschaft; dreißig Jahre angesehener Geschäftstätigkeit waren

zusammengekommen, um frühere Zeiten zu überdecken, und doch war das Stigma des Pfandleihers so tief eingebrannt, daß der Bruder mir gegenüber aus einem alten Schamgefühl heraus nichts von dem Laden erwähnt hatte.
Racheakt, Geldgier, anomale Veranlagung – die gängigen Motive wechselten einander in unseren Gedanken ab. Tom kam auf das letzte zurück: es trat wieder an die erste Stelle. »Du hast den Jungen ja gesehen. Glaubst du, daß –?«
»Es läßt sich nicht mit Sicherheit feststellen«, erwiderte ich, »aber Doc Kruger hatte so das Gefühl.«
»Wieder so ein verdammter Wüstling«, murmelte Tom gleich den anderen, und er kam auf die Theorie zu sprechen, daß es einer von den Lehrern gewesen sein könnte. Der ganze Raum schien jetzt davon zu summen. Diese Privatschullehrer waren eine einzige perverse Gesellschaft. Außerdem – man brauchte sich ja nur den Brief mit der Lösegeldforderung anzusehen. Einen solchen Stil schrieb nur ein Gebildeter.
Wir traten zu dem Tisch, wo einer der Fotografen den sorgsam ausgebreiteten Brief aufnahm. Er war auf dem Postamt Hyde Park gestempelt, nur ein paar Straßen von hier. Die Adresse mit Druckbuchstaben in Tinte geschrieben. Aufgegeben gestern nacht. Das hieß, als der Junge bereits tot war.
Und dann war da das Wort *wir*. Also waren die Verbrecher mindestens zu zweit gewesen.
Der Brief war mit der Maschine geschrieben, aber nicht von einem berufsmäßig Geübten. Hier und da war ein falscher Buchstabe übertippt worden. So ungefähr wie ich selbst schreibe, dachte ich. Auch das fügte sich in die Lehrer-Theorie ein. Vielleicht war es ein Lehrer, der den Jungen mißbraucht hatte. Und der Geld benötigte. Diese Lehrer waren ja ohnehin schlecht bezahlt. Vielleicht hatte er den Gedanken gehabt, die beiden Verlangen auf einmal zu befriedigen – sich des Jungen zu bemächtigen und gleichzeitig das Lösegeld einzustreichen. Und da der Junge ihn vielleicht später verriet, hatte er ihn getötet. Ja, das Verbrechen konnte auch dadurch ausgelöst worden sein, daß Paulie einem Lehrer, der sich ihm hatte nähern wollen, mit einer Anzeige gedroht hatte.
Tom winkte mich fort.
Ich schritt die Straße hinunter, die Paulie vielleicht am Vortage um die gleiche Zeit entlanggegangen war. Als ich um die Ecke bog, stand ich vor der Mark Twain Academy, einem weitläufigen, an eine frühere Villa angehängten Gebäude. Und da war

auch der Baseballplatz, auf dem Paulie gespielt hatte. Er lag verlassen da.
Die ganze Straße lag verlassen da. Zu einer Stunde, da gewöhnlich die Kinder sich vor den Türen herumtrieben; aber obwohl der Mord selbst noch nicht bekannt war, hatte sich Paulies Verschwinden inzwischen in der vornehmen Nachbarschaft in Verbindung mit allen möglichen Gerüchten herumgesprochen. Als die Schule aus war, hatten die Mütter oder die Chauffeure oder die Gouvernanten ihre Kinder im Wagen oder zu Fuß nach Hause gebracht.
Und dann wurde die Stille durch den lauten Ruf eines Zeitungsjungen aufgerissen: »Extrablatt!« Er kam im halben Dauerlauf dahergeeilt und schrie weiter seine Sensationsnachricht heraus, während ich ihm eine Nummer abkaufte: »Extrablatt! Kindesentführung war Mord!« Ich verschlang die Schlagzeile: *Millionärssohn ermordet*, und in dicken Lettern darunter: »Heute von einem Reporter des *Daily Globe* identifiziert als Paulie Kessler, Sohn des –«
Ich wollte dem Zeitungsjungen sagen, daß *ich* das war, dieser Reporter vom *Daily Globe*. Aber er stürzte schon weiter.
Ich las Toms Bericht, der ja auch der meine war, faltete die Zeitung zusammen und näherte mich dem Schulgebäude. Wenn der Verbrecher, der sich als »Harold Williams« ausgab, tatsächlich einer der Lehrer war, hatte er wohl, um jeden Verdacht zu vermeiden, heute wie an jedem anderen Tag Unterricht gegeben und die Schule nur einmal für kurze Zeit verlassen, um das Ferngespräch zu führen, von dem in Toms Artikel die Rede war.
In der Vorhalle standen noch einige Lehrer beisammen und tauschten ihre Ansichten zu Paulie Kesslers geheimnisvollem Verschwinden aus, denn daß ein Verbrechen vorlag, konnten sie ja noch nicht wissen. Sie sahen anders aus als die Lehrer, die ich als Kind gehabt hatte. Es waren mehr Männer unter ihnen als in einer Public School, und sie trugen alle Tweedjacken oder Pullover.
»Was, schon Reporter da?« rief eine der jüngeren Lehrerinnen in halb unwilligem, halb neugierigem Ton, als ich mich vorstellte. »Also von uns weiß keiner etwas. Wir können uns wirklich nicht denken, wo er sein kann.«
»Man hat ihn gefunden, tot«, sagte ich ziemlich theatralisch und gab ihnen die Zeitung zu lesen. Ich beobachtete, wie sie darauf reagierten, beobachtete ihre Mienen mit der stummen

Frage im Hintergrund: Könnte dieser Mann ein Entarteter sein, ein Mörder? Oder jener andere?

Kein Lehrer sei heute der Schule ferngeblieben, sagte man mir. Die junge Lehrerin, die mich zuerst angesprochen hatte, führte das Wort, mit einer gewissen Schärfe in der Stimme. Über Paulie Kessler erhielt ich die übliche Auskunft, wobei sich noch andere einschalteten. Er sei ein aufgeweckter, netter Junge gewesen. Nicht gerade der Erste in der Klasse, aber ein ganz normaler Junge, intelligent und allgemein beliebt.

Paulies anderer Lehrer ließ eine Bemerkung fallen, wie sie von Zeitungsleuten gern aufgegriffen wird: gerade gestern erst habe Paulie eine Debatte über die Todesstrafe gewonnen. Er sei dagegen gewesen. Dieser Lehrer hieß Steger.

Einige der Lehrer schienen mit ihrer Aussage geradezu ein Alibi zu verknüpfen, indem sie wie zufällig einfließen ließen, daß sie am Abend zuvor dieses und jenes getan hatten und mit diesem und jenem zusammen gewesen seien. Und es war, als zögen sie sich voneinander zurück unter dem Druck des sich ausbreitenden Mißtrauens. Wer wußte schließlich, wie es in der innersten Seele seines Kollegen aussah? Unter der Oberfläche allen menschlichen Kontakts lag ein dunkler, lavagleicher Ozean, die wirklichen Triebkräfte des einzelnen, eine Kraft, die wir von außen weder entdecken noch gar ermessen konnten.

Einer der Beamten sah in sein Notizbuch. »Ist hier ein Lehrer namens Wakeman?« Wakeman war schon nach Hause gegangen. »Einer namens Steger?«

»Ja, das bin ich«, sagte Steger leise. »Paulie hatte bei mir Englisch. Aber ich habe doch bereits –«

»Wir müssen Sie bitten, mit uns zu kommen, Mr. Steger.«

Ein Atemanhalten; der eine oder andere machte eine Bewegung, wie um dazwischenzutreten, etwas zu erklären, sagte aber dann doch nichts. Und dann eine Kluft, ein Wegschauen, um Steger nicht anzusehen.

Was Steger in den nun folgenden Wochen durchmachen mußte, könnte man vielleicht als ›unvermeidliches Nebenprodukt‹ bezeichnen.

Die Lehrer verhielten sich plötzlich ganz starr und stumm. Ich machte mich wieder auf den Weg zu Kesslers.

7

Während Artie in dem Stutz wartete, den sie auf dem Weg in die Stadt mitgenommen hatten, fuhr Jos den geliehenen Willys in die Autovermietung zurück. Er stieg aus und lehnte sich gegen die Wagentür, während der Manager um das Fahrzeug herumschritt und sich die Kotflügel ansah.
Jos blickte in eine andere Richtung; er wollte nicht an die Flecke vor der hinteren Sitzbank denken. Hinten würde der Manager nie hineinsehen. Und wenn, dann würde Jos die Sache mit dem verschütteten Wein aufbringen und andeuten, daß man sich da hinten mit einer Nutte amüsiert habe undsoweiter – wie das eben so geht, dazu hat man ja schließlich den Wagen, haha!
Aber der Ekel würgte ihn wieder. Er stieg in ihm hoch wie ein pulsender Blutstrom. Blut auf dem Wagenboden, Blut, als seine Finger die Stirn berührten, und er, einen lauten Schrei ausstoßend... im Kampf mit seinem Bruder Max auf dem Rasen, die Stirn an einem Stein blutig geschlagen, und Max zuerst sehr besorgt und dann unwillig... »Nun hör schon auf! Hör auf zu brüllen! Genug jetzt! Ein Junge heult nicht. Was bist du bloß? Wohl ein Mädchen...« Und er dann noch lauter schreiend: »Ich bin kein Mädchen! Ich bin kein Mädchen!«, während Max ihn neckte und lachte... ihn auslachte, sich über ihn lustig machte, Max, sein großer Bruder. Das konnte er nicht ertragen; das war schlimmer als der Schmerz, das Blut. Und da hatte er auf einmal gewußt, daß er alles in sich verbergen mußte, verbergen vor Max. Max durfte sein Inneres nicht sehen, niemand durfte es sehen – sie konnten ihn zu tief verletzen. Ein Mann ließ sich durch nichts verletzen. Und er war kein Mädchen. Er war kein Mädchen, das losheulte, wenn es Blut sah. Und seine Mutter war aus dem Haus gekommen und hatte sein Gesicht in den Falten ihres Rockes verborgen. Ein Mädchen. Ein Mädchen.
Jos verscheuchte diese Erinnerung. An ihre Stelle drängte sich nun das Bild von gestern. Er hatte mit dem Blut nicht gerechnet. Während all der Monate des Planes hatte er das Ganze als eine ›saubere‹ Angelegenheit gesehen. Sie hatten sogar im Gespräch die Worte ›sauber‹ und ›rein‹ gebraucht und davon gesprochen, Äther zu verwenden. Und er hatte den Äther mitgenommen, gestern mitgenommen, wie gewöhnlich zur Vogeljagd; zwei Flaschen voll, genug für tausend Vögel. Und er hatte die kleinen Flaschen in die Tasche an der Tür dieses

Wagens hier gesteckt ... Jos sah plötzlich wieder die Szene vor Augen – die Flaschen! Hatte er sie vielleicht hier im Wagen steckengelassen, da sie nicht gebraucht worden waren? Nein, er wußte ganz bestimmt, daß er sie herausgenommen und wieder in seinem Zimmer auf das Regal gestellt hatte. Gestern nacht ganz spät noch. Doch er mußte sich das immer und immer wieder sagen, um nicht jetzt noch einmal die Tür aufzureißen und nachzusehen.
Wenigstens hatte er über dieser plötzlichen Angst seinen Ekel vergessen ... Und weshalb hatten sie den Äther nicht gebraucht? Sie hatten ihn doch nehmen wollen, um den Jungen fest einzuschläfern und dann, wenn er das Bewußtsein verloren hatte, zu verfahren wie vorgesehen – ihm in seinem tiefen Schlaf die Schlinge um den Hals zu ziehen, jeder von ihnen ein Ende des Stricks in der Hand haltend – zu ziehen mit gleicher Kraft, gleicher Beteiligung, für immer auf diese Weise verbunden, er und Artie. Aber dann war alles so schnell gegangen, als sie das Kind einmal im Wagen hatten. Es war geschehen, weil Jos immer noch das Gefühl gehabt hatte, daß vielleicht der letzte Akt der Tat doch nie stattfinden würde ... Sollte Artie dieses letzte Zögern in ihm gefühlt und ihn deshalb mit der Tat überrumpelt haben, so wie man manchmal ein Mädchen überrumpeln mußte, ehe es noch an Gegenwehr zu denken vermochte?
Der Mann vom Autoverleih sah in den Wagen hinein, um die Kilometerzahl abzulesen. Außen war also nichts festzustellen. Sie hatten ihn gut genug abgewaschen. Aber es war doch eine verdammt dumme Sache gewesen. Hatte dieser verdammte dumme Emil auch gerade mit seinem Gold Dust ankommen müssen. Überhaupt verdammt dumm von ihnen gewesen, den Wagen ausgerechnet in der eigenen Einfahrt zu waschen. Daran gab sich Jos selbst die Schuld. Sie hätten den Wagen nur am Abend zuvor richtig zu waschen brauchen, daß ein zweites Waschen am anderen Morgen nicht nötig gewesen wäre. Moderne Version der Lady Macbeth ... fort, fort, verfluchter Fleck!
Wozu hatte man sich die Mühe gemacht mit der Angabe falscher Personalien, mit der Zimmerbuchung in einem Hotel und so weiter, damit man einen Leihwagen benutzen konnte und nicht den eigenen zu fahren brauchte, wenn man sich dann auch gleich von so einem dummen Schweden mit diesem anderen Wagen sehen ließ!

Es blieb nur zu hoffen, daß diese Sache nie zur Sprache kam. Und das wollte man ja jetzt erreichen: er überantwortete den Wagen wieder der Anonymität; morgen würde ihn schon ein anderer fahren.
»Dreiundfünfzig Meilen, Mr. Singer«, sagte der Mann vom Autoverleih. »Wollen Sie nachsehen?«
Jos lächelte, er fühlte sich erfrischt, befreit. Wie selbstverständlich dieser Name klang! Dies hier – die sorgfältig vorbereiteten falschen Personalien, der Wagen – das war seine Idee gewesen, und das hatte auch alles wunderbar geklappt.
Mit der Miene des Geschäftsmanns, der einen Kunden zufriedenstellen will, ließ der Manager zwei Gallonen nach. »Beehren Sie uns gelegentlich wieder«, sagte er, und seine Oberlippe wölbte sich zu einem Lächeln über den Zahnbürstenschnurrbart zurück.
»Recht gern«, erwiderte Jos und wünschte, Artie hätte ihn hören können.
»Warum hat das so lange gedauert?« wollte Artie wissen, ehe Jos noch in den Zweisitzer klettern konnte.
»Ich habe mir das Benzin berechnen lassen.«
Anstatt zu lachen, fuhr ihn Artie an: »Je länger du dich mit ihm aufhältst, desto besser kennt er deine Visage, du Idiot.« Jos stieg von der Straße her ein und drängte Artie vom Fahrersitz. Und in diesem Augenblick fühlte er plötzlich in Arties Zorn das Verfehlte des ganzen Unternehmens. Es überfiel ihn schwarz, mit ganzer Gewalt – ein Leid, eine Qual, daß ihm fast die Tränen kamen.
Jetzt war alles abgeschlossen. Sie hatten den Wagen zurückgebracht. Und das Ganze war ein Mißerfolg. Das Töten selbst war umsonst gewesen. Selbst wenn das Töten eine notwendige Verschwendung gewesen wäre, so war doch das Ganze selbst ›tot‹. Das Ganze hatte einen Plan dargestellt, eine Wesenheit, vielleicht eine poetische Einheit, eine Blüte des Bösen, eine Vereinigung zwischen Artie und ihm. Und die war nun tot.
Was hatte sie zerstört? Was war eigentlich schiefgegangen?
Jos fuhr an, aber Artie bedeutete ihm mitten im Zigarettenanzünden mit einer Bewegung, er solle stoppen, sprang aus dem Wagen und eilte zu einem Zeitungsstand – sein Blick war auf eine neue Schlagzeile gefallen: *Millionärssohn ermordet*. Artie blieb auf dem Bürgersteig stehen und las. Jos hupte. Artie kletterte, immer noch lesend, in den Wagen.

»Wie haben sie nur herausbekommen, wer er ist?« fragte Jos.
»So ein verdammter Reporter ist hingefahren –«
Ein Stück weiter hielt Jos an und beugte sich hinüber, um ebenfalls den Bericht zu lesen. Seine Augen überflogen die Spalte, und da blieben sie beide gleichzeitig an der Stelle mit der Brille hängen: »Die Familie Kessler wartete verzweifelt auf eine weitere Nachricht von den Kidnappern und wollte zuerst nicht glauben, daß der Junge, den man in dem Durchflußrohr aufgefunden hatte, Paulie sein könnte, weil der Junge nach dem Polizeibericht eine Brille trug. Dann stellte sich jedoch heraus, daß man die Brille in der Nähe in einem Gebüsch aufgelesen und dem Jungen erst nachträglich aufgesetzt hatte. Nach Ansicht der Polizei gehört die Brille dem Mörder. Sie dürfte einen wichtigen Fingerzeig darstellen.«
Artie wandte das Gesicht und blickte Jos voll an. Seine Wangen zuckten in der Gegend dicht unter den Augen. »Du – du Hund! Du mußt die Sache natürlich wieder vermurksen!«
Jos hatte sich mit der Hand ganz automatisch an die Brusttasche gegriffen, obwohl er doch schon genau wußte, daß er sich gar nicht erst zu überzeugen brauchte: das war der Webfehler in ihrem Handlungsgespinst. Und eine seltsame Erregung durchfuhr ihn von Kopf bis Fuß, die erste vollkommene Erregung des ganzen Experiments. Es war weder die dunkle Erregung, mit der er angesichts der Tat selbst gerechnet hatte – ein kaltes Erschauern wie bei einer makabren Teufelsmesse –, noch war es die erhebende Erregung, die er verspürt haben könnte, wenn das Paket aus dem Zug auf ihn zugeflogen gekommen wäre. Es war wie die Erregung eines anderen Wesens in ihm – es war eine Art Schadenfreude.
Er sagte sich, diese Erregung sei eine Antwort auf die Herausforderung, die jetzt gegeben war, nämlich die Herausforderung, die Verfolger zu überlisten, auch wenn sie nun bereits einen Anhaltspunkt hatten.
Aber warum hatte er die Brille überhaupt bei sich gehabt? Er stellte Überlegungen zur Kausalität an. Er hatte die Brille in den letzten Monaten kaum benutzt, nicht einmal beim Lesen und Schreiben. Er mußte sie schon vor Wochen in diese Rocktasche gesteckt und dann, da er den Anzug nur selten trug, vergessen haben, daß sie sich dort befand. Was hatte ihn dann gestern gerade diesen Anzug wählen lassen?
Und wann konnte ihm die Brille herausgefallen sein? War es

geschehen, als er sich im Fond des Wagens vorbeugte? War da die Brille vielleicht auf die Decke gefallen, in die der Junge zur Hälfte eingewickelt war? Jos sah abermals den Jungen in den Wagen steigen, die raschen Schläge, das Ersticken – er sah jenen Teil der Tat vor sich, der so schnell, so überstürzt abgerollt war, ehe man sich noch endgültig entscheiden konnte, ob er eigentlich stattfinden sollte oder nicht. Dann die Fahrt über den Midway, an der Universität vorbei, durch den Park, nach Süden bis an den Rand der Stadt... Dann halten sie an. Vor einem Würstchenstand. Lassen den Jungen hinten im Wagen liegen, während sie ihre Frankfurter essen. Dann fahren sie kreuz und quer in der Gegend herum. Parken den Wagen schließlich in einer kleinen Seitenstraße hinter einem Friedhof und warten, bis es dunkel ist. Und dann steigen sie beide in den Fond hinein. Und dann Arties schrilles »Na, da wollen wir mal sehen«.

Wie Kinder in einer dunklen Kammer, begierig, die schrecklichsten, unvorstellbarsten, verbotensten Dinge zu tun. So kauern sie nieder. War die Brille bei dieser Gelegenheit auf die Decke gefallen? Artie beginnt den Körper zu entkleiden, zieht ihm die Kniehosen herunter. Und Jos hatte sich innerlich über sich selbst gewundert, jetzt da die Zeit gekommen war, das letzte, kühnste menschliche Experiment zu vollziehen, leidenschaftslos, wie in einem Laboratorium. In Gedanken mit den unversuchten Erfahrungen beschäftigt, die Aretino in den *Dialogen* aufführte. Arties fast ungeduldiges »Tut keinen Mucks mehr, wird schon steif«. Dann auf einmal sein, Jos', Interesseverlieren... Jos verscheucht das dunkle Bild. Die Brille, es ging jetzt nur um die Brille – glänzte sie tatsächlich dort? Auf der Decke?

Dann weiter. Aus der Straße hinter dem Friedhof heraus. Dunkel genug geworden inzwischen. Die Avenue F... entlang, abgebogen, die tiefen Radspuren auf dem Ödland, die Stelle, an der er immer den Wagen stehenließ, wenn er auf Vogeljagd ging. Zum Glück keine Liebespaare in der Gegend heute nacht; dann packen sie zu zweit das lange, in die Decke eingeschlagene Bündel, schleppen es die ganze Strecke über das unkrautbewachsene Ödland... Artie stolpert, taumelt und flucht, läßt das Bündel an seinem Ende hinfallen, und das Bündel schleift über den Boden. Kurze Atempause. Arties aufgeregtes »Warum so weit, verdammt nochmal? Gibt es kein bequemeres Versteck?« Nein, gerade diese Stelle mußte es sein – und dann das Bücken,

das Wiederanheben des Bündels – war die Brille bei diesem Bücken herausgerutscht? Nein, man hatte sie ganz in der Nähe des Abflußrohrs gefunden. Dann das grausig-heitere Dahinstapfen, der Rand des Himmels rötlich erhellt von den Essen Garys, das schwerfällige, drückende Gefühl der Endlosigkeit, unter der Last des Bündels im einen Arm und der Stiefel im anderen, und das Klopfen des Kanisters mit der Salzsäure in der Hosentasche bei jedem Schritt... Warum all diese schwere Mühe? Nur um einer Tat willen, die getan werden mußte, einfach getan werden mußte.
Und die ganze Zeit Artie zügeln müssen, Artie, der Lärm macht und in seiner Hochstimmung Witze reißt und mit der Taschenlampe fuchtelt – »Wir tragen Paulie nicht zu Grabe, sondern zur Taufe –«
»Sei doch endlich still! Ein blöder Weichensteller hat da oben auf dem Damm seine Bude! Fehlt gerade noch, daß er dich hört!«
»Lad ihn doch ein! Lad ihn doch ein zu einem Gläschen Salzsäure! Du hast sie doch auch nicht vergessen?«
»Nein. Ich habe sie in meiner Tasche.«
Dann das Ufer des Tümpels. Das längliche Bündel wird abgesetzt. Und da muß es passiert sein... Jos sah sich wieder einen Augenblick lang auf dem niedrigen Bahndamm sitzen, sich vorbeugen, um die Schuhe mit den Stiefeln zu vertauschen – die Anglerstiefel seines Bruders Max, die er aus dessen Schrank entwendet hatte. Du steckst mit mir in der Sache drin, Max, du Hund, du großspuriger. Mal sehen, wer jetzt ein Waschlappen ist! Und vor ihm das dunkle, niedrige Wasser, das sich in das dunkle Loch hineinzieht, das Abflußrohr. Dann steht Jos auf und zieht, erhitzt von der langen Anstrengung und weil er ja gleich noch die Leiche aufheben und ins Wasser tragen muß, den Rock aus. Er legt den Rock sorgsam zusammengefaltet ins Gras, neben seine Schuhe.
Die letzten Bilder der Szene gingen ihm durch den Sinn, irgendwie beschleunigt, denn sie erregten auch jetzt noch seinen Abscheu. Zunächst wickelt Artie die Decke auseinander. Der untere Teil des Körpers, entblößt bis auf die Kniestrümpfe, taucht in grotesker Helle aus dem Dunkel heraus, unter dem Schein der dicht über den Boden gehaltenen Taschenlampe in Arties Hand, an jene Puppen erinnernd, die man gelegentlich halb ausgezogen in Schaufenstern stehen sieht... Nein! Im Licht der Taschenlampe hätte die Brille aufgeleuchtet. Nein.

Jetzt war Jos ganz sicher: er konnte die Brille gleichsam fühlen, zusammengeklappt in der Brusttasche seines zusammengefalteten Rocks.
»Stocksteif«, sagt Artie. »Komm! Meinst du vielleicht, ich ziehe ihm die verdammten Kleider allein aus!«
»Rigor mortis«, wiederholte Jos im Niederknien. Sie kleiden ihn beide gemeinsam vollends aus.
Artie witzelt – wenn er den Kerl so sehe, müsse er an eine Nutte denken, die sich steif mache und sich nicht ausziehen lassen wolle. Und er, Jos, hält Arties Übermut im Zaum, wie vorhin im Wagen, und verfährt mit der Leiche unbeteiligten Sinnes, wie vorhin im Wagen. Dann liegt der nackte Körper da, ein blasser Streifen auf der Decke, und Jos weiß, daß nun er seinen Anteil beizusteuern hat. Er steht auf und holt den Kanister mit der Salzsäure. Konnte es dabei passiert sein? Nein, das war nicht möglich. Er hatte die zusammengefaltete Jacke dabei gar nicht berührt.
Und Artie zieht die Leiche von der Decke herunter ans Wasser, und Jos steht daneben, hebt den Kanister mit der Salzsäure hoch, an die man so wohlweislich gedacht hatte – Säure, die alle Spuren des Todes vernichten sollte. Dann fließt der Strahl heraus – »Und hiermit taufe und weihe ich nichts dem Nichts.«
Dann watet er in den Stiefeln seines Bruders ins Wasser, ergreift den Leichnam, der sich kalt anfühlt, so kalt wie das Wasser. Und jetzt ist auf einmal alles ganz leicht. Schnell hinein in das Abflußrohr mit dem Gegenstand, dem Nicht-Sein, daß sich Gesicht und Geschlecht bald auflösen; wie genau alles paßt, genauso wie er es sich vorgestellt hat – genau passend am passenden Ort. Und dann wieder aus dem Wasser heraus.
Hatte er jetzt seinen Rock aufgehoben?
Und Jos sah die Szene in allen Einzelheiten vor sich. Arties Gestalt, aus dem Dunkel herausragend, ihm atemlos seinen Rock und beide Schuhe zureichend, seinen Rock, den er am ersten besten Zipfel aufgehoben hat, in der Art, wie er alles anfaßt, das Unterste zuoberst kehrend.
Ja, so nur hatte es geschehen können. Jos fühlte buchstäblich die Brille aus der umgekehrt gehaltenen Tasche gleiten, in das Gebüsch hinein.
»Ich muß dir da leider widersprechen«, sagte er nun zu Artie, »aber ich glaube, der Schnitzer ist nicht mir, sondern dir pas-

siert. *Du* hast meine Jacke aufgehoben und sie mir gebracht. Und dabei muß die Brille herausgefallen sein. Aber ich bekenne mich zu meinem Teil schuldig dafür, daß ich es nicht gemerkt habe –«

»Was! Ich!« Artie wandte sich wütend zu ihm um. »Jetzt einfach die Schuld mir zuschieben, so! Du mit deinem saublöden ›idiotensicheren‹ Versteck! Du mit deiner verdammten Brille –«

»Reg dich nicht auf«, sagte Jos nur. Er war kaltblütig, beherrscht, erheitert.

Wenn das Ganze ohne einen einzigen Schnitzer abgegangen wäre, wäre es von vollendeter Perfektion gewesen: eine Tat, aus dem Geist geboren, geplant und ausgeführt wie ein kompliziertes Bauwerk – ein Streichholzpalast, bei dem auch das letzte Hölzchen genau an seine Stelle paßte.

Aber die Brille war ein Konstruktionsfehler – ein Konstruktionsfehler, der Artie und ihn von dem Sockel herunterriß, auf den sie sich gestellt hatten als Übermenschen, die eine Handlung der Vollkommenheit vollbringen zu können glaubten. Und irgendwo in seinem Innern frohlockte es bei dem Gedanken, daß sie nun in diesem Konstruktionsfehler verbunden waren, aneinandergekettet in ihrer unvollkommenen Handlung; er genoß die Tatsache, daß Artie seinen Teil zu dem Schnitzer beigetragen hatte.

Jetzt gestattete ihnen ihre Tat einen völlig anderen Triumph: sie mußten versuchen, den Fehler wiedergutzumachen, und dennoch überlegen bleiben. Und in ihrem Fehlen waren sie einander noch enger verbunden als durch eine vollkommene Handlung, denn wäre das Abenteuer geglückt, hätten sie sich das Lösegeld geteilt und alles wäre vorbei gewesen. Er selbst, Jos, wäre in zwei Wochen nach Europa gefahren.

Nun würde er vielleicht nie fahren – selbst bei diesem beklemmenden Gedanken an ein mögliches Gefaßtwerden verspürte Jos ganz im verborgenen eine Befriedigung: er und Artie waren aneinandergekettet durch das, was noch kommen würde.

»Nach dem Gesetz der Wahrscheinlichkeit«, sagte er zu Artie, »stehen die Chancen, daß sie uns mit der Brille schnappen, eins zu einer Million.«

»Ach, Scheiße«, erwiderte Artie.

Aber irgendein perverses Verlangen ließ Jos keine Ruhe: er sah sich bereits als Eigentümer der Brille ausfindig gemacht. Ja, er *mußte* einfach mit der Brille in Zusammenhang gebracht wer-

den, sonst konnte der nächste Akt ihrer Tat nicht stattfinden, die lange, quälende Prüfung, in der er seinen Schnitzer wiedergutmachen und sich als wahrhaft überlegenes Wesen beweisen konnte. Die Prüfung, durch deren Bestehen er alle Verdachtsmomente entkräften und gleichzeitig auch Artie retten würde.
Zu Artie sagte er: »Es ist eine ganz gewöhnliche Lesebrille. Die Möglichkeit, daß man sie tatsächlich zu ihrem Eigentümer zurückverfolgt, ist unendlich gering. Aber selbst wenn – das beweist immer noch nichts. Ich kann die Brille bei irgendeiner Gelegenheit verloren haben, als ich da draußen auf der Vogeljagd war. Ich war sogar erst letzte Woche mit meiner Gruppe an dieser Stelle. Ja, ich kann meine Gruppe als Zeugen anführen!«
Diese machiavellistische Note *mußte* Artie in Entzücken versetzen.
Jos sah sich vor einem mit Machtbefugnis ausgestatteten Mann stehen – gewalttätiger Schnurrbart, autoritätsbewußt –, aber dabei völlig kalt bleiben, und er hörte sich bereits mit überlegener Selbstbeherrschung »Ein reiner Zufall« sagen, indem er die Brille in die Hand nahm und sie lässig in die gleiche Tasche steckte, aus der sie herausgerutscht war. Denn mit welcher Behörde er es auch zu tun bekam – man würde wissen, daß man sich mit dem Wort eines Joshua Steiner jr. zufrieden zu geben hatte.
Ja, man würde das Verhör mit äußerster Höflichkeit führen und sich wahrscheinlich bei seinem alten Herrn entschuldigen, daß man ihn vorgeladen hatte. Und sein alter Herr würde ganz ruhig zu ihm sagen: »Du brauchst ihnen nicht zu antworten, wenn du nicht willst. Was soll dieser Unsinn eigentlich?« Aber Jos würde erwidern: »Nur eine Routinesache. Sie können von mir selbstverständlich jede nur denkbare Auskunft bekommen.« Und das Ganze würde wie ein Hohngelächter über den Alten und seine schwerfällige Rechtschaffenheit sein, denn er würde ihn ja genauso an der Nase herumführen wie seine Inquisitoren.
»Also ich könnte dich umbringen für diesen Bock, den du da geschossen hast!« rief Artie und schleuderte die Zeitung zu Boden.
Jos schaltete den Gang ein. Auf der Heimfahrt sagte er: »Ich gebe zu, wenn es nur meine Schuld wäre, dann hätte ich den Tod verdient.«
Doch mit der Stimme seines Mundes trug er eine kühne Idee

vor. Wie wär's, wenn er einfach zur Polizei ginge und seine Brille verlangte? »Habe in der Zeitung von der Geschichte da gelesen, und da fiel mir ein, daß ich bei meiner letzten Exkursion dort in der Gegend –«
»Du vermasselst alles nur«, sagte Artie. »Du vermasselst alles nur, das steht fest.« Er pfiff zwei leichten Mädchen auf der Michigan Avenue, beugte sich hinüber, um auf die Hupe zu drücken, und stieß Jos mit dem Ellenbogen an: er solle doch die Nutten da mal anpeilen.
Die Mädchen verschwanden in einem Gebäude. »Na ja, waren sowieso häßliche Gänse«, sagte Artie, aber sein Stimmungsbarometer war gestiegen. »Gut. Also du gehst hin und sagst, es ist deine Brille. In Ordnung. Sie geben dir den dritten Grad. Glaubst du, du hältst den dritten Grad aus?« Seine Stimme klang herausfordernd.
»Ich würde mich freuen, wenn ich Ihnen irgendwie weiterhelfen könnte, Officer«, sagte Jos, ihm fest in die Augen blickend.
»Sieh vor dich, wo du hinfährst, Idiot. Sehr schön, Mr. Steiner, wo waren Sie denn am vergangenen Mittwoch?« Arties ruheloser Blick fiel wieder auf ein Freudenmädchen – dieser Teil der Michigan Avenue war ein einziges Bordell.
»Bist du vielleicht immer noch nicht überzeugt?« fragte Jos aufbegehrend, und dann fuhr er im Ton des aussagenden Zeugen fort: »Am vergangenen Mittwoch... hm... ja, jetzt erinnere ich mich: da war ich den ganzen Nachmittag und Abend mit Artie Straus zusammen, einem Freund von mir.«
»So, und dann holen sie mich, um deine Aussage nachzuprüfen. Mensch, man sollte dich umbringen!«
Sie gingen noch einmal die Angaben durch, auf die sie sich geeinigt hatten für den Fall, daß sie irgendwie verhört würden. Artie war plötzlich wieder sehr aufmerksam bei der Sache. »Schön, wir haben im Windermere gegessen. Das stimmt sogar. Zusammen mit Willie.«
Sie lachten wieder. Jos frohlockte. Sie würden sich Willie Weiss' bedienen, und Willie würde nicht einmal wissen, wie er und Artie über ihn lachten. »Dann nach dem Lunch«, griff Jos das Alibi wieder auf, »waren wir einige Stunden im Lincoln Park, an der Lagune. Die meiste Zeit haben wir in meinem Wagen gesessen, da ich eine besondere Abart der Grasmücke beobachten wollte, die in den letzten Maitagen in dieser Gegend anzutreffen ist –«

»Mensch, schmeiß ihnen doch den lateinischen Namen in den Rachen«, fiel Artie ein.
»Dendroica Aestiva, aus der Familie der Compsothlypidae«, ergänzte Jos.
Dann übernahm Artie die Darstellung. »Ich habe Jos Steiner begleitet und im Wagen gesessen, während er nach dem Vogel Ausschau hielt. Ich glaubte, es würde auf meine Mutter einen günstigen Eindruck machen, wenn ich ihr sagen konnte, ich hätte den ganzen Nachmittag zusammen mit Jos am Busen der Ornithologie verbracht und etwas wirklich Nützliches getrieben. Aber leider, leider hatten wir eine Flasche Gin bei uns im Wagen, Sir, und ich hatte schließlich eine ganz anständige Fahne und das unbestimmte Gefühl, daß der Eindruck auf meine Mutter doch nicht allzu günstig wäre. Deshalb haben wir abends auswärts gegessen, und zwar im... warten Sie mal...«
»Coconut Grove«, sagte Jos.
»Anschließend sind wir noch eine Zeitlang in der Gegend herumgefahren, um uns zwei Mädchen aufzugabeln.«
»Meinen Sie damit Mädchen, die Sie nicht kannten?«
»Ja, Sir, Sie wissen ja, eben halt zwei Nutten.«
»Knüpfen Sie öfter solche Beziehungen an?«
»Na ja, hm, Officer...« – ein Augenzwinkern –, »Sie wissen ja, wie das so ist...«
»Und wie ging das dann aus?«
»Na ja, wir haben zwei aufgelesen, in der Gegend Dreiundsechzigste und State Street. Und dann sind wir zum Jackson Park gefahren –«
Jos unterbrach ihn. »Wir wollten doch Lincoln Park sagen.«
»Das erste Mal, nachmittags mit den Vögeln, das ist Lincoln Park. Das zweite Mal, abends mit den Kokotten, das ist Jackson Park. Da in der Nähe vom See... Nur, ja... hm, Officer, die beiden wollten nicht mitmachen, und da haben wir sie so um zehn Uhr herum wieder abgesetzt.«
»Können Sie uns ihre Namen nennen, Mr. Straus?«
»Ja, meine hat gesagt, sie heißt Edna, aber Sie wissen ja – auch wir haben nicht unsere richtigen Namen gesagt. Sie war blond, gut proportioniert –« Er zeichnete mit der Hand heftige Kurven in die Luft und erblickte gerade in diesem Augenblick ein Mädchen, das in einem Paige an ihnen vorbeifuhr. »Mensch, fahr der mal nach!«
»Hör mal zu« – Jos jagte hinter dem Paige her –, »was hältst du

davon, wenn wir die Sache etwas abändern? Nämlich, wenn wir sagen, sie hätten *doch* mitgemacht, dann wird man noch weniger damit rechnen, daß sie auftauchen und sich melden.«
»Schön. Einen Augenblick. Wenn sie einverstanden gewesen wären, hätten wir sie nachher nach Hause gefahren. Frage: Wo wohnen sie?« Jos überholte den Paige, aber das Mädchen reagierte nicht auf Arties Winken.
»Wir könnten sagen, sie hätten uns gebeten, sie wieder an der Ecke abzusetzen, wo wir sie mitgenommen hatten«, schlug Jos vor. »Das hört sich ganz plausibel an.«
»Mensch!« Artie blickte ihn kalt an. »Erzähl ihnen doch einfach, du bist mit einer anständigen Bekanntschaft ausgewesen!«
»Du meinst, ich soll sagen, wir hätten eine Doppelverabredung gehabt?«
»Nein, nur du.« Schließlich sei es ja auch seine Brille, die man gefunden habe.
Jos durchzuckte es – ein Gefühl, mehr Trauer als Zorn, ein Gefühl der Einsamkeit, so als ob ihn Artie tatsächlich allein gelassen und der Gesellschaft einer Kokotte ausgeliefert hätte, aus der er sich nicht einmal etwas machte. Aber dann drehte er den Spieß um. »Ich könnte ja auch sagen, ich hätte gefahren und du hättest hinten Myra bei dir gehabt. Myra würde die Aussage dir zuliebe bestätigen. Du sagst ja immer, für dich tut sie alles.«
»Klar«, erwiderte Artie, ihn immer noch mit diesem kaltschlauen Blick ansehend.
Verzweifelt versuchte Jos, die alte Hochstimmung wieder zu beschwören. »Was hältst du davon: wir führen sie heute abend aus und vergewaltigen sie!«
»Dazu hättest du viel zuviel Angst.«
»Meinst du? Alles, was du machst, mache ich auch.«
»Wirklich?« Jetzt wußte Jos, was ihn aus Arties Blick heraus anstarrte. Es war die Anklage seines gestrigen Verhaltens, seines Verhaltens im entscheidenden Augenblick – als der Junge im Wagen gewesen war, die plötzlichen Schläge, das Blut, und Jos hatte sich selbst ausrufen hören: »Oh, mein Gott, das ist ja schrecklich!«
»Dir kam ja die Angst aus allen Knopflöchern heraus«, sagte Artie in einem Ton, der keinen Widerspruch duldete. »Und deshalb hast du auch deine verdammte Brille fallengelassen.«

Der Klang dieser Stimme barg alle Möglichkeiten. Vielleicht machte Artie ihn fertig. Artie mußte schon ähnliche Dinger gedreht haben. Vielleicht kam er von hinten. Kurzer Schlag mit dem umwickelten Meißel auf den Hinterkopf, ein schneller Stoß, hinten wo der Jackson-Pier aufhörte, sein Körper klatschte ins dunkle Wasser, und in seinen zu Artie aufblickenden Augen – unterwürfige Annahme des ihm bestimmten Schicksals.
»Ich stehe eine Woche zu dem Alibi«, sagte Artie. »Dann muß jeder für sich allein sehen, wie er fertig wird.«
»Wenn erst mal eine Woche herum ist, kann uns die Brille kaum noch gefährlich werden«, meinte Jos.
Er bog in den Hyde Park Boulevard ein. Vor dem Kesslerschen Haus parkten mehrere Polizeiwagen. Im Vorgarten wimmelte es von Bildberichtern und Reportern. Artie wollte herausspringen. »Bleib weg von dort!« rief Jos.
Artie kicherte. »Mein Interesse ist doch ganz natürlich. Ich wohne ja praktisch vis-à-vis. Der arme kleine Paulie hat immer bei uns auf dem Tennisplatz gespielt; war ein dicker Freund von meinem kleinen Bruder Billy! Mit ihm in die gleiche Klasse gegangen!«
»Du verrätst uns, wenn du so hinausstarrst! Laß das doch!«
»Verdammt! Willst du mir vielleicht vorschreiben, was ich zu tun und zu lassen habe!« Aber er blieb im Wagen.
Stumm fuhr Jos weiter zu Arties Haus. Doch als Artie ausstieg, fragte er: »Was machst du nachher noch?«
»Weiß noch nicht. Ich ruf dich an.« – Jos fuhr weiter.

Artie stürmte mit der Extraausgabe des *Globe* ins Haus hinein in der Hoffnung, eine Sensation hervorzurufen. Aber seine Mutter war nicht da. Sie war wohl bei irgendeinem Kränzchen und machte in Wohltätigkeit. Wenn sie heimkam, wußte sie sicher schon alles. Er fühlte sich um etwas betrogen. Ihr gegenüber fühlte er sich immer um etwas betrogen. *Mumsie, stell dir vor, was mit dem kleinen Kessler passiert ist!* Sie wäre kalkweiß geworden. *Es hätte genauso gut Billy sein können! Na ja, Billy hat doch dort auf dem Baseballplatz gespielt, mit Paulie und den anderen. Ich habe sie doch selbst gesehen!* Nein, vielleicht ging er doch besser nicht so weit.
Artie eilte die Treppe hinauf. Billys Zimmer war leer. Einen Augenblick lang vermochte Artie in düsterer Verwirrung keinen Gedanken zu fassen. Als ob das Zimmer ganz selbstver-

ständlich leer sein müsse, weil es Billy gewesen war, den sie –
dann aber sagte er sich, daß der Kleine gewiß in der Menge vor
dem Kesslerschen Haus war und die Neuigkeiten in sich hin-
eintrank; er würde einen ausführlichen Bericht geben, ehe sein
großer Bruder noch ein Wort würde anbringen können, einen
aufgeweckten Klein-Billy-fix-und-fertig-Bericht.
Sie hätten tatsächlich *ihn* nehmen sollen, den verdammten
Bastard, wie es einmal geplant gewesen war. Nur – Jos hatte
seine Bemerkung als Witz aufgefaßt. Artie sah jetzt das Bild
vor sich, als ob es in der Tat so gekommen wäre, als ob er
wirklich Billy erwischt und ihn in seinen Armen sich wehren
gefühlt hätte, wie manchmal, wenn sie im Spaß miteinander
rangen. Und wenn es Billy gewesen wäre, fragte sich Artie,
hätte er dann weinen mögen?
Dann sah er sich plötzlich in einer Gefängniszelle. Er war
hinter Gittern, und Leute gingen vorbei und starrten das Mör-
derungeheuer an; und er schnitt Grimassen, streckte ihnen die
Zunge heraus, machte alle möglichen Gesichter, hüpfte umher
wie ein Affe. Mensch, das wäre ein Spaß!
Auf Billy-Lieblings Bett lag eine offene Pralinenschachtel. Er
griff sich eine Handvoll heraus und aß sie. Seine Gedanken
waren immer noch bei der Gefängniszelle. Man gab ihm den
dritten Grad.
Er hörte einen erstickten Schrei. Das Mädchen stand in der
Tür. »Oh, Sie sind's, Artie. Ich hatte gar niemanden kommen
gehört.« Sie war zu Tode erschrocken. »Wir sind alle ganz
durcheinander heute. Wissen Sie schon, was mit dem armen
kleinen –«
»Ja, es steht schon in der Zeitung.« Und dann fragte er besorgt:
»Wo ist Billy?«
»Oh, Billy ist in Sicherheit! Ihre Mutter hat gleich den Wagen
genommen, als sie gehört hat, daß etwas nicht ganz in Ordnung war, und hat ihn aus der Schule geholt. Sie wollte ihn
keine Minute mehr dort lassen. Sie hat Billy zu ihrer Versammlung mitgenommen. So, es steht schon in der Zeitung?«
»Ja.« Er ließ sie die Schlagzeilen lesen.
»Es muß so ein Unhold gewesen sein, der das getan hat«, sagte
Clarice. »Vielleicht einer dort von den Lehrern.«
»Schon möglich, und wie man sagt, kommen sie alle an den Ort
ihres Verbrechens zurück«, erwiderte Artie. Sie war erregt und
befeuchtete sich mit der Zunge die Lippen. Sie wollte es immer

von ihm, strich ständig um ihn herum. Aber wenn er einmal den ersten Schritt getan hatte, würde er es auch ganz zu Ende tun müssen, und vielleicht drückte ihn, wenn er über ihr war, der Ekel nieder, so daß er nichts ausrichten konnte. Dann hätte er immer so ein komisches Gefühl, wenn sie im Hause war und von seinem Unvermögen wußte. Zum Teufel mit ihr.
»Ich hoffe, sie fassen ihn«, sagte sie. »Eher fühlt sich ja niemand mehr sicher. Der arme kleine Paulie, hoffentlich hat er nicht lange leiden müssen.«
Die Lieferantenglocke läutete, und sie mußte gehen. Artie hob Billys Pfeil und Bogen auf, die sein Bruder einfach fallengelassen hatte. Keine Miß Lästig ging Billy hinterdrein, die darüber wachte, daß man keine Sachen auf den Boden warf. Um ihren kleinen Engel kümmerte sich Mumsie selbst.
Die Vorstellung kehrte wieder. Er war in einem Kerker. Sie hatten ihn. Zwei riesenhafte Kerle mit Gummiknüppeln. Er beugte sich vor, und sie schlugen auf ihn ein. Er nahm alle Schläge hin, Schläge auf die Schultern, auf den Rücken. Aber er blieb stumm, er sagte nichts. Sie würden ihm nie etwas beweisen können. Er war der Meistermörder, und sie wußten, daß sie ihn hatten, aber sie konnten es ihm einfach nicht beweisen! War er ein Kerl! Schließlich mußten sie ihn laufenlassen. Sie folgten ihm, die Hirnverbrannten, als würde er sie sogleich zu seiner Bande führen. Er schlug einen Haken, schüttelte die Verfolger ab. Er gelangte zu seinem Schlupfwinkel, einem Versteck im Souterrain, und nun wollte er mit dieser Ratte von Jos abrechnen. Zwei von seiner Leibwache führten Jos herein und schleuderten ihn zu Boden. Seine verdammte Brille als Beweisstück zurückzulassen!
Jos ihm wehrlos zu Füßen, in seinem Kellerhauptquartier. Artie steht auf, um Gericht zu halten. Er streckt den Arm aus. Eine Welle der Macht durchflutet ihn. Er deutet mit dem Finger hinab auf den an allen Gliedern bebenden Verräter. *Es ist mein Wille, daß du aufhörest zu sein.* Und seine Macht fährt wie ein unsichtbarer Blitz durch das Bündel Mensch vor ihm, und aus Jos ist das Leben gewichen.
Aber er konnte ihn auch, Pistole in den Rücken gebohrt, zum Pier führen, vielleicht noch heute spät in der Nacht. *Siehst du, Jos, jetzt wird erst alles vollkommen. Du mußt zugeben, Jos, daß dies die gegebene Lösung ist, und deshalb bin ich gezwungen, sie herbeizuführen.* Das wäre flott: Jos mit seiner eigenen komischen Philosophie schlagen! Und Jos würde das auch zu-

geben – sie hatten seine Brille gefunden, sie fanden am nächsten Morgen seine Leiche im Wasser, Selbstmord. Quod erat demonstrandum.
Plötzlich überfiel Artie die Angst. Die Angst, der Alpdruck, das unerträgliche schreiende Ding kam in ihm hoch – Mensch, da ging er ja drauf! Schnell irgend jemand, schnell mit irgend jemandem zusammen sein, der ihn auf andere Gedanken – nicht Jos. Er versuchte, Willie Weiss anzurufen, aber Willie war nicht da. Er stürzte aus dem Haus, über die Straße, geradewegs auf die Villa der Kesslers zu. Niemand mehr im Vorgarten; die Reporter waren alle fort. Aber einige Polizeiwagen standen noch da.
Nur unter innerem Zwang kam Artie wieder von dem Haus los. Er ging den Weg zurück. In der Einfahrt stand der Franklin seines Bruders Lewis. *Du kannst mich mal, Lewis!* Hinter dem Steuer fühlte sich Artie ein wenig wohler. Er fuhr den Hyde Park Boulevard hinunter. Nicht zu Myra – Myra kann mich ... dürre Bohnenstange mit ihren langen, dünnen Fingern, daß man's mit der Angst zu tun bekommt. Artie mußte laut lachen, und als er vor Ruths Haus hielt, war ihm wieder wohl.
Ruth war genau die richtige, mit ihrem runden Gesicht, milchig und glatt. Sie sollte neben ihm sitzen, wenn er am See entlangfuhr. Er mußte ihr eine tolle Geschichte erzählen. Sie fiel ja auf alles herein. Wie bei der Sache mit dem Alkoholschmuggel. Als er sich in eines seiner Hemden ein Loch geschossen und es angezogen und ihr das Loch gezeigt hatte: er gehe nur um des Nervenkitzels willen Alkohol schmuggeln und habe mit einigen Hijackers, die immer die Schmugglerboote überfielen, einen kleinen Kugelwechsel gehabt. Als ob sie beweisen wollte, daß sie ihm diese Geschichte nicht glaubte, fragte sie ihn jetzt immer, ob sein Schmuggel noch blühe. Aber sie gehörte zu denen, die so was anstandslos für bare Münze nahmen. Er konnte ihr ja heute erzählen, er selbst habe den kleinen Kessler entführt. »Ach ja, huuh-huuh«, würde sie rufen, ihn mit ihren ernsten Augen anblickend, aber in einem Tonfall, der besagen sollte, daß sie sich nicht noch einmal etwas weismachen ließe.
Artie blickte durch das Fenster des Drugstores ihres Vaters und sah, daß sie nicht unten war. Sie hatten ihre Wohnung im zweiten Stock. Er hupte. Dreimal, viermal. Dann zeigte sich Ruth hinter dem Fenster. Artie hupte noch einmal.
Sie schob das Fenster hoch. »Artie, ist das vielleicht eine Art?«

rief sie, nicht allzu vorwurfsvoll. »Bist du zu faul, auszusteigen und zu klingeln?«
»Komm runter«, sagte er. »Ich muß dir etwas erzählen.«
»Du kannst ja heraufkommen, wenn du willst.«
»Nein, komm du runter.«
Ruth schloß das Fenster und kam einen Augenblick später zum Hausgang heraus.
Sie sah zum Anbeißen aus. Ihr rundes, weiches Gesicht war ein wenig gerötet, und das rötliche Haar leuchtete, von einem grünen Samtband aus der Stirn gezogen und hinten aufgeplustert.
»Komm, wir fahren ein bißchen spazieren«, sagte Artie.
»Artie, was stellst du dir bloß vor! Ich kann jetzt nicht fort.«
»Freilich. Komm nur mit.« Er lockte sie mit seinem jungenhaften Grinsen. »Ich fühle mich so einsam.«
»Was ist denn mit deinen vielen Mädchen los?«
»Ach, ich bin sie heute alle satt. Ich habe gerade an dich gedacht.«
»Na, das ist nicht sehr schmeichelhaft. Die Letzte auf der Liste.«
Er hupte abermals. »Komm schon.«
»Ich kann nicht. Ich helfe Mutter. Vielleicht morgen.«
»Freilich kannst du. Komm! Ich spendiere dir ein Bier.«
»Nein, wirklich, ich kann jetzt nicht«, sagte sie in dem Ton, den Mädchen so an sich haben und bei dem man genau weiß, daß sie natürlich könnten, wenn sie wollten. Er setzte ein bekümmertes, ernstes Gesicht auf. Das blieb nicht ohne Wirkung. Sie fragte: »Hast du etwas, Artie?«
Es sei einfach der Schock nach diesem Vorfall da in seiner Gegend, sagte er. Dieses gräßliche Verbrechen. Sozusagen gleich gegenüber. Es hätte genauso gut seinen kleinen Bruder treffen können!
»Ja, ich weiß«, stimmte ihm Ruth zu. »Es ist ganz entsetzlich. Einfach unvorstellbar.« Für die Spanne eines Augenblicks hatte er sie in der Hand. Aber dann schüttelte sie den Kopf und sagte: »Ich muß jetzt wirklich wieder hinaufgehen. Aber ein andermal gern, Artie.«
Er fuhr zum Klubhaus, stürzte in das Gebäude, gab die große Sensation zum besten, redete in rasendem Wortschwall von dem Verbrechen daher, von seinem Bruder, von dem Lösegeld und wandte dann, wie das so seine Art war, ganz urplötzlich seine Aufmerksamkeit einer Bridgepartie zu.

8

Ich verabschiedete mich von Tom Daly und beschloß, zum Abendessen in den Klub zu gehen, ehe ich Ruth aufsuchte; ich wollte mich wohl zeigen und in meinem neuen Reporterruhm sonnen. In der Vorhalle war eine Bridgepartie im Gange, und Artie sauste wie immer von der einen Seite auf die andere und gab gute Ratschläge.

Ich warf die Zeitung auf den Bridgetisch. »Schon von dem tollen Ding gehört? Kind ermordet worden.« Und zu Artie rief ich hinüber: »Der Junge hat ja ganz in deiner Nähe gewohnt.«

»Unsere Straße ist von vorn bis hinten abgesperrt!« rief Artie. »So viele Polizisten habe ich noch nie auf einem Haufen gesehen! Ich habe gerade eben hier erzählt, wie –«

»Abgesperrt?« erwiderte ich. Arties Angewohnheit, die Dinge maßlos zu übertreiben, ging mir auf die Nerven. »Keine Absperrung gesehen. Ich komme ja gerade von dort.«

Die anderen redeten über das Ereignis hin und her. »Hast du mit der Sache zu tun, Sid?« fragte Milt Lewis mit einer gewissen Scheu.

»... von einem Reporter des *Daily Globe* identifiziert...«, las Raphael Goetz laut vor.

Ich gab zu, dieser Reporter zu sein.

»Mensch, mit der Bombennachricht hast du aber Schwein gehabt!« Artie starrte mich mit offenem Mund an. Dann umarmte er mich und klopfte mir auf den Rücken. »Sonnyboy Silver, der Reporter mit der Spürnase! Leute, wir haben einen Starreporter in unseren Reihen! Ich sag's ja, Alpha Beta bringt es noch zu etwas!« Er griff nach der Zeitung, warf einen Blick hinein, schwenkte sie hin und her. »Mensch, wenn Silver ihn nicht identifiziert hätte, hätten die auch noch das Lösegeld einkassiert, steht hier. Einfach toll!«

Er blickte mich so starr an, mit einem so seltsamen Gesichtsausdruck, daß ich mich später genau an diesen Augenblick erinnerte. »Na ja, ich bin nur ganz zufällig hingeschickt worden –«

Artie stellte tausend Fragen. Wie hatte das Kind ausgesehen? Waren irgendwelche Spuren an ihm festgestellt worden? Hatte man schon einen Anhaltspunkt? Die Polizei wies die Presse ja manchmal an, gewisse Feststellungen noch zurückzuhalten, um den Verbrecher in Sicherheit zu wiegen.

Sein Interesse an dem Fall kam allen ganz natürlich vor. Artie las leidenschaftlich gern Kriminalromane. Man wunderte sich allgemein, daß er, der als so begabt galt, praktisch nur billige Hefte und Schmöker verkonsumierte.

Artie zog mich nun wie zu einem Verschwörergespräch beiseite. »Sid, ich kann dir da ein paar prima Tips geben! Ich kann dir alles mögliche von dem kleinen Kessler erzählen!« Und er legte los: daß Paulie oft auf ihrem privaten Tennisplatz gespielt habe, daß er mit seinem kleinen Bruder zusammen auf die Schule gegangen sei, auf die gleiche Schule, die auch er, Artie, früher besucht habe. Da solle ich mal herumhören, auf der Twain School. Da führe todsicher die Spur hin.

Ich sagte ihm, daß ich gerade von dort komme, und erzählte von der Verhaftung des Lehrers, die ja noch nicht in der Zeitung stand. Artie wurde immer aufgeregter. So, dann hatten sie also diesen Steger, den alten Kinderverderber, eingebuchtet! Er wette zehn zu eins, daß der die Sache auf dem Gewissen habe! Ob ich etwas Interessantes über diesen Steger hören wollte. Er könnte mir da so einiges erzählen. Tolles Ding! An Billy, seinen kleinen Bruder, habe er sich mal heranmachen wollen, dieser perverse Typ. Klarer Fall. Ein Kind wisse natürlich nicht, was da eigentlich vor sich gehe, aber Billy sei eines Tages heimgekommen und habe gesagt, Mr. Steger sei so komisch zu ihm, und er lege einem immer den Arm um die Schultern. Ja, und Billy habe sogar gefragt, ob es auch recht sei, wenn er mit Mr. Steger im Wagen fahre. Mensch! Da hatte Billy aber gerade noch Glück gehabt!

Die Polizei sei damit zweifellos auf der richtigen Spur, erklärte Artie. Steger müsse sich mit dem Jungen abgegeben und ihn dann getötet haben, damit er nichts verraten konnte.

»Und was soll mit dem Lösegeld sein?« Einige andere hatten sich zu uns gesellt.

»Mit dem Lösegeld?« rief Artie. »Aber das ist doch ganz klar. Das liegt doch genau in der Linie. Ihr wißt doch, was diese armen Schlucker von Lehrern bezahlt bekommen, vielleicht fünfundzwanzig Eier in der Woche; sie sehen all die kleinen Bengels mit dicken Wagen in die Schule kommen – klar, daß da einer in Versuchung gerät!«

»Nachdem er das Kind getötet hat?«

»Ich gebe zu, das war abscheulich. Aber diese Lehrer brauchen eben Geld; die Versuchung ist ganz offensichtlich.«

Einer der Umstehenden wies auf eine Unstimmigkeit hin: wie hätte der Lehrer das Lösegeld abholen können, wenn er den ganzen Tag in der Schule war?
»Er muß einen Komplizen gehabt haben!« sagte Artie. »Wahrscheinlich auch so ein Perverser!« Die Schule da sei ja voll davon. Er habe selbst dort die Schulbank gedrückt und kenne sich aus.
»Ja, aus eigener Erfahrung!« lästerte Milt Lewis.
»Anders als auf der Stratmore Academy«, gab Artie zurück, auf die vornehme Kadettenanstalt anspielend, die Milt besucht hatte. »Da gehört das einfach zum Dienstplan!« Er wandte sich wieder mir zu und wollte wissen, was die Polizei wohl mit Steger machen würde. Ob ich wisse, was der ›dritte Grad‹ sei. Ob sie es wohl damit aus ihm herausbekämen.
»Den werden sie kaum anwenden«, sagte Harry Bass, einer unserer Juraleute. »Wenn sie den dritten Grad anwenden, kann er das Geständnis widerrufen.«
»Blödsinn«, erwiderte Artie, »sie machen das heute so, daß gar keine Spuren zurückbleiben.«
»Ja, vielleicht in billigen Kriminalromanen!« lachte Harry.
Artie wollte mich als Experten anrufen, wegen der Gummiknüppel, die keine Spuren hinterließen. Außerdem träten ihnen die Polizisten vorn rein, meinte er.
Natürlich habe die Polizei so ihre Mittel und Wege, bestätigte ich mit wissender Miene, und ich fragte ihn, ob ich wegen Steger mal mit seinem Bruder sprechen könne.
Seine Mutter halte den Kleinen versteckt, erwiderte er. Alle Mütter hätten jetzt kolossale Angst. Aber er werde mir diese Unterredung schon ermöglichen.
Da ich zu aufgedreht war, um in Ruhe essen zu können, beschloß ich, zu Ruth zu gehen. Artie folgte mir bis zur Tür und schärfte mir ein, am nächsten Tag unbedingt wieder mit ihm zu sprechen.

Ruth war meine Freundin damals. Aber vielleicht sollte ich einfach sagen, sie war meine große Liebe, denn was ich für sie empfand, ist auf keine bestimmte Zeit beschränkt. Immer wenn ich an sie denke, auch jetzt beim Schreiben dieser Zeilen, umfängt mich wieder die Aura dieser jungen Liebe, und ich weiß heute, daß das, was uns damals verband, wirklich Liebe war. Wir liebten einander und wagten nicht, es uns einzugestehen, und niemand sagte es uns.

Ich läutete und nahm zwei Treppenstufen auf einmal; Ruth trat in die Tür.
»Du bist mir ein feiner Kerl!« sagte sie vorwurfsvoll.
Und da erst erinnerte ich mich, daß wir am Nachmittag verabredet gewesen waren.
»Ach du lieber Gott, betrachte dich mal, hast du dich heute überhaupt rasiert?« ließ sich Ruths Mutter vernehmen. »Ich wette, du hast auch den ganzen Tag noch nichts gegessen.«
»Ich bin seit heute morgen auf den Beinen!« sagte ich und wollte meine Neuigkeiten sofort an den Mann bringen, aber Mrs. Goldenberg verschwand in der Küche, um sogleich eine Schüssel mit Nudelsuppe zu holen. »Du hast Glück gehabt, daß Ruth noch da ist«, rief sie.
»Ja«, bestätigte Ruth schalkhaft, »beinahe wäre ich weggewesen.«
»Mit wem?«
»Oh, ein feiner Wagen hat vorm Haus gehalten, ein Franklin«, sagte die Mutter.
»Er hat gehupt, daß man's in der ganzen Straße gehört hat«, fuhr Ruth fort.
»Millionärsmanieren.« Mrs. Goldenberg ging wieder hinaus, um Fleisch und Kartoffeln zu holen.
»Ja, tatsächlich, ein Verbindungsbruder von dir«, sagte Ruth. »Kein Geringerer als der Scheich des Campus persönlich erinnerte sich plötzlich meiner Existenz.«
»Artie? Den habe ich gerade eben im Klubhaus gesehen. Ich wußte nicht, daß du dich mit ihm triffst.«
Das tue sie auch nicht, meinte Ruth. Und deshalb sei es komisch, daß er sich heute so plötzlich habe sehen lassen. Angeblich weil er sich einsam fühlte. Er habe einen ziemlich verwirrten Eindruck gemacht.
»Das muß wegen des Mordfalls sein, so ganz in seiner Nähe«, sagte ich und zog die Zeitung aus der Tasche und breitete sie auf dem Tisch aus.
»Ja, ich weiß«, entgegnete Ruth. »Ich habe das Extrablatt gelesen. Ist das nicht furchtbar?«
Ja, allerdings, es sei furchtbar – schließlich hätte ich es ja selbst gesehen. »Was, das warst du? Der Reporter, der die Leiche identifiziert hat? Oh, Sid!« Ruths Stimme schwankte zwischen Stolz und Entsetzen.
»Gräßlich, ein gräßliches Verbrechen!« sagte die Mutter und hielt mich zum Essen an. Chikago werde immer schlimmer,

jetzt könne man schon sein Kind nicht mehr allein auf die Straße lassen. Und ich hätte also das auf der Titelseite alles berichtet?
»Du hast die Leiche gesehen? Der arme Junge.« Ruth starrte mich an, als könnte sie durch mich hindurch das Kind erblicken.
Ich erzählte ihr von der Verhaftung des Lehrers und von Arties kleinem Bruder, der in die gleiche Klasse ging.
»Ich weiß. Artie hat es mir gesagt. Deshalb war er so durcheinander. Er versucht zwar immer, blasiert zu tun, aber ich glaube, im Grunde hat er ein sehr weiches Gemüt.«
»Ja, ja! von wegen«, sagte ich. »Nimm dich lieber vor ihm in acht. Auf diese Tour kriegt er alle seine Mädchen herum. So auf die hilflos-verlegene, mit einem Unschuldslächeln garniert.«
»Meinst du, er will mich verführen?«
»Nein, aber er wird das nachher überall erzählen.«
Ihre Mutter verschwand. Mrs. Goldenberg sagte immer, sie sei nicht kleinlich, und wenn ihr Kind ihrem Freund mal einen Kuß geben wolle, dann tue sie das am besten zuhause. So setzten wir uns denn auf das kissenüberladene Sofa auf der Glasveranda und küßten uns.
»Das mit dem kleinen Jungen ist so schrecklich«, sagte sie.
Ich ließ die Bemerkung fallen, daß der Verbrecher wahrscheinlich ein Entarteter sei.
Wir schwiegen einen Augenblick, und dann fragte sie im Schulmädchenton: »Was genau ist eigentlich ein Entarteter, Sid? Wahrscheinlich müßte ich das wissen, aber ich weiß es nicht.«
Ich versuchte, es ihr zu erklären und gleichzeitig zu verheimlichen, daß auch meine Kenntnisse auf diesem Gebiet nicht allzu umfangreich waren.
»Ja, aber leiden diese Menschen dann nicht an so etwas wie an einer Krankheit?« fragte sie.
Zum erstenmal an diesem Tag hatte ich lange genug stillgesessen, um diesen Gedanken zum Durchbruch kommen zu lassen. Aber während ich normalerweise dieser vorurteilsfreien Ansicht zugestimmt hätte, machte mich nun auf einmal der Gedanke fast wild.
»Wir können nicht ein Verbrechen entschuldigen, indem wir es Krankheit nennen«, sagte ich in ziemlich heftigem Ton. »Schließlich war es ein einwandfreier Mord. Der kaltblütige Versuch, aus einer Kindesentführung Geld zu machen. Und

der Akt der Perversität kommt sozusagen nur noch hinzu, vielleicht einfach, um den übrigen Teil des Verbrechens geschickt zu tarnen.«

Ruth hatte ihre Hand der meinen entzogen. Ich fuhr fort: »Es ist einfach die Tat eines Barbaren – zuerst morden und dann das Opfer aus reiner Barbarei verstümmeln.«

»Aber Sid«, sagte sie, »warum regst du dich so auf? Ich habe doch nur gefragt.«

Sie sah mich so sehr ernst an, aus so verwirrten Augen, und ich zerschmolz vor Liebe zu ihr und umfaßte sie und küßte sie. In diesen Kuß floß der Schmerz über die Welt ein, die ich an diesem Tage gesehen hatte.

»Kinder, warum tanzt ihr nicht?« rief Ruths Mutter aus dem Zimmer nebenan. »Laßt doch das Grammophon spielen.« Mrs. Goldenberg schaltete hinter uns das Licht ein. »Weißt du, Ruthie«, sagte sie, »ich glaube, ich lasse mir einen Bubikopf schneiden.«

9

Obwohl sie nur zu dritt zu Tisch saßen, verlieh Jos' Vater, der säuberlich den Braten zerteilte, dem Mahl ein fast feierliches Gepräge. Das war so die Art des alten Herrn. In allen Dingen immer auf das rechte Maß bedacht. So mußte es in den frühen Tagen gewesen sein – Großvater, damals noch im Wollwarengeschäft tätig, mit seiner Elle die Stoffe abmessend, und an seiner Seite der ernste, rechtschaffene junge Joshua Steiner. Und mit seiner ehrlichen Elle hatte er den Aufstieg des Wollwarengeschäftes gemessen, den eigenen Fortschritt innerhalb der Entwicklung der Chikagoer Bekleidungsindustrie, und mit seiner Elle hatte er gemessen, in welche Familie einzuheiraten sei und welche Wollwarenfabriken gekauft und welcher Grundbesitz erworben werden mußte – mit der Elle hatte er sich und den Seinen einen ehrenhaften Platz in der Welt zugemessen.

An diesem Abend jedoch wollte Joshua Steiner in freierem, heiterem Ton zu seinen Söhnen sprechen. Max' Verlobungsfeier stand kurz bevor; in der nächsten Woche würde seine Braut aus New York eintreffen. Tante Bertha mußte sehen, daß alles vorbereitet war. Das Haus sollte voller Blumen sein.

Max saß gedankenversunken an seinem Platz, im stolzen Be-

wußtsein der guten Partie, die Bruder Joseph in New York für ihn arrangiert hatte – keine Geringere als eine Mannheimer.
War es tatsächlich möglich, daß keiner von ihnen von dem sensationellen Verbrechen gehört hatte? Jos fragte sich, ob er die Sprache darauf bringen sollte – nahe genug lag das Thema ja: der Junge war von der Twain weg entführt worden, und die war schließlich ganz in der Nähe. Aber jetzt wandte sich der alte Herr an ihn. Ob Jos für sein morgiges Examen auch gut vorbereitet sei. »Eine Aufnahmeprüfung für die Harvard Law School sollte auch von einem Genie ernstgenommen werden«, sagte er schmunzelnd und strich sich den Schnurrbart.
»Hm, er treibt sich wahrscheinlich wieder die ganze Nacht mit Artie draußen herum«, meinte Max. »Das ist so die Art, wie sich ein Genie aufs Examen vorbereitet. Ich mußte immer büffeln.«
»Sogar ein Genie kann sich mal täuschen«, sagte Joshua Steiner. »Denk an die Geschichte vom Hasen und vom Igel. Aber wie könnte auch ein Genie auf die Idee kommen, sich für Harvard vorzubereiten, wenn er eine Tour durch Europa im Kopf hat!«
»Keine Angst, ich habe schon die Schiffskarte in der Tasche!« rief Jos, und wie eine Hand legte sich plötzlich der Gedanke auf ihn, daß ihm tatsächlich in den zwei Wochen bis zu seiner Abreise etwas dazwischenkommen könnte. Sollte er versuchen, mit einem früheren Schiff zu fahren, gleich morgen nach der Prüfung abdampfen ...? Er wollte auf sein Zimmer gehen und seine Vorlesungsnotizen vornehmen. Er hatte alles mit der Maschine geschrieben, bei ihrer Zusammenkunft damals vor ein paar Wochen, mit Milt Lewis und den anderen. Wenn jetzt auf einmal ein Polizist hereinkam, um ihn festzunehmen? *Ist das Ihre Brille?* Wenn nun plötzlich sein Alter erfuhr, daß sein Sohn das größte Verbrechen der Welt begangen hatte? Würde er je die Vorstellung begreifen können, die dahintersteckte, je verstehen können, daß auf der einen Seite ebensoviel Größe war wie auf der anderen, ja, noch mehr? Denn das Verbrechen hatte der geltenden Anschauung zum Trotz geboren werden müssen, und das Gesetz war auf seiten der geltenden Anschauung.
Sein Vater reichte die Pickles herum mit der Bemerkung, daß er sie selbst in einem Delikatessengeschäft gekauft habe. Die Hausangestellten vergäßen solche Dinge, seit Mama Dear – sie war auch heute noch für sie alle ›die liebe Mutter‹ –

von ihnen gegangen sei. »Ja, also – Italien –«, sagte er dann, »– vielleicht streichst du Italien besser aus deinem Reiseprogramm, solange dort so unsichere Verhältnisse sind.« Jos ließ ihn reden.
»Oh, in Italien geht's jetzt gar nicht so übel zu, seit dieser Mussolini da die Macht ergriffen hat«, fiel sein Bruder ein. »Es herrscht wieder Ruhe und Ordnung im Land.«
»Den Italienern soll man nie trauen«, sagte sein Vater. »Sogar hier in Chikago sind alle Alkoholschmuggler Italiener. Mit ihren eigenen Unterweltsgesetzen und ihren Schießereien haben sie die Stadt in einen schlechten Ruf gebracht.«
»Ja, natürlich, nur die Juden sind vollkommene Menschen!« entfuhr es Jos.
»Wenigstens unterwerfen wir Juden uns dem Gesetz und gehen ehrlichen Geschäften und Berufen nach«, erwiderte sein Vater.
»Italien hat uns ja auch *nur* Dante und Leonardo da Vinci und Michelangelo und Raffael geschenkt«, hielt ihm Jos entgegen. »Und Cellini und Aretino.«
»Vielleicht waren die Italiener früher einmal ein gebildetes Volk, heute sind sie jedenfalls alle Gangster.«
Max schaltete sich ein. »Aber wie man hört, ist dieser Mussolini ein richtiger Volksführer, der den Glanz des alten Rom wieder erstrahlen lassen will – eine Art Übermensch.« Max trug ein Lächeln zur Schau, um zu zeigen, daß auch er wenigstens einmal versuchen wolle, die intellektuelle Sprache seines jüngeren Bruders zu sprechen.
In Jos' Seele hallte das Wort *Übermensch* wider. Die finstere, wütende, von Götterzorn erfüllte Gestalt Arties, wie er aus dem Wagen gestiegen war ... Wenn Artie nun mit ihm fertig war, wegen der Brille ... Wenn sich Artie jetzt Willie zuwandte ... Herrgott, das konnte er doch einfach nicht! Sie waren doch nun aneinandergekettet, so wie wenn Kinder eine Blutsbrüderschaft schlossen.
Sofort drängte sich ihm die Vorstellung des Blutes auf, der pulsierende Strahl, das Bild, das Übelkeit hervorrief. Er war es selbst – ein Kind. Gleich würde ihm schlecht werden ...
In diesem Augenblick läutete das Telefon. Das Mädchen kam herein und sagte, der Anruf sei für Jos. Sein Herz machte einen Satz. Das war Artie, ganz bestimmt. Er stürzte aus dem Eßzimmer hinaus.

Als Artie vom Klubhaus zurückkam, fand er im Salon Besuch vor und erinnerte sich, daß Mumsie ihn einer alten Busenfreundin aus dem Osten hatte vorführen wollen.
»Arthur!« In der Stimme seiner Mutter gesellte sich zu dem üblichen liebevollen Vorwurf die Erleichterung darüber, daß er endlich da war. Sie sah blaß aus heute abend, ein wenig ätherisch in ihrem grünen Kleid. Die Dame aus New York hatte Ponys und Pferdezähne; Mumsie kannte sie noch von der katholischen Schule her. Auch seine Brüder waren anwesend, James und Lewis – Lewis sogar mit seiner jungen Braut. Komplette Vorstellung.
»Arthur, mein Junge, ich hatte schon Angst bekommen«, sagte seine Mutter.
»Na, wer sollte mich schon kidnappen?« Er lachte.
Sein Vater wies ihn zurecht. »Zu Heiterkeit gibt der Vorfall nicht gerade Anlaß.«
Artie ließ die Unterlippe hängen, um sich ein zerknirschtes Aussehen zu geben. »Ich weiß«, sagte er in feierlich-ernstem Ton, und das gelang ihm so gut, daß er sogar eine Andeutung von Schmerz verspürte. »Der arme Paulie. Neulich erst habe ich mit ihm eine Partie Tennis gespielt, auf unserem Platz. Für sein Alter war er auf der Höhe – kräftige Armmuskeln, und er konnte einen anständigen Schmetterball hinlegen. Er muß sich gegen diese Wüstlinge da ganz schön zur Wehr gesetzt haben. Ich habe ihn sogar gefragt, ob er glaube, Billy würde sich über einen solchen Schläger freuen, wie er einen hatte. Wo ist übrigens Billy? Oben? Wie hat er das Ganze aufgenommen?«
»Ich habe versucht, ihn mit allen möglichen Dingen zu beschäftigen«, erwiderte seine Mutter. »Aber es war ein so aufregender Tag, daß ich ihn habe oben essen lassen. Gleich morgen früh bringe ich ihn nach Charlevoix. Er muß von hier fort, wo dieser Mensch noch frei herumläuft!«
Bei diesen Worten fühlte sich Artie neu belebt. Das Dessert stand noch auf dem Tisch: frische Erdbeeren. Mumsie hatte ihren Teller nicht angerührt. »Hängen ist viel zu gut für diesen Unhold!« sagte sie, und ihre Augen blitzten vor Empörung. »Ich halte nichts von der Todesstrafe, aber in einem solchen Fall – wenn sie ihn tatsächlich zu fassen bekommen, müßte man ihn mit Teer anstreichen und in Federn wälzen und an einer Laterne aufhängen! Oh!« Sie erschauerte unter ihren eigenen Worten. Artie griff nach ihrem Teller und

begann zu essen. »Artie!« Aber ihr leiser Seufzer drückte den heimlichen Stolz für ihren unverbesserlichen Artie aus und ließ erkennen, daß sie die frühen Erdbeeren eigens für ihn bestellt hatte. »Setz dich doch wenigstens hin. Hast du schon gegessen?«
»Ja, im Klubhaus. Ich bitte um Entschuldigung.« Er machte eine Verbeugung zu der Pferdezahndame hin. »Ich glaube, ich war ganz durcheinander wegen dieser Sache da.« Und er berichtete von seinem Verbindungsbruder, dem Reporter, der den Jungen identifiziert hatte.
»Wie ich gelesen habe, ist die arme Mrs. Kessler ganz gebrochen«, warf Lewis' Braut ein.
Pferdezahn bemerkte, das komme eben alles vom Krieg und dem Vernichtungswillen, der sich im Krieg erhoben habe. Ein Leben bedeute einfach nichts mehr.
»Ja, klar, nach diesem Massensterben wird das menschliche Leben zu einer reinen Abstraktion«, verkündete Artie mit dem sicheren Gefühl, daß Jos diese Feststellung entzückt hätte, während er sich über einen zweiten Teller Erdbeeren hermachte, den Clarice ihm gereicht hatte.
»Was weißt du schon von Massensterben!« rief ihm Lewis, der Kriegsveteran, zu. »Du warst ja damals noch ein Kind.« Ja, ja! rede du nur, du großer Held.
»Das ist gerade das Alter, in dem man am empfänglichsten ist«, erwiderte Artie, dem Besuch einen funkelnden Blick zuwerfend – aber die würde ja in die Hose machen, noch ehe er zu Ende war. »Was haben wir immer gespielt?« fragte er in rhetorischem Ton. »Tötet die Hunnen! Mäht sie nieder! Wir hatten sogar eine Tabellentafel in der Schule, die immer anzeigte, wieviele Hunnen getötet worden waren! Ach, das habe ich ja ganz vergessen zu erzählen – aus gut informierter Quelle: Man hat einen Lehrer verhaftet! Steger! Steht noch nicht in der Zeitung. Sid Silver hat es mir gesagt.« Er blickte sich um in der Absicht, die Wirkung seiner Worte noch zu steigern. »Du paßt am besten auf wegen Billy, Mums. In dieser Schule wimmelt es von perversen Typen.«
»Junge, führ nicht so eine Sprache!« sagte mit einem Naserümpfen sein älterer Bruder Lewis, während sein Vater ein schmerzlich berührtes Gesicht machte. James warf ihm jedoch einen komischen, aufmerksamen Blick zu.
Sein Vater hielt ihm vor, daß es nicht anständig sei, voreilige Schlüsse zu ziehen, nur weil man einen Lehrer zum Verhör

mitgenommen habe. Der Täter könne genauso gut irgendein ganz dummer Bösewicht sein.
»Kaum anzunehmen!« rief Artie. »Sieh dir doch den Brief an, den Kesslers bekommen haben. Die Lösegeldforderung. Nein, das hat kein ungebildeter Allerweltsverbrecher geschrieben! Das ist der Brief eines Gebildeten, und dazu eines, der Maschine schreiben kann. Man müßte sich eigentlich in der Schule mal nach dieser Schreibmaschine umsehen!«
Und in diesem Augenblick sah Artie im Geist die verdammte Reiseschreibmaschine vor sich: die stand ja immer noch bei Jos oben! Er schlang noch einen letzten Löffel Erdbeeren hinunter und sprang auf.
»Verabredet?« fragte seine Mutter.
»Ja. Eben erst wieder daran gedacht.«
Er stürzte zum Telefon.

Schon allein der Klang von Arties Stimme, die atemlos in ihrem Geheimcode auf ihn einredete, weckte Jos' Lebensgeister wieder auf; selbst wenn sie von Gefahr sprach, befreite sie ihn von dem Gefühl des Eingeschlossenseins, das er bei Tisch gehabt hatte – von dem Gefühl, wehrlos und allein jedem Zugriff der öffentlichen Gewalt ausgesetzt zu sein. »Ich habe da ein Geschäft mit Kofferschreibmaschinen in Aussicht«, sagte Artie. »Dachte, du würdest vielleicht mitkommen und eine mit mir aussuchen, zwei Häuserblocks südlich der Zwölften Straße.« Das hieß, daß Artie zwei Stunden vor zwölf hinüberkommen würde. Und Kofferschreibmaschinen? Jos hielt den Atem an. Ein weiterer Konstruktionsfehler! Diesmal ganz allein der seine! Und Artie hatte ihn entdeckt. Die Reiseschreibmaschine, auf der er den Brief mit der Lösegeldforderung getippt hatte – Artie hatte sich über ihn gebeugt und ihm Wendungen vorgeschlagen, die sich geschäftlich anhörten. Die Maschine konnte sie verraten! Wenn man die Spur der Brille bis zu ihm verfolgte und das Haus durchsuchte und die Schreibmaschine fand . . . Sie mußten sie heute nacht noch loswerden.
»Danke«, erwiderte er. »Ich habe auch schon daran gedacht, meine alte Kofferschreibmaschine abzustoßen. Zwei Häuserblocks südlich der Zwölften. In Ordnung. Ich komme mit.«
Als Jos mit gedankenschwerem Gesicht in das Eßzimmer zurückkam, fragte ihn Max: »Schon wieder dein Busenfreund?« Max gab nie Ruhe wegen der Freundschaft zwischen ihm und Artie. »Ich konnte schon früher nicht begreifen, wozu ihr zwei

euch ständig anrufen müßt. Wart ihr nicht heute den ganzen Tag zusammen? Und gestern auch?« Max sagte dies in jovialem Ton, aber er hatte wieder diesen hämischen Zug um die Augenwinkel. Seit vor zwei Jahren über Jos und Artie eine gewisse Geschichte bekanntgeworden war, die sich in der Sommerresidenz der Familie Straus in Charlevoix zugetragen hatte, ließ ihn Max nicht mehr in Ruhe. »Was habt ihr denn den ganzen Tag getrieben?«
»Wir haben Vögel aufgespürt.«
»Schon möglich, welche mit Röcken an«, sagte Max, sein fettes Kichern ausstoßend, aber in einem abschließenden Ton, als wolle er es dabei bewenden lassen. Er steckte sich eine dicke Zigarre in den Mund wie der Alte, und dann setzten die beiden ihr Gespräch über geschäftliche Dinge fort.
Jos sah sie an und fühlte quälend das »Was bildest du dir eigentlich ein, wer du bist?« in sich hochkommen, das er manchmal hätte herausschreien mögen. Als seine Mutter noch gelebt hatte, war wenigstens bei Tisch jemand dagewesen, der sich mit ihm beschäftigte, wenn die ›Männer‹ über Geschäfte sprachen.
Freilich, wegen dieser selben alten Geschichte mit ihm und Artie war sein Vater so schnell mit seiner Europatour einverstanden gewesen. Was hätten sie für Gesichter gemacht, wenn das mit dem Lösegeld in Ordnung gegangen und Artie mit ihm über den großen Teich gefahren wäre! Nicht daß Artie das nicht auch jetzt noch tun könnte, wenn er wollte – das nötige Geld hatte er ganz bestimmt.
»Zu schade, daß Artie nicht mit dir fährt«, bohrte Max weiter. Es war beängstigend, wie dieser Idiot seine geheimsten Gedanken zu erraten schien. »Da hättet ihr auf dem ganzen alten Kontinent Vögel aufspüren können.«
Jos gab keine Antwort; aber als Max mit gurgelndem Kichern wieder das Geschäftsgespräch aufnahm, sah Jos wieder die gestrige Szene in allen Einzelheiten vor sich. Ja, sie hatten etwas aufgespürt, ein ganz seltenes Exemplar. Vorsichtig den Mietwagen im Schatten eines Baumes geparkt, wo die Äste so niedrig hingen und einen natürlichen Schutz boten, so daß die Kinder vom Schultor her kaum jemanden darin sitzen sehen konnten. Und still gesessen, kein Laut, genau wie auf der Vogeljagd, bis man ein Teil der Landschaft geworden war. Wenn man so ganz ruhig im Wagen saß, wurde man zu einem Teil der Straße, und dann wartete man, bis der

Schwarm aus der Schule strömte, genauso wie wenn ein Schwarm aus einem Gebüsch aufflog und man sich rasch seine Beute griff.
Warten. »Alles in Ordnung?« Arties Augen eilten hin und her, überprüften die Taschen in den Wagentüren. Alles Gerät in Reichweite.
In der Tasche auf Jos' Seite, griffbereit – die Ätherflaschen. Das Stück Wäscheleine. Artie hatte eine Seidenschnur nehmen wollen, aber im letzten Augenblick hatten sie keine finden können. In der anderen Tasche, auf Arties Seite, der Meißel und die Salzsäure.
Was hatte sie gerade diesen Tag wählen lassen?
Wieder sah er den letzten Versuch mit dem Zug vor sich. »Klappt tadellos! Gleich den Tag festgesetzt!« Und selbst in diesem Augenblick war ihm noch etwas eingefallen. Was war mit dem Wagen? Wenn sich jemand nun den Wagen merkte? Seinen Stutz würde jeder gleich erkennen. Darauf hatte Artie gemeint, sie sollten einfach einen Wagen stehlen, aber Jos hatte nein gesagt; das würde nur die Gefahr der Entdeckung erhöhen. Bei einem vollkommenen, spurlosen Verbrechen mußte der Wagen unidentifizierbar sein.
Ja, hm. Artie machte ein verdrossenes Gesicht. Aber als sie die Michigan Avenue entlangfuhren und an dem Autoverleih vorbeikamen, hatte es Jos plötzlich: ein Mietwagen! Mit diesem Gedanken bewies er, daß er noch an der Sache interessiert war, und Artie bekam wieder ein wenig bessere Laune. Eine blöde Idee, sagte er; wenn man den Mietwagen feststellte, würde man auch herausfinden können, wer ihn gefahren habe. Man könne nicht einfach einen falschen Namen angeben; die Leute verlangten irgendwelche Angaben, Wohnung und so, und würden das vielleicht nachprüfen. Gut, hatte Jos gesagt, dann wollten sie also einen Mr. Soundso in die Welt setzen – mit allen erforderlichen Angaben!
Dieser Vorschlag brachte Artie wieder ganz auf seine Seite. Auf dem Sitz näherrückend brütete Artie eine neue Identität aus. Ein falscher Name. Man konnte ein Bankkonto eröffnen. Und sich in einem Hotel anmelden. Dann die persönlichen Daten. Das war einfach. »Du gibst eine Telefonnummer an, wo ich schon warte und die gewünschte Auskunft erteile. ›Wer? Jonesey? Oh, den kenne ich schon seit zehn Jahren. Ein ehrlicher, rechtschaffener Staatsbürger!‹«
Tadellos! Jos schlug Artie aufs Knie. Noch etwas, sagte Jos. Am

besten benutzte man den Wagen schon vorher wenigstens einmal, um keinen Verdacht zu erregen.
Artie warf ihm einen Blick zu. Suchte er neue Hindernisse?
Ja, eine Kette von Hindernissen war es gewesen, sie erstreckte sich von der einen Woche in die andere. Hätte sie nicht so viele Glieder haben können, bis der Tag nie kam, bis er, Jos, noch vorher nach Europa fuhr? Hatte er die Tat wirklich vollbringen wollen?
Dann die Fahrt zum Morrison Hotel. Artie warf seinen Koffer in den Stutz – gerade den Koffer, den er angeblich immer gepackt bereithielt, um mit einem Mädchen irgendwohin abzusteigen. Der Koffer fühlte sich zu leicht an, und Artie legte ein paar Bücher hinein – einen Geschichtswälzer aus der Universitätsbibliothek und einen H.G. Wells – jetzt war er schwer genug. Ja, und was für einen Namen... J. Poindexter Fish, schlug Artie vor, und Jos fragte, was er denn von P. Aretino halte, und das bot Anlaß zu einem wunderbaren Spiel mit Namen, bei dem einer den anderen ausstechen wollte. Oder sollten sie vielleicht den Namen eines Bekannten angeben? Wie stand es da mit Morty Kornhauser, diesem eingebildeten Kerl, der die Sache in Charlevoix damals ausposaunt hatte? Geschähe ihm ganz recht. Oder vielleicht Milt Lewis.
Aber dann, als es ernst wurde, wählten sie einfach einen Namen, den sie in einem Schaufenster sahen – Singer Nähmaschinen. Artie schrieb *James Singer* in das Anmeldebuch des Hotels, und sie gingen auf ihr Zimmer und lachten und lachten und tranken einiges und trieben Dummheiten miteinander, und dann rief Artie: »Auf, jetzt mieten wir den Wagen.«
Sie ließen den Koffer zurück und fuhren die Michigan Avenue hinauf, und Jos sagte: »Halt, wir dürfen Mr. Singers Bankkonto nicht vergessen.« Artie zahlte auf der Corn Exchange Bank dreihundert ein und unterzeichnete mit *James Singer, Morrison Hotel*. Ja, und vielleicht noch etwas Post für Mr. Singer, zur Zeit Morrison Hotel? Sie schrieben ein paar Briefe, lauter dummes Zeug: *Wie wär's mit einem Nümmerchen, Jimmy darling? Mein Mann ist verreist. Dein sehnsüchtiger Bettwärmer.* Die Sache wurde immer köstlicher.
Dann die Referenz. Ein Name: Walter Brewster. Dann in eine Imbißstube Ecke 21. Straße. Jos schnell die Nummer in der Telefonzelle aufnotiert. Artie an der Theke zurückgelassen.
Dann beim Autoverleih einen Willys ausgesucht. »Ihr Beruf, Mr. Singer?«...»Geschäftsreisender«...»Irgendwelche Refe-

renzen hier in der Stadt, Mr. Singer? Sie wissen ja, wir müssen wenigstens eine geschäftliche Referenz haben...« ...»O ja, natürlich, Sie können – Sie können Mr. Walter Brewster anrufen.« Dem Mann die Telefonnummer gegeben. Dann gewartet, während der Genasführte anrief. »Ja, hier ist ein Mr. Singer, der bei uns einen Wagen leihen will... So? Schön, ich danke Ihnen vielmals, Mr. Brewster, sehr liebenswürdig. Wenn Sie uns auch einmal beehren würden, Sir...« Und dann den Willys hinausgefahren und an der Ecke Artie aufgelesen – alles ging wie am Schnürchen.
»Gut, setzen wir jetzt den Tag fest.« Nicht zu bald nach der ersten Wagenausleihe. Damit der Mann sich später nicht zu deutlich an einen erinnerte. Eine Woche mußten sie wenigstens warten. Das wäre also in der zweiten Maihälfte.
Und als Jos dann seine Schiffskarte bekam, mußte er sie Artie zeigen. Und Artie blickte einen so sehr vielsagend an, daß man einfach nicht anders konnte als vorzuschlagen, noch an diesem Abend den Brief zu schreiben. Damit rückte aber alles so nahe heran, so nahe, daß es nun geschehen mußte. Fertig der Brief – *Sehr geehrter Herr* –, daneben schon der Umschlag, der noch auf den Namen seines Empfängers wartete. Das besondere Exemplar mußte ausgewählt werden. Ja, das war es. Leben und Tod, ein reiner Zufall. Der Tag selbst – eine dem Zufall überlassene Wahl, bis Artie meinte: »Freitag?«
Und Jos erwiderte: »Nein, da habe ich die blöde Harvard-Prüfung.« Und wenn die Tat noch warten sollte bis nach der Prüfung und noch über das Wochenende, dann kamen sie schon in die Woche vor seiner Abreise. Und dann folgte noch Max' Verlobungsfeier...
»Schön –« Artie warf ihm diesen kalten Blick zu und nagelte ihn fest, indem er den Tag nicht aufschob, sondern vorverlegte – »Dann also Donnerstag.«
Und Jos fiel nichts anderes ein als: »Aber da wollen wir doch mit Willie essen gehen.«
»Na und?« Willie gebe doch ein wundervolles Alibi ab. Donnerstag also. Gestern.
Nach seiner Zehn-Uhr-Vorlesung mit Artie die Michigan Avenue hinuntergefahren. »Ich hatte schon einmal bei Ihnen einen Wagen gemietet. James Singer. Gerade wieder mal in der Stadt.« Und dann mit beiden Wagen zurück in südlicher Richtung, Artie als erster in dem Willys, die Geschwindigkeit immer mehr hinaufdrückend, und er in seinem Stutz hinterher,

dicht an dicht. Dann die letzten Utensilien besorgt. Die Salzsäure, obwohl – er wußte nicht genau – Schwefelsäure vielleicht schneller wirkte? Aber Salzsäure würde es auch tun. Die ersten beiden Drugstores – nichts zu machen. Im dritten versuchte Artie sein Glück, sonst erinnerten sich vielleicht zu viele Drogisten an den kleinen, dunkelhaarigen jungen Mann mit diesem ungewöhnlichen Verlangen. Artie kurz darauf wieder draußen – alles geklappt. Und schließlich der Meißel. Eine Eisenwarenhandlung. Cottage Grove. Und Artie natürlich wie immer die beste Ausführung gewußt, die, bei der der Stahl ganz durch den Holzgriff hindurchging.
Und dann die Stiefel geholt, bei Max im Schrank. Ja – und die Seidenschnur, was war mit der? Artie durch die Schlafzimmer gejagt. »Mensch, wie wär's damit?« Die Schnur von dem Morgenrock des alten Herrn. Großartig!
»Nein, die vermißt er vielleicht.« Dann Artie: »Na ja, ist ja auch egal. Irgendein Stück Schnur. Kauf doch einfach ein Stück Wäscheleine. Halt, vergiß nicht, die verdammte Rolle Klebestreifen mitzunehmen.« Im Arzneischränkchen.
Und dann gerade noch Zeit genug, um vor dem Lunch im Jackson Park anzuhalten. Artie zeigt ihm, wie man den Klebestreifen um den Meißel wickelt, ziemlich dick da, wo die scharfe Kante ist – mit Klebestreifen umwickelt hat man so etwas gut im Griff.
Gut, also alles erledigt. Lunch im Windermere, und Willie, mit seinem öligen dunklen Gesicht, der sehr schlau tun will, Havelock Ellis zitiert, sich mit seinen medizinstudentischen Kenntnissen der Geschlechtsanatomie brüstet, der versucht, Artie das Wort zu reden, und der doch von allem nichts weiß, der nicht die geringste Ahnung hat, was seine beiden Tischgefährten verbindet.
Beim Herauskommen hängten sie Willie ab, damit er nicht sah, welchen Wagen sie fuhren. Dann, auf dem Weg zur Twain School, machte Jos noch schnell einen Sprung nach Hause, um aus der untersten Schublade im Zimmer seines Bruders den Revolver zu holen. Artie hatte seinen schon in der Tasche.
Selbst als sie bereits im Wagen warteten, so dicht bei der Schule, wollte es Jos nicht scheinen, daß ›es‹ wirklich geschehen könnte. Die Schultore gingen auf, der Schwarm strömte hervor – zuerst einige wenige, dann die große Masse, über die Straße flutend. Jos sah sich selbst, wie er vor wenigen Jahren noch unter ihnen gewesen war, der spindelbeinige komische

Vogel, kleiner, jünger als alle anderen. »He, Professor!« rief ihn manchmal ein rothaariger Witzbold an – »He, Professor, seltenen Vogel gesehen neulich, mitten auf der Ellis Avenue.« Und er, darauf hereinfallend: »Was war es denn für ein Vogel?« »Ein komischer Vogel!« Und dann deutete der andere auf ihn, und die ganze Bande fing an zu brüllen. Die Idioten, die Rotznasen! Damals schon kannte er zweihundert Vogelarten nach Namen und Aussehen!
Und wenn man heute einen von diesen Lümmeln schnappte, war es vielleicht eine Art Rache für seine elende Zeit in dieser elenden Schule. Der Kinderschwarm von heute oder der Kinderschwarm von vor vier Jahren – alle Anhäufungen von Menschen waren gleich – ungeschliffen, dumm . . .
Doch gelassen konzentrierte sich Jos wieder. Was er heute tat, tat er nicht aus Rache. Jene Jahre durften keine Gefühle in ihm aufkommen lassen. Schon damals, als Kind, hatte er gewußt, daß er nichts fühlen durfte. So konnte ihn auch nichts verletzen.
Deshalb – keine Rache. Keine gefühlsmäßige Verbindung. Dies hier war ein Exerzitium, ein Versuch an sich, eine Tat, die einem nüchternen Lehrsatz glich.
»Hallo, was ist?« Artie bedeutete ihm mit der Hand, er solle weiterfahren. Zuviele Kinder kamen auf den Wagen zu. Es konnte sie einer erkennen. Artie machte sich klein auf seinem Sitz, während der Wagen einmal um den Block fuhr. Jetzt hatte sich der Schwarm etwas gelichtet. Einige Kinder gingen in Begleitung von Hausmädchen, die sie immer abholten, und einige drückten sich noch in kleinen Grüppchen herum, besonders Mädchen. Dann stieß ihn Artie an und deutete mit dem Kinn. »Richard Weiss.«
Der wäre gerade recht. Vetter ihres Freundes Willie und Enkel des alten Nathan Weiss, des ›schwersten‹ Bankiers von Chikago, des Finanzmannes, der hinter all ihren Familienvermögen stand, hinter denen der Straus, der Hellers, der Seligmans. Der Schüler Richard Weiss bog in die 49. Straße ein. Die Kehrtwendung mit dem Wagen erforderte nur einen Augenblick, aber als sie an die 49. Straße kamen, war der Junge verschwunden.
Während dieses ganz kurzen Zwischenspiels verlor Jos plötzlich wieder die Lust. Er konnte sich die Tat nicht mehr recht vorstellen. Vielleicht war das Verschwinden des Jungen ein Omen dafür, daß sie doch nicht *ganz* ausgeführt wurde. »Las-

sen wir ihn halt laufen«, sagte Artie. »Komm, wir fahren wieder zur Schule zurück.«
Wenn nun vor der Schule niemand mehr zu sehen war, dann hätten sie für heute keine Chance mehr, und was den nächsten Tag anging – ja, da konnte Jos nun wirklich sagen, daß er sich auf sein Examen vorbereiten müsse.
»Mensch!« Jos folgte Arties Blick. Gegenüber der Schule, auf einem Spielplatz, eine ganze Gruppe. »Jetzt kannst du mich mal sehen!« Kühn ging Artie hinüber zu dem Platz. Jos starrte ihm nur nach und verspürte eine Art scheuen Erstaunens. So handelte ein Mensch, der über die normalen Ängste und Anschauungen völlig erhaben war. Auf einen so kühnen Schritt wäre er selbst, Jos, nie gekommen, das wußte er.
Artie ging ganz unbefangen über den Spielplatz. Jos sah, wie er sich bückte und den Arm um seinen kleinen Bruder Billy legte. Brachte er tatsächlich Billy mit?
Artie verließ den Spielplatz wieder. Jos fuhr ein Stück weiter, damit die Kinder den Wagen nicht sehen konnten. Artie eilte ihm nach und sprang in den Wagen. »Sind ein paar ganz annehmbare dabei«, rief er aufgeregt. »Mickey Bass zum Beispiel.« Seinem Vater gehörte die South Shore Line. »Und der kleine Becker – aber der hat ganz schön Kraft.«
»Wie wär's mit Billy Straus?« schlug Jos vor. »Sein alter Herr ist der reichste Jude in der Stadt.«
Artie grinste. Dann schüttelte er den Kopf. »Wie kämen wir da zu unserem Lösegeld? Wir hätten im ganzen Haus Polizisten, und ich könnte keinen unbewachten Schritt tun.« Er sah zurück zum Spielplatz. »Ich will dir was sagen – wir nehmen den ersten, dem das Ballspielen zu langweilig wird.«
Sie warteten. Artie wurde unruhig. Er winkte Jos zu, ihm zu folgen, und schlüpfte um den Spielplatz herum; von der kleinen Nebenstraße aus konnten sie die Kinder beobachten – Vögel mit ihren zufälligen Bewegungen, die auf dem freien Gelände umherhüpften. Artie kam ihnen gefährlich nahe. Und doch noch nicht nahe genug, um ein Kind vom anderen unterscheiden zu können, die am entgegengesetzten Ende des Platzes schon gar nicht. Sie schienen nicht aufhören zu wollen mit ihrem Ballspiel. »Da braucht man ja einen Feldstecher«, sagte Jos.
»Mensch! Geniale Idee!« Artie zwickte ihn in den Arm. »Los!«
»Was?«

»Dein Fernglas holen!«
Jos fragte sich – aber er schob diesen Gedanken gleich wieder von sich –, ob auch Artie in diesem Augenblick dem ganzen Plan die Chance hatte einräumen wollen, nach der es ihn, Jos, vielleicht von Anfang an verlangte, nämlich – zu scheitern. Und den Kindern die Chance, zu verschwinden, während sie zurückfuhren, um den Feldstecher zu holen...?
Im Haus war es still. Oben in Jos' Zimmer stürzte Artie gleich auf das Futteral. »Vorsichtig!« rief Jos. »So ein Ding ist empfindlich!«
Am Fenster stehend stellte Artie das Glas ein. »Da bist du fertig! Mensch, da könnte man die Klaue ausstrecken und sich einen von ihnen greifen!«
Jos stand dicht neben Artie. Es war einer jener Augenblicke – vielleicht weil sie in seinem Zimmer waren, zusammen, ungestört, in Sicherheit und doch mitten in ihrem grausigen Spiel –, einer jener Augenblicke, da er vor Erregung hätte aufstöhnen mögen.
Artie wandte sich um und reichte ihm das Glas. Und aus dem Blick in seinen Augen, aus diesem fast spöttischen Blick, las Jos heraus, daß Artie ›wußte‹. »Los!« rief Artie lachend und eilte auf die Treppe zu. »Sonst laufen sie uns noch fort!«
Wieder hinein in den Wagen und zurück in den Schatten des Baumes. Sie blickten abwechselnd durch den Feldstecher. Es war so seltsam, ein Kind zu beobachten, wie es sich bückte, um den Schuh neu zu schnüren, sich wieder aufrichtete und wartete. Wie ein Vogel, der sich putzte, den Kopf hob und lauschte.
»Da kommt einer!« rief Artie. Jos ließ den Motor an. Dann schüttelte Artie den Kopf. »Nein. Ich weiß nicht.« Sie warteten, mit laufendem Motor. Jos fühlte Arties Hand auf seinem Oberschenkel, warm, angespannt, bereit. Oh, alles, alles würde er tun für solche Augenblicke mit Artie!
Ein Knuff mit der Hand sollte das Zeichen sein.
Die Jungen auf dem Spielplatz standen in einem Knäuel umeinander; sie stritten. Vielleicht brachen sie das Spiel ab.
»Der Schiedsrichter«, murmelte Artie. »Ich glaube, der Schiedsrichter will nicht mehr mitmachen.« Dann freudig erregt: »Er kommt! Der kleine Kessler. Mensch, das ist gerade der richtige!«
»Wer ist das? Kennst du ihn?« Jos sprach plötzlich mit ganz hoher Stimme. »Haben die auch was drauf?«

»Denen gehört die halbe Innenstadt. Der Alte war früher mal Pfandleiher.«
Irgendwie schien somit der Junge genau der richtige zu sein.
Sein Schenkel verspürte den kneifenden Druck: das Zeichen! Kupplung, langsam, ganz langsam herankriechen. Laß den Jungen noch ein Stück vorausgehen, treib deinen Vogel ganz behutsam ins Netz.
Artie kletterte auf den Rücksitz. Sie hätten eine Strecke von vier Häuserblocks zur Verfügung, sagte Artie; der Junge wohne ganz in seiner Nähe. »Luft rein auf der Straße«, stellte er fest.
Jetzt waren sie mit dem Jungen fast auf gleicher Höhe. Jos ließ noch einen Lastwagen überholen und fuhr dann langsam am Bürgersteig entlang. »Laß mich das machen«, flüsterte Artie. »Er kennt mich. Und hupe nicht.« Und als sie den Jungen erreicht hatten: »Hallo, Paulie.«
Der Kleine wandte sich um. Jos steuerte den Wagen noch dichter an den Bordstein heran.

Die Stimme des Vaters zerriß das Bild. »Geht dir das Examen im Kopf herum?« Jos sah auf. »Ich glaube, ich tue Harvard die Ehre an und werfe mal einen Blick auf meine Notizen«, sagte er und erhob sich.
Oben in seinem Zimmer holte er sogar die maschinengeschriebenen Aufzeichnungen hervor. Seine Hand berührte den Feldstecher, den sie gestern abend wieder zurückgebracht hatten; Artie mußte vergessen haben, ihn wieder ins Futteral zu stecken. Nachlässigkeit störte Jos sogar an Artie. Als er aufstand, um das Glas wegzuräumen, dachte er an den Jungen, den sie durch diese Optik beobachtet hatten. Ob das Bild noch an den Linsen haftete? Wie in der Geschichte von dem letzten Bild auf der Netzhaut eines Ermordeten...
Jos versuchte zu büffeln, und dann überfiel ihn die sexuelle Erregung. Immer wenn er sich so hinsetzte und zu lernen versuchte. Er war geschlechtlich übererregbar, anders ließ sich das gar nicht erklären. Vorstellungen stahlen sich in seine Gedanken hinein: ein Sklave, der von seinem Herrn belohnt wurde...
Mit einem leisen Seufzer, fast einem Stöhnen, ergab sich Jos dem Wahntraum. Sein Herr lag auf einem steinernen Ruhebett und trank aus einem Silberpokal. Sein strahlender, muskulöser Oberkörper war nackt, golden die Haut, schimmernd, nicht

ölig, sondern leuchtend. Der Sklave war kein gewöhnlicher Sklave, er war gekauft worden wegen seines Wissens, seiner Bildung. Er kauerte am Boden und las seinem Herrn vor, und der Herr lachte über die Geschichte, eine lustige Erzählung von einem Esel, der Liebesbeziehungen zu einer Frau aufnahm.
Während Jos las, sah er auf zu seinem Herrn, und er sah das keimende Lächeln, das Beginnen der Erregung. Der Arm des Herrn lag frei da, und von Arties Hand hing lose eine kurze Peitsche herab. Artie bannte seine sklavischen Augen mit dem Blick und befahl »Auf, los, du Bastard, du Weichling« und schwang die Peitsche. Der Sklave legte seine Pergamentrolle beiseite und...
Dann ein Aufruhr. Ein Eindringling stürzte in den Raum, nein, drei, fünf, ein Dutzend Mörder. Jos sprang auf, um seinen Herrn zu beschützen, um einem der Schurken mit den bloßen Händen das Schwert zu entreißen, um auf die anderen loszugehen, sie zurückzuschlagen, mit dem Schwert zustoßend.
Bis zur Unerträglichkeit erregt erhob sich Jos, schritt im Zimmer umher und versuchte, sich vom Bett fernzuhalten. Artie würde erst in einer Stunde kommen. Dann vergewisserte er sich, ob die Tür abgeschlossen war, und legte sich nieder.
Er ließ sich ganz in die Vorstellung einsinken, ließ die Bilder kommen und gehen, ohne sich auf eines fester zu konzentrieren als auf die anderen: eine Straße in Florenz und ein junger Mann, blond – Artie –, der in eine schattendunkle Gasse einbog, ein Umdrehen, ein Lächeln, ein einladender Blick, und dann war wieder gestern, und die Mädchen trippelten zu zweien und zu dreien über die Straße, und warum war Artie immer gegen ein Mädchen gewesen? Vielleicht wäre er dann endlich von seinem übermächtigen Drang erlöst worden, aber nun schien immer noch eine Tat in ihm zu sein, die nach außen strebte. Das Mädchen... und da war wieder das Bild von dem ›Hunnen‹, dem bösen Deutschen, und dem Mädchen, das Hetzplakat im Flur der Twain School, damals im Krieg – die junge Französin, mit halb zerrissenem Kleid an einer Mauer kauernd, den Arm abwehrend erhoben, und der Hunne mit dem geifernden Mund, der auf sie zukam, sie an den Haaren packte, um sie...
Mit innerer Anstrengung raffte sich Jos vom Bett auf. Die Schreibmaschine. Sie stand an der Wand, unter den Glaskästen mit seinen ausgestopften Vögeln. Wegen dieses schrecklichen zweiten Schnitzers würde Artie mit ihm Schluß machen, wür-

de Artie alle Stunden ausradieren, die sie gemeinsam verbracht hatten, als ob sie nie gewesen wären.

Es war ganz zuletzt, als Mütterlein – Mama Dear, Mother Dear – gerade noch hatte aufstehen und ausgehen können. Ja, sie hatte sich wahrscheinlich überanstrengt, so kam es Jos jetzt vor, um ihm zuliebe diesen Besuch in die Wege zu leiten. Er hatte gewußt, daß es ein kleines Komplott war, ein Komplott, wie es Mother Dear und Tante Bertha so gern schmiedeten.
Er war sich seit langem ihres geflüsterten Kummers über ihn bewußt gewesen. Armer Jos, er müßte mehr Freunde haben. Er ist zuviel allein mit seinen Büchern. Der arme Jos, so dachten, wisperten sie, die Kinder können ihn alle nicht leiden. Sie glauben alle, er sei eingebildet. Der arme Jos, flüsterte es fort, alle Jungen in seiner Klasse sind drei Jahre älter als er, und in diesem Alter sind drei Jahre eine große Kluft. Und er macht sich eben einfach nichts aus Baseballspielen und solchen Dingen. Wenn wir nur jemanden finden könnten ...
Und dann hatten sie die Begegnung mit Artie eingefädelt. Natürlich wußte Jos von Artie, dem Wunderknaben, der eine Klasse über ihm im Eiltempo die Twain durchlaufen hatte und sogar noch einige Monate jünger war als er. Ja, er hätte Artie höchstwahrscheinlich auf der Twain kennengelernt, wenn Artie nicht in seinem letzten Schuljahr auf die University High School übergewechselt wäre, um somit bereits im Alter von vierzehn Jahren im Universitätsgelände ein und aus zu gehen.
Aber wenn von Artie Straus gesprochen wurde, dem brillanten Studenten, bemerkte Jos immer, daß es nicht notwendigerweise ein Zeichen von Intelligenz zu sein brauchte, wenn man mit vierzehn die Universität besuchte. Jeder Papagei mit einer entsprechend großen medulla oblongata könnte das Wissen in sich aufnehmen, das in der Schule verlangt werde. Jos hätte es ebenfalls mit vierzehn anstatt erst mit fünfzehn schaffen können, wenn er nicht wegen seiner schrecklichen Hautausschläge und Furunkel manchmal wochenlang der Schule ferngeblieben wäre. Und außerdem sei Artie Straus, wie jeder wisse, von seiner Gouvernante noch besonders vorbereitet worden.
Doch Jos wußte auch sehr wohl, daß man von ihm einen günstigen Einfluß auf Artie erhoffte, weil es der junge Straus, seit er die Universität besuchte, ziemlich wild trieb, im Kreise von Gefährten, die einige Jahre älter waren als er. Gerade vor

kurzem erst hatte Artie mit einem Wagen einen schlimmen Zusammenstoß gehabt.

Es war ein warmer, heiterer Tag im Mai, und als sie aus dem Haus traten, blieb Mother Dear stehen, um die laue Luft einzuatmen. Jos bot ihr seinen Arm, und sie sah ihn mit jenem Lächeln an, das er, seit ihn in ganz jungen Jahren sein irisches Kindermädchen in eine Kirche mit bunten Glasfenstern mitgenommen hatte, mit einem anderen Lächeln gleichsetzte. »Ist das der Himmel?« hatte er geflüstert und beim Anblick der leuchtenden Madonna im Fenster gefragt: »Ist das die Frau vom lieben Gott?« Und dann hatte ihm das Kindermädchen erklärt, wer die Madonna sei. Gottes Mutter. Und obwohl er, sobald er größer wurde, erkannte, daß er zum Atheisten geboren war, bestand doch für ihn das Bild der Madonna fort als das eines Wesens, an das er glaubte – und als das seiner Mutter, Mother Dear.

»Du wirst sicher Artie Straus kennenlernen«, wiederholte Tante Bertha zum soundsovielten Male. »Ich habe Mrs. Straus gefragt, ob er da sein wird. Weißt du, Artie kann dir bestimmt einiges von der Universität erzählen, was dich interessiert. Welche Lehrer du hören mußt und so.«

»Professoren«, verbesserte er sie.

Tante Bertha war in ihrem ›Electric‹ gekommen und überließ ihm jetzt für die wenigen Straßen bis zu der Strausschen Villa das Steuer. Wenn Jos den Edison fuhr, durchzuckte ihn jedesmal ein Hochgefühl, obwohl er schon einen richtigen Wagen fahren konnte.

»Artie soll ein netter, immer zu Späßen aufgelegter Junge sein, und ich hoffe, ihr werdet gute Freunde«, fuhr seine Tante fort, ohne sich zu überlegen, daß sie Gefahr lief, mit einer solchen Bemerkung genau das Gegenteil zu erreichen. Besonders wenn man Artie in der gleichen Weise bearbeitete.

Aber Artie kam aus dem Haus gerannt, als der Wagen vorfuhr. Mit einer Höflichkeit, hinter der sich Spott hätte verbergen können, öffnete er die Tür.

Auf den ersten Blick war Jos enttäuscht – er hatte das blitzschnelle Gefühl, daß Artie nicht der richtige für ihn war. Seine lange schmale Nase war wie Talg. Und alles an ihm war zu lang – seine Arme, sein Hals, seine Finger. Ehe Jos noch aus dem Wagen stieg, wußte er, daß er Artie kaum bis an die Schultern reichen würde. Fiel er schon überall durch seine geringe Kör-

pergröße auf, so mußte er neben Artie wie ein Zwerg wirken...
Mrs. Straus wies alle Anwesenden darauf hin, daß Artie ein Tausendsassa und Tunichtgut sei. Und da die beiden intelligenten Burschen bald Gefährten werden würden, sollten sich die Damen lieber vorsehen!
»Zeig doch Jos mal dein Zimmer, wir rufen, wenn wir soweit sind«, sagte Mrs. Straus zu Artie, der mit der Hand ein ›Komm!‹ winkte und zwei Treppenstufen auf einmal nahm.
Das Zimmer sah so aus, wie man sich immer eine Studentenbude vorstellte, mit Siegerpreisen und Sportgeräten an den Wänden – Tennisschlägern und sogar gekreuzten Rapieren. Sofort zündete sich Artie eine Zigarette an und hielt Jos die Schachtel Caporal hin: »Rauchst du eine?« Jos nahm eine heraus und sagte, er persönlich ziehe türkische Tabake vor.
Zu dumm, daß er, Jos, auf die University of Chicago komme – er sagte »U. of C.« –, meinte Artie. Weil er dann zu Hause wohnen müsse und sich nicht viel herumtreiben könne – sie hätten ihn dann ständig unter der Fuchtel. Er selbst mache ab Herbst in Michigan weiter, in Ann Arbour. Noch etwas: mit den Mädchen auf der U. of C. sei nicht viel anzufangen.
»Machst du dir was aus Mädchen?« Und im gleichen Augenblick blätterte Artie in einem schweren Atlas, der auf dem Tisch lag. »Ich hebe sie hier drin auf, damit man sie nicht findet.« Und damit überreichte er Jos einen Stoß Postkarten.
Es waren französische Karten. Jos hatte so etwas noch nie gesehen, aber er machte es sich zur Lebensregel, stets innerlich auf alles vorbereitet zu sein. Er zuckte nicht mit der Wimper. Die Karten wirkten unästhetisch, besonders die mit Frauen darauf – die Art, wie die halb ausgezogenen Kleidungsstücke an ihnen herabbaumelten. Er gab die Karten zurück und sagte »Nicht übel«, und Artie meinte, er könne ihn in die Alpha Beta hineinbekommen, nur, das seien alles Grünschnäbel und Weichlinge, die ganze Gesellschaft – er gehe jede Wette ein, daß die Hälfte von ihnen noch ›cherry‹ sei. »Bist du noch cherry?«
Jos lächelte zweideutig. Einer weiteren Antwort wurde er glücklicherweise enthoben, denn Mrs. Straus rief von unten hinauf: »Jungens, wir fangen an.«
»Mensch, ich hab eine Idee«, sagte Artie. »Wollen wir uns mit den Gänsen da unten ein bißchen amüsieren? Komm, wir geben uns heimlich Zeichen.«
Das war der erste Funke, der zwischen ihnen übersprang; der

Gedanke, die schnatternden Frauen dranzukriegen, gefiel Jos. Artie schlug Zeichen mit den Fingern vor, aber Jos fürchtete, so schlau seien sogar die blöden Weiber. Er sei für Wortzeichen. Der erste Buchstabe des ersten Wortes, das man sprach, bedeutete die Spielfarbe, also bei ›Kreuz‹ irgendein Wort, das mit K anfing. Die Zahl der Wörter, die man hintereinander sprach, war die Anzahl der Karten dieser Farbe. Seine Vorstellung eilte noch weiter, er wollte auch noch die höherwertigen Karten durch Wortzeichen ausdrücken, aber Artie meinte, er wisse ein besseres System: er würde unter dem Tisch mit seinem Fuß auf Jos' Fuß klopfen – lange Beine müßten ja auch für etwas gut sein. Einmal für Schippe, zweimal für Herz und so weiter. Und dann anschließend die Anzahl der Karten in jeder Farbe.
»Und wenn sie dich erwischen?«
»Mich erwischen sie nie.« Artie lachte.

Als Arties Fuß seine Zehen berührte, verspürte Jos ein komisches Mittelding zwischen Boshaftigkeit und angespannter Erregung. Er verzählte sich. Beim Bieten brachte er alles durcheinander. Aber Artie spielte fabelhaft und riß sie wieder heraus. Dann klappte es ein wenig besser. Und schließlich waren sie so auf der Höhe, daß die Damen »Oh« und »Ah« riefen und Jos vor heimlicher Freude kichern mußte. Dann meinte Arties Mutter, er sei ja ganz nervös und wackele ständig mit den Beinen, und Jos bekam es mit der Angst zu tun und zog die Füße zurück unter den Stuhl. Er warf Artie einen bedeutungsvollen Blick zu.
Sie gingen als Sieger aus dem Spiel hervor und gewannen jeder fast fünf Dollar, und während Kaffee und Gebäck gereicht wurde, nahm ihn Artie mit hinauf und kramte eine Flasche Gin hervor. Dann wollte Artie den ›Electric‹ von Jos' Tante ausprobieren, um zu sehen, ob aus dem mehr herauszuholen sei als aus dem Edison seiner, Arties, Tante.
Die Elektromobile parkten vor der Garage. In dem von Tante Bertha steckte noch der Schlüssel. Und Artie hatte plötzlich einen Gedanken. Er probierte den Schlüssel in dem anderen Wagen. Er paßte. Die Edisons mußten alle denselben Schlüssel haben!
Und so fing es an. Artie kam eines Abends zum Bridgespielen herüber, und Jos und Artie nahmen Tante Bertha und Mother Dear aus, indem sie diesmal das Wortsystem benutzten. Dann lieh sich Artie Tante Berthas Wagen aus und ließ rasch in der

Stadt einen Zweitschlüssel anfertigen. Artie war ganz verrückt mit Autos, aber seit seinem Unfall wollten ihn seine Eltern unter keinen Umständen mehr fahren lassen.
Eines Nachmittags sagte er: »Wollen wir uns mal einen Spaß machen?« Und er und Jos gingen zu einer Garage in der Harper Avenue und steckten den Schlüssel in einen Edison und fuhren die Kiste auf die Straße. Der Garagenwärter riß den Mund einen halben Meter weit auf, als sie an ihm vorbeirollten – so ein Witz! Aber einige Häuserblocks weiter jagte er ihnen in seinem Reparaturwagen nach. Artie fluchte und rief, daß man diese Electrics nicht auf Touren bringen könne, und so fuhr er den Wagen an den Bordstein, und sie sprangen beide heraus, stürzten eine Gasse entlang und dann über ein freies Feld. Dort zog Artie den Gefährten schnell hinter einen Schuppen und hielt den Schlüssel hoch, den er herausgezogen und gerettet hatte, und sie lachten.

Jeden Nachmittag waren sie zusammen. Sie stahlen einen zweiten Electric und sausten die Cottage Grove Avenue entlang. Während sie dann in einem Eissalon saßen, kam ein Polizist herein und fragte, ob jemandem der Electric da draußen gehöre. Jos hätte sich beinahe gemeldet, aber Artie stieß ihn unter dem Tisch mit dem Fuß an. Sie neigten sich über ihre Eiscreme-Sodas, bis der Polizist wieder verschwand.
Electrics seien zu riskant, zu langsam, meinte Jos. Aber zu seiner Graduation bekomme er ohnehin einen eigenen Wagen, einen roten Stutz Bearcat. Artie sehnte diesen Tag fast noch heißer herbei als Jos.
Ja, und da stand er dann in der Einfahrt, als er nach dem kindisch-blöden Graduationsexamen aus der Twain heimkam. Rot wie ein Feuerwehrauto und mit einem Gepäcksitz. Artie mußte an der nächsten Straßenecke auf der Lauer gelegen haben, denn er war sogleich da, probierte die Hupe aus, ließ den Gepäcksitz aufschnappen. »Gerade richtig zum Aufgabeln von Mädchen!« sagte er. »Ganz ideal für zwei Paare.«
Gleich nach dem Essen war Artie wieder bei Jos. Es war eine mondlose Nacht. Max feixte, und sogar Mother Dear lächelte über die beiden jungen Männer, die sich die Stadt erobern wollten. Jos wußte, was sie sagen würden, wenn er fort war. »Gut, daß er sich mal ein bißchen amüsiert; er ist viel zu ernst.« Oder: »Soll er sich ruhig mal austoben.«
Als erstes ließ ihn Artie an einem Drugstore in der Stony Island

Avenue halten, wo er angeblich ›die richtigen Sachen‹ bekam. »Dein Anteil ist drei Dollar«, sagte er zu Jos, als er mit der Halbliterflasche wieder auftauchte. Jos wußte, daß Max nie mehr als drei Dollar für den halben Liter bezahlte, also verlangte Artie jetzt von ihm den ganzen Preis; aber er gab ihm das Geld, indem er sich sagte, daß er nun heimlich Artie über sei, während Artie glaubte, ihn übertölpelt zu haben.
Dann wünschte Artie, das Steuer zu übernehmen, aber Jos wollte gleich zu Anfang klarstellen, daß dies sein Wagen sei und daß er selbst ihn fahre. Artie zuckte die Achseln.
Im Park taten sie ein paar Züge aus der Flasche, und dann schlug Jos vor, von der alten Penne einen recht herzlichen Abschied zu nehmen. Sie fuhren zur Twain und starrten zu dem backsteinernen, zinnenbewehrten Gebäude hinauf, das dunkel und massig dastand wie ein Gefängnis. »Warum verlangt eigentlich die Tradition, daß man auf seine alte Schule voller Liebe zurückschauen soll?« fragte Jos. »Ich empfinde jetzt nur ein einziges Gefühl: ich bin froh, daß ich mit diesen Dummköpfen nicht mehr jeden Tag zu tun habe.«
Artie kletterte aus dem Wagen. An einer Stelle, wo gerade eine Mauer ausgebessert wurde, lagen einige Backsteine herum. Er hob ein paar auf und reichte einen davon Jos. Oben war das Eckfenster, an dem Mr. Vorman immer stand.
»Hier! Ein Gruß an die alte Vorhaut!« Artie winkte einen Gruß. Sie holten aus, und dann regnete es Glas herab. Sie stiegen in den Wagen und dröhnten davon. Jos lachte tatsächlich laut. »Zu dumm, daß er nicht wie gewöhnlich hinter dem Fenster gestanden hat!« Er krümmte sich fast über dem Lenkrad zusammen, so sehr belustigte ihn diese Vorstellung.
Artie hatte immer noch einen Backstein in der Hand. Jos fuhr zum Lake Park. Eine krumme Straße mit wenigen Laternen. Hier gebe es allerhand Mädchen, bemerkte Artie, aber meistens berufsmäßige, und er habe von der letzten Ansteckung noch genug. Dann erblickte Artie ein großes, einladendes Schaufenster und schleuderte seinen Stein; der Stutz hatte ein kolossales Beschleunigungsvermögen und brauste nur so weg von dem klirrenden, krachenden Glas.
Sie fuhren um die Ecke, parkten den Wagen einen Block weiter und bummelten zurück. Zwei Männer bemühten sich, das Fenster dicht zu machen – es war ein Schuhreparaturgeschäft –, und ein Dutzend Schaulustige hatten sich schon versammelt.

Der Inhaber erzählte, wie er die Treppe hinuntergerannt war.
»Wer mir das antun? Warum einer mir das antun? Ich schwer arbeiten –«
»Vielleicht war es die Schwarze Hand«, meinte Artie. Sich an Jos wendend fuhr er fort: »Das Stückchen Arbeit sieht mir ganz danach aus. Wahrscheinlich vorerst nur eine Warnung.«
»Ja, das kann sein«, erwiderte Jos. »Das nächste Mal machen sie kurzen Prozeß.«
Polizei tauchte auf und zerstreute die Menge. Als Jos und Artie wieder im Wagen saßen, lachten sie sich halb krank, und Artie äffte den entsetzten Schuster nach: »Schwarze Hand! Ich kenne keine Schwarze Hand nicht!« Sie fuhren in die Innenstadt, dann wieder die Michigan Avenue hinauf, und als sie die 22. Straße überquerten, rief Artie: »Mensch, wir gehen zu Mamie! Was hältst du davon? Komm, ich wette, du hast da noch nicht hineingerochen. Heute ist *die* Nacht dazu.«
Jos fühlte, wie ihm das Blut ins Hirn strömte. Er wollte das überwinden, aber etwas in ihm war angewidert. »Ich mache mir nichts draus, wenn man dafür bezahlt«, sagte er. »Ich lese mir lieber was auf.«
Seit frühester Kindheit wurzelte in Jos das Gefühl, daß der gesamte weibliche Mechanismus etwas Ekelerregendes sei. Irgendwie hatte er von den Blutungen erfahren, damals, vor langer Zeit schon, als die fleischige dicke Trudy sein Kindermädchen gewesen war. Gelegentlich bedrängte ihn mit fast erstickender Gewalt die Vorstellung ihrer Gegenwart. Öfter noch suchte ihn das Mädchen in dieser Greuelszene heim. Vor unterschiedlichem Hintergrund – mal aus dem Bett gezerrt, mal auf einem Heuboden kauernd. Und dunkles Frauenblut. Und über ihr der steifnackige Offizier in Uniform. Manchmal so wie die Militärschuluniform, die Max trug, bis zum Kinn zugeknöpft, wenn er auf Urlaub heimkam. Und jetzt in letzter Zeit Artie. Er und Artie, wie sie vor den Polizisten davonrannten. Die Polizisten schossen nach ihnen, und Artie zog ihn in einer Gasse hinter eine Telegrafenstange und lachte. Und dort in der Gasse – das Mädchen von dem Propagandaplakat...
Dann gab sich Jos immer seiner Erregung hin und verfluchte doch im gleichen Augenblick die schreckliche Not, die die Natur einem intelligenten Wesen aufgezwungen hatte, die quälende, unbarmherzige Geschlechtsnot...
An jenem ersten Tag mit dem Wagen hatten sie kein Glück.

Aber eines Abends, bevor Artie mit seiner Familie für die Sommermonate nach Charlevoix zog, knüpften sie Beziehungen an.
Als sie die Mädchen im Wagen hatten, stellten sie fest, daß sie schon ein wenig älter waren; sie hatten Falten im Nacken. Das eine Mädchen, das vorn saß, legte Jos gleich die Hand aufs Knie, und von hinten rief Artie: »Sie will wissen, ob wir eine Decke dabei haben!« Alle vier quietschten vor Heiterkeit. Immer noch lachend nahm das Mädchen Jos' rechte Hand vom Lenkrad und drückte sie an ihren Schenkel.
Als sie parkten, stiegen die Mädchen wie aus Gewohnheit zu verschiedenen Seiten des Wagens aus. Sie riefen einander mit unterdrücktem, aber schrillem Lachen zu. Es war eine schwüle Nacht, und die Luft über dem freien Feld schwirrte von Stechmücken; Jos wurde ununterbrochen gestochen. Er war wütend über die Not in ihm, die ihn zu diesem Tun trieb. Gerade als er seine Partnerin umfassen wollte, sah sie ihn irgendwie ernst an und sagte: »Mit dir alles in Ordnung? Ich habe noch nie was gehabt. Ehrenwort. Ich schwöre.« Erst nach einem Augenblick wurde ihm klar, daß sie von Krankheit und Ansteckung sprach. »Klar, ich bin okay«, erwiderte er, ein wenig atemlos, aber die Furcht war ihm bis in die Knochen gefahren, und er hätte das Ganze aufgeben mögen, denn wahrscheinlich war sie *doch* krank, und er dachte an Artie auf der anderen Seite des Wagens – Artie, dem es ganz gleich war, ob nun das Mädchen von ihm angesteckt wurde oder nicht, ja, und das war auch die einzig richtige Einstellung – zum Teufel mit allen Weibern –, und sogar während das Mädchen ihn mit erfahrenen Bewegungen unterstützte und führte, beschäftigte sich seine Vorstellung mit Bildern von Artie – Artie, wie er es, göttlich in seinem Zorn, seiner Rache, der Nutte gab.
Jos erreichte sofort seinen Höhepunkt. Das Mädchen stieß ein leises, erstauntes »He«? aus und dann ein komisches Kichern. Er wollte nicht, daß sie ihn ansah. Er hatte von dem Abscheu gelesen, den man nachher empfand, aber er war überzeugt, daß er viel, viel Schlimmeres fühlte. Tiefsten Ekel. Er hatte es schnell getan, um den geringstmöglichen Kontakt mit ihr zu haben, aber sie versuchte, ihn festzuhalten, noch zu spielen. Ihm fiel nichts ein, was er zu ihr hätte sagen können. Stattdessen versuchte er die ganze Zeit, Artie zu hören, zu sehen. Und dann hörten sie Arties Mädchen rufen: »Du hast zuviel Gin intus, Bubi.« Und dann sprang das Mädchen auf und strich

ihren Rock glatt, und Jos' Mädchen erhob sich wie auf ein verabredetes Zeichen.

Auf einmal begannen die Mädchen wieder lustig zu plappern und alle möglichen Restaurants und Tanzlokale vorzuschlagen und sie »anständige Kerle« zu nennen. Es schien, als wäre der Verkehr selbst nur ein untergeordnetes Vorspiel gewesen. Aber Jos hatte keine Lust, mit ihnen irgendwohin zu gehen; er wollte nicht mal mehr neben ihnen im Wagen sitzen und sie zu der Stelle zurückfahren, wo sie sie aufgelesen hatten.

Da rief das Mädchen von hinten: »Gehen wir doch in die Show ins Tivoli: Da tritt Pola Negri auf.« Artie erfand rasch eine ganz tolle Geschichte in seinem Alkoholschmuggelstil: sie hätten einen Treff mit einem wichtigen Verbindungsmann in Little Italy. Keine Damen erwünscht dabei.

Jos fuhr an der Ecke vor, und gerade als die Mädchen wütende Blicke zu werfen begannen, steckte Artie seiner Partnerin einen Zehn-Dollar-Schein zu und sagte, das reiche ja wohl für die Show, und vielleicht würde am Ende der Vorstellung der Stutz auf sie warten, wenn er sein Geschäft abgewickelt hätte.

Das Mädchen auf dem Vordersitz lächelte, hob Jos die Lippen entgegen und wiederholte: »Ich hoffe, ihr glaubt nicht, daß wir zu denen gehören.« Er konnte es nicht ertragen, sie zu küssen; er ließ den Wagen schon fortschnellen, ehe Artie noch richtig neben ihm saß.

Artie schüttelte lachend den Kopf. Mensch, das seien vielleicht zwei Portionen gewesen! Bei so einer Maschine komme er nie ganz in Erregung.

Da erst wurde Jos klar, daß Artie es nicht getan hatte. Und plötzlich war sein Ekel wie weggeblasen. Artie redete weiter. Mit einem solchen billigen Dämchen, einer Halbprofessionellen, mache es keinen rechten Spaß. Und Jos sagte, Frauen seien ohnehin abstoßend; alle miteinander. Es sei ein ganz gemeiner Streich der Natur, daß sie im Mann das Bedürfnis erwecke, sich mit solchen Kreaturen abzugeben. Sie nahmen noch einen Schluck, um den schlechten Nachgeschmack hinunterzuspülen, und dann hatte Artie wieder Lust auf einen Spaß. Dort an der 63. Straße standen einige Schuppen.

Sie fuhren wieder westwärts, und Artie suchte einen Schuppen am Ende eines freien Geländes aus, einfach einen alten Schuppen – konnte weiter kein Unheil anrichten. Er stieg aus dem Wagen und klaubte altes Zeitungspapier und einen Pappkarton auf. Dann zündete er neben der Holzwand ein kleines Freuden-

feuer an. Sie warteten, bis die Flammen zugefaßt hatten, umschritten dann den ganzen Block und sahen von der anderen Seite den ganzen Schuppen in Brand stehen.
Artie legte ihm den Arm um die Schulter und starrte hinüber. Jos fühlte sich innerlich gereinigt. Er wünschte, er wäre selbst auf diesen Gedanken gekommen. Wie Arties Augen glitzerten! Er fühlte, daß sie endlich vom Wein der bedingungslosen Freundschaft genossen hatten.
Bald darauf hörten sie die Feuerwehren heranrasen.

Jos lag auf seinem Bett, mit einem Ohr nach Schritten lauschend, und beherrschte sich mit aller Gewalt. Er wollte sich den letzten, aufpeitschenden Phantasiebildern nicht hingeben, denn jeden Augenblick konnte Max oder sein Vater kommen. Wenigstens hatte er sie auf der Treppe miteinander sprechen gehört; Max wollte in der Stadt eine Theatervorstellung besuchen, und der Alte würde wohl in seinem Klub ein Spielchen machen.
Gut! Dann waren sie auch nicht da, wenn Artie kam.
Und die Erinnerung an jenes erste Mal mit Artie überfiel ihn. Damals, im Zug, auf der Fahrt nach Charlevoix, wo er als Arties Gast den Sommer verbringen sollte. Es war eine Nachtfahrt, und Artie hatte ein Schlafwagenabteil genommen, und sobald die Tür hinter ihnen zugefallen war, hatte Artie eine Flasche und ein Kartenspiel hervorgeholt – sie wollten sich eine tolle Nacht machen.
Jos hatte den *Duftenden Garten* in der französischen Ausgabe eingesteckt und übersetzte Artie einige der besten Stellen, während sie mit Einsätzen von fünf Cents einige Partien Casino spielten, die Jos fast alle gewann. Und die ganze Zeit über tranken sie, und Artie machte immer mehr Blödsinn – er hatte so eine Art, Faxen zu machen, daß man nie genau wußte, ob er wirklich betrunken war oder nur so tat. Artie erzählte von den vielen Mädchen, die sie haben würden in Charlevoix – er ließ sie Revue passieren; auf den Farmen in der Nähe gebe es einige, die hätten prima was los; es würde ein herrlicher Sommer werden – und Jos fühlte sich immer gelöster, immer kühner, und es hämmerte und bebte in ihm.
Ohne daß er recht wußte, wie es geschah – vielleicht war er selbst auch halb betrunken, rührselig –, tätschelten sie einander. »Alter Bursche.« Vielleicht sangen sie auch. Und dann wollten sie zu Bett gehen. Sie losten. Wappen oder Zahl. Artie

loste das obere Bett, wollte aber die Entscheidung nicht gelten lassen und kroch auf Jos' Bett, und Jos versuchte Artie wieder herauszuziehen; und dann wälzten sie sich im Ringkampf herum und lagen ab und zu aneinander ausgestreckt da, um Atem zu holen, und als es begann, ließ sich Artie gar nichts anmerken und tat, als wäre er halb betrunken, halb eingeschlafen. Und dann machte Artie im Spaß ein paar zotige Bemerkungen und ließ es geschehen, als wäre er zu benebelt, um die Situation richtig zu erfassen oder sich darum zu kümmern.
Morgens kam keiner von ihnen darauf zurück. Der Straussche Wagen holte sie am Bahnhof ab, und sie fuhren zu der Renommiervilla der Familie Straus am Steilhang über dem See, die einem Rheinschloß nachgebildet war.
Sie hatten aneinanderstoßende Schlafzimmer.

»Junior«, rief Max vom Flur aus, und Jos sprang vom Bett auf und ging zur Tür, um sich sagen zu lassen, daß sein Vater und sein Bruder in die Stadt führen. Dann zwang er sich dazu, wieder am Arbeitstisch Platz zu nehmen und seine Vorlesungsnotizen zu überfliegen.

Als Artie nach dem Gespräch mit Jos den Hörer auflegte, verspürte er wieder eine seiner dämonischen Anwandlungen, und er hätte einen Stromstoß des Todes durch das Telefon schicken mögen, der Jos erfaßte, lähmte, zu Stein werden ließ. Electrocution per Telefon. Und er, Artie, wäre der Meisterverbrecher. Er würde alle seine Feinde anrufen, und dann würde man sie tot auffinden, noch mit dem Hörer in der Hand.
Er sah Jos so zusammengesunken sitzen. Und während er sich das noch vorstellte, durchzuckte ihn eine Erkenntnis: Jos *wollte* gefaßt und hingerichtet werden! Denn wenn man solche Sachen wie Brille und Schreibmaschine einfach herumliegen ließ, dann mußte man geschnappt werden wollen. Wie jene Sorte Mädchen, die über den Rücksitz im Wagen ihre Haarnadeln verstreut.
Und folglich bedeutete Jos eine ungeheure Gefahr für ihn. Wut und Leid schüttelten Artie. Warum mußte dieser Krüppel den ganzen Kram so vermurksen! Alle Dinger, die er allein gedreht hatte, waren ohne jegliche Spuren abgegangen. Die letzte Sache, im Winter erst, in der eiskalten Nacht, das Gesicht hinter dem hochgeschlagenen Mantelkragen verborgen, den mit Klebestreifen umwickelten Meißel in der Tasche, mit der Hand

fest umklammert, das plumpe Hinunterfallen des leblosen Körpers vom Pier in den See... Hatte er es tatsächlich getan oder stellte er es sich nur vor?
Das war das Traurige an diesen Sachen, die man allein tat, ohne einen Zweiten: man verlor sie aus den Augen, vergaß sie. Es mußte wirklich jemand dabei sein, damit die Tat lebendig blieb, zwischen zwei Menschen.
Dann all die kleineren Aktionen, die er und Jos gestartet hatten, die Brandstiftungen und die Sache im Klubhaus in Ann Arbour – alle diese gemeinsamen Taten standen in Artie auf und sprachen für Jos. Für Jos mit dem Hundeblick. Aber Artie war sich nicht sicher. Er wollte die Entscheidung über Jos erst fällen, wenn sie die Schreibmaschine fortgeschafft hatten. Vielleicht, wenn das Gefühl über ihn kam... Er steckte seinen Revolver in die Tasche.
Artie versäumte nicht, der Familie einen Gruß zuzurufen und Mumsies Besuch ein gewinnendes Lächeln zuzuwerfen. Dann schritt er, obwohl Jos genau entgegengesetzt wohnte, am Haus der Kesslers vorbei.
Brüteten sie da drinnen über Hinweise, die zu ihm führen konnten? Ach, sollten sie ihm doch nachspüren! Anstatt sie zu seinem Komplizen zu führen, würde er sie auf eine falsche Fährte setzen. Und Artie ging den Hyde Park Boulevard hinauf zu Myra. Jos sollte ruhig warten und sich Gedanken machen.

In der goldverzierten Vorhalle des ›Flamingo‹ saßen die üblichen zwei Grüppchen kleiner, tuschelnder Damen, und Artie verstand förmlich das Geflüster, das sich erhob, als er auf den Lift zuschritt: da geht der begabte junge Straus, der jüngste Graduierte auf der Universität – und sicher schmiedeten sie Pläne, ihn einander für ihre Nichten und Enkelinnen wegzuschnappen.
Myras Mutter öffnete selbst die Tür und begrüßte ihn, aber mit etwas verwirrter Miene. »Ja, Artie! Hallo, Artie. Schön, daß man dich wieder mal sieht, aber Myra ist gerade im Gehen.«
Myra kam aus ihrem Zimmer gerauscht; sie war noch nicht ganz fertig angekleidet und hielt eine Schärpe für ihr perlengeschmücktes Kleid in der Hand. Er und sie lachten immer, wenn sie sich sahen, eine Art schuldbewußtes Verschwörerlachen, wie damals, als sie noch Kinder gewesen waren und man sie beinahe beim Doktorspielen erwischt hätte. Doch trotz des Lachens waren Myras Augen immer melancholisch, einer

Dichterin gemäß, und sie sprach in atemlosen, sprudelnden Wortgruppen, ganz ähnlich wie Artie, merkwürdigerweise.
Der Freund, mit dem sie sich verabredet hatte, sei ein Dummkopf, sagte sie, ein Fußballspieler. Man habe sie eingewickelt. »Aber wenn er keinen Ton von sich gibt, kann ich mir vorstellen, er sei ein griechischer Gott. Oh, ich will auch viele Anbeter haben, wie Edna St. Vincent Millay.«
Myra warf sich an ihn und gab ihm einen raschen Kuß, indem sie dabei die Zunge vorschnellen ließ und mit ihrem Leib kreisende Bewegungen machte, um ihm zu zeigen, daß auch sie frech sein konnte. Sie hörte auf und trat zurück und sah ihn mit ihren großen braunen Augen aufmerksam an. »Hast du etwas, Artie?«
Sie ging ihm manchmal auf die Nerven mit ihren alles durchschauenden Blicken. »Nein, bin nur ein bißchen durchgedreht«, sagte er, und sie sagte, er müsse unbedingt ihr neues Sonett anhören. ›Der treulose Geliebte‹, heiße es; Artie griff sich das Stück Papier und begann laut zu deklamieren: »Ich teile den Geliebten mit dem windgeschwellten Segel –«
Sie teilte ihren Geliebten mit dem Hagelsturm, dem Wind. Er sagte, es sei gut.
Sie waren natürlich kein Liebespaar. Und doch liebte sie Artie; sie hatte ihn schon als kleines Mädchen geliebt; sie waren entfernte Verwandte, Vettern elfundfünfzigsten Grades nannten sie sich, wobei Myra immer erklärte, daß jeder, in dessen Familie sich Straus-Aktien befänden, ein Vetter sei.
Sie nannte Artie ihren ›Geliebten‹, um gewissermaßen die Zukunft zu beschwören: nach ihrem Willen sollte er es eines Tages werden. Sie war überzeugt, den Artie zu kennen, den andere nicht kannten; sie kannte einen Artie, der nicht immer glänzte und schlau tat, sondern auch mit sich zerfallen war. Und dies hütete sie als heimliche Liebe. Artie war viel tiefgründiger, als er sich gemeinhin anmerken ließ.
Wenn er jetzt sagte, er habe nichts, so hatte er einfach die Welt satt und war ›in the blues‹, in melancholisch-niedergedrückter Stimmung, und dabei fiel Myra wieder ein, daß sie von einem tollen Lokal in der Stadt gehört hatte, wo ein fabelhafter Bluessänger auftreten sollte. In einem Keller auf der Wabash Avenue. Da konnten sie doch morgen mal hingehen.
Er war einverstanden; vielleicht nahmen sie noch jemanden mit.
Myra brummte. Nicht Jos.

Na ja, er habe Jos so ziemlich versprochen, sein Harvard-Examen mit ihm zu feiern. Was sie denn immer an Jos auszusetzen habe.
»Vielleicht bin ich eifersüchtig.« Myra lachte. Sie hatte keine Hintergedanken dabei. Sie sehe einfach nicht ein, warum er immer diesen Trauerkloß bei sich haben müsse.
Ja, vielleicht gebe er sich nur so viel mit ihm ab, weil der arme Kerl sonst keine Freunde habe, meinte Artie einschränkend.
Es klingelte; es war ihr Fußballer. Artie entriß Myra die Schärpe, schlang sie sich um den Leib und tanzte ins andere Zimmer hinüber. Mrs. Seligman hatte gerade die Tür aufgemacht, und Artie walzte auf den jungen Mann zu und rief: »Ich bin die Ersatzverabredung. Myra ist gerade gekidnappt worden.«
»Geben Sie nichts auf ihn«, sagte Myra und nahm ihm die Schärpe ab. »Das ist mein verrückter Vetter. Er ist gerade wieder mal aus der Gummizelle ausgerissen.« Und darauf erklärte Artie feierlich-geheimnisvoll, er bedaure zutiefst, nicht mit ihnen kommen zu können – er müsse eine Ladung Schmuggelware von Kanada abfangen. Er gab ihr einen leidenschaftlichen Kuß in Gegenwart des jungen Mannes und ihrer Mutter. »Trinkt keinen Methylalkohol«, warnte er, indem er lachend zur Wohnung hinausflitzte.
Warum *gab* er sich eigentlich so viel mit Jos ab? Myras Frage hallte in ihm nach, während er davonschritt. Von Anfang an war aller Ärger immer von Jos ausgegangen, und jetzt hatte ihn Hundeauge an den gähnenden Abgrund wirklicher Gefahr gebracht.
Während Artie absichtlich die Stony Island Avenue entlangging, um an der Polizeistation vorbeizukommen, machte er Jos Steiner den Prozeß. Er war allmächtig, in seinen Händen lag die Entscheidung über Tod und Leben.
Das war der zweite Sommer, den Jos mit ihm in Charlevoix verbracht hatte. Sie waren in jenem Jahr nicht oft zusammengekommen, weil Artie zu der Zeit in Ann Arbour studiert hatte. Morty Kornhauser von der Ann-Arbour-Gruppe der Alpha Beta war damals auch gerade bei ihm zu Besuch.
Mußte Jos am Sonntagmorgen durch den dazwischen liegenden Waschraum zu ihm ins Schlafzimmer kommen, um ihn aufzuwecken! Sie wollten im Boot zu einer Insel fahren, wo Artie ein paar Mädchen kannte – Töchter von Fischersleuten. Als Jos ihn aus dem Bett zu ziehen begann, griff Artie spiele-

risch nach ihm, und da wälzten sie sich auch schon herum und trieben Dummheiten.
Und Morty mußte natürlich gerade dazukommen. Morty hatte so eine Art, leise herumzuschleichen. Wer konnte wissen, was er alles gesehen hatte, ehe Jos ihn endlich mit offenem Mund wie beim Anblick einer ›Nur-für-Herren‹-Vorführung in der Tür stehen sah.
Artie versuchte die Situation zu retten. »Komm, kannst mitmachen, wir treiben Blödsinn.« Aber dieser zimperliche Morty sagte: »Nein, danke, daraus mache ich mir nichts«, und ging hinaus.
Eine Zeitlang lagen sie schweigend da, und Jos stieß nur sein dummes Kichern hervor. Und dabei gab es gar nichts zu lachen; Morty war der größte Schwätzer im Studentenklub. Als sie dann ihre Badehosen anzogen, rief Jos plötzlich: »Mensch, hat dieser Bruder nicht gesagt, er kann nicht schwimmen? Dann kann das im Boot für ihn ja gefährlich werden.«
Ihre Blicke trafen sich, und Jos kicherte wieder. Bei drei Jungen im Boot, da war alles möglich.
Sie eilten schnell zum Frühstück hinunter, um Morty keine Gelegenheit zu geben, etwas zu erzählen. Anschließend ging Morty lustlos mit ihnen zum Bootshaus.
Als sie schon ziemlich weit draußen waren, stand Artie plötzlich auf und begann zu schimpfen. »Mensch, Jos, du kannst ja dein Paddel nicht von deinem Hintern unterscheiden«, und Jos schimpfte zurück und wurde tätlich. Ehe Morty noch wußte, was geschah, waren sie alle im Wasser.
Sie sahen den Kerl auftauchen und mit den Armen um sich schlagen. Er funkelte sie an, sprudelte, den Mund voll Wasser, etwas von »absichtlich getan« heraus und ging, weiter um sich schlagend, wieder unter. Sie schwammen fort. Aber Jos sah zurück, mit den Beinen im Wasser tretend. Morty platschte und pantschte immer noch, hielt aber den Kopf über Wasser.
Auch Artie sah es. An der ganzen blöden Sache war Jos schuld, fluchte er innerlich. Er hatte den Kerl falsch verstanden. »Ich schwimme nicht«, hieß nicht »Ich kann nicht schwimmen«.
Morty gelangte in einigem Abstand von ihnen ans Land, und sie stürzten besorgt zu ihm hin. Er keuchte und röchelte sie an. »Das habt ihr absichtlich getan! Ich weiß es! Ihr perverses Pack!« Seine Augen waren zu einem Spalt geschlossen und blickten sie hart an.
Als sie die Geschichte von dem zufälligen Umkippen des Bootes

erzählten, schwieg er. Und abends sagte er auf einmal, er müsse seinen Besuch abkürzen und nach Lansing zurückkehren.
Und dann schrieb der Bastard seine Briefe.
Er sandte sie an ihre Brüder. Einen an Max Steiner, einen an James Straus. Es waren säuberlich mit der Maschine geschriebene scheinheilige Briefe – »so unerfreulich dieses Thema ist, halte ich es doch für meine Pflicht«, und »durch Zufall eine nicht näher zu beschreibende Szene erlebt«, und »steht mir nicht zu, Ihnen Ratschläge zu erteilen, aber vielleicht ist es Ihnen bisher entgangen, daß –«
Bruder James brachte die Sprache darauf, als sie gerade auf dem Tennisplatz ein Match beginnen wollten. »Sag mal, Artie, was hatte denn dein Freund Kornhauser, als er neulich so plötzlich hier verschwand?«
»Wieso? Hat Morty blödes Zeug gequatscht?«
»Ich habe einen Brief von ihm bekommen.«
»Die stinkige Wanze! Und ob er was gehabt hat! Wir haben ihm etwa vierzig Dollar abgeknöpft beim Würfeln oben in meinem Zimmer, Samstagabend, und da ist er übergeschnappt, der häßliche Zwerg, und hat sogar behauptet, die Würfel seien präpariert –«
James trug sein wissendes Lächeln zur Schau.
»Hat er davon in seinem Brief geschrieben?« fragte Artie.
»Nein, er hat etwas über dich und Jos erzählt.«
Es war ein Glück, daß nicht Lewis den Brief bekommen hatte, denn der hätte bestimmt darauf bestanden, daß Mumsie und Popsie zu Rate gezogen würden. Aber James wollte keinen Ärger. Leben und leben lassen. Und er konnte auch noch niemandem davon erzählt haben, sonst hätte er die Sache nicht jetzt in dieser Form vorgebracht. Mensch, wenn die Familie von dem Ding erfuhr, würde er weniger glimpflich davonkommen als damals bei dem Autounfall.
Artie versuchte, es mit James nicht zu verderben, ließ sein jungenhaftes Augenzwinkern spielen und den Bruder den Satz gewinnen.
Aber das war ein Minuspunkt für Jos, sagte sich Artie, indem er sich die 49. Straße entlang dem Steinerschen Haus näherte und rasche Blicke nach links und rechts warf.
Die Sache mit Morty damals war Jos' Fehler. Einmal weil er so leichtsinnig gewesen war, mit der Herumwälzerei anzufangen, ohne die Tür abzuschließen. Verdammt, er selbst empfand gar nicht so viel dabei, aber er ließ Jos halt in Dreiteufelsnamen

sein Spiel treiben. Jos war der, der mit dem ganzen Kram angefangen hatte. Und als Morty sie dann einmal dabei erwischt hatte und als sie ihn einmal draußen im Boot gehabt und gesehen hatten, daß das mit dem Nicht-schwimmen-Können nicht stimmte, da hätten sie den Kopf dieses Schwätzers unter Wasser halten sollen. Wenn Jos nicht so ängstlich gewesen wäre, hätten sie Morty gleich damals erledigt.
Und dann hatte Jos noch einen Fehler begangen. Mr. Jos Steiner mußte natürlich darauf bestehen, in den Klub aufgenommen zu werden! Morty hörte davon und schrieb aus Denver einen seiner gemeinen Briefe an Al Goetz, den Präsidenten der Klubsektion Ann Arbour: »Wollt ihr tatsächlich zwei ausgemachte Homos bei euch im Haus haben?«
Der Präsident knöpfte sich Artie zu einem Gespräch unter Männern vor. Mann, das ging so hart auf hart, daß er sogar James zufällig wie zu einem Fußballspiel herüberkommen lassen mußte, damit sich Al Goetz von ihm ein paar Worte anhörte. Ja, und schließlich gab Al zu, jeder wisse, daß Artie normal veranlagt sei – schließlich treibe er sich ja mit den anderen zusammen in den Bordells von Detroit herum; klar, sie wußten alle, daß Artie okay war. Ja, und wie James sagte, hatte er sich sogar schon mit fünfzehn etwas geholt. Aber als James fort war, forderte Al Artie auf, doch die Dinge zu sehen, wie sie seien. Es drehe sich ja nicht nur um Mortys Erzählungen. Jos sei einfach nicht gern gesehen. Warum bestehe er also unbedingt darauf, in den Klub aufgenommen zu werden?
Artie ging ein wenig schneller. Ihm war plötzlich ein Gedanke gekommen, der ihn köstlich erregte, ja heiter stimmte: er würde durch das Souterrain über die Hintertreppe hinaufsteigen und Hundeauge den Schrecken seines Lebens einjagen.

Jos saß aufrecht auf seinem Stuhl. Er war nicht fähig, zu arbeiten. Er haßte es, machtlos einem körperlichen Bedürfnis ausgeliefert zu sein. Es schien ihn nicht in Ruhe lassen zu wollen. Andere hatten viel weniger darunter zu leiden. Artie zum Beispiel. Diese zwei Jahre in Ann Arbour, in Arties Nähe, hatten ihn fast verrückt gemacht.
Keine der Mitstudentinnen vermochte diesen Hunger zu stillen. Die Bordells, das reichte nicht. Er hätte es dauernd tun können – geschlechtlich übererregbar, sagte er sich.
Und das war die Zeit, als Arties Bild sich dazwischenzudrängen begann. Selbst wenn er bei einem Mädchen war. Im Geist sagte

er dann zu einem betrunkenen, lachenden Artie: »Du verdammte Hure! Du verdammte Hure!« Wer sie auch gerade war, er machte sie zu Artie, und er schäumte innerlich vor Wut über diese Knechtschaft, die ihn dies zu tun zwang, über das Fleisch, das stärker war als der Geist.
Wie oft hatte er gewartet, verzweifelt wie heute abend, gewartet auf diesen launischen, unzuverlässigen Verbrecher – »Komme um neun vorbei« –, und dann wartete man und geriet immer mehr in Erregung und malte sich aus, was man ihm antun würde, wenn er kam.
Dann benahm sich Artie wie so ein verdammtes sprödes Mädchen und tat so, als ob sie es nie zusammen gemacht hätten, als ob ihm dieser Gedanke nicht einmal im Traum kommen könnte.
Im Haus war jetzt alles ruhig. Es drohte ihnen keine Entdeckung. Wenn Artie doch nur käme. Dann wären sie ganz für sich allein in diesem Haus, in diesem Zimmer. Zwei Stunden lang, vielleicht noch länger, ohne daß sie befürchten mußten, gestört zu werden.
Artie hätte schon längst da sein müssen. Aber bei ihm war man nie sicher. Unter Jos' zitternder Ungeduld verbarg sich jedoch ein fast befriedigtes Gefühl: Artie, der Erhabene, Überlegene, durfte nicht den gewöhnlichen Gepflogenheiten der Pünktlichkeit unterworfen sein!
Jos berührte mit der Hand die Schreibmaschine. Er zögerte, sich von ihr zu trennen, sie zu zerstören. Sie war die einzige, sorgsam gehütete, gegenständliche Erinnerung an alle ihre gemeinsamen Taten; sie war wie ein Symbol ihres Paktes. Vielleicht konnten sie sie irgendwo verstecken, vielleicht brauchten sie sie nicht wegzuwerfen.
Eine weiche, tragische Stimmung überkam ihn – er hätte auf der Maschine einen Abschiedsbrief schreiben mögen, ein einsames Geständnis, und die ganze Schuld auf sich nehmen. Er konnte den Brief zur Post geben und dann verschwinden. Man würde die Schrift wiedererkennen. Wenn man nur verschwinden könnte, richtig verschwinden, sich in nichts auflösen, als wäre man nie geboren! Würde Artie ein Bedauern verspüren, würde er das Opfer anerkennen?
Denn – ob sie nun gefaßt würden oder nicht – Jos hatte das sichere Gefühl, daß es aus war zwischen Artie und ihm. Und wenn sie sich von dieser Maschine trennten, dann würde das so sein, als ob sich ein Kreis geschlossen hätte.

Die Nacht, in der sie sich die Reiseschreibmaschine verschafft hatten, war die Nacht ihres Pakts. Vergangenen Herbst erst. Sie waren gerade beide wieder in Chicago. Ein paar von Arties alten Kollegen aus dem Klub in Ann Arbour waren zu dem Fußballwettkampf herübergekommen. Und Artie war in ihre gemeinsame Wettklasse für die Großen Zehn aufgenommen worden. Als sie dann wieder in Ann Arbour waren, hatten sie Artie ausgeschlossen. Er behauptete aber, er hätte gewonnen. Mensch, war er da hoch! Den Banditen wollte er's zeigen! Und plötzlich war ihm die Eingebung gekommen. »Mann, wir fahren hin und räumen diesem Pack den ganzen Puff aus!«

Am nächsten Samstag ließ sich das einrichten. Start um Mitternacht, drei Stunden Fahrzeit, zwanzig Minuten für den Spaß, bei Tagesanbruch wieder zu Hause. Wenn jemand fragte, wo sie gewesen seien, hatten sie sich eben einen tollen Samstag gemacht und waren schließlich in der 22. Straße gelandet. Kann ja doch mal vorkommen, oder?

In Arties Zimmer hatten sie den Plan ausgeheckt. An einem faulen Novembernachmittag, Jos auf Arties Bett ausgestreckt – an einem jener Nachmittage, da er keine Energie in sich spürte, da er nirgends hingehen wollte, zu nichts Lust hatte. Und Artie lehnte entspannt in seinem Sessel, das Gesicht im Schein der Tischlampe, die Lippen gereizt aufgeworfen in seinem Zorn auf den Klub – in solchen Augenblicken war er Dorian Gray.

Und als ob Artie in seinem Zorn auf die verdammte Bande in Ann Arbour eine dadurch vollzogene engere Bindung zwischen ihnen beiden hätte nach außen hin dokumentieren wollen, rief er plötzlich: »Mensch, soll ich dir mal was zeigen?« Artie ging an seinen Wandschrank. Dort kam, unter allem möglichen Krimskrams verborgen, eine Schatzkiste heraus, die Artie noch aus seiner Kindheit besaß. Er öffnete sie. Ein Cowboyanzug, zerbrochene Spielzeuggewehre. Darunter – seine Diebesbeute.

Nicht nur aus den billigen Warenhäusern. Daß Artie sich in Zwei-Groschen-Läden seinen Spaß machte, war ziemlich allgemein bekannt. Man ging zusammen mit Artie durch so einen überfüllten Laden, und dann angelte er sich einfach diesen oder jenen Artikel in die Tasche. Oder er flüsterte einem auf einer Party zu: »Achtung, paß mal auf jetzt!« und zog irgendeinem Idioten, der schon halb groggy war, die Brieftasche aus dem Jackett.

Hier in dem Wandschrank, als sie nebeneinander am Boden

knieten, ließ Artie Jos die Brieftaschen fühlen, die jetzt leer waren, und es waren auch einige Damengeldtäschchen dabei. Dutzende alles in allem. Der Boden der Kiste war mit Beute bedeckt.
Noch keinem anderen Menschen, das fühlte Jos, hatte Artie dieses Geheimnis offenbart.
Das war, als Artie den Plan vorgebracht hatte, das Klubhaus in Ann Arbour auszuräumen.
An jenem Tag war ihrer beider Verbindung in Jos' Augen ein neues, festes Siegel aufgedrückt worden. Was sein Dorian ihm da zeigte, hätte einen Außenstehenden auf einen relativ harmlosen Fall von Kleptomanie schließen lassen. Aber diese Trophäen waren in Wirklichkeit das Symbol eines lachenden Sichhinwegsetzens über die kleinlichen Regeln menschlichen Gemeinschaftslebens. Ein geschickter Diebstahl war wie eine kühne Herausforderung. Und das sollte ihre Vergeltung sein, eine Herausforderung, eine Verhöhnung dieser verdammten Gesellschaft, die sich so arrogant benommen hatte.
Und die Tat wäre etwas Handfestes. Kein Bagatellenkram mehr. Sie würden die Sache aufziehen, wie es sich gehörte, sagte Artie. Mit richtigen Revolvern. Jos konnte den von Max nehmen. Artie wußte, wo ihn Max in seinem Schreibtisch aufbewahrte. Und Artie ließ Jos seinen eigenen in der Hand wiegen, einen Selbstlader.
Sie mußten das spielend hinkriegen, denn am Samstag war in Ann Arbour das große Spiel, und die Brüder würden sternhagelvoll und für die Welt nicht mehr zu sprechen sein, ob sie nun gewonnen hatten oder nicht. Selbst wenn sie jemanden im Haus rumoren hörten, würden sie annehmen, einer komme spät noch aus einem Bordell zurück oder sei gerade einmal austreten gewesen. Und wenn sie dann morgens aufwachten –!
Artie wünschte, er hätte noch dort gewohnt, um mitzuerleben, wie sie sich gegenseitig verdächtigten!
Flüsternd, im Wandabteil kniend, legten sie ihren Plan zurecht.
Am Samstag kam Artie herüber, und während er sich unten im Flur eine Zigarette anzündete, ging Jos in das Zimmer seines Bruders und steckte sich dessen Revolver ein. Er kam sich ein wenig dumm dabei vor, aber auch ein wenig bedrückt. Denn er wußte, daß Artie bis zum Äußersten gehen würde, wenn sich ihnen jemand in den Weg stellte. Und Artie hatte recht; wenn man seinen Erfahrungskreis auf eine solche Tat ausdehnte,

dann vollbrachte man auch die Tat von Anfang bis Ende nach ihren eigenen Gesetzen.
In einer plötzlichen Vision sah er sich selbst und Artie mit gezogenen Pistolen rückwärts aus einem Gang hinausgehen und eine Menschenmenge in Schach halten, und dann hielt er sie ganz allein in Schach, während Artie schon in den Wagen sprang...
»Los!« rief Artie, und als sie in den Stutz stiegen, griff er in die Rocktasche und zog zwei schwarze Seidentücher heraus und reichte eins davon Jos.
Unterwegs sprachen sie nicht viel von dem bevorstehenden Abenteuer. Stattdessen schnitt Jos das Thema Silvesterfeier an. Er war in Sorge wegen der Silvesternacht. Willie Weiss hatte die Bemerkung fallen lassen, er und Artie wollten zusammen feiern und Artie würde Myra mitbringen. Das konnte Jos nicht glauben. Daß Artie ihn zu Silvester allein lassen würde. Vielleicht hatte Willie ihn in Unruhe versetzen wollen. Und so rückte nun Jos mit seinem eigenen Vorschlag heraus. Sie beide, Artie und er, sollten doch für sich allein etwas unternehmen. Warum sollten sie sich Mädchen auf den Hals laden! Sie konnten doch in die Stadt fahren und in eine Party nach der anderen hineinplatzen. Klar, das wollten sie auch tun, sagte Artie. Sie beide. Keinen Sinn, sich mit Nutten einzulassen.
Als sie sich Ann Arbour näherten, erwachte Artie. Bis jetzt stimmte ihre Zeitrechnung haargenau. Drei Uhr. Und die Straßen ganz ausgestorben; nur selten fuhr ein Wagen auf dem Schnee leise an ihnen vorüber. Jos parkte den Stutz in einer Seitenstraße in der Nähe des Alpha-Beta-Hauses.
»Auf, knote den Apparat mal zu!« Artie wandte den Kopf, damit Jos das schwarze Tuch knüpfen konnte. Wie lebhaft er jetzt war, wie hellwach. »Wenn wir in einen Schlamassel geraten, geben wir's ihnen!« Sie hielten die Pistolen in den Taschen umfaßt.
Sie stiegen die Vordertreppe hinauf. Artie hatte noch seinen Schlüssel, aber die Tür stand ohnehin offen. Jos folgte nach. Durch den Aufenthaltsraum. Hinauf in den zweiten Stock. Sie hörten Schnarchen. Seine Augen hatten sich jetzt an die Dunkelheit gewöhnt, er konnte die Wände erkennen, die Türen, Arties Gestalt, seinen winkenden Arm.
Jetzt knipste Artie seine Tricktaschenlampe an, die äußerlich einem Füllhalter glich. Der Schein fiel auf den Boden. Zuerst betraten sie Morty Kronhausers Zimmer. Der verdammte Pet-

zer war aus Denver zurück. Er und sein Stubengefährte lagen wie tot auf ihren Betten.
Jos war von der Angst fast gelähmt, aber größer noch als die Angst war sein Stolz. Er riß sich zusammen, vermochte die Angst zu unterdrücken.
Artie hob Mortys Hose hoch und durchwühlte die Taschen. Jos durchsuchte die Kleider des anderen, fand die Brieftasche, eine Uhr. Artie nahm ihm die Sachen ab, damit bedeutend, daß Jos nur als Aufpasser zu fungieren habe.
Als Jos die erste bittere Enttäuschung überwunden hatte, legte er die Kleider wieder hin, und da fiel sein Blick auf die Reiseschreibmaschine neben Mortys Bett. Der Deckel war darübergeklappt. Artie bewegte sich schon wieder auf die Tür zu. Jos schnappte sich die Maschine. Er wollte diesen Petzer lehren, Briefe zu schreiben.
Auf dem Flur flüsterte Artie: »Verdammt! Wozu sich mit so blödsinnigem Kram beladen!« Jos stellte die Schreibmaschine neben der Treppe ab, um sie beim Fortgehen mitzunehmen.
Sie durchsuchten mehrere Zimmer. In einem trafen sie niemanden an. »Verbringen das Wochenende zu Hause«, erklärte Artie. Er durchstöberte in aller Ruhe ihre Schubladen und Gefache, fand ein Paar goldene Manschettenknöpfe, eine Luxus-Füllhaltergarnitur und nahm sich sogar die Zeit, einen Liebesbrief zu lesen.
»Komm weiter!« flüsterte Jos unruhig, aber Artie konnte sich nicht von dem Brief trennen. Irgendwo ging eine Tür. Artie huschte in ein Wandabteil. Sie hörten jemanden zur Toilette tappen, hörten die Wasserleitung rauschen. Jos verspürte einen mörderischen Zorn auf Artie.
Jetzt hatte sich der andere wieder ins Bett gelegt. »Raus hier, verdammt!« sagte Jos. Endlich waren sie auf dem Gang. Wenn der Kerl jetzt die Schreibmaschine gesehen hätte, vielleicht darüber gestolpert wäre! »Du Idiot!« zischte Artie. Aber Jos nahm die Maschine mit.
Als sie im Wagen saßen, lachte Artie ganz laut heraus. Sie boxten einander in die Rippen. Prima geklappt! Artie begann die Brieftaschen aufzuschlagen. »Warte doch! Nicht hier! Um Gottes willen!« Jos fuhr aus der Straße heraus und um den Block herum. Sie wollten noch einem anderen Klub einen Besuch abstatten, der Delta, auf die Jos es abgesehen hatte.
Es war fast vier Uhr – ein früher Heizer war vielleicht schon unterwegs. Aber Artie war aufgedreht, erregt. Jos wollte nicht

als Feigling dastehen. Außerdem wollte er es den Rotznasen von der Delta heimzahlen. Juden und Hunde unerwünscht!
Auch hier war die Tür unverschlossen. Aber irgendwie schien die Sache gefährlicher zu sein. Christen zu bestehlen war tatsächlich Stehlen.
Als sie noch auf der Treppe waren, hörten sie, wie in einem der Schlafräume das Licht angeknipst wurde. Jos wandte sich um und eilte zurück die Treppe hinunter. Er verfing sich in etwas. Die Leitung einer Stehlampe. Er konnte die Lampe gerade noch festhalten, ehe sie umfiel, aber es gab ein Geräusch.
»Mensch, ich bring dich um!« zischelte Artie. Sie standen stockstreif still im Flur. Auf dem Tisch lagen einige Bücher, eine Kamera. Artie ließ die Kamera mitgehen. Oben war es ruhig geworden. Artie ging wieder auf die Treppe zu, aber Jos blieb stehen. »Bist du übergeschnappt?« flüsterte er. Wie ein Turm ragte Artie vor ihm auf, schwarz maskiert in dem dämmerigen Flur, und versetzte ihn für einen Augenblick in die bebende, köstliche Erregung des Erstickens, des Todes. »Da läuft jemand herum«, murmelte Jos. Artie knurrte: »Du Feigling! Du Wanze!« und schob ihn zur Tür hinaus. »Mensch, das war das letzte Mal, daß ich dich zu so was mitgenommen habe!«
»Es war aber doch schon jemand auf«, gab Jos zurück. »Wir wären todsicher erwischt worden.«
Artie griff nach dem Steuer, und der Wagen sprang mit einem Satz davon. »Fahr langsam«, bat Jos. Gerade der rechte Augenblick für einen Zusammenstoß, mit dem ganzen Zeug da im Wagen.
Plötzlich lachte Artie lauthals auf, als er mit seiner Pistole spielte. »Morty! Wie er dagelegen hat! Man hätte ihm eine Stange in den Hintern stecken können und er wäre nicht einmal aufgewacht!«
Jos mußte über diese Vorstellung lachen. Er griff nach der Flasche, öffnete sie. Artie riß sie ihm aus der Hand, nahm den ersten Schluck, und in diesem Augenblick fühlte sich Jos jung, jung und wahnsinnig glücklich; er fühlte sich so, wie sich ein richtiger Kerl immer fühlen sollte!
Artie bog in eine schmale Landstraße ein, um die Beute in Augenschein zu nehmen. In einer der Brieftaschen lag ein Zwanzig-Dollar-Schein. »Dieser Lügner!« rief Artie. »Spielt sich immer auf, er habe einen Fünfziger bei sich!« Alles in allem bekamen sie nur etwa hundert Dollar zusammen. Sams-

tagnacht. Sie hätten sich denken können, daß die Bande am Abend zuvor einiges springen lassen würde. Im übrigen brachte ihr Fischzug einige ziemlich wertvoll aussehende Krawattennadeln und Manschettenknöpfe, ein paar goldene und mehrere billige silberne Taschenuhren. Und die Schreibmaschine. Jos mußte Artie daran erinnern.
»Das blöde Ding!« brach Artie los. »Das kannst du auch gerade verscheuern, wo die alle eine Nummer haben!«
»Warum sollte ich sie denn verkaufen?« fragte Jos. Er konnte sie ja zu Hause benutzen.
Behalten? Das brachte Artie auf den Gedanken, daß er einen Anteil daran habe. Jos' Zorn loderte auf. »Du hast sie ja nicht einmal mitnehmen wollen!« Sie schrien sich an. Artie wollte ein gutes Geschäft machen. Er werde die beste der goldenen Uhren für sich behalten, sagte er.
»Behalte sie alle miteinander!« rief Jos bitter enttäuscht. »Wenn es dir um sonst nichts geht!«
Artie nannte ihn einen verdammten, schäbigen Amateur. Wenn er es nicht mit der Angst zu tun bekommen hätte, wären sie auch in dem anderen Haus noch aufgekreuzt. Verflucht, Jos habe überhaupt keinen Anspruch auf den ganzen Kram. Das Haus der Delta sei für ihn gewesen, und das habe er vermurkst. Sie schrien und griffen nach den Beutesachen und rangen miteinander, und dann fing Artie plötzlich an zu lachen, und Jos fiel ein.
So schwankte ihre Stimmung zwischen Heiterkeit und Zank hin und her. Artie leerte die Flasche. Jos rief: »Laß mir noch etwas übrig, du Gauner!«
Artie ließ den Motor wieder an, fuhr auf die Straße zurück. »Du Bastard«, sagte er, »wenn wir bei denen von der Delta auch noch ausgeräumt hätten, wären wir jetzt fein raus.« Jos war plötzlich still und verdrießlich geworden. Er hatte nicht gewollt, daß Artie gerade jetzt weiterfuhr. Und er konnte es nicht leiden, wenn Artie am Steuer seines Wagens saß. Artie begann eine Art Theaterdialog. »Hör zu, Mac, wenn wir das nächste Mal loszittern, dann tust du, was Charley sagt, sonst suche ich mir einen anderen Partner.«
Jos ging darauf ein. »Aber, Mensch, Charley, wenn ich nicht gewesen wäre, hätten sie uns beide gekascht. Du hast es nur mir zu verdanken, daß du noch frei herumläufst.«
»Tatsächlich? Mac, ich habe schon manche Brieftasche an Land gezogen und bin noch nie geschnappt worden. Du bist einfach

noch so grün, daß du vor deinem eigenen Schatten in die Hose machst.«
Jos griff nach der Flasche. Es war noch etwas drin.
»Du hast ja gar nichts dabei gefühlt!« Artie wurde wieder streitsüchtig. »Deshalb hast du Schluß machen wollen.«
»Vielleicht nicht das gleiche wie du«, sagte Jos. »Ich empfinde dabei mehr eine Anregung, einen Reiz, als eine Befriedigung.«
Artie hatte vielleicht nicht gehört. »Ich glaube, ich besorge mir für Silvester irgendein Weib«, meinte er. »Du bist ja ein Waschlappen.«
Jos hielt den Atem an. Er durfte jetzt nicht die Beherrschung verlieren, davon hing alles ab. Artie machte sich nur über ihn lustig. »Silvester wäre eine prima Nacht für einen Fischzug«, bemerkte er.
Artie blickte ihn von der Seite an. Vielleicht würde er Mac doch noch zu ein paar Sachen mitnehmen, sagte er. Vielleicht bekämen sie mal ein richtiges heißes Eisen in die Finger und nicht nur so billigen Kram wie heute. Nur – Mac müsse wissen, wer von ihnen der Boß sei.
»Gut«, sagte Jos ganz ruhig. »Wenn ich tue, was du willst, Charley, mußt du auch tun, was ich will. Das ist nur gerecht.«
Diesmal kehrte ihm Artie das Gesicht zu, und da war wieder sein Dorian-Lächeln. »Soll das gelten?«
»Klar.«
»Okay, wollen wir das mal festhalten.«
Ihre Augen trafen sich und schlossen den Handel. Jos fühlte eine fast unerträgliche Erregung in sich aufkommen.
»Also, was ist, Mac? Einverstanden mit dem Abkommen?« In Arties Stimme klang ein ganz klein wenig der Spott mit.
»Wenn wir über bestimmte Punkte einig sind«, brachte Jos in ruhigem Ton hervor.
»Ja, aber Charley ist der Boß. Was Charley sagt, hast du zu tun. Auf Tod und Leben.«
Jos nickte. Ja, bei jedem Unternehmen mußte einer der Anführer sein, der Herr. Und der Sklave – ein Sklave.
Artie fuhr schneller. Der Wagen schlitterte, kam aber noch nicht von der schlüpfrigen Straße ab.
Aber kein Sklave, der am Boden kroch. Ein Sklave der sicheren Belohnung, der strahlende Sklave, der mit dem Schwert seinen Herrn beschützte, seinen geliebten Herrn mit den schlanken Elfenbeingliedern.

»Aber nicht bei Kindereien«, forderte Jos. »Bei einem dummen Streich brauche ich nicht zu gehorchen.«
Artie lachte über seine Besorgnis. »Nein, das Abkommen gilt nur bei großen Sachen.«
»Blödsinn braucht Mac nicht mitzumachen.«
»Augenblick, Mac. Wenn du aber dann jedesmal nicht mitmachen willst, dann regt mich das auf.«
Sie legten den Begriff genau fest. Nur wenn Jos sich bei einer Sache lächerlich vorkam, konnte er den Gehorsam verweigern. Aber wenn er einmal bei einer großen Sache nicht mitmachte, waren sie fertig miteinander. Dann suchte sich Artie einen anderen.
»Aber Mac hat das Recht, einen Befehl in Frage zu stellen«, forderte Jos.
»Okay. Aber Charley hat das letzte Wort. Wenn Charley sagt, es wird gemacht, dann wird's gemacht.«
Diese Worte hingen eine Weile unsichtbar in der Luft. Dann rief Artie: »Und das ist das Zeichen: wenn ich sage: ›Charley ist dafür‹, dann gibt's keine weiteren Fragen mehr. ›Charley ist dafür‹, das heißt, du mußt es tun, es gibt kein Zurück mehr.«
Es war, als übergäbe er sein Leben. Ein erhebendes Gefühl erfaßte Jos. »Okay, Dorian«, sagte er. Sie saugten die letzten Tropfen aus der Flasche. Jos hörte so etwas wie ein Kichern sich seinem Mund entringen, das helle mädchenhafte Kichern, das er als Kind an sich gehabt hatte. Und in diesem Augenblick kam der Wagen ins Schleudern. Er drehte sich völlig herum und landete im Straßengraben.
Jos blieb zuerst ganz erstarrt sitzen, aber Artie lehnte sich zurück und lachte. Da stieg Jos aus und ging um den Wagen herum. Sie hatten Glück gehabt; der Graben war ganz flach. Er würde den Wagen sicher herausbekommen.
Er ging auf die linke Wagenseite. Artie hatte aufgehört zu lachen. Sein Kopf war auf die Lehne zurückgefallen. Er hielt die Augen geschlossen.
»Rück rüber. Ich fahre.«
Artie rutschte auf den Nebensitz, matt und warm in seinem Waschbärmantel. Jos stieg ein und schlug die Tür zu.
Es war eines jener Male, da man einfach nicht wußte, ob Artie wirklich eingeschlafen war oder ob er nur alles mit sich geschehen ließ. Das Abkommen.

In Michigan City war eine Imbißstube geöffnet. Artie, in Hochstimmung, redete von den Geschäften daher, die sie machen konnten, indem er ab und zu ein Wort wie ›hi-jack‹ so laut aussprach, daß es die Kellnerin hören mußte. Ja, da war Ned Whites Haus in Riverside. Die Whites hatten einen ganzen Keller voll von dem besten Zeug direkt aus Kanada. Ein paar Kisten wären schon ein paar Hunderter wert. Vielleicht ließen sie Ned in das Geschäft einsteigen. Nein, widersprach Jos, er habe einen Pik auf Ned. Ned gehe einem auf die Nerven. Okay, Artie hatte eine noch bessere Idee: Ned mitmachen lassen und ihn dann umlegen. War ja sowieso eine blöde Rotznase.
Dann kamen alle dran, gegen die sie irgend etwas hatten, alle, die nicht mehr existieren sollten. Sie nannten abwechselnd Kandidaten, zuerst natürlich Morty Kornhauser. Dann den spießigen Präsidenten des Klubs, Al Goetz – Artie schlug vor, ihm die Dinger wegzuknallen. Dann ein, zwei Professoren und William Jennings Bryan. Und wie es mit Frauen wäre, meinte Jos, zum Beispiel mit der alten Schachtel, die seine Gesamtnote »Ausgezeichnet« durch ihr »Gut« in mittelalterlicher Geschichte verpatzt hatte. Klar, sagte Artie, und seine dämliche Gouvernante, diese Miß Lästig, noch dazu; die habe er immer schon mal kidnappen und foltern wollen. »Wir schneiden ihr die Titten ab!« rief Jos. Und das war alles so lustig, so aufregend, und er kicherte, und Artie sagte mit feierlicher Stimme: »Jemand entführen, ja, das wäre das richtige – erst gekidnappt und dann dickes Lösegeld eingestrichen. Das wäre *die* Sache.«
»Wie wär's mit Myra?« schlug Jos vor, im Geist den deutschen Soldaten vor sich sehend, der die Französin bei den Haaren packte. »Und anschließend vergewaltigen wir sie noch schnell.«
»Vergewaltigen? Myra?« Artie lachte vielsagend. »Die würde dir noch um den Hals fallen dafür.« Und dann plötzlich wieder ganz sachlich: »Nein, ein Junge ist besser. Ein Kind.«
Und als Jos nun in seinem Zimmer wartete, als sein Puls schneller schlug unter dem Eindruck der Erinnerungsbilder, gingen plötzlich die Lichter an und eine rauhe Stimme rief: »Also los, Steiner, wo ist die Schreibmaschine?«
Er ließ sich nichts anmerken, er war sicher, daß er sich das innere Zusammenfahren nicht hatte anmerken lassen. Aber die Angst hatte ihn ganz entsetzlich umkrallt, ehe er sich klarmachen konnte, daß es Artie war.

Jos sagte: »Was hast du so lange gemacht, du Kerl?«
Artie erklärte, Myra habe angerufen, als er gerade gehen wollte – sie sei allein gewesen, und so habe er vorbeigehen und ihr einen verpassen müssen. Ein Kavalier mußte seine Kleine doch ordnungsgemäß versorgen. Dienst am Mädchen. Er war glänzender Laune. »Mensch, du hättest beim Abendessen dabeisein sollen!« Er berichtete, wie seine Mutter über den Mord dachte. »›Der Mörder muß mit Teer bestrichen und in Federn gewälzt und dann aufgehängt werden‹, hat sie gesagt! Ich wäre beinahe aufgestanden und hätte gesagt: ›Alte, du weißt, ich bringe keine Lüge über die Lippen: ich war's!‹«
»Und warum hast du das nicht getan?« fragte Jos mit leiser Stimme – er hielt Arties Nähe kaum noch aus. »Sie hätten dir doch nicht geglaubt.«
»Und wenn ich's nun tatsächlich mal versuche? Wenn ich der Polizei alles beichte? Ich wette, das tut eben gerade Steger!« Seine Worte übersprudelten sich. Er habe Sid Silver getroffen, diesen Reporterjüngling. »Mann, dem habe ich einiges über Steger eingeblasen.« Und Sid habe ihm vom dritten Grad erzählt und was die Polizei für Tricks anwende, daß keine Spuren zurückblieben.
Während Artie noch redete, hob er die Schreibmaschine hoch. »Dieses verdammte Beweisstück müssen wir schleunigst loswerden.« Er begann an den Tasten zu zerren. »Hast du eine Drahtzange da?« Jos hatte eine in seiner Tischschublade, aber die Tasten waren elastisch, und er zwickte sich in den Finger und quietschte auf. Er hielt keinen physischen Schmerz aus. Artie lachte. »Gott, du brüllst aber!«
Das war mehr, als Jos ertragen konnte. Während der ganzen Wartezeit hatte er sich innerlich aufgeladen, und jetzt warf Artie auch noch die Schreibmaschine auf den Fußboden und trampelte darauf herum. »Mensch, hör auf! Du willst wohl, daß das Dienstmädchen aufkreuzt!«
Komisch, wie unzerstörbar die Maschine zu sein schien. »Am besten werfen wir sie in den See«, sagte Artie. »Besteht keine Gefahr, daß das Ding wieder hochkommt.«
»Gut.« Jos klappte den Deckel über die Maschine. Und in diesem Augenblick fiel ihm die Decke ein, die blutige Decke, die sie gestern abend hastig ins Gebüsch geworfen hatten, als die Kleider des Jungen im Heizungsofen verbrannt waren. Wie hatten sie so gedankenlos sein können! Und da durchzuckte Jos der erste kalte Zweifel an ihrem unfehlbaren Plan. Die Brille –

das konnte man dem Zufall zugute halten, aber die blutbeschmierte Decke, die den ganzen Tag da frei herumgelegen hatte, wo es in der Gegend von Polizisten wimmelte! Wenn sie nun tatsächlich nicht so geschickt waren, nicht so unfehlbar, wenn sie gar keine überlegenen Wesen waren – wenn sie einfach irgendwer waren, woher hatten sie dann das Recht zu ihrer Tat genommen?
Es war eine dunstige Nacht, der Himmel war fast milchig, die Luft gespenstisch still. Sie fuhren schnell zu Artie nach Hause. Jos sagte sich, daß die Decke, wenn sie noch da war, das Zeichen sein sollte, daß sie unbehelligt davonkamen.
Die Decke war noch da, ein dunkler Klumpen unter dem Gebüsch.
Sie fuhren in den Park. Am See entlang hielten Wagen, in jedem die ineinander verschränkten Umrisse eines Liebespaares. Jos fuhr um das World's Fair Building herum. Hinter dem Gebäude überspannte eine kleine Brücke die Lagune. Sie hielten an und stiegen zusammen aus, Jos mit der Schreibmaschine in der Hand. Keine Menschenseele zu sehen.
Sie standen auf der Brücke. Er spürte, wie sich Artie neben ihm vornüberbeugte. Bei Tageslicht sah man durch das seichte Wasser bis auf den Grund. »Mensch, die sinkt in den Schlamm ein«, sagte Artie. Er nahm Jos die Maschine ab und wollte sie hinunterfallen lassen.
»Es wird laut platschen«, warnte Jos. Wenn das Geräusch nun einen blöden Polizisten herbeilockte?
»Ersäufen nur 'n paar Katzen, Sir«, sagte Artie. »Ich mache das immer hier an der Stelle.« Er ließ die Schreibmaschine fallen. Der Aufschlag war nicht sehr laut zu hören.
Jetzt waren sie fast aller Fäden ledig, die sie an die Tat fesselten. Es gab nur noch die Decke. Die ging vielleicht nicht unter. Am besten irgendwo verbrennen, mit dem Auto hinausfahren vor die Stadt, wo sie niemand überraschen konnte. Vielleicht zu den Dünen.
Auf der Fahrt nach Süden kamen sie an der Stelle vorüber, an der ihnen – heute nachmittag wäre das erst gewesen – das Lösegeld hätte zugeworfen werden sollen. Das Gebäude ragte verschwommen aus dem Dunst heraus. Artie ließ sich niedergeschlagen tiefer in den Sitz hineinsinken. Jos kam an eine Gabelung: links zum See, rechts zum Hegewisch-Moor. Und er fühlte, daß Artie ihm jetzt heimlich die Schuld zuschob, und er fühlte, daß Artie recht daran tat – etwas in ihm, Jos, hatte sie

betrogen und verraten. Warum hatte er so hartnäckig auf dem Moor bestanden, wo doch Artie den See vorgeschlagen hatte? Warum hatte es ausgerechnet dieses Wasserrohr unter dem Eisenbahndamm sein müssen?
Er legte auf einer Nebenstraße die kurze Entfernung zum See zurück.
Hier war ein Streifen Uferstrand, über den Schlacken und Abfälle verstreut waren. Sie hatten Glück: sie waren ungestört. Artie trug die Decke, ein großes, dunkles Bündel, in der Beuge seines Armes. Jos sammelte einige Holzstücke auf und versuchte sie sachgemäß übereinanderzuschichten.
»Du bist mir auch ein Pfadfinder!« rief Artie und stellte die Stücke in Zeltform auf, daß sie gut brannten. Dann warfen sie die Decke ins Feuer. Qualm und Rauch stiegen auf. Die Flammen wurden fast erstickt. »Verdammt, wir hätten etwas Öl mitnehmen sollen«, sagte Artie. »So dauert das ja die ganze Nacht.«
Wenn das Feuer nur das Blut fortbrannte, konnten sie das verkohlte Tuch ja ruhig liegen lassen. Artie streckte sich auf dem schlackigen Sand aus, plump, als hätte ihn plötzlich alle Kraft verlassen, wie er sich manchmal gab, plump, lahm, passiv. Für einen Augenblick fühlte sich Jos als der Stärkere, alles kam ihm leichter, einfacher vor.
Jetzt war wenigstens die letzte Spur beseitigt. Die Decke verbrannt, und selbst wenn man sie fand – wer würde je auf den Gedanken kommen, daß sie die Leiche des Jungen in sich geborgen hatte?
Hier und jetzt war der Höhepunkt, die Erfüllung ihrer Tat, die Erfüllung ihres Pakts. Hier und jetzt fühlte er sich frei von Angst. Sie würden ihn nie fassen, denn er war die Stärke selbst.

10

Ich hatte zwei Vormittagsvorlesungen und dachte die ganze Zeit krampfhaft darüber nach, wie ich an dem Fall ›dranbleiben‹ konnte. Aber als ich um die übliche Zeit anrief, hatte Reese gleichsam die Antwort schon parat. »Schau mal nach, vielleicht braucht Tom dich bei der Leichenschau.« Die Belohnung für meine Leistung vom Vortag. Aus den Morgenzeitungen erfuhr ich, daß die Leichenschau um zwei Uhr stattfinden

sollte, und ich eilte zum Klubhaus, um dort etwas zu essen. Es regnete, und ich rannte halb im Laufschritt ziemlich durchnäßt durch die Straßen, und gerade, als ich vor dem Klub angelangt war, rief jemand meinen Namen: Tom Daly kam mir von der anderen Seite entgegen. Er hatte mich aufsuchen wollen, um nur aus dem Regen herauszukommen. Die Sache ging einfach nicht weiter. Er war bei den Kesslers gewesen, auf der Polizei – verdammt, man bekam hier in dieser Gegend morgens nicht mal etwas zu trinken.
Ich sagte, ich könne im Klub wahrscheinlich etwas für ihn auftreiben. Wir hatten noch nicht den Regen von unseren Hüten geschüttelt, als Artie Straus von seinem Stuhl aufsprang und uns entgegenstürzte, den *Globe* in der Hand. »Was Neues inzwischen?« fragte er mich. »Hast du das von Steger gemeldet? Ich habe dir viel mehr Material über ihn gegeben, als hier drin steht.«
Ich stellte ihn Tom vor, und da wurde er noch aufgeregter. Klar, einen Drink könne er schon beschaffen. Aber wie es denn wäre, wenn er mit uns käme, um der Sache weiter nachzuspüren? »Mann, ich glaube, ich kann euch noch zu einem Bombenknüller verhelfen!«
»Artie, der Amateurdetektiv!« witzelte Milt Lewis. »Jetzt kommt deine große Chance!«
Mann, schon allein aus den Zeitungen könne er ersehen, daß man einer Menge Hinweise noch gar nicht nachgegangen sei, sagte Artie. Man brauche nur den Drugstore in der 63. Straße zu nehmen, wo sich der Vater mit dem Lösegeld hatte einfinden sollen. Freilich, er hatte die Adresse vergessen. Aber warum setzten wir uns nicht jetzt gleich zu dritt diesem Drugstore auf die Spur?
»Meinst du vielleicht, der Killer steht noch da und wartet?« spottete Milt.
»Ach, die Killer sind wahrscheinlich überhaupt nie dort gewesen!« sagte Artie erregt. »Da sieht man, was du für eine Vorstellung hast. Die hatten sicher eine Nachrichtenkette aufgezogen, mit einzelnen Stationen und so. Der Vater hätte wahrscheinlich dort telefonisch gesagt bekommen, zu welcher nächsten Station er gehen mußte –«
»Na, und was hast du dann davon, wenn du den Drugstore ausfindig machst?« wollte Lewis wissen.
»Herrgott, vielleicht ergibt sich dort ein neuer Hinweis, das muß man erst sehen.«

»Meine Güte, es gießt wie aus Eimern«, stöhnte Tom.
»Los, ich habe einen Wagen da«, rief Artie. »Ich wette, wir finden den Laden. Wir brauchen nur alle Drugstores in der 63. Straße abzuklappern und zu fragen, ob dort gestern ein Anruf für Mr. Kessler gekommen ist.«
Tom und ich folgten ihm zu seinem Wagen. Artie fuhr die 63. Straße entlang und redete dabei die ganze Zeit von dem Verbrechen.
Tom fragte: »Sie haben den Kleinen wohl gut gekannt?«
»Na sicher. So gut wie meinen kleinen Bruder.«
»Was war er denn für ein Junge?«
»Ein frecher Schlingel«, sagte Artie. »Gerade so der Bankert, den sich einer zum Kidnappen aussuchen würde.«
Wir waren beide sprachlos. Artie fuhr fort: »Warum erst große Geschichten machen? Vielleicht finden wir so eher den Mörder. Vielleicht ist er einem auf die Nerven gegangen.«
Tom spann den Gedanken weiter. Wem zum Beispiel? Ob sein kleiner Bruder etwa eine Vorstellung habe. Aber wem könne ein Kind so auf die Nerven gehen, daß er etwas Derartiges tue?
»Ich werde Billy fragen«, versprach Artie.
Die 63. Straße war endlos. Das Ganze schien Wahnsinn zu sein, aber Artie sagte, er wette, der Mörder habe sich einen Laden in der verkehrsreichsten Gegend der Straße ausgesucht, irgendwo östlich der Cottage Grove Avenue. Er hielt in der Mitte eines Häuserblocks. An beiden Ecken waren Drugstores.
»Auf, ich hier, ihr dort«, sagte er.
Tom und ich eilten auf den einen Drugstore zu, Artie auf den anderen. Wir sagten dem Inhaber, wir kämen vom *Globe*, wegen des Kindesmords. Er schüttelte nur den Kopf. Als wir auf die Straße traten, kam Artie schon von der anderen Seite herbeigestürzt. »Nichts!« rief er. »Probieren wir es woanders.«
So arbeiteten wir uns weiter durch die 63. Straße. Nach einem Dutzend Läden wollte Tom nicht mehr mitmachen. Selbst wenn wir den richtigen Drugstore fänden, komme ja nichts dabei heraus. »Sie sind mir vielleicht ein Zeitungsmann!« lachte Artie. »Ausdauer ist das einzige, was man in einem Fall wie diesem hier haben muß.«
»Gut«, sagte Tom, »das ist der richtige Sportsgeist.« Artie und ich könnten ja weitermachen, er werde solange im Wagen warten. An der Blackstone Avenue hielten wir abermals. Hier

war nur ein Drugstore, und Artie und ich eilten rasch hinein. Ein Neger stand hinter der Theke. Artie ging auf ihn zu, während ich mich dem Ladeninhaber näherte. Sobald ich den Namen Kessler erwähnt hatte, riß der Mann entsetzt die Augen auf. »Ja, doch, doch, aber ich habe bis eben nicht daran gedacht, daß das –«
Im selben Augenblick rief Artie triumphierend: »Hier sind wir richtig!«
Später mochten wir uns fragen, was Artie dazu getrieben hatte, sich näher und näher an das Feuer heranzutasten. Der innere Zwang, die gerechte Strafe auf sich herabzubeschwören? Denn wenn Jos derjenige gewesen war, der während der Tat Fingerzeige hinterlassen hatte, so war es Artie, der in den Tagen unmittelbar danach das Schicksal herausforderte, indem er uns Reportern und sogar der Polizei keine Ruhe ließ und immer weiterdrängte gleich einem mutwilligen Kind, das so lange ungezogen ist, bis es die Hand des Zorns zu spüren bekommt.
Der Neger und Mr. Hartmann berichteten, daß sie zwei Anrufe erhalten hätten. In zehn Minuten Abstand. Ein Mann habe einen Mr. Kessler verlangt. »Er hat gesagt, ich soll nachsehen«, erinnerte sich jetzt der Neger. »Und da habe ich sogar in den Laden hineingerufen. Und dann habe ich ihm gesagt, daß kein Mr. Kessler hier ist.«
»In der Telefonzelle gleich hinter der Tür«, hieß es in dem Brief mit der Lösegeldforderung. Artie trat in die Zelle, als ob sie etwas über den Verbrecher aussagen könnte. »Er muß irgendwann einmal da gestanden haben, um sich die Nummer des Apparats aufzuschreiben«, sagte Mr. Hartmann.
Artie hob sogar den Hörer ab und versuchte auf gut Glück, den Anrufen vom Vortag nachzuspüren. Was der Mann für eine Stimme gehabt habe, wollte er von Mr. Hartmann wissen. »Hat er einwandfrei englisch gesprochen oder mit einem Akzent?«
»Du wärst ein besserer Reporter als ich«, sagte ich.
»Willst du nicht deine Zeitung anrufen?« drängte er. »Was habe ich dir gesagt! Ich habe dir wieder einen Knüller geliefert!«
Ich sagte, am besten solle Tom anrufen, und Artie rannte noch vor mir hinaus und rief Tom zu: »Gefunden!«
Unsere Zeitung brachte die Meldung groß heraus und wies triumphierend darauf hin, daß die Spur von demselben Repor-

ter aufgenommen worden sei, der schon das Opfer identifiziert habe. Es war natürlich nur eine zweitrangige Nachricht, aber es gab nichts wirklich Neues über den Fall. Die Stadt schien dem Mord erstarrt gegenüberzustehen. Der Fall hatte die Gemüter mehr erregt als frühere, ähnlich geartete Verbrechen. Vielleicht wegen des Vermögens der Eltern des Jungen. Aber vielleicht auch – daran mußte ich denken, als sich die Sache weiterentwickelte – weil man irgendwie ahnte, von Anfang an, daß diesem Verbrechen eine Bedeutung innewohnte, die weit in die Zukunft hineinreichte.
Wir fuhren zum Campus zurück. Wir sollten ihn weiter auf dem laufenden halten, sagte Artie. Er werde uns Knüller auf Knüller liefern!
Auf der Woodlawn Avenue begann er wie verrückt zu hupen. Er hatte den roten Stutz erblickt. »Das ist Jos Steiner«, sagte er zu mir. »Du mußt ihn unbedingt kennenlernen. Die Burschen haben gerade ihre Harvard-Prüfung hinter sich.« Artie hielt neben dem Stutz. »He, Ganove! Habe den *Globe* gerade mit einem Knüller versorgt! Wir haben den Drugstore des Mörders entdeckt! Wie hast du's gemacht?«
Jos sagte ganz ruhig, er habe es einwandfrei geschafft; es sei keine schwere Prüfung gewesen. »Was war das mit dem Drugstore?« fragte er dann.
Artie berichtete, daß er den Mördern des kleinen Kessler auf der Spur sei, und im gleichen Atemzug sagte er: »Mensch, Jos, die Sache mußt du doch feiern. Wie wär's heute abend?« Er und eine tolle Bekanntschaft gingen in die Four Deuces und Jos solle mitkommen. Dann wandte er sich an mich: »Bring du doch auch noch eine Puppe mit, wir wollen mal richtig feiern! Bring einfach Ruthie mit, die ist doch deine Süße.«
Jos wollte noch etwas sagen, aber Artie rief: »Ich fahre die Herrschaften jetzt zur Leichenschau!« und sauste mit uns davon.

Paulies Leiche war in ein Bestattungsinstitut in der Cottage Grove Avenue gebracht worden. Alles sehr vornehm. Elektrische Kandelaber in Abständen an den Wänden. »Da kommen Balaban und Katz nicht mit«, flüsterte Artie, doch mit einem Ton ehrlichen Bedauerns in der Stimme. Gleich hatte er sich unter die Polizisten und Reporter gemischt und bereits gehört, daß der Chef der Kriminalabteilung heilige Eide schwor, er werde alle notorisch perversen Typen in der Stadt unter die

Lupe nehmen, und daß der Chef der Polizei dagegen felsenfest davon überzeugt war, einen klaren Fall von Lösegeld-Entführung vor sich zu haben – keinerlei Anzeichen deuteten darauf hin, daß es sich um die Tat eines Entarteten handle.
Ich hatte allmählich genug von Artie, seine ständige Erregtheit wirkte auf seine Umgebung ermüdend, und ich war erleichtert, als sein Freund Jos plötzlich auftauchte und ihn beiseite nahm. Gleich darauf rief Artie mir zu: »Also bis heute abend«, und dann waren sie verschwunden.
Die Leichenschau selbst trug nur zur Steigerung der Unsicherheit und der Hysterie bei. Der Onkel und der Vater identifizierten die Leiche, und beide waren beherrscht, ließen sich keine Gefühle anmerken. Dann kam der polnische Arbeiter, der den toten Jungen gefunden hatte; was er sagte, wußten alle schon. Darauf, sehr wichtigtuend, die Lippen bei jeder neuen Feststellung vorgeschoben, verkündete Dr. Kruger die Todesursache. Der Tod sei nicht durch die Schläge auf den Kopf eingetreten, sagte er, sondern durch Ersticken. Die Zunge sei geschwollen und der Hals auch. Keine Anzeichen von Strangulierung. Einfaches Ersticken. Vielleicht ein Knebel. Der Tod sei vor neun Uhr abends eingetreten. Zuvor sei das Opfer mißbraucht worden.
Das Wort hallte wider. Jetzt war es also offiziell. Ein Degenerierter!
Aber gleich nach Dr. Kruger, eilig hereinstürzend, wie um einen Fehler zu korrigieren, seine Worte hervorsprudelnd, ehe man noch Fragen stellen konnte, kam Dr. Haroutian, ein Chemiker, der die Organe untersucht hatte. Für ein Sexualverbrechen gebe es überhaupt keine Anhaltspunkte, erklärte er.
Dr. Kruger sprang auf und rief laut, er habe doch schließlich die Leiche gesehen, und wenn das kein Sexualverbrechen sei – !
Sie begannen hin und her zu reden über Schließmuskeln und Muskelspannung; es war einfach traurig, einfach unheimlich, und doch schien es bitter nötig zu sein, zu wissen, wie bestialisch sich nun tatsächlich irgendein Mensch benommen hatte. Und je heftiger sich die beiden ereiferten, desto fester waren die Anhänger der Perversions-Theorie von ihrer Meinung überzeugt, als ob deren Fallenlassen geradezu einer Entschuldigung des Verbrechens gleichgekommen wäre.
Schließlich mußten beide Ansichten zu den Akten genommen werden. Und dann war die Leichenschau vorüber, und wir alle

drängten uns um die mit der Aufklärung des Falles befaßten Beamten, als hätte eine zusätzliche Bemerkung eine Antwort auf die Frage geben können, was dem armen Jungen auf seinem Weg in den Tod widerfahren war.
Tom und ich verkauften Harry Dawes von der *Post* nähere Einzelheiten unseres Drugstore-Knüllers gegen die Geschichte von einem Kind, das behauptete, auf der Ellis Avenue gesehen zu haben, wie Paulie in einen Winton stieg, einen grauen Winton.
Aber als wir telefoniert hatten und in einer Würstchenbude saßen, sagte Tom, es sei völlig klar, daß niemand etwas Genaues wisse – wir hätten es allein bis jetzt ganz gut gemacht, und wir würden die Sache auf eigene Faust weiterverfolgen. Er erging sich in Spekulationen über den Fundort der Leiche, das Hegewisch-Moor. Alle Kinder, die die Twain besuchten, seien mal da draußen gewesen. Gewiß, die Naturkundelehrer, die die Exkursionen leiteten, schalteten aus; sie hätten alle hundertprozentige Alibis. Aber vielleicht komme einem doch eine Idee, wenn man sich die Gegend dort mal näher ansehe.

Ein trauriges Ödland, halb Sumpf, halb Wiese, das am Stadtrand begann, an den Straßen mit den Holzhäuschen, und sich einige Meilen weit bis zur Industriegegend hinzog – Stahlwerke, Ölraffinerien. Als wir zu Fuß dieses Gebiet durchschritten, kam uns erst richtig zum Bewußtsein, wie weit es vom Fundort der Leiche bis zu der nächsten Stelle war, die man allenfalls noch mit dem Wagen erreichen konnte. War der Junge noch selbst die Strecke gegangen? Freiwillig? Vielleicht mit einem, den er kannte und der versprochen hatte, ihm etwas zu zeigen? Oder war er getragen worden, als Leiche? Getragen, dieses weite Stück Wegs? Und warum hatte man ihn ausgerechnet in diesem Abflußrohr versteckt? Wir starrten auf das gähnende Loch des Betonrohrs.
Der reine, blinde Zufall schien für die Wahl gerade dieses Ortes als Versteck verantwortlich zu sein, und doch konnte ich mich nicht jenes quälenden Gefühls erwehren, das einen oft angesichts des auf den ersten Blick so gänzlich Irrationalen anfällt: daß hier noch etwas Unaufgelöstes im Spiele sei. Wir spekulierten hin und her. Konnte der Verbrecher ein armer Schlukker aus der anliegenden Wohngegend sein, der mit den Kindern bessergestellter Familien, die zu Naturkundeexkursionen hier herauskamen, Bekanntschaft geschlossen hatte? Suchten

Leute dieses Gelände eigentlich zu etwas anderem auf als zum Angeln?
Seltsam, wie nackt, wie öde das ganze Gebiet wirkte zwei Tage nach dem Mord. Nicht einmal ein Polizist zu sehen. Aber worauf sollte der auch hier warten? Auf die Rückkehr des Mörders?
Wir beschlossen, noch einmal auf der zuständigen Polizeistation vorzusprechen. Der Captain selbst, Cleary mit Namen, empfing uns.
Ja, sagte er, im Sommer kämen oft Kinder zum Schwimmen hier heraus, und einige Leute angelten auch, von den Polacken. Ab und zu gehe auch mal einer auf Kaninchenjagd. Aber diese Polacken hier in der Gegend seien harmlose Fabrikarbeiter. Und vor allem bringe keiner von ihnen einen Brief zustande wie diesen Lösegeldbrief.
Tom fragte, ob noch andere Lehrer mit ihren Schülern hierher kämen, außer denen von der Twain-School. Cleary sagte, darüber wisse er nichts Genaues; das ganze Wiesengelände gehöre nämlich offiziell nicht zu seinem Revier, es sei Staatsterritorium und unterstehe der Forstverwaltung.
Wie sich später herausstellen sollte, rief Captain Cleary, als wir gegangen waren, einen Mann von der Forstaufsicht an. Er wollte sich nur gegen Eventualitäten sichern. Er erkundigte sich, ob man von irgendwelchen Biologielehrern, Tiersammlern oder solchen Leuten wisse, die ab und zu das Hegewisch-Moor aufsuchten. Ja, da komme manchmal sonntags eine ganze Gruppe heraus, gab ihm Forstaufseher Gastony zur Auskunft, unter Führung eines jungen Burschen – er kenne seinen Namen, weil er einen Waffenschein besitze, für die Jagd auf naturkundlich interessante Tiere. Joshua Steiner heiße er. Vater Millionär. Richtiger Wissenschaftler, der Kerl. Ja, der junge Steiner könne ihm sicher sagen, welche Schulklassen sich im Hegewisch-Moor sehen ließen.
Captain Cleary notierte sich den Namen.
Auf dem Heimweg von unserem Ausflug ins Hegewisch-Moor sah ich Artie durch meine Straße fahren. Als ob er auf mich schon gewartet hätte. Er rief mir zu und schwenkte einen *Globe* in der Hand, der bereits unseren Knüller mit dem Drugstore brachte. Und er erinnerte mich noch einmal an unsere Verabredung.
Ich hatte eigentlich gar nicht hingehen wollen; ich fühlte mich nie ganz wohl in meiner Haut, wenn ich mit reichen Bekannten

ausging, da ich immer befürchtete, sie könnten plötzlich ein teures Lokal vorschlagen. Aber nun war nichts mehr zu machen; Artie sagte, er sei auf dem Campus Ruth begegnet und habe es ihr schon mitgeteilt.
Gerade als ich abends fortgehen wollte, kam ein Anruf von Tom. Er war auf der Zeitung. Man habe einen Selbstmörder gefunden oder doch zumindest einen Toten, am Oak-Street-Strand. Und die Polizei habe einen maschinegeschriebenen Brief erhalten, dessen Schreiber darin das Verbrechen eingestehe. Wörtlich heiße es da: »Wenn Sie diesen Brief erhalten, bin ich ein toter Mann. Ich bedaure zutiefst, diese unmenschliche Tat begangen zu haben.« Unterschrieben war der Brief mit »Einer, dem es leid tut«. Kriminalinspektor Nolan glaube, die Schreibmaschine sei die gleiche wie bei dem Lösegeldbrief; ein Spezialist untersuche die beiden Briefe gerade. Er, Tom, wolle vorläufig in der Redaktion bleiben, aber ich könne ja, wenn ich Lust hätte, dort mal vorbeigehen. West Madison Street. Höre sich nach einer billigen Pension an.
Ich rief Artie an – er war gerade noch zu Hause – und bat ihn, Ruth abzuholen. Ich würde nachkommen. Er wurde ganz aufgeregt, als er das mit der neuen Spur hörte. Klar, er werde Ruth abholen; Jos habe sowieso kein Mädchen dabei und könne sich so lange um Ruth kümmern. Am besten hole Jos die beiden Mädchen ab, und er, Artie, wollte mich gleich in die Madison Street fahren. Einverstanden?
Aber ich hatte genug von Arties fahriger Erregtheit. Ich sagte, am besten hole er selbst Ruth ab, da sie ja Jos noch nicht kenne. Dann rief ich Ruth an und witzelte, so sei das nun mal bei einem Reporter, und sie könne sich ja gleich eine Vorstellung davon machen, wie es zugehen würde, wenn sie mit einem solchen Kerl erst verheiratet wäre.

Es war in der Tat eine billige Pension. Der Manager, ein schon älterer Mann, dem alles gleichgültig war, sagte, dieser John Doe habe ein paar Tage im Hause gewohnt – niemand wisse etwas von ihm. Persönliche Habe nicht vorhanden. Die Polizisten hätten ein paar zerlumpte Hemden mitgenommen, die in einer Tasche gewesen seien. Ob er der Kidnapper sein könne, der Mörder? »Wie hätte der Bursche das anstellen sollen? Hat ja fast die ganze Zeit besoffen in seiner Koje gelegen.«
Ich eilte sogar zum Leichenschauhaus im zuständigen Distriktshospital und sah mir den Toten an. Untersetzt, mager,

mitgenommenes, aufgeschwemmtes Gesicht. Hatte dieser Mann den Brief geschrieben?
Natürlich wußte ich auch als kleiner Reporterlehrling schon, daß jedes Verbrechen die wildesten »Geständnisse« im Gefolge hat, aber Kriminalinspektor Nolan erklärte in der Stadt schon, das Rätsel um den Mörder sei gelöst. Ein abartig veranlagter – er sagte »degenerierter« – Landstreicher habe den Jungen ermordet, dann versucht, noch Geld herauszuschlagen, und sich schließlich aus Angst das Leben genommen.
Der Fall Paulie Kessler sollte, ehe er zu Ende ging, noch in manchen trüben Winkel hineinleuchten – ein Zyklon, der die Häuser einer Stadt wegfegte und den Unrat in den Kellern zum Vorschein kommen ließ.
Ich traf mich mit Tom auf der Polizeizentrale und erstattete ihm Bericht. Uns beiden war klar, daß die Spur zu nichts führen würde, wenn ihr auch die Morgenblätter dicke Schlagzeilen widmeten. Inzwischen war es zehn Uhr geworden. Ich hätte Tom beinahe eingeladen, mitzukommen, aber wir jungen Leute wären ihm vielleicht wie Kinder erschienen. So sagte ich Gute Nacht und machte mich auf den Weg.

Der Nachtklub war in einem Keller gelegen. Ich eilte die Treppe hinunter, ein wenig besorgt wegen Ruth, die die ganze Zeit in der Gesellschaft dieser Salonlöwen gewesen war, und auch ein wenig neugierig auf Myra, die ich nur aus einem Seminar über Lyrik kannte. Ich kam mir sehr wichtig vor, noch ganz außer Atem von meinen Eindrücken im Leichenschauhaus und vom Anblick eines toten menschlichen Wracks – die anderen kannten schließlich nur ihr College-Dasein.
Von der Treppe aus erkannte ich zuerst Artie und Myra, die gerade tanzten, und bei diesem kurzen Blick fiel mir an Myra gleich etwas auf, so die Art, wie sie sich ganz hingab, den Kopf mit dem glänzenden Haar zur Seite geneigt, für die Welt verloren. Dann sah ich Ruth und Jos. Sie saßen an einem Tisch im Hintergrund und steckten die Köpfe zusammen, um einander bei dem Lärm noch verstehen zu können. Ruth erblickte mich, hob das Gesicht, das nun ein Glühen überstrahlte, das für mich bestimmt war, aber es breitete sich nur sehr langsam aus, als habe es erst aufgefordert werden müssen, so sehr war sie mit Jos ins Gespräch vertieft gewesen.
Artie hörte auf zu tanzen und eilte mir entgegen. Was es Neues gebe. Ob der Selbstmörder wirklich der gesuchte Verbrecher

sei. Ich sagte, es sehe nicht danach aus. Ganz außer Atem sprudelte Artie weitere Vermutungen hervor: »Vielleicht handelt es sich um eine Irreführung – vielleicht stammt der Brief von dem richtigen Mörder, der den armen Schlucker nur irgendwo aufgelesen und ihm den Rest gegeben hat!« Wir waren an dem Tisch angelangt. »Damit hätte er sich doch fein die Polizei vom Hals geschafft!«
Myra schüttelte zu seinen Phantastereien nur den Kopf, und Jos sagte, er solle die Sache doch lieber der Polizei überlassen. Man hatte mir einen Stuhl hingestellt, und ich setzte mich an eine Ecke des Tisches und hatte das Gefühl, das fünfte Rad am Wagen zu sein, da die Party ja eine Feier anläßlich Jos' Examen war.
Mein Glas kam, und Jos goß mir ein. Artie meinte, ich hätte einiges nachzuholen. Myra sagte, sie hätte mich gern in der Poesie-Übung näher kennengelernt. Ob diese Musik eben nicht wie Vachel Lindsays ›Kongo‹ sei. Wir rezitierten das Gedicht, und Artie klopfte mit Löffeln dazu den Takt. Jos fragte mich, ob er mit Ruth tanzen dürfe. Ich sah ihnen eine Weile zu; er schien das Gespräch beim Tanzen fortzusetzen, und Ruth war nach wie vor ganz von ihm in Anspruch genommen.
Mitten im Stück entschuldigte sich Artie und zog Myra mit sich fort. Und dann tanzten sie einen ziemlich akrobatischen Charleston, aber sie taten es ganz lässig. Bald sahen ihnen die meisten der anderen Paare zu. Jos und Ruth kamen an den Tisch zurück, und wir klatschten für Artie und Myra den Takt. Der Mann mit dem Tenorsaxophon stand auf. Der Schlagzeuger hieb darauf los und ruckte zu Myras Knieschlenkern mit dem Kopf.
Spürte ich damals schon, daß Myra etwas geradezu herzzerbrechend Angespanntes an sich hatte – etwas von einem erreichten Höhepunkt und doch von einem Gefängnis, da sie sich bei aller Schnelligkeit nicht befreien konnte? Später sprachen wir über die Liebe, oh, wir waren ja so emanzipiert. Jos forderte, daß das Geschlechtliche frei sein und von der Liebe getrennt werden solle, und begann plötzlich wie ein Wirbelwind daherzureden und Ruth leidenschaftlich seine Ideen auseinanderzusetzen. Wenn man von Forderungen bezüglich Gut und Böse ausgehe, sei das genauso, als ob man an das Gesetz von Ursache und Wirkung glaube, denn alles, was man zu tun und zu lassen habe, sei einem dann ja vorgeschrieben – man habe gar keine freie Wahl. Wenn man aber an einen freien Willen glaube,

dann habe man die Freiheit der Entscheidung. Man müsse einfach sagen, daß es keine willenshemmenden Gesetze gebe. Freilich könne man sich zu seiner eigenen Bequemlichkeit einigen niederen Sittenbestimmungen unterwerfen, etwa der Konvention des Kleidertragens. Aber um sich zu beweisen, daß man frei sei, müsse man wissen, daß man den Bestimmungen auch zuwiderhandeln könne.

Er redete ohne Unterlaß. Manchmal verwirrten sich seine Vorstellungen und widersprachen einander, aber jedesmal, wenn ich mich einschalten und die Sache erklärt haben wollte, schrie mich Jos nieder mit Namen und Begriffen wie Nietzsche, Wille zur Macht, Stoa, Kant, und das alles wild durcheinander. Was ich einigermaßen mitbekam, war, daß die große Masse nicht stark genug sei, um von ihrem freien Willen Gebrauch zu machen. Nur einigen wenigen gelinge das. *Also sprach Zarathustra.*

Myra sagte, Philosophie sei ihr schlimmstes Fach und sie wolle tanzen, und Ruth faßte das Ergebnis wie ein gelehriger Schüler zusammen. »Ja, also nach Arties Ansicht gibt es kein Gut und Böse, weil alles Schicksal ist; weil alles vorherbestimmt ist.«

»Klar«, sagte Artie, »du bist mein Schicksal.«

Ruth lachte und faßte jetzt Jos' Vorstellungen zusammen. »Du sagst auch, es gibt kein Gut und Böse, aber aus dem entgegengesetzten Grund, nämlich weil die Menschen einen freien Willen hätten und ihn gebrauchen und einfach tun sollten, was ihnen gefällt.«

»Das ist Anarchie«, warf ich ein.

Anarchie – das heiße die Dinge allzusehr vereinfachen, meinte Jos, als wollte er mich aus der Diskussion ausschalten. Ruth hielt ihre Augen fest auf sein Gesicht geheftet. Die zwei schienen meine Anwesenheit vergessen zu haben. Sie fragte ihn, ob er wirklich an der Rechtswissenschaft Interesse habe, wenn er nach Harvard gehe. Er habe an allen möglichen Dingen Interesse, erwiderte er, an Sprachen, an naturwissenschaftlichen Fragen – er sei ein universeller Geist wie Leonardo da Vinci und werde sich nicht mit Jura aufhalten.

Aber der habe sich doch auch für Rechtsfragen interessiert, meinte Ruth. Es müsse doch faszinierend sein; es gebe doch so große Juristen wie zum Beispiel Jonathan Wilk, die ihr Leben der Gerechtigkeit widmeten.

Er lachte sein schlaues Lachen. Anwalt sein heiße doch schließlich, für die eine oder andere Seite Partei ergreifen zu müssen,

und so könne ein Anwalt eigentlich gar keine feste Ansicht von der Gerechtigkeit haben.
Diese Vorstellung passe immerhin zu seinen Ideen von Gut und Böse, sagte Ruth, und so müsse er sich eigentlich doch für die Rechtswissenschaft interessieren.
Das war eine kluge Antwort, und ich sah, wie in sein Gesicht Leben kam, denn er wußte nun, daß sie ihm gefolgt war. Ich kam mir allmählich wirklich komisch vor, war aber zu stolz, ihr Tête-à-tête zu unterbrechen. Dann kamen Artie und Myra wieder an den Tisch zurück, und wir tranken und tranken.
Irgendwann im weiteren Verlauf des Abends konnte Jos der Gedanke mit Ruth gekommen sein. Ruth tanzte mit Artie. Ich sah, wie Ruth aus sich herausging; das ruhigste Mädchen kann zu einer ausgelassenen Tänzerin werden, wenn sie den richtigen Partner hat. Jos' Blick folgte den beiden unverwandt.
Ich stelle mir vor, daß er in diesem Augenblick so etwas wie das Gefühl eines doppelten Herzschlags gehabt hat, ein plötzliches Wissen, eine blitzartige Erkenntnis: das ist die, mit der ich es machen werde.
Jeder Mann und jede Frau trägt ein Testbild in sich, gleich der gemalten Kulisse eines Fotografen mit einem Loch für den Kopf des Aufzunehmenden. *Wie wird sie morgens aussehen, wenn sie mir am Frühstückstisch gegenübersitzt?* Oder man stellt sich das Mädchen in irgendeiner anmutigen Haltung des Entkleidens vor. Oder bei einem Kuß. Oder mit einem Kind auf dem Schoß.
Bei Jos war das Testbild die Phantasieszene mit der Vergewaltigung, die ihm so sehr nachging. War sie das Mädchen, dem er es antun möchte? Wie würde sie nachher aussehen, erschöpft daliegend, die Kleider in Fetzen gerissen? Würde er sich angerührt fühlen? Würde ihn Liebe erfassen? Würde er sich zärtlich zu ihr neigen, um ein ganzes Leben daranzuwenden, den Schrecken dieser Tat wieder auszulöschen?
Die Vorstellung der Gewalt war vielleicht ein letzter Durchbruch seines düsteren Ichs, das ihn niederdrückte, um ihn von einer Liebe fernzuhalten, die ihn vielleicht geändert hätte. Und doch war in diesem gewalttätigen Phantasiebild gerade etwas von dieser Liebe enthalten, denn tief unter der Vorstellung selbst ließ ihm das Gefühl keine Ruhe, daß darin die Befreiung liege – daß er nachher nicht mehr länger Arties bedürfe. Dies würde allein *seine* Tat sein, so wie Artie auch Taten allein begangen hatte.

Es war ein Ringen von Wunsch und Gegenwunsch – mittels der Tat es Artie gleichzutun und sich so mehr denn je zu seinem Partner zu machen und dennoch sich durch eine Frau von Artie zu befreien.
Kaum einzeln wahrgenommen gingen ihm diese Bilder durch den Kopf, während er seine schweren Lider hob und Ruth zusah, wie sie mit Artie tanzte, und sie schickte ein Lächeln zu ihm hinüber.

Als wir vor Ruths Haus angelangt waren, sagte ich zu den anderen, ich würde von hier aus zu Fuß heimgehen, und Artie machte die entsprechenden Bemerkungen.
Es war noch nicht allzu spät, erst zwei Uhr. Wir hätten hinaufgehen können. Aber im Hausgang waren wir ziemlich ungestört, denn außer den Goldenbergs wohnte hier nur noch eine Familie.
Wir umarmten uns und sie sagte: »Dir hat Myra ganz gut gefallen, nicht wahr?« Ich lachte und zog sie mit Jos auf. Wir gaben uns einen Kuß, wie ihn sich nur Liebende geben, sehr zart, ohne die Lippen zu öffnen, und dann erzählte sie von Jos. Ich konnte ihr Stirnrunzeln in dem dunklen Gang nur ahnen. Dieser Jos sei wirklich ein kluger Kopf. Sie habe noch nie einen so gescheiten, denkerisch veranlagten Menschen kennengelernt – dabei drückte sie meine Hand –, aber er habe auch etwas Verwirrendes, etwas Düsteres an sich. Dann fügte sie, ein wenig schelmisch, hinzu, er habe sie für morgen zum Lunch eingeladen. Aber ich brauchte mir natürlich keine Sorgen zu machen, daß er mein Nebenbuhler werden könne, da er ja schon in zwei Wochen nach Europa reise.
Ich sagte, es stehe ihr frei, jeden Millionär zu heiraten, den sie kriegen könne, und wir gaben uns den letzten Kuß, der immer eingestanden leidenschaftlich war.

11

Die beiden setzten Myra vor dem Hotel ab und kauften sich dann eine Zeitung. Kriminalinspektor Nolan war immer noch der Ansicht, mit dem Selbstmord sei das Rätsel des Verbrechens gelöst.
»Hast *du* den Kerl vielleicht ins Jenseits befördert?« fragte Jos.

»Nein, diesmal nicht.« Artie grinste. »Wir hätten aber an so etwas denken sollen.«
Das wäre die vollkommene Lösung gewesen. Wieder hatte Jos das flüchtige, melancholische Gefühl, daß sie nicht so vollkommen waren, wie sie selbst geglaubt hatten.
Jos verspürte einen plötzlichen Energieschwund; er hatte kein Verlangen mehr, nicht einmal das, mit Artie noch zusammenzubleiben. Er wünschte sich nur irgendein absolutes Vergessen, vielleicht nicht gleich den Tod, aber etwas Sauberes, Tieferes als lediglich Schlaf, etwas wie einen dauernden Winterschlaf – er hätte sich irgendwo verkriechen mögen, wo es eng und warm war, um nichts mehr denken zu müssen.

Und ich sehe ihn, wie er lange im Bett liegenbleibt, vor sich hindöst und sich an seinem Bettzeug scheuert und seine Phantasiebilder vorüberziehen läßt. Hat er sich mit ihr verabredet, um »es« zu tun? Aber da ist ein starkes Gegengefühl zu diesem Mädchen in ihm. Er sieht sie fast nicht als Mädchen. Er sieht sie als Mensch. Er ist ein wenig neugierig darauf, wie sich der Lunch mit ihr entwickeln wird.
Als er aber dann versucht, dieses Gefühl zu erfassen, zu analysieren, gewinnen die sexuellen Vorstellungen die Oberhand. Wenn ihm jetzt nur noch eine kurze Zeitspanne vergönnt ist, in Freiheit, vielleicht im Leben überhaupt? Wenn er und Artie nun bald gefaßt und eingekerkert werden? (Weiter als bis in eine Zelle hinein verfolgt er diesen Gedanken nie.) Wenn er aber für lebenslang eingesperrt ist, was wird dann aus den Taten, die er nicht getan, an denen er sich nicht versucht hat? Am beharrlichsten drängt sich da immer wieder die Vergewaltigung in den Vordergrund. Viel beharrlicher, machtvoller als der Drang nach der Tat an dem Jungen. Diese Tat war überhaupt nicht in ihm gewesen; er hatte sich zwar gesagt, sie stehe für die Vergewaltigung; aber sie hatte irgendwie nicht zu einem Ziel geführt. War sie ein verlorener Ersatz für die Tat gewesen, die noch in ihm war und schrie?
Sollte er mit Artie darüber sprechen? Die neue Tat zusammen mit Artie begehen?
Nein. Allein. Wenigstens wollte er versuchen, sie allein zu tun.

Das Mädchen klopfte.
Mit merkwürdig gedrückter Stimme sagte das Mädchen, unten seien zwei Polizeibeamte, die ihn zu sprechen wünschten.

Jos stellte mit nicht geringer Genugtuung fest, daß überhaupt keine Panikstimmung in ihm aufkam. Zweifellos hatten sie die Spur der Brille zu ihm zurückverfolgt. Jetzt hing alles von seinem *savoir-faire* ab. Sollte er Artie anrufen, ihn warnen? Nein, vielleicht ließen sie bereits das Telefon überwachen.
Während er sich ohne übergroße Hast anzog, konnte er nicht umhin, ein leises Gefühl der Befriedigung an sich selbst zu beobachten, daß sie gekommen waren.
Er hatte lange geschlafen. Der alte Herr war in die Stadt gegangen und Max auf den Golfplatz gefahren. Gut, daß sie fort waren. Jos stieg die Treppe hinunter.
Unten standen zwei Polizisten. Ihren Gesichtern war nichts zu entnehmen. Oder entdeckte man eine Andeutung von Respekt für die vornehme Gegend, das Haus? Der eine, der ihm zunächst stand, sagte, Captain Cleary wünsche ihm einige Fragen zu stellen. Auf der Polizeistation South Chicago.
Er sprach so ungezwungen – das konnte nichts Ernstes sein.
»South Chicago?« wiederholte Jos, als sei er zutiefst verwundert.
Die beiden wechselten einen Blick, und dann sagte der zweite in sehr höflichem Ton: »Wir haben nur den Auftrag, Sie wegen einiger Fragen zu ihm zu fahren.«
»Wegen Überschreitung der Höchstgeschwindigkeit vielleicht?« Jos lächelte. Sie lächelten zurück, erwiderten aber nichts. Jos zuckte die Achseln und tat resigniert, wenn auch ein klein wenig beunruhigt, eben so, wie sich jemand benimmt, der zur Polizei bestellt ist. Wenn Artie ihn doch nur so sehen könnte!
Mit dem Gefühl der beiden breiten Gestalten im Rücken ging Jos voran zur Tür. Ob sie ein Polizeiauto dabei hatten? Nein, einen Marmon.
Einer der beiden stieg mit ihm hinten ein. Jos sah sich hastig um. Die Straße lag ungewöhnlich still da; man ließ die Kinder noch nicht hinaus. Sicher hatte ihn niemand gesehen.
Jos bot seine Helmars an. Die Finger des Polizisten schienen fast zu klobig zu sein, um eine Zigarette herausnehmen zu können. Mit einem tröstenden Brummen sagte der Mann: »Handelt sich nur um ein paar ganz harmlose Fragen.«
Aber warum gerade auf der Polizeistation South-Chicago? Wie den Zeitungen zu entnehmen war, hatte doch die Zentrale selbst die Sache in die Hand genommen.
Da fiel Jos wieder ein, daß ich am Vorabend auf der Party von

einer Unterredung mit dem Captain da draußen gesprochen hatte. Über Naturforscher und so. Das mußte es sein. Irgendwie waren sie auf seinen Namen gestoßen. Alles wegen dieses blöden Reporters. Mußte Sid Silver, dieser neunmalkluge Zeitungsknabe, auch überall seine Nase hineinstecken. Werden ihm seine Kleine vergewaltigen, geschieht ihm ganz recht. Und Jos stellte sich vor, wie er anschließend alles Artie erzählte, und wie Artie lachte.
Aber es konnte auch etwas schiefgehen. Und wenn sie ihn festhielten, gab es keine Vergewaltigung, ja, Ruth würde sogar heute mittag vergebens auf ihn warten.
Endlich hielt der Wagen vor dem zweistöckigen Backsteinhaus. Sah fast aus wie die Hyde-Park-Station, wohin ihn einmal Polizisten gebracht hatten, als er im Jackson Park mit seinem 22er Gewehr beim Schießen von Vögeln erwischt worden war. Der Alte hatte das schnell wieder ins reine gebracht. Einen wohlerzogenen Jungen aus gutem Haus aufs Polizeirevier zu schleppen! Tatsächlich, der alte Herr hatte es, in dem Bestreben, die Polizei seinen Einfluß in der Stadt spüren zu lassen, erreicht, daß sie sich praktisch noch entschuldigten! »Der Junge ist ja schließlich ein anerkannter Ornithologe!« Und er hatte ihm die für die Stadt einmalige Erlaubnis verschafft, sein Gewehr in den Parks zu benutzen. »Da, siehst du?« Sein Vater hatte gewollt, daß er beeindruckt wäre. Joshua Steiner sen. würde mit allem fertig, bekam alles, was er wollte, in Chikago. Naja, sollte ihn der Alte auch aus dieser Klemme herausholen! Und jenes seltsame Zwischending von Groll und Erwartung stieg in ihm auf, das ihn immer anfiel, wenn er an seinen Vater dachte. Diese ganze Sache stand wie eine letzte Herausforderung zwischen ihnen beiden.
Er betrat zusammen mit den Polizisten den leer aussehenden Raum mit der Barriere und dem Tisch und dem bleichen, nackten Fußboden und dem abgestandenen Geruch. Er wußte immer noch nicht, ob dies alles symbolisch für den Rest seines Lebens sein sollte.
Ein Polizist in Hemdsärmeln stand an einem Fenster und blickte auf das freie Gelände hinaus, die Pistole sehr eindrucksvoll in der Ledertasche gehüftet. Er drehte sich herum und sagte: »Der Captain möchte Sie sprechen, in seinem Zimmer.« Dabei deutete er auf eine Zwischenwand mit einer Tür. Jos griff über die Barriere hinweg, um die Klapptür aufzuriegeln, und schritt auf das Zimmer zu.

Der Captain schrieb gerade etwas. Er warf Jos einen Blick zu und wies auf einen Stuhl. Mann in mittleren Jahren, dick, fast gemütlich aussehend. »Mr. Joshua Steiner, ja? Hm, wissen Sie, Sie kommen doch oft hier in das Hegewisch-Gelände, wie mir der Forstaufseher gesagt hat...«
»Ja, Sir.« Die ganze Sache war völlig ungefährlich, er war sich dessen schon ganz sicher. Er erzählte von seinen Gruppen, mit denen er Vögel beobachtete, und erwähnte auch, daß er mit der letzten Gruppe erst vor einer Woche in dieser Gegend gewesen war. Mit zuvorkommender Neugierde erkundigte sich der Captain, was sie denn da so an den Vögeln beobachteten, und Jos erzählte von den Paarungsgewohnheiten gewisser Arten zu dieser Jahreszeit. Der Captain war sehr interessiert. So, so, und welche Leute denn in seiner Gruppe seien.
Jos sagte, er wolle ihm gern eine komplette Liste zur Verfügung stellen. In dieser letzten Gruppe seien einige jungverheiratete Frauen gewesen. Der Captain kicherte. Paarungszeit, was? Dann, wieder dienstlich: »Waren Sie auch mal da draußen am Eisenbahndamm, wo das Abflußrohr ist?«
»Sie meinen, an der Stelle, wo man den kleinen Kessler gefunden hat?« fragte Jos ganz ungezwungen. »Ich kenne die Stelle zufällig ganz genau.«
»Ach! Wieso?«
»Erst letztes Mal, als ich da draußen war, bin ich über die Schienen gestiegen und ausgeglitten und heruntergerutscht und habe Wasser in die Schuhe bekommen. Es ist dort ziemlich sumpfig.« So glaubte er vorgebaut zu haben für den Fall, daß man bereits den Eigentümer der Brille ermittelt hatte. Sie konnte ihm beim Ausrutschen aus der Tasche gefallen sein.
»Wissen Sie zufällig, ob der kleine Kessler mal in dieser Gegend war?«
»Er war jedenfalls in keiner meiner Gruppen, aber vielleicht war er mit einer Schulklasse mal dort. Die Schulen gehen ja immer wieder dahin, weil es so nahe bei der Stadt ist und man dort noch so etwas wie freies Naturleben antrifft.«
Der Captain hatte eine Karteikarte hervorgezogen und klopfte damit auf den Tisch. Er wandte sich um und sah Jos ins Gesicht.
»Benutzen Sie Augengläser?«
Vielleicht war dies der Augenblick, einfach zu sagen: ›Ja, also, die Brille, die man da gefunden hat, die gehört mir. Ich muß sie letzte Woche verloren haben, aber ich bin erst darauf gekom-

men, als ich in der Zeitung von dem Mordfall gelesen habe, und dann – ja, ich glaube, das ist wohl ganz natürlich – dann hatte ich Angst, in die Sache verwickelt zu werden.‹
Stattdessen hörte er sich jedoch fragen: »Meinen Sie einen Feldstecher?«
»Nein, ganz gewöhnliche Augengläser. Eine Brille.«
»Ja, schon – früher habe ich mal eine Brille getragen. Zum Lesen, zu Hause. Ich habe sie letztes Jahr gegen mein Kopfweh verschrieben bekommen, aber das Kopfweh hat aufgehört, und ich habe jetzt meine Lesebrille seit mehreren Monaten nicht mehr benutzt.«
Der Captain nickte. »Trägt einer von Ihren Leuten da eine Brille, oder sonst jemand, von dem Sie wissen, daß er oft in diese Gegend kommt?«
Jos ließ sich zum Überlegen Zeit. »Ja, allerdings, einige von den Frauen tragen Brillen, und ich habe gelegentlich einen Assistenten bei mir – Jerry Harris heißt er –, der trägt auch eine. Er war auch letzte Woche mit. Aber er hätte mir bestimmt etwas gesagt, wenn er seine Brille verloren hätte.«
Der Captain notierte sich den Namen und die Adresse; er schrieb ganz langsam, mit einer Schuljungenschrift. Er fragte nicht nach der Telefonnummer, und Jos nahm sich vor, ihn anzurufen und vorzubereiten.
Dann saß der Captain einfach da, als versuche er, sich neue Fragen auszudenken. Jos wollte nicht, daß sein Gegenüber den Eindruck bekam, ihm sei daran gelegen, schnell wegzukommen. Ja, er genoß bereits die Situation und legte sich schon einen Bericht für Artie zurecht. Aber das Schweigen spannte seine Nerven immer mehr an, und er erlaubte sich, auf seine Uhr zu sehen. »Ich habe nämlich eine Verabredung mit einem Mädchen«, bemerkte er. »Wir wollen heute nachmittag Vögel beobachten, aber ich glaube, ins Hegewisch gehen wir nicht.«
Die dicken Wangen des Captains schwabbelten unter gurgelndem Kichern. »Das ist ja ein ganz neuer Ausdruck dafür: Vögel beobachten!«
Jos holte tief Luft.
»Schön«, sagte der Captain und schob ihm ein Stück Papier zu. »Ich will Ihnen was sagen: schreiben Sie mir hier einfach alles auf, was Sie eben ausgesagt haben. Für die Akten.«
Als Jos seinen Füllfederhalter aufschraubte, verspürte er wieder – vielleicht ein wenig gedämpfter, aber doch noch ziemlich deutlich – jenen Schauer des Hochgefühls, den die erste Zei-

tungsmeldung von der gefundenen Brille in ihm ausgelöst hatte. Denn er war ja jetzt tatsächlich irgendwie in Verdacht geraten. Es war ein abgemilderter dritter Grad gewesen. Er hatte sich freigesprochen. Er war durch die Maschen geschlüpft.
»Meine Jungens werden Sie nachher wieder zurückfahren, damit Sie nicht zu spät kommen zu Ihrer Verabredung – zum Vögelbeobachten.« Der Captain kicherte abermals.
Jos hielt an sich, daß er nicht zuviel schrieb. Ein Absatz. Er schrieb schnell und ohne Sorgfalt. Eines stand fest: mit seiner Schrift auf dem Umschlag des Briefs mit der Lösegeldforderung konnte sich diese Schrift hier nicht vergleichen. »In Ordnung so?« Er reichte dem Captain den Bogen.
Der las das Geschriebene ganz langsam; er las mit den Lippen, verbarg die Bewegungen aber hinter einer hin und her geschobenen Zigarre. Er nickte.
»Ich fürchte, ich habe Ihnen nicht viel helfen können«, sagte Jos, indem er aufstand. Er besaß jetzt wieder die klare, mathematische Überzeugung seiner eigenen Überlegenheit. Gegen solche Leute, das wußte er nun, mußten er und Artie gewinnen.
»Nun –«, der Captain lehnte sich zurück – »der Fall geht jetzt die Zentrale an. Aber wir müssen sie natürlich alle unterstützen, wo wir nur können.«
Jos schritt zur Tür, öffnete sie, genoß sogar das bebende Gefühl, daß ihn eine energische Stimme immer noch festhalten konnte. Seine beiden Begleiter saßen müßig draußen herum. Sie erhoben sich, als hätten sie auf ihn gewartet, und geleiteten ihn zum Wagen.
Er dachte einen Augenblick lang daran, sich bei Artie absetzen zu lassen. Das hätte Artie an seiner Stelle zweifellos getan – er hätte versucht, ihm einen Schreck einzujagen, indem er mit einem Polizeiwagen vorfuhr. Aber, so überlegte sich Jos, er konnte ja den Gedanken ebenso genießen wie die Tat. Artie war leicht erregbar; wenn er aus heiterem Himmel einen Polizeiwagen vorfahren sah, griff er vielleicht zur Pistole oder tat sonst etwas Unüberlegtes, womit er sich verriet. Und außerdem hatte er selbst gerade nur noch Zeit, sich zu seiner Verabredung mit Ruth umzukleiden.
Die beiden Polizisten setzten ihn vor dem Haus ab. Das Mädchen kam herausgerannt, als hätte sie hinter der Tür auf der Lauer gelegen. Jos lachte sie aus. »Sie haben wohl schon Angst gehabt, ich käme nicht mehr wieder!«

»Oh, nein!«
»War nur etwas Belangloses wegen meiner Exkursionen.«
Er ging auf sein Zimmer. Wie hatte er dieses Verhör bestanden! Ein Hochgefühl ergriff von ihm Besitz. Sein Sieg war wie eine Bestätigung seiner ganzen Verhaltensweise, all seines Tuns. Er hatte recht getan, tausendmal recht!

12

Und dann sehe ich Jos vor mir, wie er zu seiner Verabredung mit Ruth aus dem Haus geht. Er hat seinen Feldstecher dabei, um zu zeigen, daß es ihm ernst war mit dem Vögelbeobachten. Und außerdem – eine Waffe? Hat er tatsächlich die Absicht...? So soll ihr Schicksal denn vom Zufall abhängen. Wenn er eine Grasmücke ausmacht. Das soll das Zeichen sein. Das Zeichen: tu's!

Als es läutet, geht Ruth zur Tür, während ihre Mutter zum Fenster hinaussieht und unten den roten Stutz erblickt. »Nein, sowas, meine Tochter erfreut sich ja auf einmal allgemeiner Beliebtheit!« ruft sie. »Wer ist denn jetzt das schon wieder?«
»Er war gestern abend mit uns aus. Jos Steiner, ein Freund von Artie.«
»Und du hast dich schon mit ihm verabredet? Kind, das geht bei dir aber schnell. Steiner. Ist das vielleicht der Sohn von dem Millionär Steiner? Da hat der arme Sid ja keine Chancen mehr.«
»Du darfst keine voreiligen Schlüsse ziehen, Mutter«, begehrt Ruth auf. »Man kann sich nur so gut mit ihm unterhalten. Er ist so eine Art Genie. Er hat gerade sein Examen für die Harvard Law School gemacht und war schon mit siebzehn Phi Beta Kappa.«
Sie nimmt ihren Schal und ihre Handschuhe. »Willst du ihn nicht heraufkommen lassen und mir vorstellen?« fragt ihre Mutter.
»Ein andermal.« Und Ruth eilt die Treppe hinunter. Jos wartet schon auf sie im Hausflur.

Im Herunterkommen wirkt sie wie eine Illumination – ihr rötliches Haar, der gelbe Plisseerock, die bloßen Unterarme, die Helle des Schals, all das verleiht dem Hausgang eine vorüber-

gehende Fröhlichkeit. Ruth bringt Jos ein freundliches Interesse entgegen – sie selbst würde sagen, sie sei auf ihn neugierig. Trotz des Rufs, in dem er bei den Studentinnen steht. Einige sagen, Jos jage ihnen eine Gänsehaut über den Rücken.
Ruth hat ihn gar nicht abstoßend gefunden. Er wirkt irgendwie einsam und schutzlos, und sie ist in der Wärme ihres Elternhauses zur Hilfsbereitschaft gegenüber den Einsamen und Schutzlosen erzogen worden. Ihre Mutter und ihr Vater gehören zu den Leuten, die vor Jahren die Versammlungen der Emma Goldmann besuchten und jiddische Dichter beherbergten, die von New York zu Besuch gekommen waren, oder herumirrende Anarchisten oder empfindsam aussehende Männer mit langen Haaren, die einem ziemlich undefinierbaren ›Studium nachgingen‹.
Was andere also an Jos merkwürdig oder gar störend empfinden, zieht Ruth gerade an. Und was das Äußerliche angeht – Jos ist zwar klein von Gestalt, aber doch nicht kleiner als sie; sie haben ganz gut zusammen getanzt. Er ist mal eine Erholung von ihrem Hünen von Reporter.
Mit dem ihm eigenen Bewußtsein für Umgangsformen, das eine Andeutung von herablassender Ironie gegenüber der Form selbst enthält, öffnet ihr Jos die Wagentür. Dann geht er um den Wagen herum auf die Fahrerseite.
Ruth rückt sich in dem Luxusmodell zurecht, daß ihr Rock mit den Knien abschließt, und lächelt Jos zu. »Ich habe schon geglaubt, du hättest Artie bei dir. Ihr beiden seid ja praktisch unzertrennlich, was?«
»Oh, ich habe auch noch ein Leben für mich allein«, gibt er zurück. Während er mit ihr davonfährt, wundert er sich über das ungewohnte Gefühl der Wonne, das in ihm aufsteigt. Ist es ein Gefühl des Glücks? Eher wohl eine Art Freude an seiner Macht, seinen geheimen Vorstellungen. Kann wirklich etwas Besonderes sein an diesem Mädchen, an dem Umstand, daß sie hier neben ihm sitzt und er ihr Interesse an ihm fühlt? Widerwillig fast gestattet sich Jos, das Bild von sich und dem hübschen Mädchen mit so etwas wie Wohlgefallen zu betrachten – heitere Jugend, die in seinem Stutz durch die Stadt braust!
Auch sie muß dieses Bild sehen, denn sie lehnt sich mit einem Seufzer des Entzückens zurück und sagt, daß dieser Tag für eine Autofahrt wie geschaffen sei. Da macht Jos einen Vorschlag: »Was hältst du davon: wir gehen nicht in ein Restau-

rant essen, sondern kaufen uns unterwegs ein paar heiße Würstchen?«
Und Ruth sagt: »Ja, das wäre fein.«
Er fährt durch den Park, am See entlang. Ein abgedroschener Refrain geht ihm durch den Sinn: ›Ein hübsches Mädchen ist wie eine Melodie.‹ Er nimmt die rechte Hand vom Steuerrad und fängt ihr wissendes Lächeln auf. Ruth überläßt ihre Hand der seinen, die an ihrem Schenkel liegt, so warm und fest, durch den Plisseerock hindurch.
Sie sagt, sie habe über seine Freundschaft mit Artie nachgedacht, weil sie doch eigentlich so sehr verschieden seien. Artie benehme sich wie ein College-Scheich, und er, Jos, sei so ruhig und zurückhaltend. Natürlich sei Artie äußerst gescheit, das sagten ja alle, und wahrscheinlich gebe es eben nur wenige, die –
»– meinen hochgeschraubten Ansprüchen genügen?« ergänzt Jos. »Falsche Bescheidenheit hat ja keinen Sinn.«
Ja, das sei richtig, sagt sie. Der Durchschnittsstudent interessiere sich nur für den Fußball und seinen Klub. »Du bist doch nicht in einer Verbindung, nicht wahr?«
»Nein«, erwidert er.
»Sid ist so gut wie ausgetreten«, bemerkt sie.
»Ist Sid dein Geliebter?« fragt Jos.
»Oh –«, sie blickt ihn freimütig an – »nicht daß ich mich streng an die Sitten halte, aber ich halte auch nichts davon, die Dinge zu überstürzen. Ja, wenn wir genau wüßten, daß wir uns lieben, und wenn wir uns haben wollten und aus irgendeinem Grund nicht heiraten könnten, dann würde ich mich hingeben.« In der Art, wie sie dies feststellt, hat sie fast etwas Geziertes an sich. Das erregt ihn.
»Und du weißt nicht, ob du wirklich liebst?«
»Oh«, sagt sie nachdenklich, »manchmal glaube ich, es steht alles schon fest und ich heirate Sid. Und manchmal habe ich wieder das Gefühl, es müsse noch etwas Wundervolles, Unbekanntes geschehen. Ich bin eigentlich noch nicht richtig bereit für die Ehe. Es gibt noch Dinge, die ich vorher tun möchte.«
»Was zum Beispiel?«
»Oh, ins Ausland reisen.«
Heimlich frohlockend fährt er auf den Stand zu, an dem er sonst immer mit Artie hielt. »Hier gibt's ausgezeichnete heiße Würstchen«, sagt er.

Ruth lehnt sich zurück. »Oh, ich habe einen Hunger – ich könnte einen Elefanten essen!«
»Mit Senf und Soße?«
»Mit allem Drum und Dran!«
Sie bleibt im Wagen sitzen, während er an den Stand geht. Sie sieht so richtig, so selbstverständlich aus, die hübsche Kleine im Wagen. Jos sagt sich, daß sie nicht eigentlich schön ist, ihr Reiz geht vielmehr von etwas Blühendem aus, das sie an sich hat. Der Geschlechtsdrang ist es, der ihn veranlaßt, seine Reaktionen in ästhetischen Kategorien zu sehen. Warum kann das jetzt nicht einfach ein harmloses Rendezvous sein mit einem netten Mädchen, das er nur zu einem Ausflug in die Dünen mitnimmt?
Er biegt in die Seitenstraße nach Miller's Beach ein und hält, wo der Sand anfängt. Ruth steigt aus; sie bleibt einen Augenblick stehen, atmet tief; ihre Bluse hebt sich unter ihrem Atem. Jos nimmt den Feldstecher aus der Seitentasche im Wagen.
»Beobachtest du hier immer deine Vögel?«
Er sagt ihr, daß er an dieser Stelle die Kirtland-Grasmücke entdeckt habe.
»Entdeckt?«
Man habe diese Abart seit Jahrzehnten nicht mehr beobachtet, berichtet er, und habe sie bereits für ausgestorben gehalten.
»Aber ich gehe nicht nach den Vermutungen anderer«, sagt er. Ruth wird sich bewußt, daß es Bemerkungen solcher Art sind, die auf andere an Jos so abstoßend wirken. Aber sehen sie denn nicht, daß er so sein muß, aus irgendeiner Not, einer Schwäche heraus?
Jos erzählt, wie er im vergangenen Frühling das ganze Gelände durchforscht und dann eines Tages den Ruf der Grasmücke vernommen hatte.
»Aber du hattest ihn doch nie vorher gehört!«
»Als ich ihn hörte, wußte ich, daß er es war.«
»Das muß ein so herrliches Gefühl sein«, sagt Ruth, »wenn man der Entdecker ist, der Erste.«
»Ich möchte bei dir gern der Erste sein«, bemerkt er doppelsinnig. Jungens glauben, sie müssen solche Dinge sagen, das weiß Ruth, und einen Augenblick lang hat sie das frohe Gefühl, daß Jos etwas ganz Dummes gesagt hat, eben wie ein ganz gewöhnlicher Junge. Eine Sicherheit breitet sich in ihr aus – etwas Gutes begibt sich –, und sie reicht ihm die Hand, damit er sie eine steile Düne hinaufziehen kann. Jeder will gern ›anders‹

sein, aber bei Jos hat sich das zu einer Manie entwickelt. So wie er auch immer mit den verschiedenen Kursen angeben muß, die er nimmt. Daß er in dem Kurs über den umbrischen Dialekt der einzige Student sei und so. Und hier in diesem Fall schien seine Freude weniger in der Entdeckung als solcher bestanden zu haben als darin, daß er ganz allein den anderen gezeigt hatte, daß sie im Irrtum waren.
Er läßt ihre Hand los und eilt voraus. Zwischen den Dünen ist eine Mulde, krüppelige Büsche finden sich dicht zusammen. Sie holt ihn ein und bleibt neben ihm stehen.
»Oh, das ist ja wunderschön hier«, sagt Ruth. »Der Sand sieht ganz unberührt aus. Als ob noch nie jemand hier gewesen wäre.«
Er geht ein paar Schritte weiter, und sie geht mit, aber dann macht Jos eine gebieterische Bewegung mit der Hand, und Ruth wird zu Stein, den Arm noch anmutig erhoben. Jos lauscht. Man hört einige Vogelrufe. Nicht den der Grasmücke.
»Hörst du etwas?« fragt er.
»Ich hatte Angst zu atmen«, sagt sie leise.
»Du kannst ruhig atmen«, sagt er.
»Erschrecken sie nicht, wenn sie sprechen hören?«
»Du kannst ruhig sprechen. Ganz natürlich, so daß die Stimme sich der Natur einfügt.«
»Ich glaube, ich habe noch nie richtig auf die Natur gehört«, sagt Ruth. »So auf die Luft, meine ich. Es ist, als hätte der Himmel selbst eine Stimme, keinen Laut, aber –«
»Ich weiß«, sagt Jos. Und er ist erstaunt über ein Gefühl ähnlich dem des Schmerzes, der Qual, das in ihm hochsteigt.
Er führt sie noch über mehrere Dünen hinweg, bis sie eine Stelle erreicht haben, an der sie vor einem zufälligen Wanderer, der vielleicht am Strand entlang geht, sicher sind. Er läßt sich in den Sand gleiten und kauert sich hinter einem Gebüsch nieder. Sie setzt sich neben ihn, die Beine angezogen. »Hast du hier den Vogel entdeckt?«
Jos holt seine Brieftasche hervor, um ihr das Bild von der Grasmücke zu zeigen, die auf seiner Hand sitzt und frißt. Es ist das gleiche Bild, das sich sein Vater vergrößert auf den Schreibtisch gestellt hat. Jos sagt sich, daß er nicht den Zweck seines Herkommens vergessen hat und auch nicht die Zufallsentscheidung, der er folgen will: den Vogelruf.
Dann lauschen sie den Vogelstimmen. Sie sitzt ganz aufmerksam da. »Ein Paarungsruf«, erklärt er ihr. Er stellt den Feldste-

cher ein und verweist sie auf einen ziemlich weit entfernten Ast dicht über dem Boden; dort flattern Vögel umher, lassen sich nieder, kreisen, lassen sich nieder. Eine Locke ihres Haares streift seine Wange.
»Das ist also das, was du richtig gern tust«, sagt Ruth.
Jos gibt keine Antwort. Er ist einem erstickenden Wirbel einander widersprechender Empfindungen ausgesetzt; er fühlt sich von ihr durchdrungen, und er wehrt dies mit einem Zorn auf sie ab, auf ihre weibliche Sentimentalität. Und doch ist wieder das Gefühl des Schmerzes, der Qual, der Not in ihm, als habe ihre Stimme einen unerträglich empfindsamen Mechanismus in seinem Innern angerührt. Auf dem Feldstecher begegnen sich jetzt ihre Finger. »Das ... das sieht alles so gar nicht nach einem zukünftigen Anwalt aus«, sagt Ruth. Dann hat sie das also von gestern abend behalten. Dann ist sie wirklich an ihm interessiert.
»Das hier kann ich immer tun«, erwidert er.
Er reicht ihr das Glas. Nach einer Weile meint Ruth: »Da muß man sich doch fragen, ob wir selbst nicht auch so von höheren Wesen beobachtet werden.«
Diese Worte zerbrechen den Zauber, sagt er sich. Und er erklärt, dann könne sie sich auch genausogut fragen, ob die Vögel ahnten, daß sie von menschlichen Göttern beobachtet werden.
»Warum sollten sie sich nicht darüber Gedanken machen?« sagt sie. »Du hast doch gestern abend behauptet, die Vögel besäßen Intelligenz und vermöchten zu denken.«
»Dann existieren wir vielleicht nur in der Vorstellung der Vögel.« Er fühlt, daß er geistig nicht ganz in Form ist, irgendein Groll in ihm wächst an.
Ruth lächelt. »Philosophie III. Kurs«, sagt sie. »Berkeley.«
»Und warum nicht?« Er gibt nicht nach, er ist gereizt. »Was beweist uns die Existenz von irgend etwas anderem? Wenn Gott existiert, so deshalb, weil wir ihn in unserer Vorstellung geschaffen haben. Wenn der Mensch Gott erschaffen kann, dann ist Gott weniger als der Mensch – dann ist er einfach eine geistige Schöpfung im Bewußtsein des Menschen. Oder stimmt das etwa nicht?«
Ruth scheint seinem Gedankengang irgendwie gefolgt zu sein. »Ich habe mir gedacht, daß du ein Atheist bist«, sagt sie. »Ist deine Familie auch atheistisch eingestellt?«
Es ärgert ihn, daß sie von seiner Familie spricht. Nimmt sie

vielleicht an, die hätte etwas mit seinen Anschauungen zu tun?
»Mein Vater hält noch an Resten jüdischen Aberglaubens fest«, erwidert er. »Er gehört noch einem Tempel an.«
»Hast du eigentlich Geschwister, Jos?« fragt sie.
Er fühlt den Groll in sich immer mächtiger werden; sie hat ihn vom Hauptthema abgebracht. »Ich habe zwei ältere Brüder«, murmelt er vor sich hin. »Aber das sind kleine Babbitts.«
Zum Himmel aufschauend sagt Ruth: »Meine Eltern sind Agnostiker, und ich glaube, ich denke auch so.« Dann fügt sie fast entschuldigend hinzu: »Oh, Jos, manchmal sieht die Welt so schön aus, wie jetzt hier. Hast du nicht auch das Gefühl, daß alles gut sein muß?«
»Gut?«
Ihr warmes, kehliges Lachen gibt zu, daß intellektuelle Leute solche sentimentalen Begriffe nicht in den Mund nehmen. Oh, sie weiß das noch von gestern abend. Sie kennt seine Philosophie. Es gibt kein Gut und Böse. Die Dinge *sind* einfach.
»Und was ist mit der Schönheit im Bösen?« fragt er herausfordernd. »Was ist mit Baudelaire?«
Ruth sagt: »Natürlich, es gibt eine tiefergehende Erfahrung, wie auch bei Dostojewskij, ein Böses, das auch Gutes an sich hat.«
»Nein, es gibt nur die Erfahrung selbst!« stellt Jos hartnäckig fest. Und er fühlt, daß er zu seinem Vorhaben fast bereit ist. Er fühlt, daß sie sich irgendwie offenbart hat: sie gehört in Wirklichkeit zu den anderen, zu den Feinden von seinesgleichen. Er bringt das Gespräch jetzt auf die Medici, auf Aretino, auf das ungewöhnliche Buch, das er übersetzen will, das Buch, in dem alle Formen der Perversion aufgeführt sind.
»Willst du mich aufreizen?« fragt Ruth. Aber unter der zur Schau getragenen Unbekümmertheit macht sich eine leise Unruhe bemerkbar.
»Warum nicht? Ich habe dich ja hier ganz für mich allein.«
»Ja.« Sie atmet ein ganz klein wenig schneller. Dann versucht sie zu dem sorglosen, unpersönlichen Ton zurückzufinden. »Ihr Männer! Wir mögen noch so hochgeistige Reden führen – die doppelte Moral ist immer noch in Kraft. Der Mann will, daß die Frau unberührt sei, oder?« Und dann, in einem plötzlichen Ausbruch: »Ach verdammt, Jos! Manchmal kommt mir dieses ganze Getue einfach dumm vor, und ich frage mich, worauf ich eigentlich noch warte, und ich wünschte nur, daß mir etwas passiert, damit ich die ganze Frage los bin.«

»Es ist bekannt, daß die Frau eigentlich vergewaltigt werden will«, sagt er.
»Oh, rede jetzt nicht wie ein unreifer Jüngling zu einem jungen Ding«, erwidert Ruth.
»Du hast mich ja darauf gebracht«, gibt er zurück und beginnt den nötigen Zorn auf sie zu spüren.
Er rückt ein Stück herum, so daß sich nun ihre im Sand ausgestreckten Körper in ihrer ganzen Länge berühren. Sie wendet ihm das Gesicht zu; wie in einem Bett, denkt Jos.
»Bitte, du weißt – bring dich nicht in Erregung«, sagt Ruth.
»Ich glaube, man sollte immer tun, was man möchte.«
Sie sieht ihm in die Augen. »Nein. Wie kannst du das, Jos? Ich meine, es gibt doch manche Dinge, an die man wohl denkt, Impulse, nicht nur das Geschlechtliche, meine ich, aber –«
»Wenn wir uns Dinge vorstellen, dann existieren diese Dinge in uns. Es ist lediglich feige, nicht zu tun, was man will.«
Ihre Stimme wird leise, bekommt einen vertraulichen, fast bittenden Klang. »Ich weiß, Jos. Solche Ideen, Nietzsche und so, das hört sich alles sehr logisch an. Wir können sie mit unserem Verstand sogar glauben. Aber wir müssen sie nicht ausführen.«
Steigt die Angst in ihr auf? fragt er sich. Denn die braucht er gerade, um die Sache zu Ende führen zu können.
»Aber Jos, stell dir doch einmal vor, alle dächten so«, flüstert sie. »Dann hätte ja jeder das Recht, alles zu tun. Sogar zu morden.« Ihr Flüstern klingt irgendwie schulmädchenhaft, und er verspürt den Drang zu lachen, aber sie auch zu küssen und ihr zu sagen, sie solle keine Angst haben.
Er hört die eigene Stimme seine Lieblingsideen wiederholen. Es müsse Menschen geben, die bereit seien, alle Möglichkeiten des menschlichen Lebens zu erforschen.
»Oh«, sagt sie, als bemühe sie sich verzweifelt, mit ihm Schritt zu halten, »oh, es hat genug Leute gegeben, die das Böse gründlich erforscht haben.«
Aber je höher bei einem das Denken entwickelt sei, sagt Jos, desto mehr gebe es zu entdecken.
Und dann sagt sie es. Ganz leichthin. Sie hoffe, er habe nicht, weil er einen so genialen Verstand besitze, das Gefühl, daß es seine Pflicht sei, nun gleich alle Verbrechen auszuprobieren wie etwa Vergewaltigung und Mord.
»Oh, ein Mord wird jetzt nicht erforderlich sein«, bemerkt Jos fast gedankenlos. Er nimmt sich wieder zusammen. Aber sie ist

zu verwirrt, um eine untergründige Bedeutung herauszuhören. Sie hat die Brauen zusammengezogen, ein Schatten liegt über ihrem Gesicht.
»Also, wenn ich dich jetzt etwa vergewaltigte«, fährt er fort, »dann würde ich dich nicht zu töten brauchen, weil es sehr unwahrscheinlich wäre, daß du gleich herumerzählst, man hätte dich berührt. Eher würdest du schweigen und meine Geliebte werden.« Ihr Atem geht rasch. Wenn sie nur eine einzige Bewegung macht, um aufzuspringen und davonzurennen, dann wird ihn diese Bewegung von der letzten Hemmung befreien, das weiß er. Sein Arm mit der Hand, die das Glas hält, wird einen Bogen beschreiben ...
Aber sie macht keine Bewegung. Treten ihr Tränen in die Augen?
Unter einer Willensanstrengung wälzt er sich auf sie. Ruths Körper ist erstarrt. Ihr Gesicht ist dem seinen so unendlich nah, daß er es nicht mehr sehen kann. Er sieht nur die Augen, die ihn immer noch verwirrt und betroffen anblicken.
»Bitte, nein«, fleht sie. »Jos, bitte, nein.«
Er versucht sein Knie zwischen ihre Beine zu schieben und erinnert sich einer Feststellung, die er einmal in einem Buch über Sexualfragen gelesen hat: daß es praktisch unmöglich sei, eine Frau zu vergewaltigen, weil sie im letzten Augenblick, selbst gegen ihren bewußten Willen, sich physisch unterwerfe, zustimme.
Mit der freien Hand zerrt er an seinen Kleidern. Sie scheint weniger Widerstand zu leisten, als einfach leblos, versteinert zu sein. Er fühlt seine Macht pulsen. Er will es tun. Er allein.
»Jos, Jos, ich habe Angst um dich!« ruft Ruth furchterfüllt, und ihm ist, als höre er den Ruf über eine Entfernung von Jahren hinweg in der Stimme seiner Mutter, als er versucht, auf einem Zaun entlangzugehen. Und da umschlingen ihn ihre Arme, halten ihn fest, irgendwie beschützend.
Die Angst, die Ruth in diesem Augenblick durchdringt, gilt nicht in erster Linie dem, was mit ihr geschehen könnte, sondern dem Jungen, den kranken, kranken Augen, den tyrannischen Trieben in ihm – nicht nur seinem Geschlechtsdrang, sondern einem Zwang, der tiefer sitzt, irgendeinem Grauen. Und mit der intuitiven Bewegung der Arme will sie die kranke Seele in sich bergen, es ist nicht das geschlechtliche Ansichziehen einer reifen Frau, sondern ein mädchenhafter Impuls, ein An-ihr-Herz-Ziehen.

Und da erschöpft er sich plötzlich.
Ihr Kopf dreht sich unter ihm zur Seite, und er läßt sich neben sie gleiten.
Wenn ein Wunsch den Tod herbeiführen könnte, würde er diesen Wunsch jetzt aussprechen. Denn in ihm ist nicht nur die Traurigkeit des Nachher, nicht nur der physische Abscheu vor dem Kraftverlust – ihn durchdringt das volle Bewußtsein des Scheiterns, der Lebensunfähigkeit.
Er liegt regungslos da, während sie auf ihn niederblickt. Er hat irgendwie das Gefühl, er müsse sagen, es tue ihm leid, und versucht die Lippen zu bewegen.
Ruth sagt: »Sprich nichts. Ich verstehe. Ich will verstehen.«
Und sie macht eine halbe, zögernde Bewegung, als wolle sie ihn berühren, aber sie hält inne: sie weiß, daß sie ihn jetzt nicht berühren darf.
Nun läßt die Spannung nach. Und da beginnt sich ein Gedanke in Jos auszubreiten, ein Gedanke gleich einer fernen Erinnerung: In einer Hinsicht war das Experiment vielleicht gelungen, hatte es etwas zu bedeuten. Denn während der ganzen Zeit, selbst im bedrängendsten Augenblick, in dem Augenblick, da es sonst immer kam, war ihm nicht das Bild von Artie erstanden.
Konnte es also denkbar sein, daß er nur wie jeder andere war? War es möglich, daß er sich wirklich in ein Mädchen verlieben konnte, vielleicht in dieses Mädchen hier neben ihm? Vielleicht sogar heiraten, eine Familie gründen? Konnte diese ganze Vorstellung vom gewöhnlichen Leben auch ihm geläufig werden?
Wenn er aber nur wie jeder andere ist... Er erschauert vor Grauen und Angst, als sei er im Begriff, sein Ich zu verlieren, und hat gleichzeitig das entsetzliche Bewußtsein einer Verschwendung – der Mord, eine falsche, vergeudete, nutzlose Handlung. Wenn das neue Ich das wahre Ich ist, dann hat er es in vorausgegangenem, finsterem Irrtum verspielt.
Während der Rückfahrt erwähnen sie den Vorfall mit keinem Wort. Sie sprechen nur wenig, und doch ist Jos ihre Gegenwart jetzt nicht unangenehm. Als er sich vor ihrem Haus von ihr verabschiedet, fragt sie: »Sehe ich dich wieder?«
»Möchtest du das denn?« fragt er zurück.
»Wenn du auch möchtest...«
Sie verabreden sich für Montagabend.

13

Das Verbrechen nahm uns jetzt restlos in Anspruch. Ich arbeitete mit Tom zusammen, und wir liefen hinter der Polizei und neben der Polizei und vor der Polizei her von einem Hoffnungsschimmer zum anderen, und wir beobachteten die Reporterkollegen und gingen ihnen aus dem Weg, und wir mutmaßten und ergaben uns in Spekulationen und lauschten auf alles und wurden uns immer stärker des Gefühls bewußt, das die ganze Stadt erfaßt hatte – daß ein bis dahin unbekanntes Grauen unter uns sei. Die kindliche Angst vor dem bösen Wolf, vor dem Wolf, der einen auffrißt, schien jetzt in jedes Menschen Seele in Chikago wiedererwacht zu sein, und der Wolf war die Urdrohung, reißender als alle anderen dem Menschen bekannten Untiere. Die Ahnung verbreitete sich, daß etwas Neues und Schreckliches und Unkontrollierbares, ein neuer Mordbazillus, hier im Spiele sei.
Die Bedrohung schien der Logik des Lebens zuwiderzulaufen, denn wir mußten, über die greifbaren Aspekte des dunklen Geheimnisses hinaus, gefühlt haben, daß irgendein Element des Tötens, irgendein rein auf Mord gerichtetes Element entfesselt war. Ehe noch die Jungen festgenommen wurden, bestand die schreckliche Vorahnung vom Ausbruch einer immer gegenwärtigen, unvollkommen in Fesseln gehaltenen Gewalttätigkeit, und wenn wir sie nicht in Banden legten, wenn wir sie nicht festhielten und untersuchten und ihrer Herr wurden, waren wir ständig ausgeliefert, verloren.
Tom und ich waren nur zwei von vielen in dieser Hysterie gefangenen Reportern, doch sahen wir, wie unter den Polizeichefs eine wachsende Ratlosigkeit um sich griff. Ihre offiziellen Mitteilungen wurden von Tag zu Tag widerspruchsvoller. Jede Stunde brachte einen ganzen Strauß sensationeller Fingerzeige; wenn der Abend kam, hatten sich alle als falsch erwiesen; und am nächsten Tag verkündeten die Polizeigewaltigen erneut, daß der Mörder bald gefaßt würde.
Am Sonntagmorgen erklärte Nolan in einem Interview mit der *Tribune* immer noch: »Es steht für mich außer Zweifel, daß der Mann, der den Selbstmörderbrief geschrieben hat, identisch ist mit dem Mann, der den Lösegeldbrief geschrieben hat.« Bereits gegen Mittag war der Selbstmord zu den Akten gelegt, man sprach nicht mehr davon. Und eine Anzahl von Verdächtigen – Lehrer, ja, sogar Verwandte von Lehrern, die eine Underwood-

Reiseschreibmaschine besaßen – wurden plötzlich auf freien Fuß gesetzt. Denn hatte zunächst ein Experte festgestellt, der Lösegeldbrief sei auf einer Underwood geschrieben worden, so erklärte nun ein neuer Experte, es handle sich bei der Maschine um eine Corona.
Kesslers fanden unter ihrer Post zahllose Hinweise. Mancher erlaubte sich auch auf diese Weise seinen Spaß mit den Eltern des Opfers. Inspektor Schramm teilte uns mit, daß fast alle seine Leute Überstunden machten. Es gebe keinen Urlaub mehr, denn eine richtiggehende Epidemie von Drohungen mit Kindesentführungen war in der reichen South Side ausgebrochen und an der Gold Coast im Norden ebenfalls. Das sei immer so nach einem schweren Verbrechen, sagte er, aber was man jetzt erlebe, stelle alles Bisherige in den Schatten.
Und tatsächlich schickten drei Burschen von sechzehn Jahren Kessler einen Brief mit der Aufforderung, ihnen an einer bestimmten Stelle 25 000 Dollar zu übergeben, widrigenfalls seine anderen Kinder auch noch entführt würden. Die drei wurden gefaßt und festgesetzt. Aber das Nachahmungsfieber und die entfesselte Flut des Bösen hielten unvermindert an. Waren alle gesetzten Leute in der Stadt, alle offengesichtigen jungen Burschen plötzlich durchtriebene Irre geworden? »Du dreckiger, stinkiger –! Wenn ich dich hier hätte, würde ich dich langsam abwürgen. Wir gehen noch etwas weiter, nimm dich also in acht. Du hast dein dreckiges Maul nicht halten können. Die Polizei kann zum Teufel gehen. Du gibst groß an. Hast dein Geld ehrlich verdient! Daß ich nicht lache. Aber du wirst leiden, in jeder Minute, du kleines Stinktier. Du bist so klein, daß du unter einer Schlange hindurchgehen könntest. Und jedesmal, wenn du unseren Anweisungen nicht folgst, schlagen wir jetzt zu. Mach weiter so!« Anonym.
Von diesen Haßbriefen ausgehend gelangte die Polizei wieder zu der Rachetheorie. Aber nicht einer von tausend dieser Briefe konnte von einem Menschen geschrieben worden sein, der Charles Kessler gekannt hatte. Welche grausigen, schmutzigen, urtümlichen Vorstellungen offenbarten sich da, die hinter nichtssagenden städtischen Gesichtern herumgetragen wurden, die durch die Straßen gingen in den Mänteln und Hosen gewöhnlicher Männer, in der Kleidung normaler Frauen! Die Polizei zeigte uns eine Anzahl ihrer Schmierereien, ihrer obszönen Symbole, ihrer Dolche und mystischen Sonnen und Monde und religiösen Zitate und Ermahnungen! Sicher sei, so

schrieben sie unter anderem, eine solche grausige Heimsuchung die Strafe für eine ebenso grausige Sünde.
Dennoch mußte man Tag für Tag ein Stück von dem abstreichen, dessen man sich bis dahin sicher gewesen war. Sogar Steger, der in Verdacht geratene Lehrer, hatte kein Geständnis abgelegt, und zweifellos hatte die Polizei an ihm kein Mittel unversucht gelassen. Mike Prager rückte mit der Story heraus, daß Steger endlich einen unnatürlichen Hang zu kleinen Jungen eingestanden habe. Aber niemand bekam heraus, wo der Lehrer in Gewahrsam war. Wir fragten Captain Nolan immer wieder. Wir versuchten es immer wieder bei Mr. Horn, dem Staatsanwalt. Auf einmal zuckte Horn nicht wie sonst die Achseln und sagte auch nicht: »Ich habe ihn nicht hier«, sondern meinte: »Soviel ich weiß, ist er zu Hause.«
Wir eilten zu dem Apartmenthaus in der Dorchester Avenue. Innerhalb von Sekunden fuhr ein halbes Dutzend Taxis mit anderen Reportern vor. Keiner öffnete auf unser Klingeln, keiner antwortete auf unser Klopfen. Durch die Wohnungstür hindurch rief Mike Prager Preisangebote für einen Exklusivbericht. »Oder nennen Sie selbst eine Summe.« Wir hörten nicht auf, laut schreiend Fragen zu stellen. »Wollen Sie auf Haftentschädigung klagen? Hat man bei Ihnen den dritten Grad angewendet?« Und endlich drang ein gequältes, flehendes Heulen durch die geschlossene Tür. »Lassen Sie mich doch in Ruhe! Können Sie mich denn nicht in Ruhe lassen!« Die Fragen, die Angebote überstürzten sich, aber die Belagerung erwies sich als erfolglos. Nach einiger Zeit kam ein Bruder des Lehrers in Begleitung eines Arztes: »Lassen Sie ihn doch in Ruhe, um Gottes willen! Haben Sie denn kein Gefühl!« so baten und flehten sie, und es gelang ihnen, zur Tür hineinzuschlüpfen. Nach einigem weiteren Warten gaben wir es schließlich auf.
Hatten wir anfangs auf einen gebildeten Menschen gesetzt, so wurde jetzt auch diese Theorie erschüttert, denn sie stützte sich ja auf den Stil des Lösegeldbriefes, und nun kam aus New York die Nachricht, daß der Brief die genaue Kopie eines Lösegeldbriefs im Detective Magazine vom vergangenen Monat sei. Der Mörder konnte also irgend jemand sein, der nur in der Lage war, zu lesen und das Gelesene abzuschreiben.
Ja, der Mörder werde bald gefaßt, sehr bald, hieß es überall. Als die Furcht in der Stadt immer quälender wurde, zeigte die *Tribune* in ihrer Karikatur auf der ersten Seite einen zusammengekauerten Mann, der sich in einem trüben Hotelzimmer

verkrochen hat und eine Zeitung umklammert hält und weitere Zeitungen über den ganzen Fußboden verstreut hat. »Bald eingekreist«, lautete die Unterschrift.
Doch Artie und Jos, die alle Pressemeldungen verfolgten, entsprachen keineswegs diesem Bild. Nur einmal in jenen Tagen war Artie verärgert. Eine Spätausgabe der *News* erschien, ohne den Mord gleich in der ersten Schlagzeile zu erwähnen, die diesmal einem in Rom gewährten Interview gewidmet war. Der neue Führer Italiens hatte einen Auslandskorrespondenten der ersten Garnitur in Audienz empfangen. »Der Faschismus ist eine geistige Bewegung«, las Artie laut vor, und dann wandte er sich an Jos und meinte: »Mensch, kauf doch ein paar von den schwarzen Hemden, wenn du drüben bist. Die sehen ganz chic aus.«
Jos las das Interview zu Ende und geriet in ziemliche Erregung. »Den Mann muß ich sehen!« Dieser Mussolini habe zweifellos Nietzsches Philosophie begriffen. Er erkläre hier, Italien werde durch den Willen zur Macht wieder groß werden.
Artie lachte und nahm ihm die Zeitung fort, um sich die Fotos der neuesten Mordverdächtigen zu betrachten. Es waren einige ganz gute dabei.
Das Bild einer jungen Frau zum Beispiel, Revuegirltyp, Gangsterliebchen. Ja, das war sie tatsächlich. Sie hatte mit einem Bauernfänger zusammengelebt und von sich aus die Polizei angerufen. Sie hatte ihren Freund in Verdacht, der Mörder zu sein. Sie gab an, er bewahre alle möglichen Gifte in ihrem gemeinsamen Zimmer auf und besitze eine Reiseschreibmaschine.
Und die Polizei war auch einem Mann auf der Spur, der nur einen Häuserblock von Hartmanns Drugstore entfernt wohnte und früher einmal auf der Twain School in den naturwissenschaftlichen Fächern unterrichtet hatte. Er war von seinen Nachbarn angezeigt worden, die ihn in Verdacht hatten, weil ihm eine Reiseschreibmaschine gehörte und weil er sich etwas aus kleinen Jungen machte.
Die Polizei nahm sich auch einzelne Verwandte des Turnlehrers vor. Einige von ihnen waren bereits verhört worden. Inzwischen aber traf die Polizei, wie Artie vorlas, alle Vorbereitungen, damit die Beerdigung Paulie Kesslers in möglichst privatem Rahmen stattfinden konnte.

An jenem Abend wurde ein Blumenbukett bei Kesslers abgegeben mit einer Karte, auf der »Harold Williams« seine Teilnah-

me aussprach. Polizeiwagen und Taxis rasten zu dem Blumenladen, der keine zehn Blocks entfernt gelegen war. Der Laden war geschlossen. Vier von uns machten den Inhaber in einer Wohnung ganz in der Nähe ausfindig. Ja, er habe das Bukett verkauft, aber nicht auf den Namen auf der Karte geachtet. Wir sagten ihm, es sei derselbe Name wie der auf dem Lösegeldbrief. Langsam machte seine erste Angstreaktion einem Gefühl der Wichtigkeit der eigenen Person Platz, denn war er nicht der einzige Mensch, der das Kidnapperungeheuer persönlich gesehen hatte? Der Blumenhändler versuchte sich des Aussehens dieses Kunden zu erinnern. Vor ein paar Stunden erst. Ja. Ein ziemlich großer Mann, um die dreißig, grau gekleidet. Brille? Nein, aber ein bißchen geschielt hatte er.
Nach diesen Angaben wurde von Zeitungszeichnern ein Porträt des Killers entworfen, und alles hielt Ausschau nach einem hageren Mann – längliches Gesicht, hohe Stirn, Alter etwa dreißig, bekleidet mit einem grauen Anzug.
Außerdem fuhr er einen Winton! Der Blumenhändler wußte ganz genau, daß der Kunde einen Winton dabeigehabt hatte. Das entsprach der Aussage des kleinen Jungen, der Paulie in einen grauen Winton hatte einsteigen sehen, zusammen mit einem großen, schlanken Mann!
Und am Sonntagmorgen glaubten wir alle fast felsenfest an die Identität dieser beiden Männer. Es handelte sich um einen gewissen Clement Holmes, der gerade einen Selbstmordversuch verübt hatte. Holmes war ins South Side Hospital gebracht worden. Er war groß und schlank. Die Polizei hatte seine Frau und seine Tochter verhört, die beide berichteten, wie merkwürdig sich Holmes benommen hatte. Er war schrecklich in Sorge wegen einer Geldverlegenheit, da er vor kurzem seinen Drugstore verloren hatte. Samstag war er aus dem Haus gegangen... War das zu der Zeit, als »Harold Williams« den Blumenladen aufgesucht hatte? Es stellte sich heraus, daß es zu genau der gleichen Stunde gewesen war. Später war Holmes in ganz erregtem Zustand wieder heimgekommen und hatte seine Frau und seine Tochter aus der Wohnung gejagt. Als sie sich wieder zurückwagten, hatten sie ihn auf dem Bett liegend gefunden, ein leeres Giftfläschchen in der Hand.
Im Hospital hatte Holmes das Bewußtsein wiedererlangt, aber er gab auf alle Fragen nur plappernde, sinnlose Antworten. Am Morgen fuhr man den Blumenhändler ins Krankenhaus, um ihn dem Selbstmörder gegenüberzustellen. Aber Holmes war

verschwunden! *Mordverdächtiger flieht aus Hospital!* Würde der Irre bei der Beerdigung wieder auftauchen?
Irgendwie verlief die Zeremonie sehr würdig. Auf Bitten des leidgeprüften Millionärs und seines Freundes Wagner übten alle Zeitungen größte Zurückhaltung. Ein Polizeikordon verwehrte den Fotografen den Zutritt. Wir machten uns untereinander aus, Paulies Mutter nicht mit einem Interview zu belästigen, und standen in ehrerbietiger Entfernung auf der anderen Straßenseite, als sie wie im Trancezustand, von ihrem Mann und dessen Bruder fast getragen, auf die schwarze Limousine zuschritt. Richter Wagner hatte uns eine Liste mit allen Bahrtuchhaltern gegeben, Paulies Klassengefährten, den reichsten Jungen der South Side. Wir sahen sie aus dem Haus herauskommen, in ihren Knickerbockers und schwarzen Strümpfen; jeder von ihnen hätte genausogut wie Paulie das Opfer gewesen sein können.
Auf dem Friedhof standen wir in einer Gruppe beisammen und flüsterten und fragten uns, ob der Mörder wohl erscheinen würde. Die Familienprozession zog weiter, und wir folgten in respektvollem Abstand nach. Ich hörte den Rabbi eine kurze Ansprache halten – er erwähnte das Verbrechen nicht, er sprach nur von einem jungen, in Reinheit dahingegangenen Leben. Dann betete der Vater mit sehr leiser Stimme das Kaddisch. Und so wurde Paulie Kessler zum zweiten Male begraben.
Wir eilten schnell wieder fort, denn die Polizei hatte angedeutet, daß man Clement Holmes auf der Skokie Road gesehen hatte, in einem Winton.
Am Montag überprüfte die Polizei alle eingetragenen Besitzer eines Wintons in Chikago. Es war sogar einer namens Harold Williams dabei. Aber der schien ein hieb- und stichfestes Alibi zu haben.
Nachmittags kam ein plötzlicher Alarm, und wir folgten einem Polizeiwagen in die Harper Avenue. Der Bürgersteig war voller Menschen, die einander fragten, was denn geschehen sei. Polizei stürzte aus Hausgängen heraus, Polizei durchstreifte die Nebenstraßen. Wie man allmählich erfuhr, war ein großer Mann in einem grauen Anzug hastig in eine Pension eingedrungen und hatte aufgeregt gesagt: »Ich brauche sofort ein Zimmer. Ich muß von der Straße weg!«
Er hatte sich so seltsam benommen, daß die Hauswirtin einem Mieter zugeflüstert hatte, er solle die Polizei rufen. Das mußte

der Fremde gehört haben, denn er hatte sich umgedreht und war fortgerannt. Es hatte eine wilde Jagd über Hinterhöfe gegeben, aber der Verdächtige war entkommen.
Inzwischen hielten wir auch nach einer Frau Ausschau. Der Fingerzeig wurde durch die Brille ausgelöst. Ein Leutnant Cassidy war beauftragt worden, die Spur der Brille zu verfolgen, und er hatte einen Optiker in der Nähe der Polizeizentrale um Auskunft gebeten. Die Gläser selbst waren normale Augengläser, wie wir alle bereits wußten, aber das Gestell, sagte der Optiker, führe er persönlich nicht. Es sei ein Schildpattgestell, das, wie er glaube, nicht von einer Chikagoer Firma stamme. Das Gestell sei auch ziemlich schmal. Vielleicht gehöre die Brille einer Frau. Jedenfalls einem Menschen mit einem schmalen Nasenrücken und einer schmalen Stirn. Man zeichnete Bilder von der Komplizin, wie sie neben dem großen, schlanken Mann in einem grauen Winton saß.
Man begann nun von ›Druck von oben‹ zu sprechen. Der nahezu legendäre Multimillionär und Gründer der Weiss-Straus-Unternehmen war im Büro von Staatsanwalt Horn vorstellig geworden. Er hatte sich Richter Wagner mitgebracht und sich sehr eingehend nach dem Stand der Ermittlungen erkundigt. Denn obwohl der getötete Junge nur sehr weitläufig mit dem Straus-Clan verwandt war, gehörten doch zwei von Weiss' Lieblingsenkeln zu seinen Klassenkameraden. Waren diese Kinder sicher? War überhaupt ein Kind in Chikago sicher, solange dieses Ungeheuer ungefaßt und unerkannt blieb? Ein Leitartikel mit ganz ähnlichen Gedanken erschien in unserer Zeitung und in der *Post*.
Auf einmal gab es Razzien. Zimmervermietungen wurden durchgekämmt, Gestrandete aufgelesen. Polizeichef Schramm erschien wieder in den Schlagzeilen mit der Nachricht, daß er die Lösegeld-Theorie fallengelassen habe und jetzt die Lustmörder-Theorie verfolge. *Treibt alle Degenerierten zusammen*, forderte unsere Zeitung in dicken Lettern. Kleine ›Ehemalige‹, Landstreicher, Homosexuelle – zu Dutzenden schleppte man sie nun auf die Polizeireviere, und wir sahen sie uns an in dem säuerlich riechenden Gewahrsam in der Canal Street, die nervösen kleinen Männer mit den aufgeschwemmten Gesichtern, die Flüsterer, die ›Maronen‹, wie wir sie nannten. Wieviele von ihnen wurden herumgestoßen, geschlagen, beschimpft? Wer erfuhr davon? Wen kümmerte es?
Dann machte Captain Nolan, der Chef der Kriminalabteilung,

dem Polizeichef die Schlagzeilen streitig. »Es wird sich bald herausstellen, daß hinter der ganzen Sache eine Rauschgiftaffäre steckt«, verkündete er in einem seiner der *Tribune* gewährten Exklusivinterviews. Und alle Rauschgiftsüchtigen in der Stadt wurden unter die Lupe genommen.
Doch als Nolan und Schramm keine überzeugenden Beweise beibrachten, widmeten wir unsere Schlagzeilen mehr und mehr dem Staatsanwalt und seinem emsigen Ermittlungsdienst. »Der bis jetzt wichtigste Hinweis«, so stand in unserer Zeitung zu lesen, war von Horn geliefert worden, dessen Leute einen Eisenbahn-Weichensteller verhört hatten, der seltsamerweise von der Polizei übersehen worden war. In Horns Büro hörten wir uns alle die Geschichte des Weichenstellers an. Was der schon ältere Mann mit dem fast übersauberen Blick des äußerst nüchternen Menschen vorbrachte, klang ganz überzeugend. Am Donnerstagabend gegen Mitternacht, gab er an, war er auf dem Heimweg nach Gary, als er hinter dem Hegewisch-Gelände auf einem Feldweg ein Auto erblickt hatte, das im Morast steckengeblieben war. Eine dunkle Limousine. Ein Nash oder ein Moon, kein Winton. Er hatte den Wagen auf die Straße schieben helfen. Die beiden Leute mit dem Wagen hätten ein Bündel getragen, etwas in einer Zeltplane oder so. Er habe sogar noch zu der Frau gesagt: »Nicht die richtige Zeit zum Zelten jetzt.« Sie hatten sich für seine Hilfe bedankt. An eine Einzelheit erinnerte er sich noch: die vordere Stoßstange des Wagens war beschädigt.
Und nun veröffentlichte Kriminalinspektor Nolan eine aufsehenerregende Bitte: »Ich fordere jeden Einwohner Chikagos auf, sich zu erinnern, ob jemand aus seinem Bekannten- und Freundeskreis am vergangenen Donnerstagabend ein verschmutztes Kleidungsstück getragen hat oder zu dieser Zeit nicht an seinem üblichen Aufenthaltsort angetroffen wurde.«
»Du, ich habe auch Dreck an deinen Schuhen gesehen am letzten Donnerstag!« wurde im Nu zur geistreichen Begrüßung des Tages, aber Nolans Aufforderung löste eine neue Welle von telefonischen Hinweisen, Briefen, Anzeigen, Festnahmen aus. Jeder sah seinen Nachbarn mit unsicheren Blicken an.
Und nachts schnappte die Polizei drei Personen auf einem unbebauten Gelände Ecke Cottage Grove Avenue und 44. Straße – nur wenige Blocks von den Kesslers entfernt. Zwei Männer und eine Frau. Sie hatten sich durch Verbrennen irgendei-

nes Gegenstandes verdächtig gemacht. Und sie hatten ein kleines Bündel bei sich. Es stellte sich heraus, daß das Bündel aus einem Hemd bestand, in das etwas eingewickelt war, und dieses Eingewickelte war eine zerbrochene Schreibmaschine! Aber leider eine Oliver.
Und in der Nähe von Aurora sah die Polizei zwei Wagen plötzlich halten. Die Fahrer stiegen aus, sprachen miteinander. Eine Reiseschreibmaschine wechselte den Besitzer. Die Wagen fuhren in entgegengesetzten Richtungen davon. Das Polizeiauto jagte dem einen nach, und ein Offizier hielt einen vorüberkommenden Wagen an und verfolgte den zweiten. Aber es stellte sich heraus, daß der Besitzerwechsel der Schreibmaschine zwischen dem Boten eines Reparaturgeschäfts und einem wohlangesehenen Kunden stattgefunden hatte.
Nachbarn einer rothaarigen Frau gaben zu Protokoll, daß überall im Zimmer dieser geheimnisvollen Person Zeitungsausschnitte über den Mordfall angebracht seien. »Ich weiß alles über das Verbrechen«, hatte man sie sagen hören. Sie wurde festgenommen, als sie gerade ihren alten grauen Wagen parkte. In dem Wagen fand man einen Schusterhammer, eine Waffe, die sehr wohl die Wunden am Kopf des Opfers verursacht haben konnte. Die Untersuchung ergab, daß es sich um eine harmlose Exzentrikerin handelte.
Dann suchten wir wieder Stegers Häuserblock heim. Die Polizei hatte einen anonymen Anruf erhalten: die Kleider des toten Jungen befänden sich innerhalb dieses Blocks. »Wir können es uns nicht leisten, einen Hinweis außer acht zu lassen«, sagte Schramm, und die Polizei durchsuchte den ganzen Block. Man beobachtete eine Frau, die sich verdächtig benahm; sie rannte hin und her und suchte etwas unter einem Gebüsch. Aber die Feststellungen ergaben, daß ihr nur eine Katze entlaufen war.
Inzwischen war ein Lastwagen mit Straßenarbeitern eingetroffen, der ganze Block wurde abgesperrt, und die Männer begannen das Pflaster aufzureißen. Zusammen mit den anderen Reportern rannte ich die Treppen zu Stegers Wohnung hinauf und hinunter. Vorder- und Hintertür waren verriegelt, die Vorhänge zugezogen. Es ging das Gerede, er sei wieder verhaftet worden. Einer der Polizeioffiziere, Leutnant Cassidy, mit dem Tom gut stand, schwor, er wisse nichts Neues über den Schullehrer. Was die Erdarbeiten betraf, wiederholte er unsere eigenen Vermutungen. »Vielleicht ist der Senkkasten ver-

stopft.« Ja, vielleicht kamen im Senkkasten Paulie Kesslers Kleider zu Tage.
Die Arbeiten wurden auch nach Einbruch der Dunkelheit fortgesetzt. Man stellte um den Graben herum Spezialllampen auf. Witzige Bemerkungen flogen durch die zuschauende Menge, und man hörte jedesmal das schockiert-verlegene Kichern der Backfische, wenn jemand Mutmaßungen darüber anstellte, welcher Dinge sich der Mensch durch die Wasserspülung zu entledigen suchte. Und in derselben Menge stand – wie konnte es anders sein? – natürlich auch Artie Straus mit seinem Busenfreund Jos; er rief mir zu, blieb einen Augenblick stehen, fügte der Liste noch einige Entsetzlichkeiten hinzu und mischte sich dann wieder unter die Zuschauer. Ich glaube noch zu hören, wie Arties Lachen ein piepsiges Mädchengekreisch übertönte, und dann hatte man die Kloake endlich geöffnet. Sie enthielt nur Kot.
In diesem Kot schien alle fieberhafte Aktivität zum Stillstand zu kommen. Von den Hunderten von abartig Veranlagten und »Maronen«, die in Haft genommen und gequält worden waren, hielt man nur noch etwa zwanzig in Arrest, unter denen sich auch ein ehemaliger Polizist befand. Wir waren inzwischen darauf verfallen, unsere Artikel über diese Leute mit den Meinungen von Irrenärzten zu würzen, wie wir sie damals nannten. Wir zitierten Dr. Arthur Ball, dessen Enkel ein Spielgefährte von Paulie Kessler gewesen war und der erklärte, man werde bald feststellen, daß der Mörder ein Degenerierter »vom selben Geistestypus wie Fitzgerald« sei, der Wüstling, der vor zwei Jahren gehängt worden war, weil er ein kleines Mädchen verstümmelt hatte.
Nach den Irrenärzten kamen die Medien an die Reihe. Die Polizei erhielt ein Telegramm aus Detroit, in dem eine Mme. Charlotte High erklärte, sie habe eine Vision der Mordszene gehabt und könne die Mörder beschreiben.
Reese gab mir den Auftrag, sie an den Apparat zu holen. Eine merkwürdige Stimme, atemlos, männlich, sprudelte die Vision in allen Einzelheiten hervor. »Es sind zwei Männer da; der eine hat einen grauen Streifen im Haar. Ich sehe, wie er sich verbirgt, in einem großen Haus, einem Hotel, im Südwesten der Stadt. Dort sind auch die Kleider des Jungen.« Nach einer kurzen Pause fuhr sie fort: »Ich habe in meiner Offenbarung auch den Wagen gesehen. Es ist kein Winton, wie die Polizei annimmt, sondern ein Buick. Ich habe die Fahrt des Wagens

verfolgt. Eine Frau hat ihren Rock auf den Mund des Jungen gedrückt, um ihn zu knebeln, und der Junge ist erstickt. Sie sind zu einem roten Holzhaus in der Wabash Avenue gefahren, am Ende der Strecke, wo die Autos umdrehen. In ein oder zwei Tagen wird jemand einen Selbstmordversuch unternehmen. Es wird ein Geständnis geben.«
Und am nächsten Tag versuchte tatsächlich jemand sich das Leben zu nehmen. Es war wiederum der arme geistesgestörte Clement Holmes, der aus dem Hospital geflohen war. Diesmal kam die Meldung von Louisville, wo man Holmes in einer Pension aufgefunden hatte, abermals mit einer schweren Vergiftung. Die Polizei wartete neben seinem Bett auf ein Geständnis. Es war nur noch ein Hauch Lebens in ihm. Würde er gestehen können, ehe er starb?
Die Meldung war erst spät am Tag eingegangen. Tom und ich eilten zurück in die Polizeizentrale, auf das Geständnis hoffend. Wenn Holmes vorläufig noch am Leben blieb, sollte Tom eine Schlafwagenkarte nach Louisville nehmen.
In der Zentrale herrschte eine gespannte Atmosphäre. Der Fall steuerte auf eine Entscheidung zu. Nolan war nicht zu sprechen; Cassidy ging gerade hinein. Tom faßte ihn am Ärmel.
»Tippt alles jetzt auf Louisville?«
»Ach, was sollen wir denn jetzt mit Louisville!« entfuhr es Cassidy in aufgeregtem Ton, während er weitereilte zu seinem Chef.
Was mochte er damit meinen? Wir sahen einander an. »Du saust rüber zu Horn«, sagte Tom. »Ich sehe, was ich hier noch herauskriege.«
Die Büroräume des Staatsanwalts machten einen merkwürdig ruhigen Eindruck. In dem großen Vorzimmer war überhaupt niemand. Aber an einem Tisch in der Nähe der Tür saß ein ältlicher Bursche, eine Art Anwärter auf ein Ruhepöstchen.
»Alles nach Louisville unterwegs?« fragte ich.
Der Mann lächelte schlau. »Warum denn in die Ferne schweifen?«
Mehr sagte er nicht. Zweifellos hatten Horn und seine Leute einen neuen Verdächtigen in der Zange, ohne daß jemand etwas davon erfuhr. Oder wußten die anderen Reporter alle schon Bescheid? Wo waren sie überhaupt?
»Dick Lyman hier gewesen?« fragte ich. »Mike Prager?« Er winkte beruhigend mit der Hand. »Ich habe die Jungens alle nach Hause geschickt.«

Ich eilte zurück in die Zentrale, und dort fand ich alle unsere Rivalen versammelt. Auch sie hatte gleich uns eine geheimnisvolle Ahnung hergetrieben. Irgend jemand hatte sich plötzlich wieder daran erinnert, daß Cassidy ja mit der Ausfindigmachung des Eigentümers der Brille befaßt war.
Schließlich tauchte Nolan auf, den Arm um Cassidy gelegt, den er mit seiner Geschichte herausrücken ließ. Es drehte sich um das Brillengestell. Das Horngestell hatte ein etwas ungewöhnliches Scharnier. Der Optiker gerade gegenüber, bei dem Cassidy zuerst gewesen war, führte ein solches Gestell nicht, hatte aber in einem Katalog den Namen der Brooklyner Firma gefunden, die es herstellte. Cassidy hatte an die Firma geschrieben und auf Anfrage erfahren, daß von ihr nur ein einziges Geschäft in Chikago beliefert wurde.
Im Augenblick könne er den Namen des Geschäfts noch nicht bekanntgeben, sagte Nolan. Wir begannen, laut unsere Vermutungen zu äußern. Als der Name Almer Coe fiel – das war der größte Optikerladen in der Michigan Avenue –, sahen wir an Cassidys Gesicht, daß wir richtig geraten hatten.
»Das Spezialgestell bei Augengläsern dieser Stärke – das engt natürlich den verdächtigen Personenkreis ein«, sagte Cassidy.
»Auf wieviele?« wollten wir alle wissen.
Kriminalinspektor Nolan schüttelte lächelnd den Kopf. »Es sind nur noch ein paar übriggeblieben, nur noch ein paar.« Und nun sollten wir doch bitte fair zu ihm sein. Er sei ja auch fair zu uns gewesen. Er könne die kurze Namensliste nicht bekanntgeben, und es habe auch keinen Zweck, Almer Coe das Haus einzurennen. Mr. Horn nehme sich jeden einzelnen dieser Leute vor. Noch ehe die Nacht herum sei, werde man den Eigentümer der Brille kennen.

14

Am Montag saß Ruth in der Universitätsbibliothek. Sie hatte einen dicken Band mit Abbildungen von Vögeln vor sich und las darin, als Jos sich zu ihr setzte.
Irgendwie wurden Studenten, wenn sie sich in eine neue Romanze verstrickten, von einem inneren Drang erfaßt: sie schienen sich entweder auf der Sleepy-Hollow-Wiese oder aber im großen Lesesaal mit seinen Domfenstern und

dem gedämpften Licht auf seinen Tischen aufhalten zu müssen.
Jos hatte sie hübsch abgepaßt. Ob sie denn wirklich an der Verhaltensweise der Vögel interessiert sei, wollte er wissen. Hauptsächlich insofern, als man daraus etwas über den Menschen lerne, erwiderte sie. Und dann wolle sie auch nicht gar so dumm dastehen, wenn er ihr wieder von seiner Lieblingsbeschäftigung erzähle. Mit leiser Lesesaalstimme fragte er, ob sie ihm böse sei wegen Samstag. Sie sah ihn aus großen, offenen Augen an. Sie schüttelte den Kopf. »Du konntest wahrscheinlich nicht anders.«
War es Liebe, was sie in den wenigen ihnen noch verbleibenden Tagen füreinander empfanden? Jos stand unter einer wachsenden Spannung. Nach Ablauf einer Woche mußten sie sich in Sicherheit wiegen können, hatten er und Artie angenommen. Die Woche war noch nicht ganz um. Er gehorchte immer noch dem Zwang, so zu leben, als ob jeder Tag der letzte sei, als ob die schwere Hand sich jeden Augenblick auf seine Schulter legen könne; genau dies hatte er gesucht – die Verdichtung, die Intensivierung des Lebensgefühls. Und er trug es mit sich herum, hielt dem Druck stand, ohne daß sich äußerlich an seinem Gebaren etwas änderte.
Aber innerlich kochte er über von dem Gefühl, dicht vor ganz neuen Erfahrungsmöglichkeiten zu stehen. Er spürte, daß nicht nur der Mord sein Bewußtsein in solcher Weise geschärft hatte.
Auch das, was am Samstag zwischen ihm und Ruth vorgefallen war, hatte dazu beigetragen. Wäre es nicht einzigartig, wenn ein Mensch von wirklich ungewöhnlicher Intelligenz sich ein ganz gewöhnliches Liebesleben gestattete, um zu sehen, was geschah?
Am Abend trafen sie sich, wie sie verabredet hatten, und sie verbrachten die ganze Zeit damit, herauszufinden, welcherart die Gefühle waren, die sie einander entgegenbrachten. Jos blieb dabei, daß es eine Wesenheit wie die Liebe nicht gebe, die nie mehr sei als Eigennutz oder physiologische Reaktion. »In deiner Gegenwart«, erläuterte er, »empfinde ich eine gewisse durch die Sehnerven übertragene Anregung, die eine erhöhte Drüsentätigkeit bei mir bewirkt.«
Ruth sah ihn lächelnd an. Warum aber dann diese Anregung in der Gegenwart gewisser Vertreterinnen des Partnergeschlechts größer sei als in der anderer, fragte sie. Und selbst, wenn man

sich den ganzen physischen Mechanismus vor Augen halte, stehe man dann nicht vor der gleichen Frage? Wenn man ein Sehnen nach einem ganz bestimmten Menschen empfinde und einfach bei diesem Menschen sein wolle und bei keinem anderen, müsse man dann nicht zugeben, daß das nicht lediglich physiologisch zu erklären sei?

Es bereitet mir sogar heute noch Qual, mich in diese Liebesszene zwischen Ruth und Jos hineinzuversetzen, denn wenn ich ihr Bild heraufbeschwöre, reagiere ich auf ihre sanfte Ausstrahlung, als säße ich ihr gegenüber, an dem kleinen, runden Tisch mit der an die Blumenvase angelehnten Speisekarte. Ich höre die Musik – man spielt »The Japanese Sandman« –, und ich sehe die Paare um uns herum und fühle, wie Ruth sich ihrerseits fragt, was mit ihr geschieht in ihrem Verhältnis zu diesem Jungen und zu mir. Sollte sie entdecken, daß das, was sie für mich fühlte, nur »mädchenhafte Zuneigung« war und daß ihr Schicksal sie mit diesem schwierigen, innerlich zerrissenen und empfindsamen jungen Mann verband, der manchmal ein Genie war und manchmal den einfachsten Dingen wie ein bockiges Kind gegenüberstand?

Jos muß zu analysieren versucht haben, was speziell ihn anzog. Er hatte schon früher einige Male den Drang verspürt, ein ganz bestimmtes Mädchen für sich zu gewinnen – man nahm das Mädchen im Sturm, aber immer mit dem Gefühl dabei, es hinterher gleich Artie erzählen zu müssen. Doch diesmal, seit dieser dummen Sache am Samstag, hatte er nicht das Verlangen gehabt, Artie etwas von sich und Ruth zu erzählen. Er verspürte das unablässige Bedürfnis, dieses Mädchen und sich in ihm zu ergründen.

War in seinem Wesen ein Wandel möglich? Stand der Wandel jetzt bevor? In einem Tag, in zwei Tagen? Und würde das Gefühl so stark sein, daß es von Dauer war?

So quäle ich mich mit ihrer kleinen Szene, mit der Gewißheit, daß bei all den übergescheiten Worten sich ihre Finger leise berührten und daß sie darauf reagierten wie zwei ganz gewöhnliche junge Menschen, die eine solche Berührung in selige Verwirrung bringt. Ich sehe sie später im Mondschein am See im Wagen sitzen, und vielleicht haben sie nur die Hände zwischen sich auf dem Sitz verschränkt.

Und er spricht immer noch, spricht wie er nie zuvor zu einem Mädchen oder überhaupt zu jemandem gesprochen hat. Der ein wenig selbstzufriedene Ton, der bei ihm so oft aufreizend wirkt, schwindet mehr und mehr. Er erzählt ihr, mit einer Andeutung von Leid in der Stimme, daß er nie eine wahre Freundschaft mit einem Mädchen gehabt und eine solche auch nicht für möglich gehalten habe, jede Verbindung zwischen Mann und Frau durch das geschlechtliche Verlangen verfälscht werde. (Das Bild seines Vaters, seiner Mutter steht flüchtig vor ihm auf, aber wie hätte sein Vater je die Zartheit, die ungewöhnliche Persönlichkeit, die Reinheit von Mother Dear verstehen können. Die Male, da sie sich vereinigt haben mußten, weil sie ja schließlich Kinder hatten, verscheuchte, verbannte Jos als rohe, abscheuliche Momente, die in ihrem Leben nicht eigentlich zählten.) Und so hält er Ruth vor, daß reine Liebe, uneigennützige Liebe, nur zwischen Männern empfunden werden könne, wie schon Sokrates gesagt habe, denn nur da sei die Natur nicht in der Lage, ihr letztes Motiv einzuschalten und zwei Menschen vorzugaukeln, sie liebten sich. Doch während er so spricht, bewahrt er in sich das Wissen, daß er die Komponente der physischen Liebe zwischen Männern einbegreift. Dieses Wissen verleiht ihm ein Gefühl der Macht über sie, ein Gefühl des heimlichen Hintergehens, ausgeschmückt jedoch mit ein wenig Beschützertum – sie braucht nichts von diesem Wesen in ihm zu wissen, braucht nicht zu erfahren, wie er immer zu Artie gestanden hat.

Und so redet Jos und redet, und das Bewußtsein des Vergnügens mit umgekehrtem Vorzeichen wird in ihm immer stärker: es ist, als hätte er schon das mit eigener Hand geführte Messer im Fleisch, um diese Liebesaussicht von sich zu trennen, und während er sich in seinen Gefühlen windet und dreht, drückt die anschwellende Spannung seiner Muskeln köstlich schmerzend wider die bereite Schneide.

Auch das kann Ruth in ihrer Unschuld nicht wissen. Und Jos macht nur dunkle Andeutungen; er sagt, er glaube nicht, daß so etwas wie Glück für ihn erreichbar sei, und als sie erwidert: »Oh, Jos, du hast einfach Weltschmerz«, meint er, sie habe vielleicht recht, läßt sie aber ahnen, daß ihn noch mehr, etwas Düsteres, Persönliches belastet.

»Aber was *ist* es denn, Jos?« fragt Ruth bittend. »Warum hast du immer diese melancholischen Anwandlungen?«

»Ach, die Welt, die ganze Welt«, sagt er. »Sie ekelt mich an. Alles, was die Menschen so tun.«

»Ich weiß«, entgegnet sie. »Manchmal frage ich mich, wie

menschliche Wesen so häßlich sein können, wo sie doch auch zur Schönheit befähigt sind.«
Er spielt mit dem Gedanken einer unvermuteten Dostojewskischen Beichte. Ihr alles erzählen, das Verbrechen und auch, daß er die feste Absicht gehabt hatte, sie zu vergewaltigen. Wie würde sie sich verhalten? Entdeckte er möglicherweise in Ruth eine Seele, die so tief war, daß sie das Grauen in seiner eigenen Seele einschließen konnte? Oder würde sie aus dem Wagen springen? Er ahnt, daß sie in endloses Weinen ausbrechen würde. Dann wäre alles aus.
Aber vielleicht würde sie das schwarze Wissen an ihn binden. Er muß an die atemlose Nacht denken, als Artie ihn das mit dem in den See gestoßenen Opfer hatte ahnen lassen – von dieser Nacht an hatte er sich an Artie gebunden gefühlt, und das ganze Bedürfnis, mit Artie gemeinsam eine ähnliche Tat zu begehen, war vielleicht einfach das Bedürfnis, sich freiwillig in einen Stand zu versetzen, in dem er Artie niemals mehr verraten konnte.
War Ruth einer solchen Anforderung gewachsen? War sie der Mensch, in den ihnen noch verbleibenden Tagen – wenn es denn schon nur noch Tage sein sollten – das ganze Leben als eine Huysmanssche Teufelsmesse anzusehen? Vermochte sie bei einem Karneval der Sinne seine Gefährtin zu sein?
»Jetzt möchte ich eine Gedankenleserin sein«, sagt sie.
Und mit einem kurzen Auflachen sagt sich Jos wieder, daß Ruth trotz allem ein nettes Mädchen und daß dieser Umstand mit dafür verantwortlich ist, daß er sich gestattet, sich zu ihr hingezogen zu fühlen, zu einer Art Experiment. Vielleicht konnte ein Mädchen wie Myra einen Sinnentaumel vor Torschluß mitmachen, Ruth nicht. Und so erwidert er auf ihre vorwurfsvollen Worte: »Ach, mich beschäftigt wieder das gleiche alte Thema.«
»Dat old dabbil sex«, zitiert sie wissend, besänftigend. Jos' Stimme hat wieder den eingebildet-intellektuellen Klang, als er eine Bemerkung über Paris fallen läßt, wo er ja bald sein wird – Paris, wo man mit Sinnesfreuden umzugehen versteht –, und sie schlägt ihm im Scherz auf die Hand, und er sagt, natürlich sei er der Meinung, die Frauen müßten die gleichen Freiheiten haben wie die Männer.
Ruth sagt: »Hättest du es gern, wenn ich –«, aber sie hält inne, und Jos erwidert mit gespieltem Erstaunen über sich selbst: »Weißt du, ich glaube, ich wäre ziemlich wild; ich würde

Besitzergefühle in mir entdecken«, und sie lacht leise. »Du siehst, alle deine schlauen Theorien –«, und dann tritt eine Pause ein, und danach erwähnt sie, daß sie von der bevorstehenden Verlobung seines Bruders gehört hat.
Oh, er habe sie einladen wollen, sagt Jos, die Feier sei am Mittwoch. Aber ob er auch bestimmt wisse, daß es keine ausgesprochene Familienfeier sei, fragt Ruth. Vielleicht würde sie dabei nur... »Oh, keineswegs!« widerspricht er. »Es wird ziemlichen Betrieb geben. Die ganze South Side wird erscheinen, und selbst wenn es eine Feier im Familienkreis wäre«, – er kommt sich bei diesen Worten so gar nicht als er selbst vor, sagt sich aber, daß es von ihm wirklich so gemeint ist –, »mußt du kommen!«
Und wie denn das Mädchen sei, die Braut seines Bruders, will sie wissen. Ob er sie schon kennengelernt habe. Max habe sie in New York kennengelernt, berichtet Jos; es sei eine jener konventionellen guten Partien, das Mädchen sei eine Mannheimer. Sie solle sehr nett und ganz hübsch sein. Sie treffe schon übermorgen ein, um die Freunde von Max kennenzulernen, und von da an sei es im Haus wohl nicht mehr auszuhalten...
Plötzlich läßt er die Bemerkung fallen, er habe schon oft daran gedacht, einfach von zu Hause fortzugehen und ein Trampleben zu führen. Sie unterdrückt den Einwand, daß alle Jungens solche Ideen hätten. Und er fährt fort und sagt mit einem verlegenen Lächeln: »Ich habe auch schon daran gedacht, zu heiraten.«
»Also das klingt jetzt wirklich überraschend«, sagt Ruth.
Ja, sagt Jos, er habe sich vorzustellen versucht, wie es wäre, wenn man eine Frau und ein eigenes Haus habe, aber eine Frau, die anders sei als die Leute seiner Familie.
Ruth sagt, sie könne sich schon vorstellen, daß er sich manchmal zu Hause ganz fremd vorkomme, auch sie empfinde so, obwohl ihre Mutter und ihr Vater Engel seien, und ihre Mutter innerlich noch sehr jung und fast wie eine Freundin zu ihr sei – aber Eltern könnten einem eben nicht alles sagen, man müsse gewisse Dinge für sich allein herausfinden.
Dann spricht Jos von seiner Mutter. Sie hatte jahrelang gekränkelt und etwas Ätherisches an sich gehabt, wie eine Madonna von Botticelli – und im stillen spinnt er den Gedanken weiter und sagt sich, daß sie wirklich eine Madonna, eine Jungfrau war, und daß sie wie Ruth war – von Ruth strahlt die gleiche

Reinheit und Herzensgüte aus –, und dann sieht er sich aufgehoben von einer jungfräulichen Mutter. Obwohl er ein Kind ist, ist er ein voll entwickelter Mensch, der sprechen und gehen kann und schon ein Höchstmaß an Intelligenz besitzt.
Er hört sich selbst, wie er Ruth in geringschätzigem Ton davon erzählt, daß er in der Tat ein Wunderkind gewesen ist, das schon mit vier Monaten die ersten Worte sprechen konnte. Sie lacht sanft und sagt, es falle schwer, sich ihn als Baby vorzustellen, und er erklärt, er sei nie ein Baby gewesen. Der Gedanke, daß er ein hilfloser Säugling gewesen sein sollte, widerstrebe ihm.
Ruth fühlt sich ihm jetzt so zärtlich zugetan; nun klingt ihr Gespräch in Schweigen aus, und sie sitzen da und schauen auf den dunklen See, und ihre Gesichter wenden sich vom gleichen Drang getrieben einander zu, und dann folgt ein langsamer, zarter Kuß, bei dem die Lippen ohne Gewicht sind, einfach als gehörten sie einem einzigen Wesen. Ein süßes, melancholisches Schicksalsbewußtsein steigt in ihren Herzen auf. Und es will Jos scheinen, als habe er die Kraft, die ganze gemeinsam mit Artie vollbrachte Tat ungeschehen zu machen. Es will ihm scheinen, als müsse er die Tat irgendwie zurückgespult haben, ausradiert jene ganze Nacht aus dem Buch der Zeit.

Im Bett, später an diesem Abend, konnte Jos Ruths Bild nicht heraufbeschwören. Er sah nicht mehr das Madonnenbild seiner Mutter. Er vermochte auch nicht, Artie in seine Vorstellungen einzulassen. Stattdessen erstand ihm sein Bruder in der dunkelblauen Uniform mit den Messingknöpfen, der Uniform der Militärakademie. Er sah Max vor sich, wie er zum erstenmal in dieser Uniform nach Hause kam. Max, so groß, so stark, und er, Jos, ein kleiner Grünschnabel, der ihn vom Flur aus verstohlen beobachtete.
Und er erinnerte sich auch an jenen Morgen, als er noch im Bett gelegen und Max ihn bei seinem heimlichen Tun ertappt und gesagt hatte, wenn er so weitermache, gehe das Ding ab und er werde ein Mädchen. Und dann, ganz weit zurück, das Bild der dicken Trudy, seines Kindermädchens – ihr großer, weit aufgerissener Mund, der lachte, die unregelmäßigen Zähne, und plötzlich ihr niederstoßender Kopf und sein Entsetzen und ihre lachenden Laute und ihre scherzhafte Drohung, daß er jetzt einfach nur noch ein Mädchen sein würde, und die Qual und die Wonne und die Qual, und die große Trudy, die zum Schein

Laute des Verschlingens ausstößt... »Ich liebe meinen kleinen Jungen, meinen kleinen Mann!«

Am nächsten Morgen war das alles wie weggewischt; beim Aufwachen war nur die seltsame Zärtlichkeit in ihm. Das Sehnen nach Ruth bestand fort. Und als er zur Schule fuhr, ging ein ganzes neues Drama über die Bühne seiner Gedanken; es spielte auch noch während der Vorlesungen fort. Er konnte es morgen bei der Verlobungsfeier aufführen: »Ich habe etwas mitzuteilen!« Oh, damit konnte er Bruder Max einen schönen Streich spielen, Max, dem selbstzufriedenen Bräutigam, dem Mittelpunkt des Interesses, der dann plötzlich in den Hintergrund gedrängt würde, während die überraschte Menge atemlos der Ankündigung seines kleinen Bruders lauschte! Jos mußte sich auf einen Stuhl stellen, um mit dem Kopf über ihre Schultern hinauszuragen, und dann verblüffte er sie alle – ja, mit der Bekanntmachung seiner Verlobung oder der seines Verbrechens? Wieder kam seine Feder während der Vorlesung nicht zur Ruhe: wieder entstand ein Falke, mit geöffneten Krallen, scharf und lang, im Begriff zuzustoßen. Daneben zeichnete er eine Sonne, die Energiestrahlen ausschickte. Dann, mit ausgespannten Flügeln auf einem Kreuz, einen Vogel, einen Albatros. Trotzdem hörte er mit einem Ohr den Professor etwas von »zusammengesetzten Verbrechen« sagen – manchmal habe bei zusammengesetzten Verbrechen das geringere Verbrechen den Vorrang! Wenn man nun den Eigentümer der Brille herausfand. Ihn. Wenn man den Urheber des Lösegeldbriefes ausfindig machte. Ihn. Und er war es auch, der den Wagen gemietet hatte. (Der schlaue Artie! Jos schenkte ihm im Geist ein Lächeln der Anerkennung.) Wenn er aber aufgrund dieser Beweise gefaßt wurde, stand es ihm dann nicht frei, die Sache für sich allein auszufechten? Von langer Hand vorbereiteter Mord bedeutete den Tod. Wenn aber nun die Kindesentführung einfach nur ein Streich gewesen und der Tod einem unglückseligen Unfall zuzuschreiben war, wenn er auf Totschlag plädieren konnte, dann kamen vielleicht lediglich ein paar Jahre Zuchthaus heraus. Er sah sich schon in der Rolle des Mustergefangenen – sah sich studieren, lesen. Sah Ruth draußen warten und ihn besuchen und wieder warten...
Was konnte man für einfache Kindesentführung bekommen? Jos füllte die Anfangsbuchstaben auf dem Kreuz aus, die Vorle-

sung war zu Ende, und es gelang ihm, Seite an Seite mit dem Professor den Saal zu verlassen.
Es war nicht schwer, das Gespräch auf den Fall Paulie Kessler zu bringen – schließlich war er ja ein Beispiel für ein zusammengesetztes Verbrechen. Wenn nun der Verbrecher gefaßt würde, fragte Jos den Professor, wäre es dann nicht von Vorteil, ihn nur auf Kindesentführung plädieren zu lassen anstatt auf Mord?
Ja, in einigen Staaten sei das durchaus von Vorteil, entgegnete der Professor, aber in Illinois habe man gerade vor kurzem Kindesentführung zum Kapitalverbrechen erklärt – im Zusammenhang mit dem Prozeß gegen diesen Fitzgerald, der doch damals das kleine Mädchen entführt und sich in einem Kohlenkeller an ihm vergangen habe. »Und wenn die Urheber dieses neuen Verbrechens jetzt gefaßt werden«, fuhr der Professor fort, »dann, fürchte ich, würde auch die geschickteste Auslegung des Gesetzes nichts nützen. Es gibt Fälle, bei denen das Gesetz in den Hintergrund zu treten scheint – sollte das Urteil nicht auf Hängen lauten, würde es wohl vom Mob durch einen Lynchmord revidiert werden.« Er ließ ein akademisches Lächeln aufblitzen, das ihrer beider Erhabenheit über den Mob ausdrücken sollte.

Als er nach Hause kam, war Tante Bertha schon da und überwachte geschäftig das Aufhängen der Sommergardinen, das Emil besorgen mußte. All das wäre schon längst an der Zeit gewesen! Ach ja, wenn keine Frau im Haus war! Und plötzlich erblickte Tante Bertha Jos, ging auf ihn zu und berührte ihn am Arm. »Und wie steht es jetzt mir dir, Jos? Du siehst so bedrückt aus. Was kann ein Junge wie du schon für Kummer haben? Besteht sein Harvard-Examen mit Glanz und Gloria, reist in einer Woche nach Europa und macht noch ein sorgenvolles Gesicht dazu!«
Er lächelte. Sie runzelte die Stirn. »Bist du etwa verliebt?«
»Vielleicht«, sagte er, um Tante Bertha in Aufregung zu versetzen.
»Dir paßt es einfach nicht, daß Max etwas tut, was du noch nicht kannst«, bemerkte sie, sehr angetan von ihrem Scharfsinn. Und dann mit einem Seufzer: »Was hast du? Bedrückt dich etwas?«
»Weißt du, vielleicht fahre ich nicht nach Europa«, sagte Jos. Beinahe hätte er noch hinzugefügt, »nämlich, wenn ich vorher

geschnappt werde«. Statt dessen aber brachte er seine neue Liebesromanze vor: er sei sehr an einem Mädchen interessiert und habe vielleicht keine Lust, gerade jetzt seine Reise anzutreten.
»Eine neue Errungenschaft! Und eine, um derentwillen du auf deine Reise verzichten willst! Na, dann muß es ja etwas Ernstes sein. Erzähle, wer ist es denn?«
Jemand, den sie doch nicht kenne. Eben ein Mädchen.
Doch wohl keine Christin? Trotz ihrer angeblich so liberalen Gesinnung schreckte sie bei diesem Gedanken zunächst einmal zurück. Aber Tante Bertha hatte sich sogleich wieder gefaßt: natürlich, wenn er eine Christin wirklich liebe und das Mädchen aus guter Familie stamme, dann sei das auch keine Tragödie – es gebe ja in der South Side schließlich mehrere sehr harmonische Mischehen. Arties Mutter zum Beispiel sei doch katholisch. Aber freilich wäre es schon besser, wenn er das Glück hätte, sich in ein Mädchen aus seinem eigenen Milieu zu verlieben – so wie Max: der einfach nach New York gefahren sei und bei seinem Bruder ein entzückendes Mädchen kennengelernt habe, und noch dazu eine Mannheimer! Doch plötzlich hielt sie inne und blickte ihn abermals zweifelnd an. Es sei doch hoffentlich keine Straßenbekanntschaft wie die, derentwegen er voriges Jahr beinahe Schwierigkeiten bekommen habe? Doch kein leichtes Mädchen, oder?
Jos schüttelte den Kopf. Und dann meinte die Tante, vielleicht sei die Reise doch das Beste. Wenn er bei seiner Rückkehr immer noch Interesse an dem Mädchen habe und sie warten könnte, bis er die Harvard Law School hinter sich gebracht habe...
Warten. Das Wort rief sogleich ein Bild vor seinen Augen hervor: er kam aus dem Gefängnis, das Haar weiß an den Schläfen, und Ruth wartete schon draußen auf ihn, das liebe Gesicht verhärmt von den Jahren getreulichen Ausharrens. Da schlug eine Welle des Leids in ihm hoch, daß ihm fast die Tränen kamen, und doch zieh er sich gleichzeitig voller Abscheu billiger Gefühlsduselei.
Die Tante hatte den Blick nicht von seinem Gesicht genommen und die vorübergehende Erregung bemerkt. »Es wird schon alles gut werden, Jos. Es ist eben die Jugend. Wir alle müssen das durchmachen.« Und sie tätschelte ihm die Hand.

Beim Dinner drehte sich alles um Max. Alle Vorkehrungen, die für die Ankunft der Braut und die Verlobungsfeier getroffen worden waren, wurden noch einmal bis ins einzelne durchgegangen. Onkel Adolph erlaubte sich einige zweideutige Witze über Maxens Ungeduld und gab ihm einen Rat für die Verlobungszeit – »Leg ihn solange auf Eis« –, und sogar der alte Herr lachte nachsichtig. Max steckte alle Bemerkungen mit großartig toleranter Miene ein.

Man machte Pläne für die Flitterwochen. »Vielleicht treffen wir dich sogar in Italien, Kleiner.« Und Jos krümmte sich immer mehr unter dieser Selbstgefälligkeit, während das Mitleid mit sich selbst ihn zu ersticken drohte. »Glück – so etwas Gewöhnliches und Simples – nichts für mich.« Und dann gelobte er sich im stillen, daß er, wenn er nicht gefaßt würde und ungeschoren davonkam, dies als Omen ansehen und Ruth heiraten und sein ganzes Leben lang ein gewöhnlicher Mensch bleiben wollte.

Man setzte sich nach dem Essen noch zu einem kleinen Gesellschaftsspiel zusammen, und er empfand sogar eine Art benommenes Vergnügen bei diesem Ritual, das er vielleicht zum letzten Mal mitzelebrierte. Da stürzte Artie herein, mit seinen langen Armen wedelnd. »Mensch, das mußt du dir ansehen! Sie reißen vor Stegers Haus die ganze Straße auf! Der Kanal soll verstopft sein! Man glaubt, er hat die Kleider hineingesteckt!«

»Steger?« Die Familie entsann sich erst nach einigen Augenblicken des Falles Paulie Kessler. »Aber ich hörte doch, daß man den Lehrer wieder auf freien Fuß gesetzt hat«, sagte Max.

»Sie haben ihn wieder festgenommen.« Artie konnte kaum das Lachen dabei unterdrücken.

Jos eilte schnell mit ihm hinaus. »Wie zwei kleine Jungen, wenn's irgendwo brennt«, hörte er seine Tante noch sagen.

Die Straße war abgesperrt. Man hatte Lampen aufgestellt, die die Stelle in helles Licht tauchten, an der die Arbeiter den Graben aushoben. Sie standen schon hüfttief in der Erde.

»Auch daran hätten wir denken müssen«, flüsterte Artie. »Die Kleider einfach da hinunterstoßen.« Als sie aus dem Wagen stiegen, meinte Artie, hier könne man sich leicht etwas Neues aufgabeln – ein Gespräch habe man ja gleich mit jemandem angefangen. »Wie wär's mit diesen beiden da?« Dann begann ihr Spiel, die Mädchen mit Blicken zu entkleiden.

Artie machte sich an zwei von ihnen heran und fragte mit Unschuldsmiene, was denn da los sei, und verlangte dann eine ganz ausführliche Darstellung des Verbrechens. »Ja, lesen Sie denn keine Zeitung?«
Er griff zur Schmugglertour. »Kommen gerade von der Grenze. Neue Ladung rübergeholt.« Jos zerrte ihn am Ärmel fort. »Was ist?« zischte ihn Artie an. »Die beiden hätten wir herumgekriegt.«
»Sie hatten keine schönen Zähne«, sagte Jos.
»Mensch, nur wegen einer kleinen Nummer schaust du ja die Nutten an, als ob du sie heiraten wolltest!« Er suchte sich zwei andere aus, aufgedonnerte, die einen erfahrenen Blick zur Schau trugen. Inzwischen hatte sich in Jos eine fast unerträgliche Erregung angestaut. Das besondere Gefühl der Spannung, des Sehnens nach Ruth, mit dem er am Morgen aufgewacht war, schien sich den ganzen Tag hindurch ständig vervielfacht zu haben und nun zu einer allgemeinen ununterdrückbaren Wollust angewachsen zu sein. Die Gegenwart Arties hatte ihn noch mehr erregt als sonst; von dem Augenblick an, da Artie ihn vorhin aufgesucht hatte, war das Verlangen unerträglich geworden. Und jetzt kam noch das Gedränge der Leiber hinzu, und Artie war einer von ihnen, und schließlich waren für Jos alle Leiber Arties Leib, und in der Menge lag noch mehr, so eine Art Massenlust, Massenbegierde angesichts der schmutzigen Dinge, die von Mund zu Mund gingen. Und hinter diesem allem verbarg sich vielleicht außerdem noch, zusammen mit dem Gespräch über die Verlobung und Hochzeit von Max, das Gefühl der Gefahr – der Gefahr, in der er hier in der Nähe so vieler Polizisten schwebte. Ein Polizist stand gerade vor den beiden Mädchen, und anstatt sie beiseite zu ziehen, fing Artie mit dem Beamten ein Gespräch an.
Gegen die Mädchen gedrängt und gegen Artie gedrängt und gefoltert von dem aufwühlenden Verlangen, hätte Jos den Kerl in Stücke reißen mögen. »Komm weiter«, drängte er.
Aber Artie war nicht fortzubringen. »Sie sind gerade so weit!« rief er. Und jemand witzelte, die Arbeiter hätten ein totes Stinktier gefunden. Nein, sagte Artie, es sei ein Baby von fünf Monaten! Die Mädchen sperrten entsetzt den Mund auf und machten sich davon. Artie schob sich ihnen nach, wobei er mit lauter Stimme die Monstrositäten aufzählte, die Frauen angeblich taten – Frauen kämen auf viel schmutzigere Sachen als Männer, aber sie könnten einfach nichts dazu, denn schließlich

hätten sie ja, so wie sie nun mal gebaut seien, ihren eigenen Kanal.

Jos war über diese letzte Bemerkung verärgert; es war wieder ein Abend, an dem er alles, was Artie tat oder sagte, in die falsche Kehle bekam. Und doch erhöhte dies gerade noch sein Verlangen. Er war überzeugt, daß Artie ihn nur reizen wollte.
Sie landeten in einem Bordell. Jos war damit einverstanden gewesen, nur um es loszuwerden. Aber als der Augenblick kam, da er sich immer vorstellte, er tue es mit Artie, empfand er etwas ganz anderes. Der Akt selbst dauerte länger, und eine Zeitlang sah er eine Hochzeitsszene vor sich – Ruth in Weiß kam als strahlende Braut auf ihn zu. Den Akt mit ihr konnte, wollte er sich nicht ausmalen. Die Szene am Strand stand wieder vor ihm, und dann war eine Art ratlose Trauer in ihm, und auf dem Höhepunkt ein schreckliches Zittern, ein Gefühl des Taumelns.
Auf der Heimfahrt war Artie ziemlich niedergeschlagen. Jos war immer noch streitsüchtig; der ganze postcoitale Komplex von Abscheu und Gewissensbissen lastete auf ihm und zugleich auch eine schreckliche, undefinierbare Vorahnung.
Artie begann, ihn mit Ruth aufzuziehen.
»Ach, sei still!« rief ihm Jos zu.
»Oho, die Sache scheint ja ernst zu sein.«
»Ach, laß den Blödsinn!«
Er blickte Artie an, und da sah er auf einmal das Gesicht des Freundes so, wie es ihm damals vorgekommen war, als ihn seine Mutter zu jener Bridgepartie mitgenommen hatte: er sah wieder das lange Kinn, die teigige Haut. Ein Aufruhr von widersprechenden Gefühlen und von Angst durchflutete Jos; alles, alles war falsch gewesen. In diesem Augenblick sah er Artie, wie er wirklich war, wußte er, daß Artie und er nicht eins waren. Bei der Tat, die sie begangen hatten, hatten sie nicht dasselbe begangen. Artie hatte etwas anderes getan, etwas, das er zuvor schon getan hatte, wie die Sache mit der Leiche im See und die anderen ›Fälle‹, auf die er gelegentlich dunkel anspielte – der erschossen aufgefundene Campusgefährte, der kastriert aufgefundene Taxifahrer... Artie war von einer dämonischen Macht getrieben, und bei ihm, Jos, war es anders. War also alles ein ungeheurer Irrtum gewesen? Waren sie, als er geglaubt hatte, in der Tat mit Artie eine Gemeinschaft zu

bilden, in Wirklichkeit getrennt gewesen, hatten sie zwei ganz verschiedene Taten begangen? Wenn das so war, was – was war dann *seine* Tat gewesen? Die Möglichkeit war ein gähnender Abgrund. Jos verbannte sie aus seiner Vorstellung, aber sie setzte sich in einem anderen Gedanken fort: wenn zwei Menschen glaubten, sie fänden zusammen, indem sie den Liebesakt gemeinsam vollzogen, war es genauso: sie taten beide etwas ganz Verschiedenes.
Jos schwieg, bis sie zu Hause anlangten. Artie nahm ein-, zweimal einen Schluck aus der Flasche und brütete im übrigen vor sich hin. Als er vor der Strausschen Villa ausstieg, sagte er völlig unvermittelt: »Geschieht dir ganz recht, du –!«

Das aufwühlende Gefühl einer drohenden Veränderung, eines unmittelbar bevorstehenden Ereignisses, ließ Jos die halbe Nacht keine Ruhe. Er konnte es nicht analysieren, obwohl er es mit Ruth in Verbindung brachte. Am Morgen herrschte das Gefühl immer noch in ihm, verbunden mit einem Zwang, zu sprechen. Wenn er Ruth traf, plauderte er vielleicht alles aus.
Statt dessen sprach er zu seiner eigenen Überraschung von ihr, von seiner Liebe zu ihr. Einem Impuls folgend besuchte er Mrs. Cyrilla Sloan, ein jungverheiratetes Mitglied seiner ornithologischen Gruppe – er stand plötzlich vor ihrer Wohnungstür am South Shore unter dem Vorwand, ein Buch zu bringen, das er ihr versprochen hatte.
Mrs. Sloan bot ihm eine Tasse Kaffee an, zog ihn in ein Gespräch. Und auf einmal sprudelten die Worte aus ihm heraus, viel ungehemmter als gegenüber Tante Bertha. Er sagte, er wolle vielleicht seine Pläne ändern, wolle vielleicht heiraten, vielleicht auch eine Stelle als Lehrer annehmen und nicht die Law School besuchen. Natürlich würde das seinem Vater mißfallen, aber –
»Sagen Sie nur, Sie hätten sich verliebt, Jos!« Sie lächelte ihn herzlich an, als verstünde sie nun seinen plötzlichen Besuch.
Und als er von Ruth erzählte, Ruth beschrieb, gelangte er zu der Überzeugung, daß es wirklich Liebe sei – er wollte nur mit Ruth zusammen sein; der ganze Aufruhr in ihm war die Folge eines völligen Gesinnungswandels.
Sie lächelte immer noch, ließ ihn reden, sagte, sie sei froh, daß er jemanden gefunden habe, zu dem er Zuneigung empfinde, sagte, daß sie schon immer das Gefühl gehabt habe, er brauche

einen Menschen. Aber er dürfe nicht zu emotionell handeln, er dürfe sich nicht von seinen Gefühlen überrennen lassen. Denn er sprach jetzt schon von heimlicher Heirat, von Fortziehen.
Der Aufruhr in ihm ließ ein wenig nach. Er wußte selbst nicht, warum er auf einmal vom Widerstand seiner Familie redete, warum er die Sache plötzlich dramatisierte.
Es schien ihm, als halte sie seine Hand noch zögernd fest, fast einladend, als er sich verabschiedete. Nur weil er von seiner Liebe gesprochen hatte, stand sie auf einmal ganz anders zu ihm. Es war, als hätte er unwissentlich ein Schlüsselwort benutzt, das ihm den Zugang zur Welt der gewöhnlichen Menschen öffnete.
Als Jos aus dem Haus trat, fühlte er sich erleichtert und befreit. Er hörte sich leise pfeifen.

Er erspähte Ruth in einer kleinen Gruppe auf der Sleepy-Hollow-Wiese und legte sich neben sie ins Gras. Gleich würde man von ihnen als von einem Paar sprechen. Es war eine idyllische Szene.
Jemand hatte eine Zeitung auf dem Rasen liegen lassen, und als Jos einen kurzen Blick auf die Schlagzeilen geworfen hatte, zwang er sich, nicht mehr hinzusehen. Sie suchten immer noch, durchkämmten die ganze Stadt. Aber er würde vor ihnen in Sicherheit sein. Er machte einen Wandel durch; er *mußte* einfach in Sicherheit sein, um herauszufinden, welches neue Wesen aus ihm wurde.
Zu Hause herrschte eine veränderte Atmosphäre; überall standen Pflanzen, große Palmen und Gummibäume in Töpfen und Vasen voll Blumen. Eine ganze Wand der sogenannten Bibliothek war mit Serviertischen zugestellt. Kisten mit ›echter Ware‹ aus Kanada standen unter den Schränken bereit. Max, der überall umherschwirrte, zeigte Jos das alles, wobei er stolz erzählte, wie billig er den Kram bekommen habe, und ihm mitteilte, daß Sandra jeden Augenblick herunterkomme; sie ruhe sich gerade noch etwas aus.
Und dann erschien Sandra, als hätte sie die Ankunft des jüngeren Bruders geahnt. Eine würdevolle Erscheinung, und alles, was sie sagte, schien vorher überlegt zu sein, so daß jedes Wort einen genauen Sinn hatte. »Das ist also das Genie der Familie«, sagte sie, während sie ihm die Hand reichte, und drückte die seine sekundenlang mit wahrer Aufrichtigkeit. »Wissen Sie

auch, wie stolz Ihre Brüder auf Ihre Leistungen sind! Wie ich gehört habe, sprechen Sie elf Sprachen.«
Max warf ein, Sandra interessiere sich für Literatur, besonders für französische; sie hätten also manches miteinander gemein. Jos. stellte sie schnell auf die Probe, erwähnte Huysmans, Verlaine, Anatole France. Sie hatte nichts von ihnen gelesen, hatte vielleicht einmal die Namen gehört – aber wie sie erklärte, wollte sie sich unbedingt vornehmen, in die Sachen hineinzuschauen, und man konnte gleichsam beobachten, wie sie sich die einzelnen Titel ins Gedächtnis schrieb.
Max blickte sie beide fast verzweifelt an. Er war von dem Wunsche beseelt, daß alles glücklich und zufriedenstellend verlaufen möchte, und Jos durchströmte an diesem Tag sogar etwas wie das Gefühl warmer Zuneigung für seinen Bruder. »Scheint ja eine ganz große Gesellschaft zu geben!« bemerkte er ziemlich geistlos, und plötzlich wünschte er, es möchte nichts schiefgehen. Wenn sie ihn schon schnappten, so sollte wenigstens Max vorher nicht seine dumme Verlobungsfeier verdorben werden.

Man dinierte in großem Stil; um den Tisch, an dem heute kein Platz mehr war, saßen alle die Tanten und Onkels, und sein Vater war in bester Stimmung, sogar geistreich – ein wahres Fest der Großbourgeoisie, sagte sich Jos, und als er Ruth abholte, bereitete er sie in diesem Sinn vor.
Sie sah aus, als wäre sie in diese Gesellschaft hineingeboren, stellte Jos zu seiner Überraschung fest – ihre Kleidung, Schuhe, alles war danach. Er stellte sie vor, wie er eine ganz gewöhnliche Bekanntschaft vorgestellt hätte. Aber Tante Bertha musterte sie mit wissendem Blick und sagte dann heimlich zu ihm: »Da hast du dich nicht vergriffen – sie ist reizend. Diesmal kann man dir keinen Vorwurf machen.« Im Verschwörerton fügte sie hinzu: »Du hast es doch noch keinem gesagt, oder? Es weiß doch noch niemand etwas davon, nicht wahr?«
»Ich habe es nicht einmal ihr selbst gesagt«, erwiderte er, und er fühlte sich plötzlich heiter und wahnsinnig beschwingt.
Die ganze South Side war anwesend, die Familien der Weiss und Straus in ihrer vollen Stärke, darunter auch alle Mitglieder von Arties Familie. Artie war kaum hereingekommen, als er Ruth zum Schein auffällig zu umwerben begann – »Ich habe sie zuerst gekannt!« Da hatte Jos auf einmal das sonderbare Gefühl, als wäre alles, was er in diesen wenigen Tagen auf sich und

Ruth aufgebaut hatte, ein zerbrechliches Gebäude gewesen, das nun in Arties Gegenwart auseinanderfiel.

Artie neckte Ruth mit ihrem Reporter. Ob Sid denn wisse, daß Jos mächtig hinter ihr her sei? »Oh, Sid ist so beschäftigt, daß ich ihn nicht einmal zu Gesicht bekomme.« Sie lachte, und dann war Artie wieder bei dem Verbrechen angelangt. Er hatte die neuesten Meldungen gelesen. Da habe er einen Tip für ihren Freund von der Zeitung. Ob man auch schon mal an die anderen noch ungeklärten Morde in der South Side gedacht habe. Da sei doch dieser Medizinstudent, den man erschossen aufgefunden habe, und dann der junge Mann, der verschwunden sei, gerade ein paar Blocks von hier, im April, Perry Rosoff habe er wohl geheißen – vielleicht sei für diese Verbrechen ein und dasselbe Ungeheuer verantwortlich! Sie müsse Sid unbedingt sagen, er solle mal feststellen, ob da irgendwelche Zusammenhänge bestünden.

Myra trat hinzu, berührte Artie am Arm, und sie begannen zu tanzen. Jos tanzte mit Ruth und fühlte, daß er besser tanzte als je zuvor.

Später saßen sie alle um die Punschbowle. Ruths Gesicht war gerötet. Jos kam in einen etwas angeheiterten Zustand. Wieder waren Artie und das Verbrechen der Mittelpunkt des Gesprächs. Jos winkte und versuchte Artie davon abzubringen. Aber es war, als flösse seine Erregung zwischen Artie und Ruth in einem Wechselstrom hin und her. Aus einem perversen Verlangen heraus wollte er nicht eigentlich, daß Artie das Thema fallen ließe. Jos hörte, wie er selbst laut lachte bei einem Witz über den kastrierten Taxifahrer, bei dem von Affendrüsen die Rede war. Er verlor allmählich die Beherrschung über sich. In plötzlichem Fluchtverlangen ging er ins Obergeschoß hinauf.

Einen Augenblick später bemerkte er, daß Ruth ihm gefolgt war. Das sei also sein Zimmer. »Wie fremdartig«, sagte sie. »Gar nicht wie ein Zimmer, in dem jemand wohnt.« Es gleiche eher einem Museum, mit all diesen Vögeln in ihren Schaukästen. Die Sammlung sei das Werk von zehn Jahren, erläuterte er.

»Aber Jos«, rief sie, »warst du denn nie ein Kind?«
Die Worte trafen ihn. Wie sie das meine.
Natürlich täten Jungen so etwas, Insekten und Vögel sammeln. Aber er, Jos, habe das alles mit so ungeheurem Ernst getan.
»Ich wollte einfach damit sagen, daß du offenbar keine richtige

Kindheit gehabt hast. Immer so frühreif.« Bei ihren Worten zog sich seltsamerweise ein Schleier vor seine Augen. Er ließ sich nichts anmerken; er zeigte ihr ein Beardsley-Buch mit gewagten Illustrationen. Sie betrachtete sie kaum und sagte: »Weißt du, Jos, du mußt dich hier bei deiner Familie ziemlich einsam fühlen, das sehe ich jetzt. Sie sind so ganz anders als du – dein Vater und dein Bruder.«
Sie verstand ihn, sie verstand ihn tatsächlich. Sie war die erste, die einzige. Immer wieder sagte er sich dies. Dann überfiel ihn eine Art Panik. Er mußte fort, mit ihr fort, entfliehen! Nein, er war nur berauscht, er hatte schon nachmittags getrunken, Whisky und Champagner durcheinander. Aber Artie würde sicherlich alles zum Platzen bringen, er mußte bleiben und Artie im Auge behalten! Nein, das war hoffnungslos; er sollte lieber fliehen. »Komm, gehen wir fort«, sagte er. »Gehen wir irgendwohin.«
Im Wagen legte er den Arm um sie, und sie lachten. Jetzt, da er draußen war, fort von den plappernden, grinsenden Gesichtern, fühlte sich Jos wieder wohl. Er versuchte, sich irgend etwas auszudenken, wo sie hingehen konnten – vielleicht war dies sogar die Nacht für ihre Liebe.
Jos fuhr in westlicher Richtung. An der Straße nach Cicero lag ein Lokal mit einer Tanzfläche und Nischen. Vielleicht hatten sie oben auch Zimmer.
Sie tanzten. Dann saßen sie dicht beieinander und redeten wieder über die Liebe. Jos begann spöttisch: »Mein Bruder und dieses selbstzufriedene Mädchen da – können solche Leute wirklich lieben?«
Ruth schlug sehr geschickt zurück. Ob denn ein so eingebildeter Mensch wie er selbst lieben könnte. Er sagte: »Eins zu Null«, und sie drückte seine Hand und lächelte und dann sagte sie, es mache das Wesen der Liebe aus, daß man sich gegenseitig ganz kenne. Wenn sie einmal einen Menschen lieben würde, hoffe sie, daß sie sich immer alles sagen würden, ganz gleich, was man getan hätte, auch wenn es sich um eine Untreue handle.
Jos sagte sich, daß ihre Worte banal seien – sie war schließlich doch ein ganz gewöhnliches Mädchen –, und dennoch zog sie ihn fester als je in ihren Bann. Er sagte sich, daß sie beide wirklich wie ein gewöhnliches Collegepärchen aussähen. War es einfach *das*, was er so sehr herbeisehnte, bis zu Tränen herbeiwünschte?

In dem gedämpften roten Licht drückte sich Jos die Knöchel in die Augen, als ob er Kopfweh hätte. Ruth vermutete Tränen. Aber warum Tränen? Warum?
»Bedrückt dich etwas?«
»Ja.«
»Sag es mir.«
»Ich kann nicht.«
Und Ruth begann zu ahnen, daß da mehr war als jugendliche Melancholie, als das Sich-selbst-tragisch-Nehmen des Mannes, der sich in Hamlet-Trübsinn gefällt und Trost sucht. Hier war etwas Ernstes, etwas sehr Wirkliches. Aber von welchem Übel konnte sie wissen? Als sie Jos so tief niedergeschlagen dasitzen sah, fielen ihr nur die Schreckgespenster der Kindheitsphantasie ein, die dazu dienten, jede große Kummerlast zu erklären. Sie waren die frühesten Bedrohungen, die in die Vorstellungswelt eines Mädchens Eingang fanden. Was würde ich tun, wenn ich einen Mann liebte, in dessen Familie Geistesgestörte sind? Und einen Augenblick lang warf sogar die gräßliche Krankheit ihre Schatten – vielleicht hatte er sich bei dem wilden Leben zusammen mit Artie die Syphilis geholt. Aber sie schob diesen Gedanken beiseite.
Nein, es lag viel näher, daß Jos noch der Vorfall am Strand beschäftigte. Und jetzt, da er mit ihr allein war, mußte dieses mächtige Geschlechtsverlangen, das jungen Männern zu schaffen machte und das soviel stärker war als bei Mädchen, wieder auf ihm lasten. Dieser Drang war eine Qual, die die Männer so elend machte. Vielleicht hatte er Angst, er werde dadurch wieder zu etwas getrieben, das alles verdarb. Aber so häßlich der Augenblick auch gewesen war – Ruth verlangte danach, Jos zu trösten, ihm zu sagen, daß sie ihn verstand. Das war eben ein Zwang, der in der Natur lag, besonders wenn man liebte – wenn man etwas für einen Mann zu empfinden begann, konnte man da nur Mitgefühl haben. Ja, gewiß, bei der Szene am Strand war noch etwas anderes hinzugekommen, etwas Verwirrendes, einen Augenblick lang sogar Erschreckendes, aber Jos hatte sich ja um ihretwillen beherrscht, und in gewissem Sinn gab dies Ruth das Gefühl, daß er sie wirklich achtete. Wenn er ›anders‹, mehr den Stimmungen unterworfen war als Sid, so zog sie vielleicht gerade das an; es war seine Herausforderung. Jeder wußte, daß Jos eine Art Genie war, und ein Mädchen, eine Frau mußte eben außergewöhnlich sein, um sich mit ihm auf eine Stufe stellen zu können. Vielleicht konnte

sie ihn jetzt das erste glückliche Gefühl wahrer Freundschaft erleben lassen, und vielleicht würde sogar Liebe daraus.
»Jos«, sagte sie, »wenn es mit mir zu tun hat, brauchst du dir keine Sorgen zu machen. Du könntest mir nie wehtun.«
Er schüttelte den Kopf. »Ich weiß genau, daß es dir wehtun würde. Ich würde dich damit unglücklich machen.«
Sie berührte seine Hand und neigte ihm den Kopf entgegen mit dem zärtlichen Lächeln einer Frau, die nicht den Wunsch hat, die Leiden eines Mannes kleiner zu machen, als sie sind, die aber überzeugt ist, daß wieder andere Zeiten kommen werden.
»Komm, wir tanzen«, sagte sie.

Und dann stelle ich mir vor, wie sie später in einem Wäldchen am Desplaines River im Wagen sitzen. Die Verzweiflung hat Jos wieder übermannt, sogar noch stärker jetzt. Unter Küssen schilt Ruth ihn aus. »Aber Jos! Was hast du denn so Schreckliches? Du bist jung, klug, reich; du bekommst im Leben alles, was du willst.«
»Du hast keine Ahnung«, sagte er. »Mir ist einfach –«
Allmählich fühlt sie sein Leid, sehr mächtig dann, tief, so tief, daß sie weiß, daß hier ein unsagbarer Kummer vielleicht gerade aus dem Genie seines Verstandes heraufbricht – aus seinem Verstand, der vor einem schicksalhaften Übel zurückschreckt, das gewöhnliche Menschen nicht sehen können, vor irgendeinem unausweichlichen Weltschmerz. Und Ruth beginnt zu glauben, daß irgend etwas getan werden müsse, um ein solches Leid zu lindern, das doch nur dem Leben selbst entspringt. Wenn geschlechtliche Entspannung nur ein weniges dieses schrecklichen Schmerzes im Manne stillen kann, dann sinkt das Gebäude der sogenannten Reinheit zur Bedeutungslosigkeit zusammen.
Sie möchte durch irgendeine magische weibliche Geste sein Weh verbannen. Und doch – was sie daran hindert, ist nicht ihre Unkenntnis oder ihre Unschuld, das fühlt sie ganz fest. Sein Leid ist ein ungewöhnliches Leid, geradeso wie er selbst ungewöhnlich ist. Diese Intensität des Schmerzes ist nicht einfach das, was andere Männer auch fühlen.
Sie zieht seinen Kopf auf ihre Brust hinab. »Sag es mir, sag es mir«, flüstert sie, voller Verzweiflung über ihre eigene Unzulänglichkeit – ein Mädchen, das die Rolle einer Frau zu spielen versucht. Er ist stumm, gefangen in trostlosem, unbeschreibbarem Grauen.

Ihr Kleid hat vorn von oben bis unten kleine Knöpfe, und in dem wirren Verlangen, ihm zu helfen, knöpft sie das Kleid auf und zieht das Hemd ein Stück herunter. Seine Wange ruht an ihrer nackten Brust. Als die Wange ihre Haut berührt, fühlt sie einen warmen Pulsschlag in ihrem ganzen Körper, in ihrem Geschlecht, und sie fragt sich, ob sie jetzt, jetzt eine Frau wird. Seine Lippen berühren ihre Brust, und sie wünscht, ihr Körper könnte alles Weh, alles Lebensleid von ihm nehmen. Sie legt ihm die Hand auf den Kopf. Sie fühlt, wie ein leises Erschauern durch seinen Körper geht. Weint er?
Jos sieht den Jungen vor sich. Zum ersten Male sieht er das Gesicht des toten Jungen – ein Kindergesicht, das ihn aus dem nächtlichen Wasser anblickt. Und während es ihn anstarrt mit der ruhigen Unschuld des Kindes, wird es zu seinem eigenen Gesicht.
Ruth ist weiß geworden. Sie sitzt ganz still. Und sie hört Jos sagen: »Ich wollte, ich wäre nie geboren.«
Die Worte treffen Ruth wie Dolchstiche; sie drängen in seltsamem Tonfall hervor. Sie sind anders gesprochen, als Menschen sie gewöhnlich sprechen.
Sie kann nur seinen Kopf an sich drücken, und ein großer Jammer erfüllt sie, daß sie diesem Menschen nicht zu helfen vermag, und ein großes Sehnen, seinen Schmerz zu stillen, und ein ängstliches Verwundern – kann dies Liebe sein?

15

Am nächsten Tag – dem Tag, an dem Leutnant Cassidy die Liste mit den möglichen Eigentümern der Brille in Händen hielt – erzählte Jos seinem Freund Artie, daß er Ruth hingekriegt habe. Er versicherte dabei seinem Gewissen, daß er dies nur sage, um nicht von seinem wirklichen Zusammensein mit Ruth sprechen zu müssen. Und so beschrieb er, wie er sie aus dem Wagen gehoben hatte. Arties Gesicht zeigte jenen unbestimmten, skeptischen Ausdruck, der besagte, daß ihm keiner etwas vormachen konnte. Das hieß, daß er die Geschichte glaubte. »Du Bastard!« rief Artie. »Warum hast du mich nicht mitgenommen! Du weißt doch, daß ich immer ein Auge auf sie geworfen hatte; ich wußte gleich, daß sie leicht zu haben ist. Los! Heute abend machen wir uns alle beide an sie ran –«

Jos zuckte die Achseln. Er sei an ihr nicht mehr interessiert, sagte er.
»Du Angeber! Du hast sie ja überhaupt nicht umgelegt!«
In diesem Augenblick kam das Mädchen herein und sagte, draußen seien einige Herren, die Jos sprechen wollten.
Artie und Jos spielten gerade in der Bibliothek eine Partie Casino, nicht einmal um Geld; ringsumher standen noch die Überbleibsel der Verlobungsfeier. Artie ließ sich tief in den Sessel hineinsinken und hielt die Karten vor das Gesicht.
Zwei große Männer traten ein. Sie fühlten sich offensichtlich in dieser vornehmen Umgebung nicht ganz wohl in ihrer Haut. Ihre Arme hingen steif herab.
»Wer von Ihnen ist Joshua Steiner jr., bitte?«
Jos erhob sich. Artie sollte sehen, wie er mit denen fertig wurde. Schließlich hatte er so etwas schon einmal mitgemacht und Artie nicht.
»Das bin ich«, sagte er. »Was kann ich für Sie tun?«
»Der Staatsanwalt wünscht Sie zu sprechen, Mr. Steiner. Vielleicht dürfen wir Sie bitten, mit uns in die Stadt zu fahren.«
»Handelt es sich um den Fall Kessler?« fragte er in sanftem Ton, wobei er sie scharf beobachtete. Der eine machte ein Gesicht, als sei ihm soeben bereits ein volles Geständnis abgelegt worden.
Der andere blickte ihn argwöhnisch an. »Wieso...?«
»Ja, ich sage dem Staatsanwalt natürlich gern alles, was ich weiß, wenn ich auch am vergangenen Samstag schon mit Captain Cleary draußen in der South Chicago Station darüber gesprochen habe.«
»Mit Captain Cleary?« Sie wechselten einen raschen Blick.
»Ja«, fuhr Jos fort, »da draußen, wo der arme Junge aufgefunden wurde. Ich komme öfter in diese Gegend bei meinen vogelkundlichen Exkursionen, der Captain hatte gemeint, ich könnte ihm vielleicht helfen und ihm sagen, wer sich manchmal dort herumtreibt.«
Der undurchdringliche Blick legte sich wieder über ihre Gesichter.
Also ging es diesmal um mehr. Es mußte sich um die Brille handeln. Der zweite Detektiv sagte: »Wir wissen nichts Näheres. Wir sollen Sie nur –«
»– mitbringen«, fiel Jos in ganz zwanglosem Ton ein, daß sie beide grinsten. »Schön, dann wollen wir uns nicht lange aufhalten.«

»McNamara«, stellte sich der erste der beiden vor. Der andere war ein Mr. Peterson.
Ein dritter Polizist saß am Steuer des Wagens. Jos stieg mit McNamara hinten ein. Er bot Zigaretten an. Es kam keine Unterhaltung in Gang, und so versuchte er es mit dem bevorstehenden Boxkampf Carpentiers. Der andere meinte, der Franzose werde gewinnen. Er hoffe, dabei sein zu können, aber vielleicht habe er auch keine Zeit.
»Na, ich kann mir denken, daß Sie dieser Mordfall ganz schön auf Trab hält.«
»Sie sagen es.«
»Vielleicht hat man den Täter bis dahin gefaßt.«
Der Polizist schwieg.
Heute wurde es ernster als am letzten Samstag, das ahnte Jos. Aber wenn sie ihn nun als Eigentümer der Brille ermittelt hatten – oder wenn es sich um irgend etwas handelte, das von ihnen beiden überhaupt nicht bedacht worden war? Es konnte alles sein. Fingerabdrücke oder so. Die verräterischen Atome des Universums. Jedes Atom hinterließ seine Spur.
Aber gegen Artie lag offenbar noch nichts vor. Artie sollte aus der Sache draußen bleiben, wenn sie ihn nicht schnappten. Einen Augenblick lang wünschte er, Artie wäre bei ihm, und dann hatte er so etwas wie den geheimen Gegenwunsch, allein zu sein, eine Strafe zu erdulden, die ihn Ruths würdig gemacht hätte.
Nein, keine Gefühlsduseleien jetzt. Es war alles seine Schuld. Die Brille in der Tasche stecken zu lassen, wo sie herausfallen konnte.
Er war ein Stoiker. Er wußte, daß es das Schicksal letztlich mit nichts und niemandem gut meinte. Der Mensch mußte sich bis zur äußersten Grenze gegen die Heillosigkeit des Lebens zur Wehr setzen, und er, Jos, würde sich deshalb allen Prüfungen unterziehen, unwandelbar, ohne zusammenzubrechen. Er würde seinen Glaubenssätzen treu bleiben. Bis zur Exekution, wenn es sein mußte.
Aber Artie mußte ausgenommen sein. Artie durfte nicht tot sein. Eine Welle warmen Gefühls flutete über ihn hinweg und spülte alles fort – die dumme kindliche Liebesromantik der letzten Tage, all das, was er vielleicht für Ruth empfunden haben mochte, und er schämte sich des Augenblicks nach dem Besuch im Freudenhaus neulich, als ihn Arties Gesicht angewidert hatte. Er sah Artie jetzt vor sich, Artie, den lachenden,

selbstsicheren, gewandten Collegestudenten, den alle liebten –
Artie, Jos Steiners Hinrichtung beiwohnend, verschlagen mitleidig von dem armen Jos sprechend, dem geistesgestörten
Genie, das er gut gekannt hatte. Von dem alten atemraubenden Entzücken erfüllt sah Jos sich auf einem Schafottgerüst
stehen, die Hände auf dem Rücken gefesselt – auf einem Gerüst gleich einer Plattform, auf der in früheren Zeiten Sklaven verkauft wurden, verkauft oder hingerichtet. Zu seinen
Füßen wogte die Menge, und große unsterbliche Worte des
Abschieds flossen aus seinem Mund, sein Vermächtnis an die
Menschheit.
Ruth würde weinen.
Blödsinn. Er würde sich nicht überwinden lassen. Nicht von
solchen Tölpeln gleich denen hier im Wagen. Jetzt kam die
eigentliche Testprobe; jetzt würde er sich allen und jedem
überlegen zeigen. Jetzt hatte er die Chance, sich selbst zu
beweisen, daß er von anderem geistigen Format war als sie alle,
ja, einem ganz anderen Weltgesetz verstand.
Als der Wagen vor dem La Salle Hotel hielt, war Jos überrascht.
Die Männer eskortierten ihn durch die Vorhalle. »Wir haben
hier einige Räume zur Verfügung«, ließ sich Peterson vernehmen. »Der Staatsanwalt will niemanden ins Gerede bringen,
wissen Sie, falls die Presse etwas spitz kriegt.«
Damit hatte sich der Mann unabsichtlich verraten; man hatte
also noch keine sicheren Beweise – der Ausgang der Sache hing
von ihm, Jos, selbst ab.

Horn hatte seine Tätigkeit nicht nur einfach deshalb ins Hotel
verlegt, um unschuldige Personen vor dem Licht der Öffentlichkeit zu schützen. Im Falle der vielen anderen Verdächtigen
in den vorausgegangenen Tagen hatte man an solche Umstände
gar nicht gedacht. Aber jetzt, nach der ersten Woche fruchtloser, aufreibender Nachforschungen, hatte man endlich einen
handfesten Anhaltspunkt. Und Horn war einfach mit den Nerven fertig. Sein Mitarbeiterstab war erschöpft. Er wollte jede
Störung ausschalten, solange er diese einzige sichere Spur
verfolgte. Denn wenn auch diese zu nichts führte, mußte man
den Fall als hoffnungslos betrachten.
Nun hatte Horn über den Optiker drei Namen ausfindig
gemacht. Nur drei Brillen der fraglichen Linsenstärke waren
mit dem neuen, teuren Gestell in Chikago verkauft worden.
Diese drei Namen mußten den Staatsanwalt in nur noch tiefere

Verwirrung stürzen. Da war zunächst eine schon ältere Klavierlehrerin aus der North Side, dann ein ziemlich bekannter Bücherrevisor, und bei dem dritten Verdächtigen handelte es sich um den Sohn eines Millionärs aus dem Villenviertel, in dem auch die Kesslers wohnten.
Die Klavierlehrerin schied sehr bald aus. Sie hatte ihre Brille auf. Der Bücherrevisor weilte seit drei Wochen außerhalb der Stadt. Er drahtete, er habe seine Brille bei sich und werde sie gern irgendeiner von den Behörden zu bestimmenden Persönlichkeit vorlegen. Blieb also Joshua Steiner jr.
In seinem Zimmer gab Horn die letzten Anweisungen. Unterstützt von seinen typischen ruckartigen Ellenbogenbewegungen stellte er mit allem Nachdruck heraus, daß es dieser Steiner einfach sein müsse. Kein Mittel dürfte unversucht gelassen werden, und wenn der Junge der Sohn des Oberbürgermeisters wäre. Das Vorgeplänkel überließ er Padua.
Padua hatte eine Samtstimme und Samtaugen, und in der weichen Art, wie er sich bewegte, kam er ein wenig auf Rudolf Valentino heraus. Er war der Typ des ›Beinstellers‹ – er konnte mit Ausdauer höflich und sanft sein und dann, den üblichen Ton des Untersuchungsrichters anschlagend, plötzlich eisig kalt werden und seine Opfer unbarmherzig in die Enge treiben.
So führte man Jos also nun zum Lift und brachte ihn hinauf in die zeitweiligen Räume des Staatsanwalts. Joe Padua stellte sich vor. Sehr verbindlicher Handschlag. Jos schätzte, daß sein Gegenspieler in den Dreißigern war und wahrscheinlich auf der John Marshall oder einer dieser Staatsexamensmühlen in der Innenstadt graduiert hatte. Er erzählte sogleich von seinem Gespräch mit Captain Cleary und merkte, daß auch Padua davon nichts gewußt hatte. In flüssiger Rede wiederholte Jos vor Padua seine Aussage – daß er häufig mit seiner Exkursionsgruppe in diese Gegend kam und so weiter. Er glaubte zu fühlen, wie die feindselige Haltung seines Gegners aufgelockert wurde.
Padua gab sich aber nicht geschlagen. »Wir wollten Sie nur fragen, ob Sie eine Brille tragen, Mr. Steiner.«
»Ja, wie ich schon Captain Cleary mitteilte – ich habe darüber sogar eine schriftliche Aussage gemacht –, trug ich eine Zeitlang beim Lernen eine Brille.« Er setzte ein Sie-wissen-doch-wie-das-ist-Lächeln auf. »Ich studiere Jura, und das hier ist jetzt ganz interessant für mich, mein erster praktischer Kon-

takt mit der Materie; aber, wie ich schon sagte, beim Lesen tut man sich manchmal schwer.«
»Wem sagen Sie das.« Padua gab ihm das Lächeln zurück.
»Ich bekam Kopfweh, und der Arzt verschrieb mir eine Lesebrille, aber vor einigen Monaten war es dann wieder vorbei.«
»Hörten Sie auf zu lesen?«
Jos gluckste. »Die Sache ist ganz komisch, ich lese noch genauso oft wie früher, aber das Kopfweh hörte plötzlich auf, und deshalb glaube ich nicht, daß ich die Brille in den letzten zwei, drei Monaten benutzt habe.«
»So, so.« Padua reichte ihm die Brille, die auf einem Tisch lag. »Gehört die Ihnen?«
Jos fühlte sie in der Hand, und sofort war jenes natürliche Kontaktgefühl mit einem altvertrauten Gegenstand hergestellt. Er setzte sie auf. »Ja«, sagte er, »ich würde sagen, es ist die meine, wenn ich nicht sicher wäre, daß ich sie bei mir zu Hause habe.« Er lachte kurz. »Das heißt, wenn sie mir nicht jemand gestohlen hat, obwohl ich nicht wüßte, warum.«
Wenn es wirklich dahin kam, konnte er eine ganze Anzahl von Möglichkeiten anführen. Er konnte sie in der Universität oder irgendwo sonst liegengelassen und der Mörder konnte sie an sich genommen haben. Er war völlig außer Gefahr, wenn er seine Rolle nur gut spielte, denn wenn sie weiter nichts in der Hand hatten – und sie verfügten ganz offensichtlich über kein weiteres Beweismaterial –, würden sie nicht wagen, vor Gericht Anklage zu erheben. Nicht gegen einen Sohn von Joshua Steiner!
»Sie haben also Ihre Brille zu Hause, sagen Sie?«
»Hm, ja. Da ich sie ja seit Monaten nicht mehr benutze.« Er wandte sich an McNamara, der neben der Tür Platz genommen hatte. »Wenn Sie vorhin darauf zu sprechen gekommen wären, hätte ich sie Ihnen gleich zeigen können.«
»Nun« – Padua lächelte –, »Sie haben sie ja schnell geholt!« McNamara erhob sich.
Jos legte die Brille auf den Tisch zurück. »Ich glaube, die meine hat keineswegs ausgefallene Gläser«, sagte er, aber dann zwang er sich zum Schweigen. War es möglich, daß sie alle Träger von Brillen mit Augengläsern dieser Stärke in der Stadt vorgeladen hatten? Nein, deren Zahl ging sicher in die Tausende. Sie mußten ihm durch irgendeinen anderen Hinweis auf die Spur gekommen sein. Aber durch welchen?
Er lächelte seinen Inquisitor an und machte eine im Ansatz

steckenbleibende Geste des Händeschüttelns beim Hinausgehen. Padua erhob sich nicht, reichte ihm nicht die Hand. Als Jos in Begleitung McNamaras den Raum verließ, hatte er nicht das Gefühl, die erste Runde glatt gewonnen zu haben.
Er sann über das Gespräch nach. Es störte ihn ein wenig, daß sein Gegenspieler so kurz gewesen war. Warum hatte er nicht nach seinem Alibi gefragt? Aber vielleicht war das gerade ein günstiges Zeichen. Und was die Brille anging – vielleicht hatte Almer Coe sie irgendwie als von ihm verkauften Artikel wiedererkannt.
Ob Artie wohl noch bei ihm zu Hause war? Vielleicht war er geflohen. Artie konnte nach Charlevoix hinausfahren, sein Boot nehmen und sich auf einer jener kleinen Inseln verstecken, wie er dies schon so oft hatte tun wollen. Vielleicht hätten sie sich beide davonmachen und dort untertauchen sollen als für den Rest ihres Lebens einander verhaftete Einsiedler.
Max war gerade heimgekommen, er kleidete sich um und wollte anschließend mit seiner Braut ins Theater gehen. Über die Anwesenheit des Bruders verärgert, sagte Jos in ziemlich barschem Ton: »Die Herren hier sind von der Staatsanwaltschaft. Offenbar habe ich genauso eine Brille wie die, die bei dem kleinen Kessler gefunden wurde. Man überprüft jetzt alle, die eine solche Brille tragen.«
Max blinzelte ein-, zweimal, als sei er sich noch nicht ganz im klaren, ob er gegenüber den Vertretern der Behörde den Angegriffenen spielen oder das Ganze als Witz auffassen sollte. »Ich will jetzt gerade meine Brille holen und sie ihnen zeigen«, sagte Jos. »Ich habe sie in meinem Zimmer.«
Aber McNamara und Peterson stiegen mit ihm die Treppe hinauf. In der Tür zu seinem Zimmer blieben die beiden überrascht stehen. »Was ist denn das?« rief McNamara. »Ein Museum?«
Jos sagte, er sei Ornithologe, aber fühlte sofort, daß das Zimmer einen Minuspunkt für ihn bedeutete: es teilte ihn den Sonderlingen zu. Er versuchte sich wieder zu fassen und den Detektiv zu beeindrucken, indem er erklärte, dies sei die reichhaltigste Sammlung im Mittleren Westen und er habe eine Sondergenehmigung zum Schießen von Vögeln, die sich sogar auf die städtischen Parks erstrecke. Mit dem einfältig-fassungslosen Gesichtsausdruck des Mannes ging eine Veränderung vor sich: ihm wohnte nun eine Andeutung von Hochachtung inne.

Inzwischen suchte Jos zum Schein unter seinen Papieren auf dem Schreibtisch. Er riß einige Schubladen auf. »Ich habe sie so lange nicht benutzt –« Bei der zweiten Schublade rief er: »Ah, hier!« Er nahm das Brillenetui heraus und hielt es dann, einen bestürzten Ausdruck annehmend, in der Hand.
McNamara nahm ihm das leere Etui ab.
»Ich kann mir gar nicht denken –« Jos runzelte die Stirn. »Sie muß hier irgendwo sein.« Er rückte einen Bücherstapel zur Seite.
Das Mädchen war in die Tür getreten. »Haben Sie meine Brille irgendwo gesehen?« fragte er. »Ich habe sie die ganze Zeit nicht mehr benutzt.«
»Nein, die habe ich nicht gesehen«, sagte das Mädchen. »Haben Sie schon mal unten in der Bibliothek gesucht?«
Er hatte nie in der Bibliothek gearbeitet oder gelesen. Der letzte Mensch, der dort gelesen hatte, war seine Mutter gewesen, seitdem war auch kein neues Buch mehr hinzugekommen. Stirnrunzelnd schritt Jos zur Treppe, um seine Rolle ganz auszuspielen. »Wir hatten gestern einigen Betrieb hier«, bemerkte er. »Verlobungsfeier. Ein paar haben sich ganz schön betrunken und das Haus auf den Kopf gestellt.«
McNamara nickte, folgte ihm aber nicht zur Treppe. Es ging Jos durch den Kopf, daß sie vielleicht sein Zimmer durchsuchen würden. Er versuchte, sich blitzartig zu überlegen, was er alles in seinem Tisch aufbewahrte, jeden einzelnen Fetzen Papier. Der Lösegeldbrief war auf auswärts gekauftem Papier geschrieben worden. Auch der Umschlag stammte nicht aus seinem eigenen Vorrat. Und doch war ihm nicht ganz wohl. Wenn sie anfingen herumzustöbern, sollte er dann einen Haussuchungsbefehl verlangen? Oder wirkte das ungünstig, erweckte das erst recht Verdacht? Aber McNamara trat vom Tisch zurück und kam die Treppe herunter. Der andere blieb oben stehen.
Jos ging an eine großangelegte Untersuchung der Bibliothek, des Wohnzimmers, und ärgerte sich ein wenig, als sie ihm überallhin folgten. Auch Peterson war schließlich heruntergekommen; er sah nur zu, aber McNamara schien helfen zu wollen, denn er hob hier und da eine Zeitschrift auf, als hoffe er, die Brille darunter zu finden. Oder war er ein heimtückischer Bursche, der ihm auf diese Weise den Mißerfolg seiner Suche noch unter die Nase reiben wollte? Jos sagte: »Ja, also ich kann mir das nicht erklären. Ich muß sie irgendwo verloren haben, ohne es zu merken.«

Max, fertig umgezogen, bereit zum Ausgehen, erschien in der Vorhalle. »Also, Junge, jetzt, was soll das alles?«
»Siehst du das denn nicht?« erwiderte Jos heftig. »Ich suche meine Brille.«
»Na ja, dann hast du die Brille eben verloren, was ist da schon dabei?« Und zu den Detektiven gewandt sagte er: »Das ist ja lächerlich.« Aber er hielt sich zurück. »Ich sehe natürlich ein, daß Sie Ihren Auftrag ausführen müssen, aber –«
»Ich werde noch einmal mit ihnen zurückfahren müssen«, fiel Jos ihm ins Wort, »und alles erklären.«
»Hören Sie –« Max war nach Lachen zumute bei dem Gedanken, daß er so etwas überhaupt sagen mußte – »hören Sie, wenn jemand für den Jungen bürgen soll, nennen Sie einen Namen – ja, Sie können sogar Richter Wagner nehmen, der ist mit meinem Vater befreundet. Wie ich in der Zeitung gelesen habe, hat sich Richter Wagner sehr der Kesslers angenommen. Er kannte Jos schon als kleines Kind. Rufen Sie ihn doch einfach an.«
»Ja, das müssen die in der Stadt entscheiden«, erwiderte McNamara.
»Möchtest du, daß ich mitkomme, Jos?« fragte Max.
»Nein, nein! Wozu denn!« Jos lächelte wieder, aber seine feindselige Abneigung gegen den Bruder war jetzt größer denn je.
»Na ja, ruf Richter Wagner an, wenn sich irgendwelche Komplikationen ergeben«, wiederholte Max.

Jetzt, während der zweiten Fahrt in die Stadt, hatte das Schweigen etwas Unheilverkündendes. Was er auch immer sagen mochte, konnte ihm falsch ausgelegt werden, und so sagte er nur, er hoffe, seine Nachlässigkeit werde sie nicht über ihre normalen Dienststunden hinaus aufhalten. Oh, das sei nicht schlimm, erwiderten sie; an so etwas seien sie schon gewöhnt.
McNamara erkundigte sich nach den Vögeln, und Jos setzte zu einem begeisterten Vortrag an. »Wohl so eine Art Hobby?« meinte der Polizist.
»Mehr.« Und er berichtete rätselhafte Einzelheiten über Vogelzug und Paarungssitten. Vielleicht bewies ihnen dies, daß er völlig sorglos war.
Das Hotelzimmer sah jetzt ein wenig unaufgeräumt aus. Man hatte sich Sandwiches und Kaffee heraufbringen lassen, und

Teller und Tassen standen auf Stühlen und Tischen herum. McNamara übergab Padua das leere Etui. »Er hat die Brille nicht finden können«, sagte er.
Padua nahm die Hornbrille vom Tisch und schob sie in das Etui. Er verlieh diesem kurzen Vorgang den Charakter des Beiläufigen und deutete nur mit der Hand, die das Etui hielt, auf einen älteren Herrn.
»Das ist Mr. Horn, der Staatsanwalt.«
Auf den ersten Blick hatte Horn etwas an sich, das einen verwirrte. Er sah weniger häßlich als komisch aus; sein Gesicht hatte die genaue Form eines Halbmonds, und die kleine Nase darin war fast hineingedrückt. Wuchtiger Rumpf, ziemlich kurze Beine, eckig in seinen Bewegungen. Und seine Stimme hatte einen schrillen, nahezu femininen Klang.
Nie war etwas Gelöstes, Gelockertes an ihm. Von seiner Gegenwart ging eine Intensität, eine Spannung aus, die wohl kaum seinen wirklichen Fähigkeiten entsprach; sonst wäre er ein sehr bedeutender Mann geworden. Die äußere Anlage dazu hatte er.
»Wollen Sie zugeben, daß dies Ihre Brille ist?« fragte er mit seiner hohen Stimme.
Jos ließ sich nicht von seinem Schuljungenlächeln abbringen. »Ich möchte überhaupt nichts zugeben, dessen ich nicht sicher bin«, sagte er.
Horn versuchte es noch einmal. »Sie wissen, die Sache sieht ernst aus, Mr. Steiner.«
»Allerdings«, sagte Jos, »eine ziemlich dumme Sache sogar. Vielleicht ist es tatsächlich meine Brille. Aber schließlich ist meine Familie in der Stadt bekannt. Richter Wagner ist ein Freund der Kesslers und kennt mich sehr gut –«
»Möchten Sie mit Richter Wagner sprechen?« fragte Horn.
»Hm, ja, er könnte Ihnen nähere Angaben über mich machen.«
»Schön.« Horn neigte den Kopf zu Padua hinüber. »Holen wir doch mal Richter Wagner an den Apparat.«
Alle Anwesenden verfielen in eine Haltung der abwartenden Neutralität, während Padua zuerst in der Wohnung des Richters anrief und ihn schließlich bei den Kesslers erreichte. Er übergab Jos den Hörer.
»Mr. Wagner«, begann Jos, »hier spricht Joshua Steiner jr. . . . Ja, danke, gut. Ich rufe Sie unter ziemlich ungewöhnlichen Umständen an, ich bin hier im Büro des Staatsanwaltes oder

vielmehr in seinen Räumen im La Salle Hotel. Man überprüft jetzt alle Personen mit Brillen, die der bei der Leiche des kleinen Kessler gefundenen Brille gleichen, und die meine sieht nun genauso aus. Ja, und da dachte ich, oder vielmehr mein Bruder Max dachte, Sie könnten den Herren etwas über mich sagen –« Lächelnd gab er den Hörer an Horn weiter. Das wenigste, was er mit diesem Gespräch erreichen konnte, so sagte er sich, war, daß sie ihm nicht mit rauhen Methoden kamen. Und wenn sie nicht Hand an ihn legten, würde er durchhalten können, davon war er überzeugt.

Charles Kessler stand dicht neben Richter Wagner und hörte mit zu. Ihre Gesichter drückten die gleichen Gefühle aus – Verwirrung, Enttäuschung und doch auch den Willen zu verbissenem, weiterem Ausharren. Das war nun das einzige Ergebnis der Identifizierung der Brille, auf die sie so große Hoffnungen gesetzt hatten.
Richter Wagner wiederholte, daß es sich bei Jos um einen begabten Jungen handle, der schon mit siebzehn Phi Beta Kappa gewesen sei. Jurastudent, Sohn eines der angesehensten Männer im Hyde-Park-Viertel. »Aber Sie müssen natürlich Ihre Untersuchung fortführen, das verstehe ich«, sagte er. »Lassen wir der Gerechtigkeit ihren Lauf.«
Er seufzte, als er den Hörer auflegte, und meinte, zu Kessler gewandt: »Nein, das ist ganz unmöglich. Irgendeine zufällige Übereinstimmung.«

Horn legte nachdenklich den Hörer aus der Hand. Padua wandte sich an Jos, als sei ihm ein neuer Gedanke gekommen.
»Sagen Sie uns doch, Mr. Steiner – Joshua –«
»Meine Freunde nennen mich Jos.«
»Sehr schön, also wenn Sie gestatten: Sie sagen, Jos, Sie seien im Hegewisch-Gebiet gewesen –?«
»Mehr als hundertmal, würde ich sagen. Wie ich schon Captain Cleary mitgeteilt habe, war ich erst kürzlich da draußen, an dem Sonntag vor diesem gräßlichen Ereignis. Ich kann mich sogar noch erinnern, daß ich über die Öffnung des Abflußrohres dort gerannt bin. Ich wollte einen Vogel schießen, eine besondere Kranichart, und bin dabei gestolpert.«
»Sie sind dabei gestolpert?«
Alle starrten ihn an. »Ja, ich erinnere mich ganz deutlich

daran.« Er hielt abwartend inne. Ob einer von ihnen einen Zusammenhang herstellte? Ja, Padua tat ihm den Gefallen.
»Sie hätten also bei dieser Gelegenheit die Brille verloren haben können?«
»Ja, hm – ich halte es eigentlich für wenig wahrscheinlich. Ich kann mich nicht erinnern, daß ich sie dabei hatte. Ich sagte ja bereits, daß ich sie seit Monaten nicht mehr benutzte. Es sei denn« – er dachte nach –, »es sei denn, ich hatte sie von damals her noch in der Jackentasche stecken, ohne daß ich es wußte.«
Alle sahen einander an. Ein stiller, untersetzter Bursche, der in einer Ecke saß und sich Notizen machte, gefiel Jos nicht recht.
»Ja, hm«, sagte Padua mit der unpersönlichen Miene dessen, der fortfahren muß, bis auch die letzte Einzelheit geklärt ist, »als Sie das mit der Brille in der Zeitung lasen, haben Sie da nicht daran gedacht, es könnte sich um Ihre Brille handeln, wo Sie doch wußten, daß Sie da draußen waren und sogar noch gestolpert sind?«
Der Augenblick verlangte eine Entscheidung von ihm. »Nein«, sagte er.
»Nein?«
Horn schaltete sich ein. »Haben Sie sich nicht vergewissert, ob Sie Ihre Brille noch bei sich hatten?«
»Selbst wenn ich daran gedacht hätte, hätte ich mich, glaube ich, lieber nicht vergewissert.«
»Wieso das?« wollte Padua wissen.
»Na ja, bei der allgemeinen Hysterie in der Stadt, da« – er lachte ein wenig nervös –, »da hätte wohl keinem der Kopf danach gestanden, auch noch in den Fall verwickelt zu werden. Vielleicht hatte ich auch irgendwelche komischen Vorstellungen vom ›dritten Grad‹.«
Alles grinste. Dann sagte Horn: »Nun, Jos, Sie als Jurastudent sollten es aber doch besser wissen.«
»Es gingen alle möglichen Gerüchte herum, was man mit dem Schullehrer anstellte und so.«
»Was für Gerüchte?«
»Na ja, ich kenne zufällig einen Zeitungsreporter, der mit dem Fall zu tun hat –«
Man wollte den Namen wissen. Und was dieser Mann gesagt habe. Oh, nichts Bestimmtes, eben halt Vorstellungen, wie sie jeder in der Stadt gehabt habe.

»Na schön. Niemand streitet ab, daß viele Gerüchte über den ›dritten Grad‹ im Umlauf sind.« Hinter Paduas Lächeln schien sich fast so etwas wie ein »Sie werden es ja selbst erleben« zu verbergen. Aber er ließ nicht locker. »Sie haben es also als Jurastudent nicht für Ihre Pflicht gehalten, sofort festzustellen, ob es Ihre Brille sein konnte, um sie eventuell zu identifizieren und dem Staat so eine Menge Arbeit zu ersparen. Und Sie mußten sich doch auch gesagt haben, daß wir inzwischen falschen Hinweisen nachlaufen und dem wirklichen Täter Gelegenheit geben, zu entkommen.«

»So halb im Unterbewußtsein habe ich vielleicht an so etwas gedacht«, sagte Jos, »aber wie die Lage nun einmal war –«

Horn fragte: »Dann geben Sie also zu, daß das hier Ihre Brille ist?«

»Ja, mit Sicherheit kann ich das natürlich nicht sagen. Es *könnte* meine Brille sein, allerdings.«

Man war zu einem ersten Ergebnis gekommen. Es ging wie ein entspanntes Aufatmen durch den Raum; der Notizenschreiber setzte seinen Block ab, einzelne Personen gingen hin und her. Horn flüsterte McNamara etwas zu, worauf dieser hinausging.

Das hatten sie ihm also jetzt nachgewiesen. Aber was bedeutete das schon? Nichts. Seine Erklärung dafür war völlig logisch. Ein halbes Dutzend Zeugen konnten beschwören, daß er an jenem Sonntag im Hegewisch-Gelände gewesen war.

Horn erhob sich, durchquerte das Zimmer in der gleichgültigsten Haltung – wie billig sie das alles aufzogen! Ha, er wollte Artie schon einen zweiten Horn hinlegen, wenn er hier wieder draußen war! Horn nahm die Brille aus dem Etui und steckte sie sich in die Brusttasche. »Haben Sie Ihre Brille immer so bei sich getragen?«

»Hm, ja, so hätte ich sie wohl hineingesteckt. Ich kann sie in der Rocktasche vergessen haben. Ich hatte den Anzug mehrere Wochen lang nicht an. Aber – ich glaube, es ist der Anzug, den ich jetzt trage.«

Plötzlich vollführte Horn mit seinen Beinen einen komischen Tanz und stürzte beinahe hin, wie ein Zirkusclown, der gleich die Balance zu verlieren droht. Erschreckt eilten Padua und die anderen hinzu, um ihren Chef zu stützen. Aber Horn richtete sich an einer Stuhllehne wieder auf. Dann griff er sich an die Brusttasche: die Brille steckte noch darin, unbeschädigt.

»Würden Sie uns einmal zeigen, Jos, wie Sie gestolpert sein

könnten und wie die Brille dabei eventuell herausgerutscht wäre? Vor allem, da Sie ja heute den gleichen Anzug tragen.«
»Wenn ich mich recht erinnere, ist mir die Brille, als ich sie noch benutzte, immer herausgefallen, wenn ich mich vorgebeugt habe.«
Horn hielt ihm die Brille hin. Jos steckte sie lächelnd in seine Brusttasche.
»Wie ist sie herausgefallen? Zeigen Sie uns das bitte einmal.«
»Ja, also ich bin eigentlich kein guter Schauspieler«, sagte er mit gespielter Verlegenheit.
»Nun, wir wollen mal sehen, ob sie herausfällt.«
»Hm, das Gelände ist natürlich anders dort, wie Sie wissen. Ich glaube, ich bin einen Hang hinunter gestolpert, den Eisenbahnübergang hinunter wohl.«
»Sie kennen sich dort sehr genau aus«, bemerkte Padua.
»Versuchen wir es trotzdem einmal«, sagte Horn ungerührt.
Mit einem leichten Stirnrunzeln darüber, daß man ihn in eine Lage brachte, in der er sich lächerlich machen mußte, tat Jos ein paar Schritte auf die Mitte des Zimmers zu und fiel dann vornüber, um sich mit den Handflächen aufzufangen. Während er sich wieder aufrichtete, vermochte er nur mit Mühe ein empörendes Gefühl der Erniedrigung zu unterdrücken. Er zwang sich zu einem Lächeln. »Natürlich, wenn man so etwas absichtlich macht, klappt es nie.«
Sie lächelten mit ihm.
Dann trat Padua vor und richtete in der Mitte des Zimmers einen kleinen Stapel auf – einige Telefonbücher und noch zwei, drei andere Bücher ganz zu oberst.
»Wollen Sie, daß ich mir ein Bein breche?« rief Jos.
»Ich werde meins zuerst riskieren.« Padua streckte die Hand nach der Brille aus, zögerte aber dann und legte sie beiseite. »Hat sonst jemand zufällig eine Brille bei sich? Wir brauchen die hier vielleicht vor Gericht, wer weiß.«
Der Schreiberling, der gleich Padua stellvertretender Staatsanwalt war und Czewicki hieß, wie Jos nun erfuhr, reichte ihm seine Brille. »Seien Sie vorsichtig. Machen Sie mich nicht zum blinden Mann.«
»Seien Sie unbesorgt«, sagte Horn humorlos, »notfalls kriegen Sie auf Staatskosten eine neue.«
Padua steckte Czewickis Brille ein, ging ein paar Schritte zu-

rück und ließ sich dann mit einer gewissen Eleganz über die Telefonbücher fallen. Nichts geschah. Er gab die Ersatzbrille an Jos weiter. »Wollen Sie's mal versuchen?«
Jos dachte mit einem halben Gedanken daran, nun zu protestieren. Aber dieser Unsinn hier konnte zu seinen Gunsten ausgehen. »Am besten mache ich gleich einen Kopfstand«, witzelte er, »das müßte dann eigentlich genügen.« Darauf stolperte er über die Bücher und fiel vornüber. Wenigstens sollte die Brille dieses Kerls dabei den Rest bekommen.
Die Sache wurde einfach zu dumm. Fünf-, sechsmal hatte er es nun gewiß schon versucht. Horn saß da wie ein Schulmeister. Schließlich zog er die Brauen zusammen, stand auf und sagte: »Ich habe eine Idee. Hätten Sie etwas dagegen, den Rock auszuziehen?«
»Nein, im Gegenteil«, erwiderte Jos. »Von der Gymnastik ist mir schon ganz warm geworden.«
Der Staatsanwalt nahm Jos' Rock und legte ihn auf den Boden. Dann faßte er wie jemand, der an etwas ganz anderes denkt, den Rock am unteren Saum an und hob ihn in die Höhe – die Brille glitt lautlos aus der Tasche und lag nun auf dem Teppich.
Alle sahen Horn an, als hätte er eine Großtat vollbracht.
»So könnte es passiert sein, nicht wahr?« sagte Horn in aufmunterndem Ton.
»Ja freilich«, entgegnete Jos, »so kann eine Brille herausrutschen. Aber ich kann mich eigentlich nicht erinnern, daß ich an jenem Tag den Rock ausgezogen habe.« Sofort hätte er sich selbst einen Tritt versetzen mögen. Er versuchte einen Rückzieher. »Aber es wäre natürlich immerhin möglich.«
Padua schüttelte sinnend den Kopf. »Sie würden Ihren Rock nicht so aufheben.«
»Warum nicht?«
»Sie geben etwas auf Ihre Kleidung«, erläuterte Padua. »Ich habe das gleich gemerkt, weil es mir ähnlich geht. Aber immerhin – im Dunkeln vielleicht –«
Jos gab dem Burschen den Blick zurück, ohne mit der Wimper zu zucken. Er sagte sich, daß er diesem Kerl da weit überlegen sei. Er mußte nur vorsichtig sein und durfte sich nicht von seiner eigenen allzu großen Sicherheit ein Bein stellen lassen. Er durfte auf keinen Fall versuchen, sie bei jeder ihrer Bemerkungen ins Unrecht zu setzen, wie er es bisher getan hatte.

Als Padua sah, daß Jos nichts darauf erwiderte, fuhr er fort: »Noch etwas ist mir nicht ganz klar. Als Sie am vergangenen Samstag bei Captain Cleary waren, kam doch die Brille zur Sprache.« Sie hatten sich also, während er in Begleitung McNamaras und Petersons wieder nach Hause gefahren war, um die Brille zu suchen, mit Cleary in Verbindung gesetzt. Sie mußten demnach nun im Besitz seiner schriftlichen Aussage sein.

»Ja, ich habe ihm gesagt, daß ich vor einiger Zeit einmal eine Brille trug.«

»Dann haben Sie sich aber doch sicher vergewissert, als Sie nach Hause kamen.«

»Nein«, sagte Jos. Und als sie ihn alle anstarrten, fügte er hinzu: »Vielleicht habe ich in diesem Augenblick im Unterbewußtsein daran gedacht, es aber dann nicht getan. Wie ich vorhin schon sagte: es wäre mir peinlich gewesen, meine Familie wegen eines unglücklichen Zufalls in die Sache hineinzuziehen.«

Padua holte tief Atem und sagte dann ganz ruhig: »Also in Wirklichkeit wußten Sie die ganze Zeit, daß es Ihre Brille war. Sie haben sowohl Captain Cleary wie auch uns nur angelogen.«

»Ich protestiere gegen diese Unterstellung!«

Horn warf Padua einen Blick zu. In seinem Gesichtsausdruck lag vielleicht eine Spur von Mißbilligung.

Mit gekonnter Beiläufigkeit sagte Padua: »Sie haben wohl den Lösegeldbrief in der Zeitung abgedruckt gefunden. Fiel Ihnen daran etwas auf?«

»Ich habe ihn nicht gerade unter die Lupe genommen.«

»Hier bitte.« Man reichte ihm den Brief. Er zwang sich dazu, ihn Wort für Wort durchzulesen, um nicht zu zeigen, daß er mit dem Inhalt vertraut war.

»Jos, was für eine Art Mensch, glauben Sie, hat diesen Brief geschrieben?«

»Hm, offensichtlich kein Ungebildeter. Ich würde sagen, zumindest jemand mit höherer Schulbildung. Keine grammatikalischen Fehler, keine Rechtschreibefehler. Nur das Wort *kidnaped* fällt mir auf. Hier ist es mit zwei *p*'s geschrieben.«

»Ist das falsch?«

»Ich würde es für eine typisch britische Schreibweise halten«, erwiderte Jos. »Wir hier in Amerika würden es wohl nur mit *einem p* schreiben. Aber beide Schreibweisen sind nebeneinander gültig.« Wie hatte er mit Artie darüber gestritten! Aber nun hatte er das Gefühl, daß er sich mit dieser Äußerung innerlich von dem Brief löste. Er legte den Brief wieder auf den Tisch. Nach kurzem Schweigen sagte Horn in ziemlich förmlichen Ton:

»Vielleicht erzählen Sie uns jetzt einmal, was Sie am Nachmittag und Abend des 22. Mai gemacht haben –«

»Am 22. Mai?« Nun kam also die letzte Runde. »Ach so, am Tage des –«

»Ja.«

»Hm, es war wohl ein Tag wie jeder andere. Ich hatte meine Vorlesungen...« Jetzt näherte er sich der Schranke. Das Alibi! Die Woche, die das Alibi, wie er und Artie übereingekommen waren, gültig sein sollte, war um. Heute war Donnerstag. »Der 22. Mai – das war ein Mittwoch, nicht wahr?«

»Ja. Gestern vor einer Woche.«

»Ich kann mich an keine besonderen Vorkommnisse an diesem Mittwoch erinnern.«

»Aber sicher doch, wo das erst eine Woche her ist und wo Sie sich noch so genau erinnern können, daß Sie gestolpert sind. Das war ja noch einige Tage früher.«

»Ja, ich hatte am Freitagmorgen mein Harvard-Examen, und da habe ich wohl eifrig gebüffelt.«

»Am Freitagmorgen hatten Sie ein Examen?«

»Das Examen für die Harvard Law School«, sagte er bescheiden.

»Wie haben Sie es gemacht?« wollte Czewicki wissen. »War es schwer?«

»Ach, es war ja nur eine Aufnahmeprüfung, und ich hatte mich gut vorbereitet.«

»Ein Phi Beta Kappa mußte so etwas ja spielend schaffen« sagte Padua.

»Eine sehr bedeutende Schule«, meinte Czewicki. »Sicher kommen Sie später mal hierher zurück und stecken uns alle in die Tasche.«

Horn leitete wieder zur Sache über. »Wann haben Sie die Universität verlassen? An diesem Mittwoch.«

»So um zwölf.«

Und wo er gegessen habe. Zu Hause?

»Ich esse gewöhnlich mittags mit Freunden zusammen. Hm ich glaube, ich habe an diesem Mittwoch im Windermere gegessen – zusammen mit Willie Weiss und Artie Straus.«

Man notierte sich die Namen. Zum ersten Mal hatte er nun Artie in den Fall hineingebracht. »Und dann kann ich mich noch erinnern, daß ich abends meine Tante und meinen Onkel nach Hause gefahren habe.«
»Um welche Zeit war das?«
»Um zehn. Vielleicht auch ein wenig nach zehn.«
»Waren Ihre Tante und Ihr Onkel zu Besuch dagewesen?«
»Ja, zum Abendessen.« Mochten sie annehmen, er sei ebenfalls zum Abendessen zu Hause gewesen.
»Sie waren auch zum Abendessen zu Hause?«
Sie hatten die schwache Stelle verdammt schnell entdeckt.
»Nein, ich war aus. Ich bin heimgekommen, um sie nach Hause zu fahren.« Nun würde er das Alibi benutzen müssen. Er mußte irgendeine Geschichte erfinden. Warum hatten er und Artie nur den blödsinnigen Einfall gehabt, die Gültigkeit des Alibis zeitlich zu begrenzen! Sie hätten sich ausmachen sollen, dabei zu bleiben bis zu seiner Abreise nach Europa. Er versuchte verzweifelt, sich irgendeine plausible Geschichte einfallen zu lassen, aber sein Hirn schien erstarrt zu sein, leer, ausgehöhlt. Er hatte keine Wahl.
»Waren Sie allein aus?«
»Ich hatte jemanden bei mir.«
»Eine Freundin?« fragte Padua.
»Hm, ja, wenn Sie so wollen.«
Zuvorkommend höflich: »Würden Sie uns ihren Namen nennen?«
Jos zögerte.
Na, schließlich stehe ja die Ehre des Mädchens nicht auf dem Spiel, da er doch um zehn Uhr schon wieder zu Hause gewesen sei, witzelte Padua.
Vielleicht konnte er Artie doch noch aus der Sache draußen halten. Er sagte, er könne den Namen des Mädchens nicht nennen, weil er ihn nicht kenne. Er habe die Kleine auf der Straße mitgenommen.
Sie tauschten wieder Blicke.
»Ich dachte, Sie hätten so eifrig gebüffelt«, meinte Horn.
»Ja, Sie wissen ja, wie das so vor einem Examen ist – man ochst immer erst am letzten Tag. Wenigstens geht das mir so. Ich bleibe vor einem Examen die ganze Nacht auf, weil ich herausgefunden habe, daß mich eine Nacht ohne Schlaf sehr wach macht. Und deshalb habe ich das erst am Donnerstag erledigt.«

»Und am Mittwoch waren Sie also aus in der Stadt.« Padua schnalzte mit der Zunge.
Jos warf ihnen das Alibi hin, aber ohne Artie zu erwähnen. Er habe zunächst den größten Teil des Nachmittags im Lincoln Park mit vogelkundlichen Beobachtungen verbracht und sei anschließend nicht zum Abendessen heimgefahren, weil – hm, ja, weil sein alter Herr dann vielleicht verlangt hätte, daß er zu Hause bliebe und lernte. Deshalb habe er in einem Restaurant gegessen und dann in der 63. Straße diese Person aufgelesen, sei mit ihr in den Jackson Park gefahren und habe versucht, dort auf der bewaldeten Insel mit ihr zu Rande zu kommen, aber sie habe nicht gewollt, und so habe er sie schließlich gehen lassen. Sie habe gesagt, sie heiße Edna.
So, und wo genau hatte er sie aufgelesen?
Er gab noch einmal die Straßenecke an.
Ob er das Mädchen wiederfinden könne.
Hm, ja, wahrscheinlich treibe sie sich immer dort in der Gegend herum. Er werde sie bestimmt wiedererkennen.
»Nach dem Anfühlen?« spöttelte Padua, und alle lachten.
Padua faßte seine Angaben zusammen. Ja, ob denn gar niemand diese Aussage irgendwie bestätigen könne. Jos lächelte, als erkenne er damit an, daß sich das alles ziemlich faul anhörte. Aber um so eher mußten sie ihm glauben.
»Ein Einzelgänger«, sagte Padua.
Sie gingen alles noch einmal durch, und noch einmal und noch einmal.
Horn, auf der Tischkante sitzend, bemerkte mit ausdrucksloser Stimme: »Jetzt hören Sie mal zu, Jos. Sie kommen aus einer der angesehensten Familien der Stadt, und wir beabsichtigen nicht, die Sache hier unnötig in die Länge zu ziehen. Wenn jemand Ihre Angaben bezeugen könnte, wäre uns allen nur gedient.«
Und das, was er nun sagte, machte sich Jos später immer wieder zum Vorwurf. Er begriff nie ganz, was ihn veranlaßte, Artie mit hineinzuziehen, es sei denn, er hätte es aus einer Art Gerechtigkeitsgefühl heraus getan – schließlich hatte man ihn nun schon einige Stunden in der Zange, und es war nur recht und billig, daß Artie auch etwas davon mitbekam. Vielleicht war auch, halb im Unterbewußtsein verborgen, der Glaube mit im Spiel, Artie würde gerne an diesem Experiment teilnehmen. Und hinter allem stand eine gewisse Panik – trotz all ihrer höflichen Reden war er vor einer steinernen Wand angelangt.

»Ja, hm«, sagte er, »ich möchte niemanden in die Sache verwikkeln, wissen Sie –«

Sie griffen sofort nach dem Bissen, den er ihnen damit hinwarf. Es werde natürlich die Dinge vereinfachen, wenn ihn jemand gesehen hätte, hieß es.

»Ja, hm, ich hatte einen Freund bei mir, aber nun ist die Mutter dieses Freundes eine sehr kultivierte Dame, die sich einigermaßen entsetzen würde, wenn sie erführe, daß ihr Sohn etwas übrig hat für solche –«

»– Vergnügungen?«

Er schwieg abwartend.

Padua fragte: »Sie hatten also einen Freund bei sich, als Sie dieses Mädchen ansprachen?«

»Wer war dieser Freund?« verlangte Horn zu wissen.

Jetzt konnte er nicht mehr zurück. »Artie Straus.«

Wieder ging es wie ein entspanntes Aufatmen durch den Raum. Jos machte sich nichts aus Fußball, aber er mußte an ein Endspiel denken, bei dem gerade das entscheidende Tor gefallen war.

»Straus war bei Ihnen, als Sie das Mädchen ansprachen?«

»Ja, wir haben in Wirklichkeit *zwei* aufgegabelt. Wir hatten nämlich einiges getrunken nachmittags, als wir die Vögel beobachteten.« Irgendwie belustigte sie dieser Ausdruck immer wieder. »Und wir hatten das unbestimmte Gefühl, daß wir uns mit unserer Alkoholfahne zu Hause lieber nicht sehen ließen, und sind deshalb ins Coconut Grove gefahren, und dann sind wir losgefahren und haben die Mädchen aufgelesen.«

»Straus.« Horn wiederholte den Namen, während er ihn niederschrieb. »Ist das die Straus-Aktiengesellschaft?«

Jos nickte.

Czewicki entfuhr ein leises, anerkennendes Pfeifen.

»Können Sie uns seine Adresse sagen?«

McNamara trat bereits vor, um den Zettel in Empfang zu nehmen. »Ach, das ist ja gerade gegenüber von den Kesslers«, sagte er. »Aber ich kenne diesen Artie Straus – der hat uns doch das Zeug mit den Schullehrern erzählt.«

»Ja, er ist an dem Fall ungeheuer interessiert«, sagte Jos. »Sein kleiner Bruder ging mit Paulie Kessler in eine Klasse. Und außerdem ist er eine Art Amateurdetektiv.«

Als McNamara gegangen war, stand Horn lächelnd auf. »Wie wär's, wenn wir etwas essen?« schlug er im Tonfall dessen vor,

der ein gutes Stück Arbeit geleistet hat. »Ich muß sagen, ich habe Hunger.«
»Ich könnte schon ein kleines Dinner vertragen«, pflichtete Padua bei.
Zu Jos' Überraschung meinte Horn, man könne ja gemeinsam unten im Speisesaal essen.
Während des Essens herrschte eine angenehme Atmosphäre. Keine einzige Anspielung auf das Verbrechen. Man sprach über einzelne Law Schools und es stellte sich, wie Jos geahnt hatte, heraus, daß Padua durch die Abendkurse einer zweitrangigen Chikagoer Schule gegangen war.
Ja, die Law School der Universität von Chikago sei allerdings hervorragend, meinte Padua – sie allein hätte ihm, Jos, schon ein gutes Zeugnis ausgestellt, auch ohne seine Harvard-Ambitionen.
»Mein Vater besteht auf Harvard, weil Harvard die beste ist«, bemerkte Jos. »So ist er schon immer gewesen. Immer nur das Beste.«
Er sagte dies völlig gedankenlos. Er hätte keineswegs den Wunsch gehabt, sich die anderen zu Widersachern zu machen. Und in der Tat schien auch keiner von ihnen seine Worte als selbstgefällige Äußerung aufzufassen.

Während dieses Essens gelangte Padua immer mehr zu der Überzeugung, daß sich der Fall sehr bald seinem Verständnis erschließen werde. Bei den anderen verdächtigen Personen hatte er dieses Gefühl nicht gehabt. Jetzt, bei Jos Steiner, hatte er die deutliche Ahnung, daß der Fall, abgesehen von seinen materiellen Fakten, doch noch verständlich, faßbar würde.
War diese Ahnung in ihm durch Jos' Bemerkung über ›immer das Beste haben zu müssen‹ ausgelöst worden? Ein verzärteltes Kind, ein Wunderknabe, ein junger Mann, der immer alles bekam, was er wollte – wie sollte das überleiten zu diesem Mord? Und das Lösegeld? Um sich zu beweisen, daß er auch allein zu Geld kommen konnte?
Padua verhielt sich still, während das Gespräch in andere Bahnen floß. Jos sprach jetzt über vogelkundliche Dinge, über die ausgestopften Vögel, die McNamara in seinem Zimmer gesehen hätte, und er warf mit den lateinischen Namen der einzelnen Arten um sich und mit seltenen Exemplaren, die er entdeckt hatte.

Einer der Polizisten, ein Sergeant namens Fleury, sagte, Vögel zu schießen sei sein Lieblingssport; er kenne da einen herrlichen See in Wisconsin.
Ihm komme es nicht in erster Linie auf das Schießen an, warf Jos ein. Er töte Vögel eigentlich nicht gern, aber wenn ein wissenschaftlicher Grund vorliege, werde das Töten zu etwas Nebensächlichem. Er erläuterte diesen Standpunkt ausführlich, und seine Stimme nahm mit zunehmender Selbstsicherheit einen dozierenden Tonfall an.
Aber wieder hatte Padua ein Wort, ein Ausdruck aufhorchen lassen. ». . . wird das Töten zu etwas Nebensächlichem.«
Gegen Ende des Mahles wünschte Jos die Toilette aufzusuchen. Er hatte ziemlich viel Wasser getrunken – war der Durst ein Zeichen? Als er aufstand, machte Fleury eine unwillkürliche Bewegung, um dem Verdächtigen zu folgen, aber Horn schüttelte den Kopf.

Kaum war Jos gegangen, als auch schon eine lebhafte Diskussion begann.
»Die Geschichte mit den Nutten klingt ziemlich faul«, ließ sich Sergeant Fleury vernehmen, der auf Horn Eindruck machen wollte.
Czewicki schürzte die Lippen. »Er ist ein schlauer Bursche. Er hätte eine ganze Woche Zeit gehabt, sich etwas Besseres auszudenken, wenn er tatsächlich in den Fall verwickelt wäre.«
»Nach meiner Ansicht ist er der Täter«, sagte Padua.
Alle richteten ihre Blicke auf Horn. »Wir werden es schon herausbekommen«, sagte Horn mit ganz schriller Stimme.

Als die Detektive Jos abholten, fühlte sich Artie bis zur Hochstimmung erregt. Jos würde sich natürlich herausreden können, der Bastard. Oder machten sie ihn fertig? Jos jammerte schon beim kleinsten Kratzer. Er würde schlapp machen. Gestehen.
Vielleicht machte er sich am besten jetzt gleich aus dem Staub. Aber wenn er das Weite suchte, flog die ganze Sache auf. Worauf ritt die Polizei eigentlich bis jetzt herum? Wenn sie etwas Wichtiges wußten, hätten sie ihn ebenfalls mitgenommen. Also hatte es nur mit Jos zu tun, mit der Brille wahrscheinlich. Vielleicht auch nur mit seinen Exkursionen. Das mußte es sein. Die Polizei wußte nicht mehr weiter. Man befaßte sich abermals mit den schon ausgeschiedenen Spuren.

Einmal hatte es Jos bereits geschafft; er würde es auch ein zweites Mal schaffen.
Artie beschloß, nach Hause zu gehen und auf Jos' Anruf zu warten.
Und wenn er nun nach Charlevoix ginge? Dabei konnte niemand etwas finden – er verzog sich einfach schon vor dem dichten Verkehr am Memorial-Day. Und wenn er dann etwas Unangenehmes im Zusammenhang mit Jos erfuhr, konnte er sich in ein Boot setzen und sich auf einer der Inseln verbergen. Nach Kanada hinübergehen, nach Alaska...
Zu Hause zog er sich in sein Zimmer zurück. Zwei Stunden waren vergangen. Sicher war Jos jetzt aus der Stadt zurück. Der kleine Bastard spannte ihn nur auf die Folter.
Artie rief die Steiners an. Das Mädchen war am Apparat. Sie sagte mit seltsam beklommener Stimme, Mr. Jos sei noch einmal mit diesen Leuten zurückgekommen und dann wieder fortgefahren.
»Was?«
Ja, sie seien alle noch einmal zurückgekommen, um Mr. Jos' Brille zu suchen. Mr. Max sei gerade zu Hause gewesen.
»Hat Max Jos und diese Leute begleitet?«
Nein, Mr. Max sei ausgegangen. Zu einer gesellschaftlichen Veranstaltung, soviel sie wisse.
Artie hängte ein. Trotzdem – allzu schlimm konnte die Sache nicht stehen, sonst hätte Max seinen Bruder auf die Polizei begleitet.

Seine Mutter kam auf das Wochenende draußen in Charlevoix zu sprechen. Ob er jemanden dazu einladen wolle. Artie erwähnte nichts von Jos und seinem Verhör. Er schlug alle möglichen Leute für Charlevoix vor. Wie es denn mit Dick Doofmichel sei. Der komme doch für eine lustige Gesellschaft gerade recht.
»Arthur! Du bist einfach schrecklich!«
Nach dem Essen stellte er sich an ein Fenster des Obergeschosses und behielt die Straße im Auge. Und da sah er den Marmon vorfahren. Sollte dieser verdammte Wicht wirklich gestanden haben! Artie stürzte in sein Zimmer, griff nach seinem Revolver. Sollte er die Sache ausschießen?
Seine Mutter kam die Treppe herauf und rief ihm mit verwirrter Stimme zu, da unten seien zwei Herren, die ihn zu sprechen wünschten. Artie warf den Revolver wieder in die Schublade.

So ein Ding am Leib verdarb vielleicht alles. Als er zusammen mit Mumsie herunterkam, erkannte er sogleich McNamara und seinen Begleiter. »Hallo!« rief er. Und zu seiner Mutter: »Zwei Bekannte von der Kriminalabteilung. Ich hatte ihnen einige Tips gegeben. Sie sind im Fall Kessler jetzt einen wichtigen Schritt weitergekommen.«
»O Gott, hoffentlich haben Sie den Schuldigen endlich gefunden«, seufzte sie.
Im Hinausgehen sagte Artie zu den beiden Polizisten: »Ich wollte schon immer mal in einem von euren Marmons fahren.«
»Na, den Wunsch können wir Ihnen ja jetzt erfüllen«, erwiderte McNamara.

Wir waren etwa ein Dutzend Reporter, die vor dem Büro des Staatsanwalts auf der Lauer lagen. Seit Stunden schon. Wir wußten, daß Horn irgendwo die in Frage kommenden Eigentümer der Brille verhörte.
Wir konnten einfach nur warten. Jedesmal, wenn einer der beiden diensthabenden Polizisten das Zimmer verließ, sprangen einige von uns auf und folgten ihm hinterdrein, in der Hoffnung, in seinem Kielwasser zu Horn zu gelangen. Meistens endete der Gang aber schon vor der Toilettentür, und dann machten wir alle ein dummes Gesicht. Wenn das Telefon klingelte und Olin Swasey, der Assistent, den Hörer abnahm, flehten wir ihn mit Engelsstimmen an, Horn sprechen zu dürfen, falls er am Apparat sei. Aber er lächelte nur und schüttelte den Kopf.
Da kam Artie in Begleitung von McNamara herein. Unsere Gruppe geriet in Bewegung. Aber Artie war uns eine vertraute Erscheinung, und uns kam nicht der Gedanke, daß er zum Verhör vorgeführt werden könne.
»Donnerwetter, bist du jetzt endgültig unter die Detektive gegangen?« rief ich.
»Unser Reporterknabe!« begrüßte er mich. »Hast du Jos gesehen? Mann, gehört die Brille wirklich ihm?«
Ehe ich noch seine Worte in ihrer vollen Bedeutung erfaßt hatte, war er schon von allen Seiten umringt, Jos? Was für ein Jos? Artie verstummte aufgeschreckt, verblüfft. Das ganze Rudel stürzte sich auf mich, auf McNamara. Aber Swasey schob Artie schon in ein Privatbüro hinein. Einen Augenblick später kam er wieder heraus, und sagte, jawohl, die Brille gehöre Joshua

Steiner, einem Jurastudenten an der University of Chicago. Und Artie Straus sei ein Freund von ihm. Das sei alles.
Der Name Straus war allen eine Begriff. Und die Steiners? Das Gerücht verbreitete sich, auch die seien Multimillionäre. Sogleich eilten wir zu den nächstgelegenen Telefonzellen und versuchten, die beiden Familien an den Apparat zu bekommen. Bei den Steiners war niemand zu Hause.
In der Strausschen Villa meldete sich ein Bruder von Artie, James Straus. Artie habe von Anfang an die Nachforschungen der Polizei unterstützt, sagte er, und werde sicher auch weiterhin alles für die Aufklärung des Verbrechens tun. Was Jos Steiner und seine Brille angehe, werde man noch zu einer ganz natürlichen Erklärung kommen; davon sei er überzeugt.

Inzwischen hatte Olin Swasey begonnen, Artie zu vernehmen. Das Verhör war sachlich, und hätte Artie gleich Jos nun sofort die Geschichte mit den beiden Mädchen erzählt, wäre der Verdacht zum mindesten für eine gewisse Zeit, wenn nicht gar endgültig, von ihnen gewichen. Aber die Woche der Alibiabsprache war um, und so folgte Artie der getroffenen Vereinbarung, daß nach einer Woche ›jeder für sich allein‹ zurechtkommen müsse. Er war der Meisterverbrecher, der sich selbst seinen Rückzug sicherte.
»Mittwoch?« wiederholte er. Da habe er sich im Studentenklub aufgehalten und vielleicht Karten gespielt. Nein, mit Jos Steiner sei er nicht zusammen gewesen.
Swasey drang nicht sonderlich in ihn mit Fragen. Ja, nachdem sie die Geschichte einige Male durchgegangen waren, überließ er Artie der Aufsicht McNamaras und verschwand durch eine Hintertür. Zufällig erkannte ihn jedoch beim Hinaustreten auf die Straße ein Sonderberichterstatter des *Examiner*, der gerade zu unserer Gruppe stoßen wollte, und folgte ihm hinüber in das Hotel und bis auf das Stockwerk, in dem die geheimnisvollen Ausweichbüros gelegen waren. So war nun das Versteck des Staatsanwalts entdeckt, und bald hatten wir uns alle im La Salle Hotel versammelt.
Jos Steiner bekamen wir nicht zu Gesicht, aber von Sergeant Fleury erfuhren wir, daß er tatsächlich am Sonntag vor dem Mord mit einer Gruppe von ornithologisch Interessierten im Hegewisch-Gelände gewesen war und bei dieser Gelegenheit seine Brille verloren haben mußte. Damit schien alle Aufregung zur Ruhe zu kommen. Wieder ein falscher Alarm.

Tom und ich suchten ein Raklios-Restaurant auf und bestellten Kaffee. Ich begann, Vermutungen anzustellen. Konnte Jos ein solches Verbrechen begangen haben? Ja, ich sei sogar mit ihm aus gewesen, am letzten Freitag, sagte ich. Und Ruth habe sich seitdem ständig mit ihm getroffen. Und plötzlich überkam mich wieder das Gefühl eines schicksalhaften persönlichen Verstricktseins, dessen Bedeutung sich mir noch nicht erschlossen hatte, und ich hielt die Tat für möglich.
Tom wischte alle Spekulationen beiseite. Zum Teufel mit der Psychologie, sagte er, die komme später. »Dieser Bursche, den Artie da angesprochen hat, als wir auf der Suche nach dem Drugstore waren, dieser Bursche, der gerade das Harvard-Examen hinter sich hatte – war das nicht Jos?« erinnerte er sich plötzlich. »Vielleicht kann sich einer seiner Studienkollegen entsinnen, ob er in der letzten Zeit eine Brille getragen hat.«
Auf einmal sahen wir die Drugstoresuche in einem ganz anderen Licht. Die seltsame Hartnäckigkeit, mit der Artie uns in den Regen hinausgetrieben hatte, um den Laden ausfindig zu machen. Und dann seine Bemerkung, daß Paulie gerade der Typ sei, auf den man verfallen müsse, wenn man ein Kind kidnappen wollte... Das Element der Perversität, das der ganzen Geschichte anhaftete, trat mir wieder vor Augen, und ich ertappte mich dabei, daß ich versuchte, Jos diesem Rahmen einzupassen. Sein endloses Gerede über geschlechtliche Dinge, seine brennenden Augen, an jenem Abend in den »Four Deuces«. Ich stellte ihn mir zusammen mit dem ermordeten Jungen vor. Und dann packte mich ein schüttelnder Zorn. Was hätte er die ganze Woche über mit Ruth alles anstellen können!

Sie war unten im Drugstore und besorgte den Mineralwasserausschank, was sie gewöhnlich tat, wenn ihre Eltern fortgingen. Sie trug eine jener weißen Kellnerinnenschürzen, die ich so sehr an ihr liebte. Ein schon älterer Mann aß gerade ein Sandwich. Ich ging weiter zum anderen Ende der Theke.
Ruth hielt eine Tasse unter die Kaffeemaschine, und als sie sich vorbeugte, um sie mir herüberzureichen, hätte ich ihr Gesicht in beide Hände nehmen mögen. Ihre Lippen umspielte ein neckisch-herausforderndes Lächeln, und sie fragte, was denn der berühmte vielbeschäftigte Reporter so treibe, hielt aber dann inne, als sie meinen Gesichtsausdruck sah. »Ist etwas geschehen, Sid?« Und gleich darauf. »Du siehst so müde aus.«
Ich sagte ganz ruhig: »Ruth, die Brille, die man damals bei dem

kleinen Paulie gefunden hat – die Brille gehört Jos Steiner, das hat man jetzt festgestellt.«
Sie starrte mich unverwandt an, und in ihren Pupillen wurde es dunkel.
»Wie er angibt, hat er sie am Sonntag vor dem Mord verloren, als er da draußen auf Exkursion war.« Ich hatte zuerst Umschweife machen wollen, hatte vielleicht sogar im Sinn gehabt, von ihr etwas über Jos herauszubekommen. Aber unter ihrem Blick mußte ich gleich die ganze Wahrheit sagen, um nicht ihr gegenüber in den Verdacht zu geraten, ich hielte ihn aus persönlichen Gründen für den Schuldigen.
Ohne die Augen von mir zu nehmen, schritt Ruth um die Theke herum. Das war ein Zeichen von früher: dann gingen wir immer ins Hinterzimmer, um uns einen flüchtigen Kuß zu geben. Durch einen Schlitz konnte man den ganzen Laden überblicken.
Ruth faßte mich an beiden Händen. »Sid! Du möchtest ihm die Tat nachweisen!«
»Ich will nur die Wahrheit herausfinden«, erwiderte ich.
Sie hatte ihren Mund nicht ganz geschlossen. Nun kamen langsam die Tränen, rannen ihr über die Wangen. Ich konnte zu dieser Zeit nichts von dem vorausgegangenen Abend wissen, von der Verlobungsfeier bei den Steiners, von der Autofahrt mit Jos und von der Not in ihm, die sie gefühlt hatte, als er an ihrer Brust lag. Ich konnte nichts von dem seltsamen Zusammensein am Strand ahnen. Und doch floß all dies jetzt irgendwie zu mir über, aus ihrem Blick, ihren Tränen. Ich wußte, daß Ruth etwas widerfahren war. Und wenn ich sie in diesen letzten Tagen nicht gesehen hatte, so nicht nur deshalb, weil ich zu beschäftigt gewesen war, sondern wohl auch, weil ich mich bewußt abseits hielt in der instinktiven Erkenntnis, daß man einer gegenspielerischen Neigung die Chance geben muß, sich entweder voll zu entfalten oder aber totzulaufen.
Mein Herz schmerzte mich für sie. Ich glaube, ich kann diesen Schmerz heute noch fühlen. »Du Arme«, sagte ich, und ich zog sie an mich, um sie zu trösten.
»Sid.« Sie beherrschte sich so weit, daß sie wieder sprechen konnte. »Ich weiß nicht, was es ist, aber – es ist etwas zwischen uns vorgefallen. Ich spüre, daß er jemand ist, der – ein Mensch, den man nicht begreifen kann.« Ich streichelte ihr Haar.
Der Mann an der Theke war mit seinem Sandwich fertig. Der gerade in der Drogerieabteilung beschäftigte Angestellte kam

herüber, um das Geld in Empfang zu nehmen. Während ich Ruth immer noch festhielt, sah ich den beiden zu, als wohne dem Vorgang eine besondere Bedeutung inne. Mit blutiger Ironie sagte ich mir wieder und wieder: Nun kannst du mit einem Bombenknüller kommen – das Mädchen in der Affäre Kessler, Jos Steiners Freundin, Exklusivbericht. Oder würde ich auch zu denen gehören, die versuchten, den Namen eines Mädchens nicht in die Zeitung zu bringen? Den Namen meiner eigenen Freundin, die sich zufällig ein paarmal mit Jos Steiner getroffen hatte, während ich über den Nachforschungen nicht zur Ruhe gekommen war.

Oder war sie nicht mehr meine Freundin? Wenn sich herausstellte, daß Jos Steiner das Verbrechen wirklich begangen hatte, wenn man ihn verurteilte und hinrichtete, würde ich dann nicht immer das Gefühl haben, daß ohne dieses Verbrechen Ruths Liebe zu Jos sich voll entfaltet hätte?

»Ruth, kannst du es mir nicht sagen?« bat ich, »Nicht für die Zeitung. Für uns beide.«

»O Sid, ich weiß nicht, was ich eigentlich fühle. Erst gestern abend war er so schrecklich, schrecklich unglücklich wegen irgend etwas.« Sie atmete schwer.

Ich dachte, wir liefen vielleicht Gefahr, melodramatisch zu werden. Vielleicht war Jos einfach schon die ganze Woche von Angst gepackt gewesen, weil er wußte, daß die Brille identifiziert werden konnte. Die Geschichte, die er erzählte, mochte durchaus wahr sein.

Schließlich ging ich wieder. Bitterkeit und Kummer um Ruths willen würgten mich. Ich rang mit dem Bild Jos Steiners, eines Menschen, der mir in so vielem glich, der so alt war wie ich, ein Primus wie ich, der mit achtzehn auf der gleichen Schule wie ich graduiert hatte, dieselben Bücher las, sich zu demselben Mädchen hingezogen fühlte.

Wenn wir in so vielen Dingen gleich waren, mußte ich ihn früher oder später auch verstehen können. Und doch hatte er dieses völlig unbegreifliche, dieses entsetzliche Verbrechen begangen. Ja, er war der Täter. Ruth hatte es instinktiv gewußt, und jetzt wußte *ich* es. Und ich würde den Beweis irgendwie beibringen.

Da ergriff mich ein wilder Zorn. Ein Zorn darüber, daß wir so vieles gemeinsam hatten. Ich mußte herausfinden, was außerdem noch in ihm steckte, um zu beweisen, daß wir doch völlig verschieden waren.

Ich hatte meine Schritte zum Fairfax gelenkt. Mir war eingefallen, daß Myra am vergangenen Freitag gesagt hatte, ich solle sie im Fairfax aufsuchen. Und ich sann kläglich über die Symmetrie, die Reporterroutine nach, die mich von Jos' Freundin – denn das war Ruth ja nun – zu Arties Freundin führte.

Myra war zu Hause. Ihre Stimme am Telefon hatte den halb überraschten, halb verständnisvoll-wissenden Tonfall, den Mädchen jungen Männern gegenüber annehmen, von denen sie wußten, daß sie eines Tages anrufen würden. Ich sagte, ich sei unten; ob ich heraufkommen könne. Myra tat tief unglücklich – sie wolle gerade ausgehen; warum ich denn nicht früher angerufen hätte. Ich sagte, ich wolle sie in meiner Eigenschaft als Reporter sprechen, und da wurde sie sehr neugierig. Ihr Freund sei noch nicht da, und ich könnte ja mal schnell heraufkommen.

Ich betrat das große Wohnzimmer, und Myra ließ sich neben mir auf dem Sofa nieder. Ich erzählte ihr, was vorgefallen war.

Ihre schlanken nikotingelben Finger krallten sich in meinen Ärmel. Ob Artie etwas passieren könne. Vor Erregung klang Myras Stimme ganz rauh. »Glaubst du, Jos könnte es getan haben?« Myra zog die Unterlippe in den Mund. Ich gab keine Antwort.

»Ich habe Artie immer gesagt, Jos würde ihn noch in Schwierigkeiten bringen. Gewiß, Artie hat gern seinen Spaß und treibt es manchmal wild, aber er würde nie jemandem etwas zuleide tun. Aber Jos –« Dann abermals in vertrautem Ton: »Sid, glaubst du, er könnte das wirklich –« Gleich darauf fuhr sie fort, natürlich dürfe das nicht in die Zeitung kommen, das müsse ich ihr schwören. Aber wir seien doch Freunde, oder? Hm, wenn sie sich überlege, was man dem armen kleinen Jungen alles angetan habe, und wenn sie dann daran denke, daß Jos ein Faible für Pornographie habe, dann könne sie nur sagen, daß wir uns auf die häßlichsten Dinge gefaßt machen müßten. Ob ich mich nicht mehr an neulich erinnere. Wie er immer wieder von Perversionen gesprochen habe. Ja, er habe sogar eine ausgesprochen pornographische Abhandlung von Aretino übersetzt, die zweiunddreißig Perversitäten. Und er spreche immer von den Dekadenten, von Oskar Wilde und Sade. »Ich hielt das damals für Pose.«

Ich sagte, vielleicht sei es auch nur Pose. Es sei ja noch nichts erwiesen.

Myra griff wieder nach meinem Arm. »O Gott, Sid!« Und dann, in entschlossenem Ton: »Ich werde sagen, ich sei am Mittwoch mit Artie zusammengewesen.« Aber sie sagte es mit einem halben Lachen über die rührende Widersinnigkeit, daß jemand wie sie Teil eines Alibis sein sollte.
Ihre Mutter kam herein, und Myra sprang auf. »Sid nimmt mich mit in die Stadt«, sagte sie. »Artie will uns im Sherman treffen.«
»Oh?« Ihre Mutter lächelte. »Ihr jungen Leute wart doch letzte Woche alle zusammen aus, nicht wahr? Das ist nett, mir ist es viel lieber, wenn ihr zu mehreren seid. Viel Vergnügen, Liebling, und komm nicht zu spät nach Hause.«

Auf dem Weg in die Stadt redete Myra ununterbrochen, eine wahre Flut von Koketterie und Gescheittuerei, ein bunter Wortschwall, unterbrochen von plötzlichen besorgten Bemerkungen über Artie, aber einfach nur so, als ob er in einer mehr oder weniger harmlosen Klemme säße, und Artie saß, wie sie mir nun im Vertrauen mitteilte, ständig in der Klemme – einmal hatte er beinahe jemanden umgebracht, in Charlevoix, und bei dem Unfall damals wäre er selbst um ein Haar getötet worden. Sein Wagen hatte sich überschlagen, und was das Schlimmste war, er war daheim zum Hinterfenster hinausgeklettert, alles um zu einer Tanzerei zu fahren. Sie kicherte. Aber er stelle immer nur solche Sachen an, dumme Streiche; absichtlich tue er niemandem etwas zuleide. Dann folgten bange Fragen nach gewissen Gesetzesbestimmungen, als offenbare sich ihr für Augenblicke die mögliche Realität. Dann erzählte sie mir von Arties Mädchen – natürlich stelle ihm jeder kleine Fratz im Campus nach, aber Artie sei trotz all seines Übermuts und all seiner Narreteien innerlich doch ein sehr unsicherer Mensch.
Wir stiegen vor dem Amtsgerichtsgebäude aus, und ich zeigte ihr die erleuchteten Fenster des achten Stocks, hinter denen Artie jetzt saß. Und dann brachte ich sie hinüber zum College-Restaurant. Sie bat mich, herauszufinden, wie die Sache stand, und so ging ich wieder über die Straße und sprach mit Tom. Ich hätte Arties Freundin drüben im Restaurant sitzen, sagte ich, wolle aber ihren Namen nicht in die Öffentlichkeit bringen, und was Jos angehe, so könne sie sich nicht erinnern, ihn mit Brille gesehen zu haben.
Wie Tom berichtete, ritt man nicht sonderlich auf Artie

herum; er saß einfach oben und wartete. Und Jos hielt im La Salle Hotel auch weiterhin an seinem Alibi mit den beiden Straßenmädchen fest. Aber Artie bestätigte diese Angaben nicht.

Bis spät in die Nacht hinein blieb die Lage unverändert. Jos hatte keine Ahnung, daß Artie seiner Erzählung widersprach. Mit kühlem Verstand und völliger Selbstbeherrschung wiederholte er die Einzelheiten seiner Geschichte – wie sie die Mädchen aufgelesen hatten, Edna und Mae, wie sie ins Coconut Grove mitgenommen hätten und anschließend in den Jackson-Park gefahren wären. Er bat Horn sogar, in der Presse die beiden Mädchen suchen zu lassen. Und so genau und mit allem Drum und Dran versehen waren seine Angaben im Gegensatz zu Arties Phantastereien, daß Padua schließlich hinüberging, um Artie persönlich zu verhören. Es könnte doch nicht gut möglich sein, daß er sich nicht mehr erinnere, was er vor neun Tagen getan habe, sagte er.
»Können Sie das denn?« fragte Artie herausfordernd.
Padua versuchte es, und nach einigem Nachdenken gelang es ihm auch. Aber Artie hatte seinen Spaß gehabt.
Dann wollte Padua wissen, ob er jemals im Coconut Grove gegessen habe.
»Im Grove? Mehr als einmal.« Er sei mit allen möglichen Mädchen schon dort gewesen.
Ob er an jenem Mittwoch in einem der Parks gewesen sei. Im Jackson-Park. Oder im Lincoln-Park.
Ob er einmal von einem Mädchen namens Edna gehört habe. Oder von einem Mädchen namens Mae.
Nun wußte Artie mit Sicherheit, daß Jos das Alibi benutzte, aber immer noch schloß er sich den Angaben des Freundes nicht an. Er drückte sich nur ein wenig ungenauer aus, sagte, er müsse an jenem Tag völlig kampfunfähig gewesen sein; wirklich mit Bestimmtheit könne er sich an gar nichts mehr erinnern.
Padua ließ Artie wieder allein und suchte abermals die provisorischen Amtsräume im La Salle Hotel auf. Nun nahm man Jos ein wenig fester in die Zange. Man schob ihm einen Briefumschlag hin und ließ ihn Kesslers Name und Adresse in Druckbuchstaben daraufschreiben. Dann noch einmal. Und noch einmal.

Ich trat mehrmals aus dem College-Restaurant auf die Straße, um zu sehen, ob im achten Stock das Licht noch brannte. »Glaubst du, sie geben ihm den dritten Grad?« fragte Myra einmal atemlos, als ich wieder zurückkam. »Artie sieht kräftig aus, aber er ist es nicht. Sie bekämen jedes Geständnis aus ihm heraus, das sie haben wollen.«

Ich sagte, der Staatsanwalt werde mit einem Straus wohl ein wenig vorsichtig umspringen. Myra erschauerte. »Pump mich mit Alkohol voll«, sagte sie, und ich goß ihr ein. Dann tanzten wir.

Leib an Leib tanzend, flüsterte mir Myra zu, sie wünsche, sie könne es über sich bringen, sich Artie hinzugeben. Die Jungfernschaft sei eine alte Klamotte, ein Mädchen müsse den Mut haben, zu seiner Ansicht zu stehen.

Ich dachte an das Collegejungen-Gesicht, mit dem Artie jetzt da oben die Fragen beantwortete, die man ihm stellte, und ich dachte an sein ungezwungenes Lachen im Klub – das Lachen, mit dem er uns einmal erzählt hatte, wie er einem leichtgläubigen Professor mit einer ausgeliehenen Übungsbescheinigung gekommen war, und dann dachte ich an den »frechen Bankert«, als den er Paulie Kessler bezeichnet hatte, »gerade die Sorte, die ...« Diese Gedanken müssen sich irgendwie auf meinem Gesicht ausgedrückt haben, denn Myra krallte mir plötzlich erregt die Finger in die Schulter. »O Sid! Was ich sage, ist gerade verkehrt! Sid, du glaubst jetzt, er könnte es getan haben! Aber du kennst ihn nicht, du kennst ihn nicht!« Ein verzweifeltes Flehen war in ihrer Stimme. »Er ist einfach ein verspieltes, mutwilliges Kind. Jos versucht, ihn in dunkle Sachen hineinzuziehen. Jos würde ich alles zutrauen!«

Es war drei Uhr vorbei. Myra brachte es noch nicht über sich, nach Hause zu gehen. Sie wollte einen Spaziergang zum See machen. Im Gehen wurde sie wieder besseren Mutes. Sie zitierte Edna St. Vincent Millay, die Stelle mit der an beiden Enden angezündeten Kerze und die andere mit der Fähre, und ich antwortete mit Carl Sandburgs Beschreibung des Sees, dem sich auf leisen Katzenpfoten der Nebel zugesellt. Eines Tages würde ich vielleicht den wahren Artie kennenlernen, sagte sie, der genauso sei wie wir, der nur versuche, der Leere, der Nichtigkeit der Welt zu entfliehen. Es war fast vier Uhr, als wir endlich ein Taxi nahmen.

In der Vorhalle des Hotels, in dem sie wohnte, brannten nur

noch wenige Lichter. Außer Sichtweite der Empfangsloge sagte sie mir gute Nacht und drängte dann ihren Körper an den meinen und hob den Mund zum Kuß. Es war einerseits der konventionelle Gutenachtkuß nach einem Rendezvous und doch auch ein wilder Kuß, hinter dem sich eine gespenstische Leere ausbreitete.

Dann bat sie mich mit ihrer rauhen Stimme, keinesfalls ihren Namen in der Zeitung anzugeben. Ich sagte, das würde ich natürlich nicht tun, als ob es sich um ein geheiligtes Tabu handelte.

Ich ließ mich zum La Salle zurückfahren. Tom kam gerade aus der Vorhalle. »Sie haben sie über Nacht irgendwohin gebracht«, sagte er. »Das ist vorläufig alles.«

Wir suchten ein durchgehend geöffnetes Thompson-Restaurant auf. Wir gingen alles noch einmal durch. Ich beschrieb die beiden Mädchen, wobei ich mir als Verräter vorkam, sagte aber, daß das nicht für die Zeitung sei; ich verriet ihre Gefühle in der ehrlichen Absicht, zur Aufklärung des Verbrechens beizutragen. Ich kam auf Ruth zu sprechen. »Sie hat tatsächlich das Gefühl, daß Jos es getan haben könnte; ich habe das deutlich gespürt. Es muß in den letzten Tagen etwas zwischen ihnen gewesen sein, irgend etwas. Als ich ihr das mit der Brille gesagt habe –«

»Ruth, das ist doch deine Freundin«, sagte Tom.

Auch Myra glaube, Jos könne es getan haben, fuhr ich fort. Jos aber nicht Artie.

Tom blickte mich mit einem komischen Lächeln an. Niemand habe im Ernst behauptet, Artie könne es gewesen sein. Man halte Artie nur fest wegen des faulen Alibis von Jos. Warum Arties Freundin also dann überhaupt geglaubt habe, die Möglichkeit der Täterschaft Arties abstreiten zu müssen.

Da ging mir auf, daß Myra von der gleichen Furcht gepackt war wie Ruth.

Die Familien schienen sich keine Sorgen zu machen, sagte Tom. Sie hätten Horn angerufen und der Staatsanwalt habe ihnen versichert, die Jungen würden nach Hause geschickt, sobald gewisse Einzelheiten geklärt seien.

Und das war offenbar alles, was man wußte. »Ich habe versprochen, die Namen der beiden Mädchen nicht in die Zeitung zu bringen, hörst du«, sagte ich. Tom hob die Schultern.

Wir verließen das Lokal und kauften uns die Morgenblätter. Die *Tribune* hatte irgendein Campusgeschwätz über Jos erfahren: »Ein brillanter Atheist!« hieß es da. Und sein Freund Artie Straus habe sein Alibi immer noch nicht bestätigt.

Und ein neues Detail fand sich unter den Nachrichten. Exklusivbericht. Ein privater Nachtwächter hatte in der Nacht des Mordes einen Meißel gefunden. Er hatte gesehen, wie er auf der Ellis Avenue, nicht weit von dem Kesslerschen Haus, aus einem Wagen geworfen worden war. Die Kante des Meißels war mit Klebestreifen umhüllt. Auf dem Klebestreifen war Blut. Man hielt den Meißel für die Mordwaffe. Und bei dem Wagen, aus dem er herausgeworfen worden war, handelte es sich um ein dunkelfarbiges Sportmodell. Es konnte ein Stutz gewesen sein. Jos Steiner fuhr einen Stutz.

Der *Examiner* wußte noch mehr von den unter Verdacht stehenden Millionärssöhnen zu berichten. Hier war Jos ein »merkwürdiges, düsteres Genie«, ein Mensch, der sich gegen die Welt abschloß. Artie, den Jos in sein Alibi hineinzuziehen suchte, war »einer der beliebtesten jungen Leute auf dem Campus«, beliebt besonders bei den Mädchen. Myras Name fiel und auch der von Dorothea Lengel – »Mädchen aus gutem Hause«, die man oft mit ihm zusammen sah.

Wir gingen hinauf in die Redaktion. Bei Tagesanbruch war im Globe-Building keine Menschenseele anzutreffen. Wir setzten uns an Toms Tisch und zählten die Punkte auf, die Jos in Verdacht bringen konnten. Die Brille. Ein unbestätigtes Alibi. Und jetzt – der Meißel.

Verstandesmäßig nüchtern aneinandergereiht in dem großen, leeren Raum, erschien jeder Punkt für sich in einem zweifelhaften Licht, und die ganze Konstruktion hätte ein Alpdruck sein können. Das nach meinem Gefühl schwerste Verdachtsmoment war ein ungeschriebenes – Ruths Tränen. Doch auch ihr Weinen konnte tausend Gründe haben. Vielleicht hatte sie aus Kummer und Enttäuschung darüber geweint, daß ich versuchte, Jos einen Mord nachzuweisen, nur weil er mit meiner Freundin ausgewesen war.

Auch Tom setzte unsere wenigen Bausteine zusammen und sagte schließlich, wir sollten lieber vorsichtig sein. Etwas Bestimmtes wisse man überhaupt noch nicht. Söhne so einflußreicher Familien könne man nicht mehr sehr lange festhalten. Vielleicht erscheine, wenn die Sache gerade vor Gericht gehen sollte, ein berühmter Rechtsanwalt mit einem Vorführungsbefehl.

Statt dessen erfuhren wir, daß Horn eine Unterredung genehmigt hatte. So konnten sich die Angehörigen vergewissern, daß ihre Jungen nicht rauh angefaßt wurden. Jos war nach dem bis in die Nachtstunden dauernden Verhör in die South Clark Street Station gebracht worden und Artie in die Hyde Park Station.
Ich hatte das bestimmte Gefühl, daß ich Gewißheit haben würde, wenn ich Jos gegenüberstand. Ich würde ihn dann irgendwie mit Ruths Augen sehen, mit Ruths Intuition.
Und als ich ihn dann sah, empfand ich im ersten Augenblick nur Scham, Scham darüber, daß ich am Abend zuvor halb von seiner Schuld überzeugt gewesen war. Wir kamen, Reporter und Fotografen, im Polizeirevier South Clark Street zusammen. Man führte uns zu den nach der Rückseite gelegenen Haftzellen. In der einen war Jos. Er begrüßte uns völlig ruhig und beherrscht, erzählte ungezwungen von seinem »Abenteuer« und beantwortete höflich und in ernstem Ton auch die dümmsten Fragen der Klatschreporterinnen.
Man hatte ihm gerade etwas zu essen gebracht; eine Tasse Kaffee stand vor ihm, aber es lag kein Löffel dabei und Jos sorgte sogleich für eine entspannte Atmosphäre, als er sich von Richard Lyman einen Bleistift geben ließ, mit dem er seinen Kaffee umrührte. »Hoffentlich haben Sie noch einen zum Schreiben«, sagte er. Als er mich in der Gruppe erkannte, rief er »Hello«, mit einem Lächeln, das unsere Bekanntschaft bekundete, aber auch gleichzeitig deutlich werden ließ, daß mir dieser Umstand bei dem Interview keinen Vorteil verschaffen würde.
Wir machten Witze über seinen Aufenthalt in der Zelle, und Jos sagte, an Mr. Horns Stelle hätte er genauso gehandelt – es sei Pflicht des Staatsanwalts, eine eingehende Untersuchung durchzuführen.
Lyman ergriff für uns alle das Wort und fing von der Brille an.
»Es ist wirklich komisch«, meinte Jos, »schon gleich am Anfang, als das mit der Brille in der Zeitung stand, hatte ich das Gefühl, es könnte sich um die meine handeln.«
Warum er sich dann nicht vergewissert habe, warf Prager ein.
»Ja, hm, ich glaube, es gibt Dinge, über die man gar nichts wissen will. Das wird wohl die psychologische Erklärung dafür sein.«

Schließlich kamen wir auf das Alibi zu sprechen. »Ich kann nur hoffen, daß sich diese Mädchen melden«, sagte Jos. »Es ist vielleicht für sie ein wenig unangenehm, aber für mich ist es noch unangenehmer, wenn sie *nicht* auftauchen.«
Wir lachten alle, und meinten dann, schließlich gehe es ja nicht um ihren Ruf, da sie nach Hause gegangen seien, ohne sich auf etwas einzulassen. »Ja, *wenn* sie nach Hause gegangen sind!« versetzte Peg Swart lauernd.
Jos lächelte freundlich. Hinter mir fragte jemand: »Was würden Sie mit zehntausend Dollar anfangen?«
»Wie kann bloß ein Mensch auf den Gedanken kommen, ich würde ein Kind wegen des Lösegelds entführen? Ich bekomme doch von meinem Vater so viel, wie ich nur brauche, und außerdem unterrichte ich drei Schülergruppen in Vogelkunde, wofür ich bezahlt werde.« Er schien sich direkt an mich zu wenden. Und in diesem Augenblick war ich von seiner Unschuld überzeugt. Was hatte ich ihm eigentlich zum Vorwurf gemacht? Sein Interesse an der italienischen Pornographie des sechzehnten Jahrhunderts? Machte ihn das schon zu einem Entarteten und Mörder? Als ich ihm nun so gegenüberstand, kam mir diese Vorstellung absurd vor, und auf diesen Augenblick geht wohl mein Mißtrauen gegen das Gegenüberstellen von Personen zurück, dem unsere Zeit so sehr huldigt. Was erfährt man schon, wenn man einem anderen ins Gesicht, in die Augen sieht?
Toms ewige Frage »Was wissen wir schon mit Sicherheit?« ging mir auf dem Rückweg vom Polizeirevier im Kopf herum. Denn neben Jos' Darstellung gab es ja die Arties. Glaubte man den Worten des einen, konnte man nicht denen des anderen glauben. Und doch waren beide höflich und mit einem Lächeln bemüht, zur Aufklärung des Falles beizutragen.
Artie war wieder in die Amtsräume des Staatsanwalts zurückgebracht worden. Durch die Glastür des Eckzimmers sah ich ihn mit Padua sprechen. Artie winkte mir zu, und da kam Padua auch schon heraus.
»Hören Sie mal zu, Sid, vielleicht können Sie uns helfen.« Ich sei doch derjenige gewesen, der damals mit Artie den Drugstore entdeckt habe. Und ich sei doch auch ein Klubkollege von Artie, nicht wahr?
Ich nickte, sagte aber, das wolle nicht viel heißen.
Trotzdem, vielleicht könne ich Artie mal gut zureden. Der andere, Jos, habe wenigstens eine Art Alibi zum besten gege-

ben, wenn auch ein faules. Aber Artie wolle sich an gar nichts mehr erinnern. »Sie wissen ja, wie das ist. Wir wollen die beiden nicht länger festhalten, als unbedingt nötig. Bitten Sie ihn, doch in Gottes Namen die Wahrheit zu sagen. Vielleicht haben sie einfach nur irgendeinen blödsinnigen Streich auf dem Gewissen –«

Ich glaube nicht, daß Artie mir etwas anvertrauen würde, konnte die Bitte aber nicht abschlagen.

»Nur eins noch: erwähnen Sie nichts von dem, was Jos angibt.«

Ich ging hinein. »Ein Heil unserem Reporterknaben!« rief Artie. »Mann, hast du mich in die Zeitung gebracht?«

»Du wirst langsam berühmt.«

»Verdächtigt man mich? Mann, das ist dumm!«

Ich grinste. »Na ja, du weißt ja, der Fall ist ziemlich hoffnungslos, und die Brille war alles, was sie in der Hand hatten.«

»Oh, ich mache ihnen keine Vorwürfe«, sagte er. »Wenn meine Mutter sich nicht so aufregen würde, fände ich das Ganze direkt amüsant!« Er drückte eine halb gerauchte Zigarette aus und zündete sich sogleich eine neue an.

»Artie, hör mal zu«, begann ich. »Warum sagst du nicht einfach die Wahrheit? Was du auch immer getrieben hast. Dann ist die Sache für dich doch erledigt. Was ihr auch immer ausgefressen habt, du und Jos, ist doch nicht wert, daß ihr in Mordverdacht geratet.«

»Du glaubst also, ich hätte gemeinsam mit Jos etwas ausgefressen?« fragte er.

»Mensch, ihr steckt doch die ganze Zeit zusammen«, erwiderte ich.

»Hat er das gesagt?« Er gab mein Lächeln zurück. »Ja, und du, du hast auch gleich die Gelegenheit ausgenutzt und dich an meine Kleine herangemacht, was?« sagte er in verschmitztem Ton. »Mein Spionagedienst funktioniert. Was meint Myra übrigens dazu? Glaubt sie, Jos könnte so etwas getan haben?«

»Na ja, das mit der Brille ist schon ziemlich dumm«, sagte ich. »Und daß du dich an nichts Besonderes an diesem Mittwoch mehr erinnern kannst, macht die Sache für ihn noch schlimmer.«

»Steht die Sache schlimm für ihn?«

»Das möchte ich nicht gerade sagen. Aber die dunklen Punkte werden wohl geklärt werden müssen.«

»Hm, meinst du, sie bringen ihn zu irgendeinem Geständnis oder so etwas?« fragte er. »Wenn sie ihn hart anfassen...«
Ich sagte, ich glaubte nicht, daß jemand hart angefaßt würde. »Aber wenn du etwas weißt, Artie, wenn du ihm aus der Patsche helfen kannst – du kennst ihn ja besser als sonst einer.«
»Er sagt, ich sei mit ihm zusammen gewesen?«
»Hm –«
»Mensch, brauchst gar nichts zu sagen. Warum hätte die Polizei mich sonst geholt? Doch nur, um seine Angaben nachzuprüfen. *Ich* habe schließlich keine Brille verloren.«
»Na ja, jedenfalls, wenn du mit ihm zusammen warst –«, wiederholte ich, »was ihr auch vielleicht ausgefressen habt, kann doch nicht so schlimm sein wie das hier jetzt. Sie lassen ihn nämlich sonst nicht laufen. So ohne weiteres glaubt ihm eine Geschichte niemand.«
Artie starrte mich an. Abermals warf er seine Zigarette in den Aschenbecher. »Okay, alter Junge.« Er ging auf und ab und setzte sich dann auf den Schreibtisch. »Wenn du Myra wieder siehst«, frotzelte er, »dann tu nur das, was ich auch tun würde.« Dann sagte er: »Halte dich hier in der Nähe auf. Vielleicht lasse ich wieder einen Knüller los.«

Padua blickte mich fragend an, als ich herauskam. Ich lächelte, zuckte aber die Achseln. Er eilte wieder hinein. Jetzt begann Artie sich auf einmal an Einzelheiten jenes Mittwochs zu erinnern. Er sei damals tagsüber und auch abends noch eine Ginleiche gewesen, sagte er, aber einiges sehe er jetzt wieder vor sich.
Ich glaube, Artie fürchtete, daß Jos schlapp machen würde, wenn er seine Angaben nicht bestätigte. Und wenn Jos die Tat gestand, würde er dann nicht vielleicht in seiner Erbitterung den Gefährten mit hineinreißen? Die einzige Hoffnung für sie beide bestand also darin, daß er, Artie, zu Jos' Freilassung beitrug.
Und so erinnerte sich Artie nun, daß da zwei Nutten gewesen waren – er wußte sogar noch ihre Namen: seine hatte Edna geheißen und rotes Haar gehabt. Sie hatten die beiden auf der 63. Straße aufgelesen... Und so wiederholte er nun Punkt für Punkt, was man durch Jos bereits wußte.
Warum er denn erst jetzt damit herausrücke. »Meine Mutter hat was dagegen, daß ich mich mit Straßenmädchen abgebe«, erwiderte er.

Dennoch – sogar sein Zögern konnte günstig ausgelegt werden. Denn wenn sich die beiden wirklich auf ein nur konstruiertes Alibi geeinigt hatten, warum hatte Artie es dann nicht wie Jos schon gleich zu Anfang vorgebracht?

Und so begann an jenem Morgen der Verdacht von ihnen zu weichen. Jos Steiner war guter Dinge und machte einen offenen, ehrlichen Eindruck. Und Artie bestätigte endlich seine Geschichte von Edna und Mae.
Ich hatte ihnen wohl einfach aus einem Ressentiment heraus, eben weil sie die Söhne reicher Eltern waren, überhaupt etwas Schlechtes zugetraut.
Als ich den Nachrichtenraum betrat, winkte Reese mit dem Kinn – das Zeichen für mich, an seinen Tisch zu kommen. »Ich glaube, sie sind jetzt außer Verdacht«, sagte ich. »Artie Straus hat gerade die gleiche Geschichte erzählt wie Jos Steiner, das mit den beiden Mädchen.«
Er schob mir die Frühausgabe des *American* hin; ein Teil der Leitstory war mit Rotstift umrandet. Die Konkurrenz war uns um einen Knüller voraus. Man hatte in Jos Steiners Zimmer einen Brief gefunden, den Durchschlag eines Briefes. »Liebe Artie«, begann er. Es schien um eine Auseinandersetzung zwischen Jos, Artie und Willie Weiss zu gehen, und auf den ersten Blick vermochte ich die Bedeutung des Ganzen nicht einzusehen, zumal die Sache schon einige Zeit zurücklag. Offenbar war ein Streit entbrannt über die Frage, ob Jos Willie Weiss ein ihm von Artie anvertrautes Geheimnis verraten hatte oder nicht. In dem Brief nun stritt Jos jeden Verrat ab. Er war nach einem hitzigen Gespräch zwischen ihnen beiden geschrieben worden. Ein Absatz, der fett gedruckt war, lautete: »Als du heute nachmittag zu mir kamst, hatte ich vor, entweder mit dir zu brechen oder dich umzubringen, wenn du mir nicht sagen würdest, warum du dich gestern so verhalten hast. Das schrieb also Jos an Artie.
Weiter war zu lesen: »Du hast es mir jedoch gesagt... Nun glaube ich dich so verstanden zu haben – ich bin mir da nicht ganz sicher –, daß du mir keine verräterische Absicht vorwirfst noch je vorgeworfen hast, mich aber im Unrecht siehst und eine solche Feststellung von mir erwartest. Diese Feststellung habe ich rundweg abgelehnt bis zu dem Zeitpunkt, da ich von ihrer Wahrheit überzeugt bin...«
Ein seltsamer Brief, aber was hatte er mit dem Fall Kessler zu

tun? Ich sah noch einmal auf das Datum – vor Monaten schon geschrieben, im November vergangenen Jahres. Ich las weiter:
»Es kommt also jetzt nur auf dich an. Du erwartest von mir ein Bekenntnis, nämlich daß ich im Unrecht sei und falsch gehandelt hätte. Diese Forderung lehne ich ab. Es steht jetzt bei dir, die Strafe für diese Weigerung zu bestimmen – Bruch der Freundschaft, körperliche Strafe oder etwas anderes, ganz wie du willst – oder weiterzumachen wie zuvor. Die Entscheidung liegt bei dir. Das ist alles, was ich zur Frage ›Recht oder Unrecht‹ in dieser Angelegenheit zu sagen habe.«
Ich sah verwirrt auf. Reese beobachtete mich. Ich schüttelte den Kopf, um ihm meine Verblüffung zu zeigen, und las weiter: »Nun noch ein Rat. Ich habe nicht die Absicht, deine Entscheidung in irgendeiner Weise zu beeinflussen, aber ich möchte dich darauf hinweisen, daß, falls du es für ratsam hältst unsere Freundschaft aufzuheben, in unser beider Interesse äußerste Vorsicht am Platze ist. Das Motiv für das Auseinandergehen von – – würde zweifellos bekannt werden, was natürlich nicht wünschenswert ist und uns auf zwar lästige, aber unvermeidliche Weise aneinander bindet . . .«
Mit Reeses Blick im Nacken war ich den Gang hinuntergeschritten und stand nun neben Tom. Zuerst hielt ich es gar nicht für bedeutsam, daß in der Nachricht etwas nach »Auseinandergehen« ausgelassen war. Vielleicht hatte man die Worte nicht lesen können. Der Brief ging noch weiter. Jos bat Artie um eine Entscheidung und schlug vor, daß sie auf jeden Fall nach außen hin die Freundschaft aufrecht erhalten und sich »auf der Straße und bei sonstigen Begegnungen in der Öffentlichkeit auch weiterhin grüßen« sollten.
Aber was bedeutete das? Gewiß, der Brief offenbarte die Gewalt und Heftigkeit ihrer Beziehungen – aber was konnte das mit dem Mord an Paulie Kessler zu tun haben?
Tom hieb auf seine Schreibmaschine los, um die Konkurrenz einzuholen. Er hatte eine hingekritzelte Kopie des Briefes auf dem Tisch liegen. Der verflixte Mike Prager war am Abend zuvor dabeigewesen, als die Polizei Jos Steiners Zimmer durchsuchte, und hatte sich diesen Brief eingesteckt. Jetzt erst – die Zeitungen waren schon im Verkauf – hatte er ihn an Nolan weitergeleitet.
Tom reichte mir seine Notizen herüber, in denen auch die ausgelassenen Worte enthalten waren. »Das Motiv für das

Auseinandergehen von zwei H......... würde zweifellos bekannt werden ...«
Wieder sah ich die nackte Leiche des Jungen vor mir, wieder hörte ich den makabren Streit der Meinungen bei der Leichenschau, und ich sah das freimütige Lächeln Jos Steiners, von dem ich gerade kam, und sah das jungenhafte Lächeln von Artie Straus, von dem ich gerade kam, und eine große Bestürzung fiel mich an, ein Gefühl der Unzulänglichkeit. Ich war wohl zu unschuldig, war unfähig, das Häßliche und Bestialische zu erkennen, das sich hinter dem Lächeln der Welt verbarg.
Sie hatten sich so natürlich, so liebenswürdig gegeben. Ich hatte eben noch einen Narren aus mir gemacht, als ich zu Reese sagte, sie seien außer Verdacht. Diese degenerierten, perversen Burschen waren mit mir und meiner Freundin ausgegangen. Jos hatte Ruth irgend etwas angetan, sie jedenfalls tief erschüttert. Vielleicht hatte sie etwas von diesen Dingen geahnt. Aus dem Verhalten von Jos hatte sie geschlossen, daß die beiden es getan hatten. Daß sie Paulie Kesslers Mörder waren.
Dann nahm ich mich zusammen. Ich versuchte, mir vorzuhalten, das Wort könne im Scherz gebraucht sein, so wie wir es im Verbindungshaus manchmal taten. Ich versuchte, mir einzureden, daß sie, wenn sie auch in widernatürlichen Beziehungen zueinander standen, deshalb noch lange nicht in den Mord an Paulie Kessler verwickelt sein mußten. Ich versuchte, mir zu sagen, daß der Zorn nicht mit mir durchgehen dürfe.
»Na, was hältst du jetzt von deinen Genossen?« fragte Tom.
»Gott, es sieht so aus, als ob sie es getan haben könnten.«
»Der Brief hier beweist aber noch nichts«, sagte er.
»Und man hatte schon den Eindruck, Horn würde sie laufen lassen.« Ich erzählte ihm, wie ungezwungen sich Jos bei dem Interview gegeben hatte, erzählte, daß Artie schließlich das Alibi von Jos mit den beiden von der Straße mitgenommenen Mädchen bestätigt hatte.
»Mit dem von der Straße mitgenommenen Jungen, meint er wohl«, sagte Tom. Er reichte mir die Kopien weiterer Briefe von Jos und schrieb weiter.
Da war zunächst eine Art Dokument, das dem Schreiben, das als der »H.........-Brief« bekannt werden sollte, beigegeben war. Ein Dokument, dessen Sprache sehr juristisch klang. Sein Zweck ging aus dem Brief selbst hervor: »Ich wollte dir heute nachmittag – und will dies auch jetzt noch – das Gefühl geben, daß wir, gesetzmäßig gesehen, einander nichts vorzuwerfen

haben, und habe deshalb absichtlich das gleiche Delikt begangen, dessen du dich schuldig gemacht hast, mit dem einzigen Unterschied, daß dir der Beweis schwerer fallen würde als mir, alls ich meine Handlungsweise abstreiten sollte. Das beiliegende Dokument, in dem ich meine Tat bestätige, ist dazu bestimmt, dich gegen eine Sinnesänderung meinerseits zu dekken, falls die Sache jemals aufkommen sollte, da sich jedes Gericht an Hand dieser Zeilen von der Wahrheit deiner Behauptungen würde überzeugen können.«

Und dann kam das Dokument: »Ich, Joshua Steiner jr., erkläre hiermit aus freien Stücken und ohne in irgendeiner Weise dazu genötigt worden zu sein, daß ich heute, am 20. November 1923, aus persönlichen Gründen die Tür des Zimmers, in dem ich mich mit Artie Straus aufhielt, abgeschlossen habe in der Absicht, ihm den einzigen Ausgang aus dem Zimmer zu versperren, und daß ich ihn außerdem von dem Entschluß in Kenntnis gesetzt habe, zur Durchführung dieser meiner Absicht, nämlich ihm das Verlassen des Zimmers unmöglich zu machen, notfalls körperliche Gewalt anzuwenden.«

Ich starrte Tom entgeistert an. Während er seine Story hinaufbrachte, gingen wir noch einmal durch, was sich zwischen den beiden abgespielt hatte. Jos lieferte Artie den »Beweis«, daß er Artie in einem Zimmer eingesperrt hatte, mit dem Kommentar: »Ich habe absichtlich das Delikt begangen, dessen du dich schuldig gemacht hast.« Also hatten sie sich in einem erbitterten Streit gegenseitig eingeschlossen! Zuerst hatte Artie Jos eingeschlossen, weil er der Ansicht war, Jos hätte ein Geheimnis preisgegeben, hätte »verräterisch« gehandelt. Und dann hatte Jos Artie eingeschlossen.

Das hörte sich so seltsam überhitzt nach Kinderstreichen an – einer sperrte den anderen in eine Kammer ein: »Ich laß dich erst raus, wenn du mir das Geheimnis sagst.« Aber hier handelte es sich schließlich um Universitätsgraduierte, um achtzehnjährige Wunderknaben. Was stellte sich Jos wohl vor, welchem »Gericht« Artie sein in Juristensprache abgefaßtes Eingeständnis eines »Delikts« präsentieren würde?

Und dann die seltsame, fast rührende Dringlichkeit, mit der er Artie bat, eine Entscheidung zu treffen, »Und nun richte ich an dich eine Bitte, zu der ich vielleicht kein Recht habe, die ich aber dennoch auszusprechen wage, auch um unserer bisherigen langen Bindung willen. Würdest du, wenn es dir nichts ausmacht, mich bitte deine Antwort wissen lassen (ehe ich morgen fahre)? Ich weiß, ich habe kein Recht darauf, aber es würde meinen Seelenfrieden in den nächsten Tagen stärken, wo ich ihn doch so sehr nötig haben werde. Du kannst, wenn du willst einfach bei mir zu Hause vor zwölf Uhr anrufen und etwas für mich hinterlassen, vielleicht ›Artie ist einverstanden‹, wenn du wünschst, daß unsere Freundschaft weiter fortbesteht, und ›Artie ist nicht einverstanden‹, wenn wir auseinandergehen sollen...«

Ich hatte fast so etwas wie ein Schuldgefühl beim Durchlesen dieser intimen Zeilen. Der zwiespältige Jos – einmal flehte er Artie an, ihn abzuurteilen, ihm »eine körperliche Strafe oder sonst etwas« aufzuerlegen, wenn er verräterisch gehandelt habe, und im nächsten Augenblick sprach er selbstherrlich davon, daß er bereit gewesen war, Artie umzubringen. Zum ersten Male konnte ich mir jetzt eine ahnungsvolle Vorstellung von dieser seltsamen Knechtschaft machen, zum erstenmal tat ich einen Blick in den Mechanismus eines Liebesverhältnisses, das außerhalb meiner Erfahrungssphäre lag.

Tom reichte mir ein neues Blatt – die Kopie eines Briefes, den Jos zwei Tage später während einer Eisenbahnfahrt nach New York geschrieben hatte. Daraus ging hervor, daß Artie sich inzwischen entschlossen hatte, ihre »Beziehungen aufrecht zu erhalten«, indem er den Vorwurf des »Verrats« zurücknahm. Und Jos »verzieh« ihm nun.

Wie Jos in diesem Brief ausführte, ging es bei dem ganzen Streit um die Frage, wer von ihnen sich eines Irrtums schuldig gemacht hatte, denn, so hieß es weiter, ein Irrtum war das größte Verbrechen, das ein Mensch ihres Ranges begehen konnte! »Aber ich will noch einige Worte hinzufügen und versuchen, Dir meine philosophischen Grundsätze nach Nietzsche in bezug auf Dich zu erläutern. Du hast Dir vielleicht noch keine Gedanken darüber gemacht, warum ein bloßer Irrtum im Urteil bei Dir als Verbrechen angesehen werden muß, wenn dies bei einem anderen *nicht* als solches zu betrachten ist. Hier die Gründe dafür. Ein Übermensch ist aufgrund gewisser höherer Eigenschaften, die er in sich trägt, nicht den Gesetzen der gewöhnlichen Menschen unterworfen. Er ist, im Gegensatz zu den anderen, nicht haftbar für sein Handeln, was er auch immer tut, außer für das einzige Verbrechen, dessen er überhaupt schuldig werden kann, nämlich des Begehens eines Irrtums. Denn ein Kodex, der einem Individuum oder einer bestimmten Gruppe von Individuen außergewöhnliche Privi-

legien zuerkennt, ohne ihm oder ihnen auch außergewöhnliche Pflichten aufzuerlegen, wäre ungerecht und schlecht. Deshalb muß es einem Übermenschen als Verbrechen angerechnet werden, wenn er ein Fehlurteil trifft...«
Tom wiederholte den Satz »... nicht den Gesetzen der gewöhnlichen Menschen unterworfen...« Auch ich las die Stelle noch einmal durch: »Ein Übermensch ist aufgrund gewisser höherer Eigenschaften, die er in sich trägt, nicht...«
»Diese dreckigen Perversen glauben, ihnen sei alles erlaubt«, sagte Tom.
Doch ihre Übermensch-Vorstellung war schwer zu fassen, weil ich sie beide im Alltagsleben gesehen hatte. Es fiel schwer, zu glauben, sie könnten unter dem Deckmantel einer der unseren gleichen Lebensweise ihre eigenen Regeln und Gesetze befolgt haben. Es fiel schwer, sie beim Wort zu nehmen und ihnen zu glauben, geradeso wie es uns zehn Jahre später schwer fiel, zu glauben, daß eine ganze Nation sich diesem Kodex vom Übermenschen verschrieben haben sollte.
Was ich gefühlsmäßig, intuitiv, am Abend zuvor aus Ruths Verhalten herausgeahnt hatte, versuchte ich nun durch die Fakten und Vernunftsüberlegungen zu rechtfertigen, und das schien keine leichte Aufgabe zu sein – es war, als suchte man für einen Beweis, den man schon flüchtig geschaut hat, nachträglich die mathematische Formel.

Auch in Horns Büro schien man an den Briefen herumzurätseln. Horn war kein Nietzschekenner. Er neigte dazu, den Übermenschen-Brief als kindliche Großsprecherei abzutun; daraus könne man niemandem einen Strick drehen, meinte er. Vielleicht hatte er recht. Wir sollten diese spezielle Philosphie eine Zeitlang als Erklärung ansehen – sie wurde sogar als eine Art Entschuldigung vorgebracht –, aber konnte sie wirklich der Ausgangspunkt einer solchen Tat gewesen sein?
Nach Horns Ansicht war der erste Brief ein sinnloses Geschwätz über einen dummen Streit, abgesehen von der Stelle, aus der die widernatürliche Veranlagung deutlich wurde. Aber selbst da mußte man mit Vorsicht zu Werke gehen. Padua, so sagte er, könne ja einfach einmal versuchen herauszufinden, ob die Burschen etwas mit Knaben zu tun hatten. Eines stand nach der Entdeckung dieser Briefe fest: so schnell konnte man die beiden nun nicht mehr laufen lassen.
Padua und Czewicki hatten eine kurze Privatdiskussion. Padua

hatte schon immer einmal Nietzsche lesen wollen, aber nie die Zeit gefunden; vielleicht hätte Nietzsche ihm helfen können, diesen Alleswissern ein Bein zu stellen. Czewicki war weniger überzeugt. Er hatte *Ecce homo* in einer Haldeman-Julius-Taschenausgabe gelesen, und da stand keineswegs geschrieben, daß man einfach jemanden umbringen konnte.

Ich suchte auf dem ganzen Universitätsgelände nach Willie Weiss. Schließlich kam er ja in Jos' Brief an Artie vor, und hatte er nicht auch am Mordtag mit den beiden geluncht? Vielleicht sagte er mir, worum es bei dem Geheimnis ging, das Jos da verraten haben sollte. Und vielleicht konnte er sich erinnern, ob Jos bei jenem Lunch eine Brille getragen hatte oder nicht.
Es war schwer, an diesem Nachmittag noch jemanden zu finden – alle waren dabei, über den Memorial-Day nach Hause zu fahren. Das Klubhaus war fast leer. Ich mußte an zwei Kollegen denken, die ich zusammen mit Jos Steiner aus jenem Harvard-Examen hatte herauskommen sehen – Harry Bass und Milt Lewis. Bass war schon ins North-Shore-Viertel heimgefahren, aber Milt Lewis konnte ich, wie mir ein Klubkollege sagte, vielleicht noch auf dem Tennisplatz antreffen.
Als ich mich dorthin auf den Weg machte, lief mir Raphael Goetz, unser Präsident, in die Arme. Gott, er sei bei dieser verdammten Sache nur über eines froh, sagte er – daß sie Jos Steiner nicht in die Verbindung aufgenommen hätten. Das mit Artie sei schon schlimm genug, aber wenn nun Jos *auch* noch in der Alpha Beta gewesen wäre! Dann würden die Zeitungen uns ja als einen Haufen von Pervertierten bezeichnen. Mann, er habe heute schon alle möglichen komischen Fragen gestellt bekommen, von der Polizei und von der Presse. Ja, gewiß, Artie trank ziemlich viel und spielte am Kartentisch immer um hohe Einsätze, aber das, das – das langte nicht, um einem zum Mörder zu stempeln. Er war einfach ein Mensch ohne Charakter. Als Wunderknabe war er von Kindheit an verhätschelt worden; bei dem Vermögen, das seine Familie besaß, konnte das nicht überraschen. Aber man konnte nicht sagen, daß er deshalb ein Pervertierter war – Artie hatte es ja mit fast allen Mädchen auf dem Campus!
Ich sagte, das wisse ich.
»Jos Steiner traue ich alles zu, aber wenn Artie in Schwierigkeiten gerät, dann wette ich, daß dieser Kerl ihn da nur hineingezogen hat.«

Und plötzlich ging mir auf, warum Artie zuerst nicht hatte zugeben wollen, daß er am Mittwoch mit Jos zusammen gewesen war: wenn sie zusammen gewesen waren, konnten sie auch zusammen die Tat begangen haben! *Jos war zu allem fähig.* Warum nicht auch zu einem Mord? Arties Zögern, sich neben Jos zu stellen, konnte geradezu belastend ausgelegt werden. Die Geschichte mit den beiden Straßenmädchen war eine Finte, die sie vorher abgesprochen hatten, aber dann zögerte Artie auf einmal – er wollte nicht zusammen mit Jos in Verdacht geraten, denn das falsche Alibi konnte ja schließlich versagen. Arties Zögern war in Wirklichkeit der Beweis für ihre Täterschaft!
Und gerade in diesem Augenblick, als mich der Gedanke an ihre Schuld nach schlüssigen Beweisen Ausschau halten ließ, erspähte ich Milt Lewis. Er war im Tennisdreß und eilte ins Klubhaus zurück. Ich holte ihn ein. »Hör mal, Milt«, sagte ich, »weißt du zufällig, ob Jos Steiner Anfang der letzten Woche seine Brille aufhatte?«
»Ich verweigere die Aussage wegen möglicher Belastung der eigenen Person«, witzelte Milt. »Und außerdem – wer kann sich schon erinnern, wer an welchem Tag eine Brille getragen hat? Ich weiß nur aus der Zeitung, daß Jos Steiner seine Brille an einem sehr verdächtigen Ort verloren hat.«
Wir gingen zusammen auf sein Zimmer. »Darum geht es ja eben«, sagte ich. »Er behauptete, er hat sie am Sonntag vorher verloren. Wenn ihn aber jetzt jemand zwischen Sonntag und Mittwoch noch mit der Brille gesehen hätte, dann –«
»Also wenn du diesen eingebildeten Bastard an den Galgen bringen willst, dann bin ich dein Mann!« rief Milt.
»Er behauptet, er hat sie im März zum letztenmal benutzt.«
»Keinesfalls, so lange kann das noch nicht her sein. Warte mal...« Milt Lewis schien ein Bild aus der Luft zu greifen. »Bei ihm zu Hause, vor etwa drei Wochen. Wir waren zu mehreren auf seiner Bude und haben uns einiges über das Billigkeitsrecht herausgeschrieben. Warte mal – Jos nimmt den Deckel von der Reiseschreibmaschine ab, setzt die Brille auf und tippt drauf los. Ich sehe ihn noch dasitzen unter seiner Vogelgalerie, ja, und ich habe noch einen Witz gemacht und gesagt, er sieht mit seiner Hornbrille genauso aus wie die eine Eule da über ihm.«
Vor einigen Wochen? Das bewies immer noch nichts. Aber –
»Er hat auf einer Reiseschreibmaschine geschrieben, sagst du?«

»Ja, wir hatten zwei Schreibmaschinen in Betrieb. Harry Bass saß an einem großen Büromodell, das Jos da hatte, und Jos hat auf seiner Reiseschreibmaschine geschrieben.«
»Hast du gesehen, ob es eine Corona war?«
»Wie soll ich das wissen?« Er starrte mich an. »Mensch, du alter Sherlock Holmes –« Dann grinste er. »Aber ich habe ja noch die Durchschläge hier, von beiden Maschinen!«
Er begann Papierbogen herauszuziehen, die zusammengefaltet in seinen Notizheften lagen. Man erkannte die Typen von zwei verschiedenen Schreibmaschinen. An sich war an der Tatsache, daß sich in einem Millionärshaus zwei Schreibmaschinen befanden, nichts Auffallendes. Die zweite hatte vielleicht seinem Bruder gehört. Vielleicht hatte er sich auch eine Reiseschreibmaschine gekauft, als er nach Ann Arbour gegangen war.
Ich starrte auf die Buchstaben mit dem dummen Gefühl, daß ich zu weit ging, und doch trieb mich gleichzeitig eine trunkene Gewißheit voran: »Hat jemand hier im Haus eine Corona?«
Milt war jetzt ganz aufgeregt. Wir stürzten in mehrere Zimmer und fanden auch schließlich eine Corona. Die Typen schienen die gleichen zu sein wie auf den Bogen von der einen der beiden Maschinen. Aber es gab unzählige Coronas.
Zu einem stichhaltigen Vergleich benötigte ich eine Kopie des Lösegeldbriefes. Er war erst vor einigen Tagen in der Presse im Faksimile abgedruckt worden, aber während das Klubhaus gewöhnlich von Zeitungen nur so wimmelte, war heute keine einzige aufzutreiben.
Ich rannte die Straße hinunter, winkte einem Taxis. Die Anzeigenannahme unseres Blattes war gleich neben dem Haupteingang, und dort lagen für das Publikum Zeitungen aus. Ich fand die Seite mit dem Lösegeldbrief, die Ausgabe war gerade eine Woche alt. In unserem Artikel daneben war von Schreibmaschinenexperten die Rede, die darauf hinwiesen, daß das p nicht ganz durchzeichnete und daß der untere Strich am y nur sehr dünn herauskam. Die gleichen Mängel wies der Bogen auf, den Jos auf seiner Reiseschreibmaschine geschrieben hatte!
Als ich die wenigen Häuserblocks zum Amtsgerichtsgebäude entlangeilte, fühlte ich mich beobachtet von Jos' Augen – Augen, mürrisch, glänzend, starr. Ich stürzte in den Zigarrenladen und rief Tom im Pressezimmer an. Er kam herunter. Wir drückten uns in eine Ecke, während ich ihm die beiden Vergleichsbogen zeigte.

»Mensch, wenn der Kerl hängt, dann ist das dir zu verdanken!« sagte er und starrte auf die Beweisstücke.
Konnten wir dieses Material bis zur nächsten Morgenausgabe unserer Zeitung zurückhalten? Wir kamen zu dem Schluß, daß es dazu von zu großer Bedeutung sei. Wir mußten Horn davon in Kenntnis setzen.
Aber die Büroräume oben waren geschlossen. Man war mitsamt den Untersuchungshäftlingen zum Dinner gegangen. Wohin, wußte niemand.

Das war das berühmte Dinner im Red-Star-Restaurant, in der Nähe des Lincoln-Parks, einer Speisegaststätte im alten Stil, die für ihre großen Schnitzel und Apfelkuchen und andere deutsche Spezialitäten bekannt war. Wenn es einen Zeitpunkt gab, da Artie und Jos ihr Abenteuer genossen, dann war es wohl dieses Dinner. Denn das Gefühl, das sie mit ihrer Tat gesucht hatten, das Gefühl der Macht und Überlegenheit, das Gefühl, zu wissen, was die anderen nicht wußten, das ward ihnen nun zuteil, und ihnen beiden gemeinsam, hier, in der Gegenwart der rätselratenden öffentlichen Gewalt selbst.
Das war der Kitzel, der in der Spannung ihres noch unentschiedenen Schicksals mitschwang. Sie waren bis jetzt die Meister der Situation geblieben und standen doch, gleich Akrobaten, die ausgleiten können, ehe sie das Seil hinter sich haben, im Banne eines köstlich-ungewissen Schwebeerlebnisses.
Bis die Wagen vorfuhren, konnten sie nicht ahnen, daß sie sich begegnen würden. Es war Horns Gedanke gewesen, sie auf diese Weise zu konfrontieren und ihnen vielleicht in einem unbeobachtet geglaubten Augenblick der Überraschung und der Freude etwas vom Gesicht abzulesen.
Horns Wagen, mit Jos darin, fuhr zuerst vor, und Jos machte einige weltmännische Bemerkungen über das Restaurant und die Tatsache, daß seine Eltern immer eine deutsche Köchin gehabt hatten. In diesem Augenblick fuhr der zweite Wagen vor, und Swasey und Artie stiegen aus. Als die beiden einander erblickten, winkten sie sich zu. Artie rief: »Mensch, wann haben sie dich denn rausgelassen?«
»Ich bin als Mitarbeiter eingestellt worden!« gab Jos zurück.
In der einen Ecke des Hauptraumes waren für die große Gesellschaft zwei Tische zusammengeschoben worden. Artie und Jos saßen nicht weit voneinander entfernt, sie hatten nur Padua und Horn zwischen sich. Es gab Bier im Red Star, und man

machte eifrig Witze über Protektion und Schweigegeld, als sich der Staatsanwalt und seine Leute daran gütlich taten.
Das Ganze hätte sehr wohl eine Abschiedsparty sein können, ein letztes heiteres Beisammensein, ehe man im guten wieder auseinanderging. Die beiden jungen Leute hatten vierundzwanzig Stunden Verhör hinter sich. Artie hatte seinen betrunkenen Nachmittag und die Mädchenjagd gestanden, ihrer beiden Aussagen deckten sich genau – wozu wollte man sie noch festhalten?
Aber auch Horn, Padua, Czewicki, Swasey und die Detektive konnten sich ins Fäustchen lachen – die beiden hatten nämlich keine Zeitung zu Gesicht bekommen. Sie wußten nicht, daß Jos' intime Briefe in die Öffentlichkeit gedrungen waren. Sie wußten nicht, daß man sie beobachtete mit der geringschätzigen Miene, die der Anblick zweier Homosexueller auslöst. Keiner hatte zwar gesagt: »Das gibt jetzt einen Spaß«, aber das Bewußtsein, diesen Schlüssel zum Verständnis zu besitzen, verlieh ihnen das Gefühl, eine Spezialbrille zu tragen, durch die man die beiden Kerle da nackt ausgezogen vor sich sah.
Nur – man sah nichts. Diese reichen Jünglinge hatten glatte Manieren, die ihnen über alles hinweghalfen. Jos war vielleicht ein wenig nervös und sah alle Augenblicke zu Artie hinüber, aber wenn man das mit dem Brief nicht wußte, konnte man eher auf ängstliche Besorgnis als auf Leidenschaft schließen.
Jos gab dem Kellner seine Bestellung in deutscher Sprache auf, mit genauen Anweisungen für die Zubereitung, und alles hörte ihm bewundernd zu. Czewicki fragte ihn, wie viele Sprachen er denn spreche, und Jos sagte vierzehn, aber einige davon seien eigentlich nur Dialekte.
»Sie müssen ein Übermensch sein«, bemerkte Padua, und Jos antwortete ganz ruhig, dazu seien, nach Nietzsche, andere Qualifikationen erforderlich.
Padua hatte ein paar Stunden in der Bibliothek zugebracht und sich über Nietzsche informiert. Ob man denn den Übermenschen nicht als einen Menschen mit außergewöhnlichen Fähigkeiten definieren könne, wollte Padua wissen. Nein, erwiderte Jos, ein Übermensch müsse in jeder Beziehung außergewöhnlich sein.
Ja, hm, und woran erkannte man dann einen Übermenschen? Kannte Jos Übermenschen? War Napoleon etwa ein Übermensch?
Nein, belehrte ihn Jos. Napoleon sei ja überwunden worden,

und dieser Umstand allein schließe ihn automatisch aus, weil ein Übermensch eben nie überwunden werden könne.
»Sie meinen also, ein Übermensch macht nie einen Fehler?«
Jos war offensichtlich zu sehr damit beschäftigt, ihm seine Theorie zu erläutern, um sich über das so leicht hingeworfene Wort Gedanken zu machen. Der Übermensch sei eigentlich ein Ideal, sagte er, Nietzsche verstehe darunter einen Menschen, der mehr als ein Mensch sei. Das englische Wort *superman* gebe den Sinn nicht völlig wieder – man müsse Nietzsche eigentlich im Original lesen, um seiner Vorstellung davon folgen zu können.
Padua gab sich noch nicht zufrieden. Ob aber ein Mensch nicht danach streben könne, ein Übermensch zu werden und wie ein solcher zu handeln.
Das Gespräch der anderen war verstummt: man verfolgte gespannt das Duell. Ja, gab Jos zu, man könne danach trachten, über sich hinauszuwachsen, nach einem größeren Lebensmaßstab zu leben, nach dem des Übermenschen.
So, ja, hm – und wie denn diese Menschen zu den Gesetzen der übrigen Menschheit stünden, bohrte Padua weiter. Wenn man nach dem Gesetz nur fünfzig Meilen pro Stunde fahren dürfe, aber ein Übermensch sei und im Hundert-Meilen-Tempo fahren wolle – wer sei denn da die letzte Instanz? Ob sich die Gesetze der gewöhnlichen Menschen auch auf den Übermenschen bezögen oder ob der Übermensch diesen Gesetzen nicht unterworfen sei.
Artie kam Jos mit lächelnder Miene zu Hilfe. Natürlich lebe der Übermensch nach seinen eigenen Gesetzen – alle Großen der Welt machten sich ihre eigenen Gesetze. Alexander der Große, Caligula, Napoleon – alle hätten sie neue Gesetze geschaffen.
Jos war ganz plötzlich sehr still geworden; er sah Padua prüfend an.
Aber diese Männer seien doch alle Herrscher gewesen, argumentierte Padua weiter. Sie hätten versucht, für *alle* Menschen vorbildliche Gesetze zu schaffen. Ein Übermensch, der kein Herrscher sei, sondern einfach ein Staatsbürger, habe aber dann trotzdem noch seine eigenen Gesetze, die ihm erlaubten, alles zu tun, was ihm gefalle, selbst Dinge, die anderen Menschen als Verbrechen angerechnet würden. Sei das nicht so?
»Klar«, rief Artie und setzte zu einer weiteren Erklärung an, aber Jos fiel ihm ins Wort – die ihnen gestellte Falle wurde nun allzu deutlich. Die Nietzschesche Idee sei nur eine Abstraktion,

sagte er. Man könne sie nicht in die Praxis umsetzen, weil Nietzsche eigentlich im Auge gehabt habe, daß *alle* Menschen sich bemühen sollten, ihren Geist zu befreien und über sich hinauszuwachsen. Zunächst müßten natürlich besonders begabte Individuen die Idee vorleben, aber das Ziel sei die Gesellschaft der Übermenschen, die Nation, die in ihrer Gesamtheit diesem Leitbild folge.

»Ich glaube, so weit sind wir noch nicht«, warf Horn ein.

Da kam das Essen; es wurde auf großen, schweren Platten hereingetragen. Padua und Jos sahen einander scharf an, lächelnd, wie nach einer Runde, die keinen der beiden Gegner am Boden gesehen hatte.

Kurz darauf unternahm Padua einen neuen Versuch. Er kam auf den Umstand zu sprechen, daß Jos und Artie zusammen auf der University of Michigan gewesen waren. Da seien sie also schon seit Jahren eng befreundet, ja?

Klar, sagte Artie, er habe Jos' Entjungferung beaufsichtigt; und dann begann er von ihren Abenteuern in den Freudenhäusern von Detroit zu erzählen. Czewicki ließ plötzlich eine Bemerkung über Oskar Wilde fallen. »Der war verheiratet und hatte zwei Kinder. Ich wußte gar nicht, daß man es mit Männern *und* mit Frauen haben kann.«

Jos belehrte ihn in ganz ruhigem Ton, daß es bei den Griechen Sitte gewesen sei, auch als verheirateter Mann seinen Lieblingsknaben zu haben.

Horn sagte, er habe für seinen Geschmack genug über die Pervertierten erfahren bei den Nachforschungen im Zusammenhang mit dem Fall Kessler. Artie erinnerte sich plötzlich – habe man dabei nicht auch einen Polizisten geschnappt, einen angesehenen Mann und Ehegatten?

Swasey schnitt ein anderes Thema an. Mit einem eigenen Wagen hätten es doch zwei Collegejungen leicht, in der Gegend herumzufahren und sich etwas aufzugabeln.

Verschiedene Methoden des ›Auflesens‹ wurden zur Sprache gebracht. Dann fragte jemand: »Und die beiden Mädchen da neulich abends – wollten die tatsächlich nichts mit sich anfangen lassen?« Und Peterson gab gute Ratschläge, wie man ein Mädchen herumbekam.

McNamara ließ ein kehliges Lachen vernehmen. »Na ja, wenn ihr sie doch nicht herumkriegt, könnt ihr euch ja immer noch gegenseitig aushelfen.«

Artie fiel in das Lachen der anderen ein. Jos begann einen

Augenblick später zu lachen, als habe er den Witz zuerst nicht verstanden.
Dann trat eine Ebbe im allgemeinen Gespräch ein. Einer bestellte sich ein neues Glas Bier.

Man hat nachher gesagt, daß die beiden wahrscheinlich an jenem Abend auf freien Fuß gesetzt worden wären, wenn wir nicht den Beweis mit der Schreibmaschine geliefert hätten. Noch ein weiterer Hinweis sollte in dieser Nacht eingehen, aber der war ziemlich dürftig, und ich glaube, wenn man die Jungen entlassen hätte, wäre der Chauffeur nie mit seiner Geschichte herausgerückt.
Emil hatte keine Ruhe mehr finden können, seit er in der Zeitung gelesen hatte, was Jos als Alibi hervorbrachte. Jos gab an, nachmittags und abends an jenem Mittwoch nur seinen eigenen Wagen gefahren zu haben. Emil dachte darüber nach, während er, nachdem er Mr. Steiner in sein Büro gebracht hatte, wieder heimfuhr. In der Küche traf er die drei Dienstboten an, die sich über das Geschwätz in den Zeitungen und über die Polizei empörten, die das Haus durchsucht hatte.
Emil ließ sich in ihrer Gegenwart nichts anmerken, sondern nahm den *Examiner* mit hinauf in seine Wohnung über der Garage und besprach die Angelegenheit mit seiner Frau. Natürlich konnte Jos unmöglich etwas mit dem Verbrechen zu tun haben, aber korrekt war korrekt, und damals, vor acht Tagen, an diesem Mittwoch –
Seine Frau war sogleich im Bilde. »Das war der Tag, an dem ich zum Zahnarzt bin. Weißt du noch, ich habe unten mit dir gesprochen, Jos war gerade bei dir.«
Ja, ja, sie erinnerten sich sehr gut daran, weil Emil ihr schon tausendmal verboten hatte, dazwischenzureden, wenn er mit einem von den Steiners sprach.
»Aber ich habe doch das Geld für den Zahnarzt gebraucht.«
Und nun rückte Emil heraus mit dem, was ihn bedrückte; gerade bei dieser Gelegenheit hatte ihm der junge Steiner gesagt, daß an seinem Stutz die Bremsen nachgesehen werden müßten. »Er hat den Stutz in der Garage gelassen und ihn den ganzen Tag nicht mehr herausgeholt.«
»Er ist doch mit diesem Artie Straus auf Mädchenfang gegangen, und da müssen sie eben einen anderen Wagen gehabt haben.«

»Ja, aber er hat auf der Polizei ausgesagt, er hätte seinen Stutz dabeigehabt. Und Artie wollte zuerst gar nicht zugeben, daß er mit war.«
»Das braucht dich ja gar nichts anzugehen.«
Und da war noch etwas: am nächsten Tag – das mußte also Donnerstag gewesen sein – waren Artie und Jos mit einem Willys vor die Garage gefahren. Sie hatten den Wagen gewaschen. Er hatte sich erboten, ihnen dabei zu helfen – vor dem Rücksitz waren am Boden dunkle Flecke, Weinflecke hatten sie gesagt –, und Artie hatte seine Hilfe zurückgewiesen mit dem Hinweis, sie seien schon fertig damit.
»Das würde ja dann alles erklären«, sagte seine Frau. »Sie haben sich eben einen Wagen ausgeliehen.«
Aber Emil brütete vor sich hin. Als es Abend wurde, hielt er es schließlich für seine Pflicht, seine Beobachtung der Polizei zu melden.
»Du wirst doch wohl so etwas Dummes nicht tun!« rief sie. »Wo die Leute so gut zu uns sind...«

Am Abend fand in beiden Elternhäusern ein Familienrat statt. Man hielt die Jungen nun schon seit vierundzwanzig Stunden fest. Bei den Steiners berieten Jos' Onkel und Tante, sein Bruder und der alte Herr. Max war dafür, einen Rechtsanwalt zu nehmen und den Jungen aus der Haft herauszuholen, ehe noch andere trübe Dinge ans Licht kämen.
Jos' Vater verhielt sich ziemlich still. Er hatte so seine Art, bei einer Diskussion anwesend zu sein, ohne selbst eine Meinung zu äußern – er traf keine Entscheidungen, er faßte nur zusammen, aber dies in einer Weise, daß nur eine einzige mögliche Entscheidung übrigblieb.
Tante Bertha jedoch regte sich auf. Der Junge habe die Nacht in der Zelle verbracht. Was er denn eigentlich zu essen bekomme. Ob er Gelegenheit gehabt habe, seine Kleider zu wechseln.
»Wir haben uns überzeugt, daß er gut behandelt wird«, sagte Joshua Steiner. »Wenn die Behörden zu der Überzeugung gelangt sind, daß die Jungen damit nichts zu tun haben, werden sie sie auf freien Fuß setzen.»

In der Strausschen Villa führte Onkel Gerald das Wort. Er war älter als Arties Vater und der entschlossenste der Straus-Brüder – ein Geschäftsmann, der spektakuläre Gesten liebte.

Nachdem man einige Male hin und her telefoniert hatte, kamen die männlichen Mitglieder der Familie Steiner zu guter Letzt herüber zu den Straus. Die beiden Brüder, Max und James, beratschlagten untereinander. Es war Max, der sagte: »Wir müssen die Sache realistisch betrachten. Wir müssen mit allem rechnen, auch mit dem Schlimmsten.«
Für die Dauer eines Augenblicks gestanden sich ihre Augen die schlimmste Möglichkeit ein. Sie waren ungefähr gleichaltrig. Für jeden war der etwa sieben Jahre jüngere Bruder noch ›der Kleine‹. Max versuchte einen praktischen Vorschlag zu machen: vielleicht sei es das einfachste, da die Jungen die beiden Mädchen, die sie aufgelesen hatten, nicht beibringen konnten – ja, hm, es müsse doch möglich sein, zwei Mädchen aufzutreiben.
James schüttelte den Kopf – zu riskant.
»Ich bin nur der Ansicht, daß wir auf das Schlimmste gefaßt sein müssen. Die Polizei schreckt vor nichts zurück, um sich diesen Fall vom Hals zu schaffen.«
Deshalb müsse sich jemand mal da unten in der Stadt sehen lassen. Eben um sie daran zu erinnern, wer die Jungen seien.
Und so machten sich die beiden Väter und Onkel Gerald Straus auf den Weg in die Stadt. Emil fuhr sie zum Amtsgerichtsgebäude.
Wir alle von der Presse standen noch herum, in der Hoffnung, die beiden vom Essen zurückkommen zu sehen, als die drei älteren Herren das Büro betraten.
Wir umringten sie, die millionenschweren Männer, die, so glaubten wir, bestimmt gekommen waren, um ihre Söhne abzuholen. Ich beobachtete die beiden Väter mit einem benommenen Gefühl der Macht, denn ich hielt ja den Schuldbeweis in Händen. Wie wenig wußten sie von ihren Söhnen! Was wußte mein Vater von mir?
Joshua Steiner sr. sah irgendwie väterlich aus, anständig, gesetzt. Der andere, Randolph Straus, glich seinem Bruder Gerald – beide gaben sie sich glatter, geschmeidiger als Steiner, und beide waren sie kälter in ihrem Gebaren.
Gerald Straus machte sich zum Sprecher: »Jungens, wir wissen nichts Neues; ihr wißt sicher mehr als wir. Wir wollen nur Mr. Horn aufsuchen.«
Healy, ein Assistent, sagte ihnen, daß Mr. Horn essen gegangen sei. Ja, man erwarte ihn hier zurück.

Und die Jungen? Saßen sie im Gefängnis? Oder wo waren sie sonst?

Sie säßen wahrscheinlich gemeinsam mit Mr. Horn beim Dinner. Man wolle nur noch einige Fragen an sie stellen...

Die Nachricht von dem gemeinsamen Dinner mit Mr. Horn überraschte und besänftigte die drei. »Natürlich wollen wir, daß Ihnen unsere Jungen bei der Aufklärung dieses schrecklichen Falls behilflich sind«, nahm Gerald Straus wieder das Wort. »Sie befinden sich in Mr. Horns persönlicher Obhut, sagten Sie?«

»Ja, er ist persönlich für sie verantwortlich.«

Die Worte zu seiner Erwiderung wählte Straus sehr vorsichtig. »Unsere beiden Familien haben den Wunsch, daß Mr. Horn die Jungen so lange bei sich behält, bis er restlos davon überzeugt ist, daß sie nichts wissen, was auf das Verbrechen Bezug haben könnte.«

»Sowie er zu dieser Überzeugung gelangt ist, werden sie auf freien Fuß gesetzt«, wiederholte Healy.

Steiner meinte, wenn die Jungen noch länger festgehalten würden, sei es doch vielleicht angebracht, ihnen frische Wäsche und einen Schlafanzug zu schicken.

»Rufen Sie uns doch einfach nachher noch einmal an«, schlug Healy vor.

Die Männer berieten einen Augenblick lang untereinander, dankten ihm dann und gingen. Wir folgten ihnen zum Aufzug. Gerald Straus machte sich wieder zum Wortführer. »Lassen Sie es genug sein, meine Herren. Wir sind gleich Ihnen bestrebt, die Nachforschungen zu unterstützen, aber wir machen uns auch Sorgen um unsere Jungen und den guten Ruf unserer Familien.

Einige von Ihnen haben ziemlich böse Sachen über zwei unschuldige Jungen in die Presse gebracht. Ich weiß natürlich auch, was man von Ihnen verlangt. Aber bitte bedenken Sie, meine Herren: unsere Familien gehören zu den angesehensten der Stadt.«

Und dann fuhren sie mit dem Lift hinunter.

Eine Viertelstunde später traf die Autokolonne ein. Alle taten lebhaft, freundlich, aber Horn steuerte die Jungen lachend durch den Knäuel der Presseleute hindurch. Jos verschwand in Paduas Büro, Artie wurde von Swasey abgeführt.

Tom hatte versucht, Horn auf dem Gang anzuhalten; nun eilte

er zur Tür seines Büros, klopfte und trat ein. Ich folgte ihm nach. »Wir haben etwas Interessantes für Sie«, sagte Tom. Ich legte Horn das Beweismaterial auf den Schreibtisch.
Horn ließ seine kurzen Arme auf die Schreibmaschinenbogen fallen. Einen Augenblick später klingelte er Healy herein und sagte ihm, er solle das Original des Lösegeldbriefs holen und zu niemandem etwas verlauten lassen. Uns fragte er, ob wir die anderen beibringen könnten, die mit Jos zusammen gewesen seien, als dieser das Zeug da geschrieben habe. Ich sagte, zwei von ihnen warteten im Klub auf meinen Anruf.
Er nickte. »Sie sollen hierher kommen.« Er ballte die Hände, streckte sie wieder. Als er aufsah, blickten seine Augen glasig. »Diese verdammten Homos«, murmelte er. »Die Hälfte meiner Mitarbeiter hatten sie schon eingewickelt.«
Tom brachte unsere Bitte vor: ob diese Neuigkeit für den *Globe* zurückgehalten werden könne.
Horn stand auf und sah uns verständnisvoll an. »Jungens, ihr habt mir einen großen Dienst erwiesen, und ich erkenne das an. Ich will sehen, daß das eurer Zeitung zugute kommt.«
Padua geleitete Jos herein. Wir wurden hinausgewinkt. Als ich an Jos vorbeischritt, warf er mir einen aufmerksamen, fragenden Blick zu. In meiner Erregung bildete ich mir ein, dieser Blick frage, ob ich etwas gegen ihn vorhätte.

Nur die maschinegeschriebenen rechtswissenschaftlichen Exzerpte lagen auf Horns Schreibtisch. Horn fragte Jos, ob er sich erinnern könne, das da bei sich zu Hause in Gegenwart mehrerer Studiengefährten geschrieben zu haben. Da sah Jos sich wieder vor der Reiseschreibmaschine sitzen. Also hatten sie ihn.
Aber das konnte doch nicht möglich sein. Er und Artie hatten doch bewiesen, daß sie aus anderem Holz waren; sie waren Geisteswesen, die sich in einer vierten Dimension bewegten, dem Zugriff dieser irdisch-banalen Polizei entzogen. Er starrte seinen Widersacher an – Horn, der gerade eben »parlez-vous« sagen konnte, Padua, ein öliger Valentino.
Und er setzte zu seinem letzten Ringen an, wand und krümmte sich, um durch ihr Netz zu schlüpfen. Ja, er gebe zu, daß dieser neue Tatbestand das letzte Glied einer phantastischen Beweiskette sein könne, aber die Schreibmaschine habe nicht ihm gehört. Einer der anderen Jungen müsse sie mitgebracht haben. Wer? Das wisse er nicht genau. Wahrscheinlich Harry Marks.

Wo man den erreichen könne? Er sei der Sohn von Gordon Marks von den Marks Stores.
»Verständigen Sie ihn«, sagte Horn zu Padua.
Es stellte sich heraus, daß Harry Marks gerade in Europa war.
Horns Augen, die Jos nicht losließen, hatten jenen in die Ferne gerichteten metallischen Glanz. »Sie glauben, Sie seien zu schlau für uns«, sagte er. »Vielleicht sind Sie aber zu schlau für sich selbst.«
Und dann saß Jos wieder in einem Marmon, von Polizisten bewacht, und raste abermals den heimatlichen Gefilden entgegen – diesmal um die Schreibmaschine zu suchen.

Als sie das Haus betraten, kam ihnen Jos' Vater mit erleichtertem Lächeln entgegen. Aber Jos rief laut: »Jetzt geht es um den Lösegeldbrief. Sie wollen das Haus durchsuchen, um festzustellen, ob ich die Schreibmaschine habe, auf der der Brief geschrieben worden ist!«
Joshua Steiner sr. schien nicht zu verstehen. »Ist alles in Ordnung?«
»Ja, aber bei der Sache hier macht man schon etwas mit«, rief Jos von der Treppe herunter.
Als er sein Zimmer betrat, erblickte er den geöffneten Schreibtisch und begann wütend seine Papiere zu ordnen. McNamara entdeckte noch mehr maschinegeschriebene Exzerpte. In der Tür stehend fragte Padua: »Von derselben Sorte?« Ja. Aber von einer Corona war nichts zu sehen.
Die Männer durchsuchten das Zimmer, das anschließende kleine Kabinett, andere Räume. »Zwecklos«, sagte Padua. »Wahrscheinlich hat er sich das Ding vom Hals geschafft.« Sie gingen wieder die Treppe hinunter.
»Haben Sie gefunden, was Sie suchten, meine Herren?« fragte der alte Steiner.
»Hm, ja und nein.« Padua setzte sein strahlendes Lächeln auf. »Besitzt Ihr Sohn eine Corona-Reiseschreibmaschine?«
Jos durchzuckte der hoffnungsvolle Gedanke, daß seinem Vater die Maschine vielleicht nie aufgefallen war. »Eine Reiseschreibmaschine? Nein, ich kann mich nicht erinnern, ihm eine gekauft zu haben. Er hat eine gewöhnliche Standard-Schreibmaschine, soviel ich weiß.« Steiner sah fragend von einem zum anderen.
»Werden Sie meinen Sohn noch länger festhalten müssen?«

»Ja, das ist schwer zu sagen. Wir sehen noch nicht ganz klar.«
Jos warf seinem Vater ein verärgertes Lächeln zu. Man eilte wieder hinaus.

Immer mehr Angreifer bedrängten ihn, aber er wehrte ihre Vorstöße ab. Wenn Artie nur hätte sehen können, wie er sie sich vom Leib hielt! Aber man hatte sie abermals getrennt und Jos wieder in die Räume des La Salle Hotels gebracht, wo man ihn weiter bearbeitete. Und hier stand er nun Michael Fine, Harry Bass und Milt Lewis gegenüber. Ihre Blicke wichen seinen Augen aus, während sie mit ruhiger Stimme die Exzerpte in aller Form identifizierten und angaben, wann und wo und von wem sie geschrieben worden waren.
Jos wandte sich an die drei. »Aber ich habe doch auf meiner eigenen Maschine geschrieben, an meinem Schreibtisch, erinnert ihr euch nicht mehr? Die Reiseschreibmaschine muß Harry Marks mitgebracht haben.«
Milt sah ihm zum ersten Mal in die Augen. »Das war deine Maschine. Du hattest sie im Zimmer stehen. Du hast noch mit deinen zwei Schreibmaschinen angegeben. Die eine sei für unterwegs, hast du gesagt.«
Horn dankte den dreien, die darauf hinausgingen.
Sie kamen zu uns in das andere Zimmer.
Wir warteten wie vor einer Tür im Krankenhaus, aus der jeden Augenblick der Arzt heraustreten muß. Aber immer noch geschah nichts, und nach einiger Zeit gingen die drei wieder fort.

Auf der dem Hotel gegenüberliegenden Straßenseite fuhr der Chauffeur der Steiners vor dem Amtssitz des Staatsanwalts vor. Er hatte einen Koffer mit Wäsche bei sich. Als er ihn Healy übergab, umdrängten ihn die Reporter in der Hoffnung auf eine kleine Story.
Emil entfloh. Er fuhr wieder nach Hause zurück. Irgendwie hatte er sich während der Botenfahrt im Auftrag seiner Herrschaft nicht über seine Zweifel klar werden können. Als er aber in der Garage war, vermochte er nicht aus dem Wagen zu steigen. Seine Frau kam herunter. »Ich werde nicht schlafen können«, sagte Emil.
Und so fuhr er zurück in die Stadt. Diesmal in eigenem Auftrag.

Gerade in diesem Augenblick hatten Horn und Padua, da Jos auch weiterhin alles abstritt, beschlossen, eine kleine Kriegslist anzuwenden.

Über dem irren Hin und Her um die Schreibmaschine hatte man sich wenig um Artie gekümmert. Stunde um Stunde hatte er im Büro des Assistenten gesessen; Swasey stellte ihm nicht einmal mehr Fragen.

Nun kam Padua herein. Artie sprang auf. Er trat vor Padua hin.

»Hören Sie – vielleicht geben Sie mir jetzt mal eine ehrliche Auskunft: stehe ich eigentlich unter Arrest oder was ist los?«

Padua lächelte.

»Sie halten mich einfach fest, was?«

»Sie haben es erraten«, erwiderte Padua.

»Wozu?« fragte Artie in gereiztem Ton. »Sie haben nichts gegen mich in der Hand. Ich habe Ihnen alles gesagt, was ich weiß.«

»Sie haben gesagt, Sie seien damals den ganzen Nachmittag und Abend mit Jos Steiner zusammengewesen.«

»Ja, natürlich.«

»Hm, die Dinge stehen nicht sehr gut für Ihren Freund. Nicht nur wegen der Brille. Jetzt hat sich auch herausgestellt, daß der Lösegeldbrief auf seiner Schreibmaschine geschrieben wurde. Da Sie zugeben, mit ihm die ganze Zeit zusammen gewesen zu sein, belastet alles, was ihn belastet, auch Sie.«

Arties Wangen zuckten. »Verdammt nochmal!« rief er. »Ich sage Ihnen doch, wir haben nur ein paar Nutten aufgelesen!«

»Ja, ich weiß, das haben Sie beide ausgesagt.«

An dieser Stelle des hitzigen Gesprächs trat der Chauffeur ins Zimmer. Er ging an allen im Flur Wartenden vorbei, bis er an die Büros mit den Glastüren kam. Das geschah so unerwartet, daß ihm niemand in den Weg trat. In der offenen Tür blieb Emil plötzlich erstarrt stehen wie ein reuiger Sünder, der sich vor der Beichte noch einen letzten Ruck gibt. »Ich möchte den Staatsanwalt sprechen.«

Padua sah überrascht auf. »Der Staatsanwalt ist beschäftigt. Worum handelt es sich denn?«

»Ich bin der Chauffeur der Familie Steiner.«

»Ja, ich weiß, ich habe Sie schon gesehen. Bringen Sie Jos' Zahnbürste?«

»Ich habe eine Aussage zu machen.«

Padua wurde aufmerksam. »Ich bin der Assistent des Staatsanwalts. Sie können Ihre Aussage auch mir gegenüber machen.«

Alle hoben gespannt den Kopf, Artie starrte Emil an. »Ich habe in der Zeitung gelesen, daß Mr. Jos ausgesagt hat, er hätte an diesem Mittwoch nur den Stutz gefahren. Das ist ein Irrtum. Der Stutz war in der Garage; er hatte ihn dort stehen lassen, weil ich die Bremsen nachsehen sollte; sie haben gequietscht.« Artie schien zu schwanken. Er sah von Emil zu Padua. Dann tat er einen Schritt nach rückwärts und ließ sich zusammengekrümmt auf einen Stuhl fallen. Nicht die Brille, ja nicht einmal die Schreibmaschine hatte eine solche Wirkung auf ihn ausgeübt. Auf beide Entdeckungen war man irgendwie vorbereitet gewesen. Emils Aussage dagegen war genau jener Kriminalromanalpdruck: das geringfügige, übersehene Detail!

Padua beugte sich über ihn. »Schon gut«, keuchte Artie und fuhr sich mit der Zunge über die Lippen, immer noch ins Leere starrend. »Also schön. Kann ich ein Glas Wasser haben?« Padua brachte es ihm. Swasey schob uns zusammen mit Emil von der Tür fort, die er hinter sich schloß.

Emil schluckte heftig und starrte auf die geschlossene Glastür. Auf seinem Gesicht war der Blick des Mannes, der dem anderen doch nur einen leisen Stoß gegeben hat. Wie hatte er ahnen können, daß der Bursche stolpern, hinstürzen würde! Healy geleitete ihn in ein anderes Büro, ehe wir ihm Fragen stellen konnten.

Wir warteten. Die Berichterstatter der Morgenblätter riefen ihre Redaktionen an: man solle für die große Sensation Platz lassen.

Dann kam Czewicki hereingestürzt. Er war drüben im Hotel gewesen und suchte jetzt das Büro auf, in dem sich Padua befand. Kurz darauf trat er wieder auf den Flur; sein Gesichtsausdruck schwankte zwischen Schmunzeln und Entsetzen, und seine dicken Backen schienen zu zittern.

Wir umringten ihn. »Gesteht er schon? Haben sie es getan?« »Das Geständnis ist unterwegs«, sagte Czewicki halb vertraulich, halb befriedigt. »Es wird bald so weit sein.« Und er eilte wieder hinüber ins Hotel, um Horn zu berichten.

Horn kam ihm in der Empfangshalle entgegen, und dann schritten sie beide auf und ab; Horn machte mit den Armen schon seine ruckartigen Gerichtssaalbewegungen. Darauf begab sich der Staatsanwalt wieder in das Zimmer, in dem

Jos wartete. »Ihr Komplice hat sich zu einem Geständnis entschlossen«, sagte Horn. Jos zuckte nicht einmal mit den Wimpern.

»Na schön«, fuhr Horn fort. »Was haben Sie zu diesem Autoverleih zu sagen? Und zu Ihrem Abstecher ins Morrison Hotel?«

Jos warf ihm einen fast beschämten Blick zu. Er erhob sich, ging verzweifelt auf und ab und sprach vor sich hin. »Das ist doch nicht möglich! Eher würde die Hölle einfrieren, als daß er umfällt!«

»Er sagt, das Ganze sei Ihr Plan gewesen.« Horns Stimme klang ruhig und nicht ganz ohne Mitgefühl. »Und Sie sollen den tödlichen Schlag geführt haben.«

Wenn man seine Reife je in einem einzigen Augenblick erlangen kann, dann war dies vielleicht für Jos Steiner der Augenblick der Wandlung. Er begann langsam den Kopf zu schütteln. »Der Schwächling«, sagte er. Dann rief er in plötzlichem Zorn: »So, da glaubt Mr. Straus, mir allein alles in die Schuhe schieben zu können. Sie können Mr. Straus ausrichten, daß ich der Wahrheit gemäß aussagen werde. Ich werde eine genaue und lückenlose Darstellung der Ereignisse geben.« Jos holte tief Atem und fügte dann – mit so etwas wie Befriedigung, als hätte das erzielte Resultat schließlich doch im wesentlichen den Erwartungen entsprochen – hinzu: »Ich werde den wahren Zweck und Sinn der Tat bekanntgeben.«

ZWEITES BUCH

Der Prozeß des Jahrhunderts

16

Wir warteten die halbe Nacht hindurch, und nur hie und da drang etwas von den Neuigkeiten zu uns hinaus auf den Flur. Es dauerte lange, weil der Staatsanwalt jeden einzelnen Punkt sogleich festhielt, um den Beweis dafür in der Hand zu haben, falls später geschickte Anwälte die beiden Jungen zum Zurückziehen ihrer Aussagen bringen sollten.

Und so eilten wir zwischen den beiden Büroräumen hin und her, schnappten hier und dort etwas auf und waren überzeugt, daß ein Sexualverbrechen dabei herauskommen würde, ein Lustmord, dem das Detail mit dem Lösegeld nur als Deckmantel übergeworfen war. Wir warteten, und das Warten wurde nur unterbrochen durch einen Anruf aus Louisville: man teilte dem Staatsanwalt mit, daß der fast vergessene Holmes schließlich gestorben war, ohne ein Geständnis abzulegen.

Hinter den Türen der beiden Räume setzte sich nach und nach die Geschichte zusammen; die Täter schienen um die Wette gestehen zu wollen. Und als es dem Ende zuging, war es wie gewöhnlich: Horns Assistenten teilten uns mit, daß die beiden Überschlauen sich hartnäckig gegenseitig beschuldigten – wie zwei ganz normale Verbrecher.

Dann sickerte eine neue und höchst merkwürdige Deutung des Falles durch die Türspalten zu uns hinaus. Gerade Jos schien darauf zu bestehen, mit einer Art triumphierender Geringschätzung gegenüber den Beamten, die, obwohl sie die Mörder doch nun hatten, das wahre Wesen des Verbrechens nicht zu fassen vermochten: Jos behauptete steif und fest, es handle sich nicht um einen Lustmord – sexuelle Motive hätten dabei gar keine Rolle gespielt. Und was das Lösegeld anging – riskierten vielleicht zwei Millionärssöhne wegen lumpiger zehntausend Dollar ihr Leben? Er hatte für den Mord eine ganz seltsame Erklärung: es liege ein Verbrechen um seiner selbst willen vor,

es sei ein Verbrechen im leeren Raum, ein Verbrechen in eine
völlig erkalteten Leere, außerhalb der Atmosphäre irgendwel
cher Motive.
Und als wir erfuhren, wie Artie und Jos über ihre Tat dachten
umgab sich das ganze Geschehen abermals mit dem Schleie
des Geheimnisvollen. War nicht am Ende auch die Deutung de
Täter selbst anzuzweifeln?
Wir verstanden in jener Nacht nur soviel, daß sie behaupteten
ein Experiment durchgeführt zu haben, ein geistiges Expe
riment, wie Jos sich ausdrückte, bei dem sie ein vollkommene
Verbrechen ›kreieren‹ wollten. Sie hatten angeblich danac
gestrebt, das reine Wesen des Mords herauszukristallisieren.
Waren wir zuerst der Meinung gewesen, die Jungen könnte
die Tat nur unter dem Einfluß eines plötzlichen schreckliche
Impulses begangen haben, so erfuhren wir nun, daß ihr ein
lange und sorgfältige Planung vorausgegangen war. Neu fü
uns war das Eintreten in die dunkle, weite Ära des Todes a
Abstraktion. Viel später erst sollten wir nach dem tiefere
Grund forschen, der die beiden Menschen zwang, gerade diese
Verbrechen unter dem Vorwand, ja in der Überzeugung z
begehen, es handle sich um ein Experiment.
Zunächst hörte sich ihre Version wie eine Aufzählung vo
Tagträumen an. Sie hatten mit der Idee des ›perfekten Mordes
gespielt. Baut nicht die ganze Kriminalliteratur auf dieser ver
breiteten Vorstellung auf? Gewiß, in diesen Geschichten wir
immer ein Motiv mitgeliefert. Wir nehmen es hin, daß jeman
wegen einer Erbschaft tötet oder aus Eifersucht oder aus Rache
obwohl wir innerlich die Einschränkung machen: das is
Wahnsinn, so weit würde der Hausdiener nicht gehen! Wi
finden es begreiflich, daß ein Diktator aus einer ›wirtschaftli
chen Zwangslage heraus‹ oder aus ›Machthunge
einen Krieg vom Zaun bricht, aber im stillen fragen wir weiter
»Warum? Warum?«
Doch Jos Steiner und Artie Straus gaben an, den Jungen, ei
vom Zufall auserwähltes Opfer, nur um der Tat selbst wille
getötet zu haben, um des faszinierenden Experiments eine
›perfekten Verbrechens‹ willen.
Beide kamen sie darauf zu sprechen, wie und wann sie den Pla
gefaßt hatten. Artie gab einfach an, ›vor ein paar Monaten wa
das‹, Jos aber sagte mit seiner leidenschaftlichen Genauigkeit
»Wir hatten die Sache zum ersten Mal am achtundzwanzigste
November ins Auge gefaßt.« Und er berichtete von dem Ein

bruch ins Studentenhaus in Ann Arbour und von dem Streit, den sie auf der unheimlichen Rückfahrt gehabt hatten. Ein streitendes Liebespaar mußte auseinandergehen oder sich noch enger binden, und so hatten sie ihren Pakt geschlossen, der durch ein gemeinsam begangenes perfektes Verbrechen besiegelt werden sollte. Daß es gerade eine Kindesentführung sein mußte, war Arties Gedanke gewesen – vielleicht hatte diese Tat in ihm auf die Ausführung gewartet.
Dann die Überlegung der reinen Logik: aus Gründen der Sicherheit durfte das Opfer nie in die Lage kommen, die Täter zu identifizieren; also mußte es so bald wie möglich getötet werden. So war man ganz leidenschaftslos-nüchtern bis zum Mord gekommen, der zu einem nebensächlichen Erfordernis bei der Vervollkommnung einer Idee wurde.
Wie unnütz gefühlvoll hatte man immer zum Tod gestanden! Bei der Verfolgung eines unpersönlich-abstrakten Plans bedeutete er überhaupt nichts, wie Jos uns belehrte; er bedeutete nicht mehr als das Aufspießen eines Schmetterlings oder das Ausstopfen eines Vogels.
Dann der schwierigste Teil des Plans: wie konnte man das Lösegeld an sich bringen, ohne sich irgendwie zu verraten? Obwohl das Geld als Motiv keine Rolle spielte, war es ein Teil der selbst gestellten Aufgabe. Nach der Großtat des perfekten Mordes kam die Großtat der perfekten Lösegeldauslieferung. Und so tauchte der Gedanke einer ›beweglichen Transaktion‹ auf – Eisenbahnzug, gemieteter Wagen, falsche Personalien.
»Und da sind Sie also im Morrison Hotel als Mr. Singer abgestiegen?«
»Ja, Artie brachte einen alten Koffer mit – er steht noch dort.«
McNamara wurde sogleich ins Morrison hinübergeschickt. Im Anmeldebuch fand sich die Eintragung: James Singer. Im Abstellraum stand, mit einem Etikett versehen, der zurückgelassene Koffer. Zum Beschweren hineingelegt – einige Bücher. Und so geschickt der Plan gefaßt war, so leichtsinnig war man zu Werk gegangen – es handelte sich um Bücher aus der Universitätsbibliothek, und in einem lag noch eine Leihkarte auf den Namen Artie Straus.
An solchen Einzelheiten erfaßten wir allmählich das Alpdruckhafte, Unglaubliche des Ganzen, während hinter den beiden Türen die Geständnisse ihren Fortgang nahmen: der Mietwagen – die Seitenvorhänge an den Fenstern herabgelassen, so

daß niemand in den Fond sehen konnte; und dann der Lunch zusammen mit Willie Weiss, und dann die Jagd auf das Opfer, und dann der Junge, der in den Wagen steigt.
»Und – war es in diesem Augenblick bereits zu spät zum Aufhören?«
War es zu spät? War es noch nicht zu spät? Man könnte sagen, es sei schon zu spät gewesen, als Jos Artie zum erstenmal begegnete, ja, als er geboren wurde, so klug schon in frühen Jahren, geboren als Junge, wo man sich doch ein Mädchen gewünscht hatte. Man kann natürlich auch sagen, es wäre noch nicht zu spät gewesen, als der Arm schon erhoben war, die Hand, die den umwickelten Meißel hielt... Wieviele Morde werden verhütet, die nur als Gedanken in uns sind? *Ich könnte diesen Hund umbringen!* In wievielen Erzählungen erleben wir den Augenblick des *Legt an, Gebt Feuer*, wo dennoch der bereits erhobene Arm wieder sinkt? Als das zuerst in Aussicht genommene Opfer, Dickie Weiss, auf der 49. Straße auf einmal verschwand, hätte das Abenteuer zu Ende sein können. Und doch hatte der Arm zugeschlagen.
»Und – waren Sie in diesem Augenblick noch in der Lage, zwischen Recht und Unrecht zu unterscheiden?«
»Zwischen Recht und Unrecht im herkömmlichen Sinn, ja«, erwiderte Jos.
Und so ward der Schlag getan, und vielleicht schien er sogar gleich danach gar nicht getan worden zu sein und das Verbrechen noch verhütet werden zu können. Und dann kam das seltsame Begräbnis, der vergebliche Versuch der Unkenntlichmachung.
»Es war unsere Absicht, Säure über das Gesicht zu gießen, um eine Identifizierung unmöglich zu machen, falls die Leiche gefunden wurde.«
Aber im Verlauf der Tat selbst war es dann plötzlich notwendig, wesentlich erschienen, mit dem Übergießen fortzufahren.
»Und dann haben wir die Säure auch noch über eine andere Körperstelle gegossen –«
»Über welche?«
»Über den Geschlechtsteil.«
Ja, war es dann nicht doch ein Sexualverbrechen? Ein ekelhaftes Detail, über das man am besten schnell hinweggig? Die Fragesteller mußten unbarmherzig bleiben. Und so wurde Jos in seinem Verhörzimmer gefragt: »Was hat Sie veranlaßt, das zu tun?«

»Wir glaubten – ja, wir standen unter dem Eindruck, daß jemand auch identifiziert werden könnte mittels – auf Grund –« Er hielt inne.

In diesem spannungsgeladenen Raum, in dem ihn alle anstarrten – Horn, Czewicki, der Stenograf, anstarrten, als ob sie durch seine Kleider sähen, anstarrten mit schmutzigen Visionen in den Augen – hatte Jos' Erinnerung da ein Bild aus seiner Kindheit durchzuckt, das auf den ersten Blick so gar nichts mit dem zu tun hatte: er zog sich irgendwo aus, war nackt, und andere Jungen, vielleicht sogar sein Bruder, machten rohe Witze –? Könnte sich ihm ein solches Bild aufgedrängt haben? Konnte es Jos vielleicht ahnungsweise den tieferen Sinn dieses Versuchs der Unkenntlichmachung vermittelt haben?

So erstand also die Tat noch einmal vor ihren Augen und wurde zum zweiten Mal erlebt in dieser Nacht des Geständnisses. Die Leiche zuerst mit ätzender Lösung beträufelt über Mund und Genitalien, dann in den Schlamm gezerrt, blutbefleckt durch das morastige Wasser gezogen, in das dunkle Rohr gezwängt.

Dann schnell fort, die blutige Decke nachgeschleift, über den nachtdüsteren Weg. Halt. Die Erde mit dem scharfen Meißel aufgekratzt, die Gürtelschnalle vergraben, die nicht zu verbrennen war. Und ein Stück weiter die Schuhe unter dünner Erdkruste verscharrt. Dann zurück zur Straße. Die Häuser, die Lichter der City. Kurzer Halt vor einem Drugstore, Jos ruft zu Hause an – der pflichtgetreue Sohn »Komme etwas später« – und Artie ruft ein Mädchen an: »Bin aufgehalten worden, Baby, nichts zu machen, Süßes, vielleicht morgen.« Dann nach Hause gefahren zu Jos, den Willys ein paar Häuser weiter geparkt, den Stutz aus der Garage geholt, um Onkel und Tante heimzufahren. Artie spielt inzwischen in aller Ruhe mit dem alten Herrn eine Partie Casino. Und dann ist Jos wieder zurück – »Gute Nacht, Vater« – Joshua Steiner sr. zieht sich gerade zurück. Und dann sie beide hinein in den Willys, die Decke und die Kleider sind noch im Wagen. Zu Artie, in das Souterrain geschlichen, die Kleider zusammengebündelt in den Ofen geworfen, aber nicht die Decke – »Die macht zuviel Qualm. Wir stecken sie hinter einen Busch, sehen morgen, wie wir sie loswerden. Wenn sie jemand findet, das ist Jungfrauenblut – kann ja mal vorkommen, haha.« Doch halt – das Blut im Wagen. Schnell den Wasserschlauch, das Schlimmste weggespült – »Kann nichts Richtiges sehen, ist gut genug«, sagt Artie. »Fahr den verdammten Willys vor irgendein Mietshaus. Die Sachen aus dem Wagen raus.« Dann Artie nach Hause gefahren. »Halt – fort mit dem blöden Instrument da!« Und auf der Ellis Avenue wirft Artie den mit Klebestreifen umwickelten Meißel hinaus auf den Boden der einfältigen Welt ...

»Vorbedacht ist gar kein Ausdruck – sie hatten die Sache ja schon seit Wochen, seit Monaten geplant«, teilte uns Horn mit, als er auf den Hotelflur hinaustrat. »Die zwei werden hängen. Ist mir ganz gleich, wieviele Millionen ihre Familien locker machen, um ihr Leben zu retten.« Er war nicht rachsüchtig, nicht blutdürstig. Er war ein Mann, der eine höchst schwierige Aufgabe gelöst hatte und mit seiner Tätigkeit zufrieden sein konnte.
Die Geständnisse würden gerade mit der Maschine geschrieben, sagte er. Sie wichen nur in einem – allerdings entscheidenden – Punkt voneinander ab, und das sei ja zu erwarten gewesen. Er grinste. »Jeder behauptet, der andere hätte den tödlichen Schlag geführt.«
Bald hatten wir die Aussagen im Wortlaut vor uns. Artie gab an, er habe den Wagen gefahren. »Ich habe neben Paulie gehalten und gerufen: ›He, Paulie‹, und da ist Paulie zum Wagen gekommen, und ich habe ihn gefragt: ›Willst du mitfahren?‹, und Paulie hat gesagt nein, er sei ja gleich zu Hause, und da habe ich gesagt: ›Ich muß mit dir sprechen wegen des Tennisschlägers, den du neulich hattest.‹ Und da hat Paulie gesagt: ›Okay‹, und ist zu mir eingestiegen. Ich habe ihn mit Jos bekannt gemacht, der hinten saß, und habe Paulie gefragt: ›Du hast doch nichts dagegen, wenn ich einmal um den Block herum fahre?‹, und Paulie hat gesagt ›Okay‹, und ich bin weitergefahren, und als wir um die Ecke fuhren, kamen von hinten die Schläge, drei, vier kurze Schläge auf den Kopf, und eine Hand war schon auf seinem Mund, ehe er noch losschreien konnte, und dann ist er nach hinten gezerrt worden und hat ein Tuch in den Mund gesteckt bekommen.«
Einige Minuten lang hatte Jos, nach Arties Aussage, die Nerven verloren. Er hatte gerufen: ›Oh, das ist schrecklich, schrecklich!‹ Und Artie hatte schnell etwas sagen und Witze reißen müssen, bis Jos sich wieder beherrschte.
Dieses ›Das ist schrecklich, schrecklich‹, hallte in mir wider. Es war kein mildernder Umstand, aber was bedeutete es, gerade in

diesem Augenblick? Daß wenigstens über einen von ihnen die
Realität hereinbrach?

Artie selbst hatte, seiner Aussage zufolge, eine Beschleunigung
des Pulses verspürt von dem Augenblick an, als der Junge in
den Wagen gestiegen war. Eine trunkene Heiterkeit, ein
nachtvolles Hämmern des Blutes.

Jos' Darstellung wich von der Arties hauptsächlich in der Frage
ab, wer am Steuer des Wagens gesessen hatte: er habe gefahren
und Artie habe hinten gesessen; und die Schläge seien mit dem
Meißel ausgeführt worden, den Artie in der Hand gehalten
habe.

Ich wußte, daß es meine Pflicht war, Ruth anzurufen. Sie sollte
alles von mir erfahren und nicht aus der Zeitung. Aber irgendwie schämte ich mich – was ich auch sagte, mußte sich wie ein
persönlicher Triumph anhören. Ich zögerte den Anruf hinaus,
sagte mir, ich wollte sie nicht mit dieser Mitteilung aus dem
Schlaf holen. Als ich dann endlich anrief, hatte sie es schon in
einem Extrablatt der *Tribune* gelesen. Dann ihre fragende
Stimme: »Sid, wirst du ihn sehen?«
»Vielleicht.«
»Sid! Sid!« Es war, als hätte sie ›Jos! Jos!‹ gerufen.

Wir machten uns eilends auf den Weg, um die Angehörigen zu
interviewen. Sie waren mit der Nachricht aus dem Bett geholt
worden, und in der Strausschen Villa ließ man uns alle herein-
kommen und bat uns um Einzelheiten – ob das nicht eine Folge
des ›dritten Grades‹ sei? Sobald die Jungen einmal ausgeschla-
fen hätten und zur Ruhe gekommen wären, würden sie ihre
Aussagen zurücknehmen. Das Ganze sei ja reiner Wahnsinn.

Arties Vater ging hinaus. Mrs. Straus hielt sich mit Gewalt
aufrecht. »Ich glaube es erst, wenn ich es aus Arties eigenem
Mund höre«, sagte sie.

Und bei den Steiners wiederholte das Familienoberhaupt lediglich immer wieder: »Nein, nein, da muß ein Irrtum vorliegen,
das kann nicht wahr sein.« Jos' Bruder Max meinte: »Wahrscheinlich haben sich die beiden einen Witz erlaubt. Sie wollten
der Polizei wohl einen Streich spielen, weil man sie so lange
festgehalten hat.«

17

Wenn Jos nach seinem Geständnis überhaupt etwas fühlte, dann eine Art Stolz wie nach einem außergewöhnlich umfassenden Referat auf dem College. Der Staatsanwalt hatte, das mußte man ihm zugestehen, das Verhör in einem der Sache angemessenen Ton geführt und mit der nötigen respektvoller Neugierde. So hatte man ihn, Jos, als alles vorüber war, gefragt, ob er sich ein wenig ausruhen wolle. Er streckte sich auf zwei zusammengeschobenen Sesseln aus und sah, als die Spannung aus ihm wich, eine aufwühlende Sekunde lang sich und Artie gemeinsam das Schafott besteigen. Sich daran erinnernd, daß er keine Furcht verspürte, daß er konsequent war, schlief Jos dann ein.

Als er aufwachte, stand Kaffee neben ihm, und Horn war wieder da und sah frisch rasiert aus. Dann kam, von Padua begleitet, Artie herein.

Artie trug ein schützendes, verlegenes Grinsen zur Schau. Seine Nähe löste automatisch in Jos ein schnelleres Pulsieren von Herz und Verstand aus, aber gleich darauf mußte er an Arties Verhalten denken, und da war wieder eine große Leere in ihm. Mit seinem Versuch, die Geschichte zu verdrehen, verriet, opferte Artie ihre Gemeinsamkeit.

Mr. Horn war betont freundlich. »So, wir möchten gerne, daß Sie Ihre Aussagen überprüfen, Sie werden ausreichend Gelegenheit haben Berichtigungen vorzubringen.«

Padua reichte Jos eine Kopie der Darstellung Arties. Jos bemerkte sofort den kleinen Fehler bezüglich des Ursprungs ihres Plans, und selbst dieser kleine Irrtum war ihm unverständlich. Wie konnte Artie jene Nachtfahrt nach dem Einbruch in dem Studentenhaus vergessen? Er las weiter, bis er an die Stelle kam, an der davon die Rede war, wer den Willys gefahren hatte.

War Jos erschüttert gewesen, als man ihm einige Stunden zuvor gesagt hatte, daß Artie ein Geständnis ablegte, so war es nun zum zweiten Mal. Mit diesem zweiten Verrat zerbrach ihrer beider Einheit.

Jos sah den Freund scharf an, der seine, Jos', Aussagen gelesen hatte. Da bekam Artie einen roten Kopf und sprang auf und begann wütend drauflos zu reden. »Erstens sagt er, ich hätte den Meißel umwickelt. Umwickelt hat *er* ihn, Jos Steiner, in Jackson-Park. Er hat ihn umwickelt, als wir im Jackson-Park auf diesem kleinen Neun-Loch-Golfplatz gewartet haben. So war das.«

Arties Einwand war nicht ganz aus der Luft gegriffen. Als sie nebeneinander im Wagen gesessen hatten, hatte Artie gesagt: »Ich zeige es dir«, und angefangen, den Meißel zu umwickeln, ihn dann aber Jos gegeben.

»Zweitens spricht er da von dem Grundgedanken der ganzen Sache. Also das Wichtigste dabei war einmal das richtige Versteck für die Leiche und zum anderen das Problem der Lösegeldübergabe. Das mit dem Betonrohr war seine Idee und das mit dem Zug ebenfalls.«

Das war es also – Artie wollte ihm die ganze Schuld zuschieben: er, Jos, sollte den Plan konzipiert, das Versteck vorgeschlagen, den Meißel umwickelt und – getötet haben! Artie wollte sich nur als Handlanger betrachtet wissen. Für die Dauer eines Augenblicks sah Jos wieder die Abende des gemeinschaftlichen Planens, der harmonischen Gemeinschaft vor sich, und da drängte das Leid in ihm hoch. Aber er hörte weiter zu. »Er erwähnt auch nichts von der Todesart«, fuhr Artie fort. »Er hatte das alles genau überlegt und vorbereitet, wie ja aus dem Äther im Wagen hervorgeht, der unbedingt benutzt werden sollte. Der Junge sollte mit Äther zu Tode betäubt werden, und das war seine Aufgabe, da er ja schon mehrfach Vögel und andere Tiere auf diese Weise getötet hatte und Ornithologe war. Ich verstehe davon überhaupt nichts.«

»Ja, aber der Äther ist doch gar nicht benutzt worden, oder?« fragte Horn. »Wer hat denn den Schlag mit dem Meißel ausgeführt?«

»Er«, sagte Artie nur.

»Wer ist *er*?«

Abermals versuchte Jos, mit den Augen Arties Blick festzuhalten.

»Joshua Steiner junior«, erklärte Artie. »Er saß vorn und –« Da verstummte er.

Angesichts des Schnitzers, den sein Gefährte soeben gemacht hatte, durchzuckte Jos ein zweifacher Impuls aus Mitleid und Schadenfreude gleich einem Wechselstrom, und als Artie sich weiter verhedderte, empfand Jos so etwas wie Kummer um ihn, der sich jetzt als der Schwächere erwiesen hatte.

»Ich wollte sagen, *ich* saß vorn auf dem Fahrersitz«, begann Artie von neuem. »Ich hatte mich nur versprochen. Ich bin etwas nervös.« Horn und die anderen verbargen kaum ihr

Lächeln. »Der kleine Kessler ist dann vorn eingestiegen. Er ha‍[t] Jos erst gesehen, als er schon im Wagen war.« Artie hatte sich jetzt gefaßt, und Jos vermerkte, obwohl er den brennende‍[n] Wunsch verspürte, einzugreifen und dieser Darstellung zu widersprechen, mit einer gewissen Befriedigung, daß de‍[r] Freund wieder in Form war. »Ich habe den Jungen in de‍[n] Wagen geholt und ihn dann mit Jos bekannt gemacht.«
Mit diesen Worten wandte Artie sich um und redete nun Jo‍[s] unmittelbar an. »Ich soll hier alles ausbaden. Diese ganz‍[e] Geschichte – das Alibi, die Mädchen und das Besäufnis in Coconut Grove und so –, das war alles genau abgesprochen. Wir hatten vereinbart, daß das Alibi nur bis Mittwoch mittag gelten sollte. Danach wollten wir einfach sagen, wir könnte‍[n] uns an nichts Genaues mehr erinnern.«
In Jos ging in diesem Augenblick etwa das gleiche vor wie i‍[n] dem Mann, der entdeckt, daß die Frau, die ihm zu Füßen gelegen und die er geliebt hat, eine Dirne ist, und den ein‍[e] grenzenlose Enttäuschung erfaßt, daß er sich eingestehe‍[n] muß: ›Aber ich wußte es ja die ganze Zeit schon. Ich wußte e‍[s,] als sie sich bei mir gehen ließ, als sie sich zu all diesen schmut‍[-] zigen Sachen hergab – man betrachtet sie nur nicht a‍[ls] schmutzig, weil man sie selbst auch tut – aber ich wußte, da‍[ß] sie dasselbe auch mit anderen Männern treiben würde.‹ Und i‍[n] seiner Erschütterung wird dem Mann dann klar, daß er si‍[e] vielleicht weiter lieben muß und in seiner Liebe für imme‍[r] allein bleiben wird.
So fühlte nun Jos, wie ewige Einsamkeit sich auf ihn herab‍senkte. Die Würde, die Konsequenz, die Ganzheit ihrer Tat wa‍[r] zerborsten; sie waren keine allmächtigen, selbstherrliche‍[n] Götter mehr, sie waren Jungen, die man gefaßt hatte und di‍[e] sich krümmten und wanden und einander mit Schmutz bewar‍[-] fen. Und er hatte nur den Wunsch, sich aus alldem heraus‍zuhalten, um sich wenigstens seine eigene Vorstellung vo‍[n] Integrität zu bewahren.
Jos wandte sich an Artie. »Es tut mir leid, daß du keine Chanc‍[e] hattest und umgefallen bist, aber das ist nicht mein‍[e] Schuld!«
Horn schaltete sich ein. »Jetzt hört mal zu, Jungens. Ihr sei‍[d] beide von mir gut behandelt worden, ja?«
»Unbedingt«, sagte Jos.
»Man hat euch nicht unter Zwang gesetzt oder grob ange‍[-] faßt?«

»Nein.«
Artie schwieg. »Habt ihr irgendwelche Beschwerden vorzubringen?«
»Nein«, erwiderte Jos.
»Sie, Artie?« fragte Horn.
»Nein«, hörte Jos Artie murmeln.
Als man sie hinausführte, sah ihn Artie nicht an.

Mit äußerster Energie und ohne Zeit zu verlieren suchte Horn seinen ›Fall für den Galgen‹ unter Dach und Fach zu bringen, ehe vielleicht die Anwälte an die Jungen herankamen und sie anwiesen, den Mund zu halten. Er dachte voraus, stellte sich die Taktik der Verteidigung vor. Zweifellos würde man versuchen, auf Unzurechnungsfähigkeit infolge Geistesgestörtheit zu plädieren. Viel Vergnügen, wo die beiden im College die besten Noten hatten! Und Horn sandte seine Leute aus und sammelte die Aussagen von Studienkollegen, von Lehrern, von Freundinnen – hatte einer von ihnen je den Eindruck gehabt, daß Jos und Artie *nicht* intelligent und *nicht* selbstbeherrscht waren?
Als wir uns alle wieder in Horns Büro einfanden, wurden die beiden hereingeführt. Sie sahen frisch und hellwach aus, nahmen aber eine feindselige Haltung zueinander ein.
Eine neue Phase der bizarren Geschichte begann.
Gleich unsere ersten Fragen bezogen sich auf eventuell vorhandene Reuegefühle. Artie sagte, es tue ihm leid, aber nur weil das Abenteuer mißglückt sei. Jos erklärte: »Ich habe meine Gefühle geprüft und kann nicht sagen, daß ich so etwas wie Reue empfinde.«
Ob er es noch einmal tun würde.
Nein – Jos sprach mit Überlegung –, nein, aber nur weil er jetzt wisse, daß kein perfektes Verbrechen möglich sei – irgendeinen Schnitzer mache man immer.
Darauf begann er seine Übermensch-Philosophie zu erklären – Befreitsein von allen Gesetzen, Gefühlen, abergläubischen Vorstellungen, ja von der Furcht vor dem Tod. Er redete fast ununterbrochen den ganzen Tag, während unsere Kolonne den Weg des Verbrechens abfuhr.
Ein halbes Dutzend Limousinen parkten unten, aber sie reichten noch nicht für alle Zeitungsleute, Sensationsreporterinnen, Bildberichter und die Vertreter der auswärtigen Presse, die in Scharen eintrafen.

Von Sergeant McNamara gefolgt trat Jos auf Tom und mich zu. »Soviel ich weiß, haben wir unsere mißliche Lage zum großen Teil Ihnen beiden zu verdanken«, sagte er. »Aber ich möchte hiermit feststellen, daß ich das nicht als einen persönlichen Angriff betrachte. Ich muß Sie sogar zu Ihrem Erfolg beglückwünschen.«
Ich blickte ihn an und versuchte das Wissen, daß er ein Mörder war, in mir auszulöschen. Er mußte doch an irgendeiner Stelle menschlich, wertvoll sein, um ein Mädchen wie Ruth an sich fesseln zu können – oder war alle Liebe nur Wahn? Oder war dieser wertvollere Mensch in ihm so tief vergraben, daß ihn nur hin und wieder ein besonders befähigtes Wesen wie Ruth zu ahnen vermochte?
Wir wurden in die Wagen verfrachtet. Es gelang mir, mich zusammen mit Padua, Mike Prager und einer Reporterin vom Herald, einer zähen Blondine namens Rea Knowles, in Arties Wagen zu zwängen.
Artie machte nun einen ernsten, bußfertigen Eindruck. »Ich begreife nicht, wie dieser kaltblütige Fisch im anderen Wagen noch darüber lachen kann«, sagte er. Rea fragte ihn, ob er die Schwere seiner Tat erfasse, und Artie erwiderte: »In den ersten paar Tagen hat es mir nichts ausgemacht; ich hätte das Geheimnis mein ganzes Leben lang mit mir herumtragen können. Aber jetzt spüre ich es.«
Sie wollte noch mehr wissen. »Sie sind doch letzte Woche aus gewesen, Artie, nicht wahr? Hat es Sie nicht bedrückt, wenn Sie mit einem Mädchen zusammen waren?«
Mit seiner jungenhaften Offenheit erwiderte Artie: »Nein, hin und wieder habe ich vielleicht mal dran gedacht. Aber jetzt stehe ich ganz anders zu der Sache. Alle Augenblicke sehe ich die Tat vor mir, und ich muß daran denken, was wir getan haben.«
Nun wandte sich Artie mit Fragen an uns. Ob wir glaubten, ein Anwalt könne ihn vor der Todesstrafe bewahren. Unweigerlich fiel der Name Jonathan Wilk. Artie hatte schon an ihn gedacht. »Aber der verteidigt ja nur arme Leute«, sagte er. »Glauben Sie, er würde unsere Verteidigung übernehmen?«
Ein Schweigen trat ein. Padua, der vorn saß, wandte sich belustigt lächelnd um, und Rea setzte ihren Angriff fort. Ob er, wenn er ins Zuchthaus gehe, an ein Mädchen denke, das vielleicht auf ihn warte. Und Artie sagte reumütig, er wisse nicht, ob ihn eine Frau heiraten könne nach all dem, was er getan

habe. Obwohl – manchmal habe er das Gefühl, als habe gar nicht er, sondern eine andere Person die Tat begangen –
Nach diesem Brocken griff Mike Prager. Ob er glaube, die Tat unter Jos Steiners Einfluß, unter seinem Zwang begangen zu haben.
Artie blickte uns, auch Padua, ganz offen an. »Was glauben Sie?«
Wenn man an den düsteren Jos dachte mit seinen brennenden, dunklen Augen und dann den jungenhaften Artie vor sich sah, gab es nur eine Antwort: der leitende, beherrschende Kopf war Jos.
Unsere Kolonne hielt vor dem Autoverleih. Der Manager, Jos gegenübergestellt, wurde blaß und schnappte nach Luft. »Ja, ich erinnere mich – James Singer. Hat ein paarmal einen Willys gemietet. Wir haben uns wie üblich durch Nachfragen vergewissert, daß –« Aber Horn beruhigte ihn. »Schon gut.«
Beim nächsten Halt gab es einen kleinen Zwischenfall. Wir betraten die Imbißstube, in der Artie, als Mr. Singers Referenz, auf den Telefonanruf gewartet hatte.
Wir waren kaum eingetreten, da stürzte eine rundgesichtige Frau hinter der Ladenkasse hervor und deutete sofort auf Artie. »Das ist er!« Artie schwankte, lehnte sich an die Wand und wurde ohnmächtig. Ein Detektiv faßte ihn unter und richtete ihn wieder auf.
»Der arme Schwächling.« Wir wandten die Blicke Jos zu. Aus seiner Stimme klang weder Verachtung noch Mitleid heraus; es war einfach wie eine Feststellung.
Man brachte Artie wieder zu sich. Er versuchte, die Sache mit einem Witz abzutun, und sagte, gewöhnlich kippe er erst nach einer Flasche Gin um. Die Kolonne setzte sich abermals in Bewegung.
Wir fuhren die Strecke nach, die der tote Paulie Kessler im Wagen zurückgelegt hatte. Von der Abzweigung zum Hegewisch-Moor aus führte uns Jos eiligen Schritts über das Wiesengelände und beschrieb, wie sie die Leiche transportiert und dann in das Abflußrohr gesteckt hatten. »Ein paar Zentimeter weiter hinein und man hätte nichts davon gesehen«, sagte er, und seine Stimme hatte wieder jenen merkwürdigen, blasierten Hörsaalton.
Jemand fragte: »Wie sind Sie gerade auf diese Stelle verfallen?«
Und da platzte Artie heraus: »Das war alles Mr. Steiners Idee.

Ich kenne mich hier gar nicht aus. Ich hätte nicht einmal allein hierher gefunden!«

Und ich glaube, ich fühlte in diesem Augenblick ganz dumpf, was Jos vielleicht gefühlt hat: ich sah das Rohr irgendwie als den heimeligen Unterschlupf an und empfand das Bedürfnis des Versteckens, Verkriechens nach, das kleine Kinder anfällt, wenn sie einen großen Pappkarton, ein Faß oder etwas Ähnliches entdecken.

»Warum gerade diese Stelle?« wiederholte jemand, und Jos machte ein verwirrtes Gesicht. Er wandte sich von uns ab. Er sprach gerade mit McNamara über seine Chancen. Mit dem großen Polizisten verstand er sich jetzt ganz gut. »Ich glaube kaum, daß ich bei einer Schwurgerichtsverhandlung Chancen hätte«, sagte er. »Die Geschworenen wären gegen uns eingenommen und würden uns aufhängen lassen. Was meinen Sie?« McNamara stimmte ihm mit erfahrenem Kopfnicken bei. Geschworene seien ein großes Risiko. Ein einzelner Richter verfahre manchmal gnädiger.

»Unsere Angehörigen werden wohl den besten Verteidiger herbeischaffen, den es gibt«, fuhr Jos fort. »Mit einem geschickten Anwalt vor dem Einzelrichter kommen wir vielleicht mit dem Leben davon, was meinen Sie?« Diese spekulative Äußerung sollte dem Prozeß einen stürmischen Auftakt geben. Am Wegrand zeigte uns Jos die Stelle, wo die Gürtelschnalle vergraben lag, und man fand sie auch und ebenso die Schuhe. Wir fuhren zum Strand, wo die halbverkohlten Überreste der Decke sichergestellt wurden, und schließlich zur Lagune im Jackson-Park, wo Taucher die Schreibmaschine heraufholten. So war denn alles bewiesen, alles genauestens bewiesen.

Wir fuhren wieder in die Innenstadt, und als wir an den Michigan Boulevard kamen, ließen wir eine endlose Fahrzeugschlange Revue passieren. »Ach ja, wir haben ja Memorial Day«, rief Jos. »Die alljährliche Parade des legalisierten Mords!«

Dann war Essenszeit, und Horn lud unsere ganze Gesellschaft großzügig ins Crown ein.

Während des Dinners glänzte Jos fortwährend mit seinem Wissen und ich wurde, ohne es zu wollen, von den anderen als Gegenstück zu ihm hingestellt – denn ich war ja auch mit achtzehn bereits Universitätsgraduierter. Wiederholt schien mich Jos mit einer Bemerkung über Anatole France, über Voltaire herauszufordern. Auf diesem Gebiet konnte ich es mit ihm aufnehmen, aber Sappho hatte ich nicht gelesen, auch nicht in einer Übersetzung. »Die Medici!« rief er. »Wir sind alle für eine bestimmte Zeit geschaffen. Ich hätte zur Zeit Aretinos und Cellinis leben müssen, meinst du nicht auch? Du hast doch Aretino gelesen, oder?«

Wie sehr Jos Teil seines Jahrhunderts war, konnten wir damals noch nicht wissen.

Erst gegen Ende, als wir schon aufstanden, nahm Jos die Gelegenheit wahr, mit mir zu sprechen – ein Gespräch, wie es zwei Menschen führen, die zwar vor der Öffentlichkeit Gegner sind, persönlich aber vieles miteinander gemein haben. »Hast du Ruth inzwischen gesehen?«

»Nein«, sagte ich. »Die ganzen letzten Tage hatte ich keine Gelegenheit dazu, aber ich habe am Telefon mit ihr gesprochen. Sie – läßt dir ihr Mitgefühl aussprechen.«

Er blickte mich verstohlen an. »Sag ihr, ich bäte sie um Verzeihung, ja?«

Als Horn die beiden bereits hinauseskortieren ließ, stellte ein Reporter noch eine letzte Frage. Ob sie ihren Angehörigen etwas auszurichten hätten.

»Ja«, erwiderte Jos in kurz angebundenem Ton. »Sagen Sie meinem Vater, er könnte mir so langsam einen Anwalt schicken.«

Da es Samstagabend war, besuchte ich Ruth.

Das hätte mein großer Triumph sein können – der junge Reporter, der zu seinem Mädchen kommt, nachdem er die größten Mörder des Jahrhunderts gestellt hat!

Als ich eintrat, ging sie mir mit einem gezwungenen Lächeln entgegen. »Nein, wirklich, Sid, du hast etwas Fabelhaftes geleistet, und du sollst wissen, daß –« Wir standen dicht voreinander, neigten uns fast zum Kuß, aber dann faßten wir uns nur bei den Händen, und ich wußte, daß der Augenblick vorüber war.

Ruth sagte: »Komm, gehen wir ein Stück spazieren.«

Auf dem Weg zum Park sprach ich plötzlich in einem Atem von dem Fall und von uns. »Ruth, als ich dir das mit seiner Brille sagte, habe ich gesehen, daß du ihm die Tat zutraust. Etwas in dir wußte es damals schon. Und das hat mich veranlaßt, nach neuen Beweisen zu suchen.«

Sie entzog mir ihre Hand. »Dann habe auch ich es getan«, sagte sie.

»Wieso? Was hast du getan? Um Gottes willen, wie kannst du dir etwas vorwerfen! Wie kannst du uns einen Vorwurf daraus machen, daß wir ihn gefaßt haben!«
»Nein, nein, das tue ich ja gar nicht. Sie mußten gefaßt werden. Ich glaube, ich bin feige.«
Wir blieben voreinander stehen und setzten uns dann irgendwie steif auf eine Bank.
»Sid, ich bin dir das schuldig, ich – ich muß dir etwas sagen«, begann sie. Und dann erzählte sie mir das Vorkommnis mit Jos draußen in den Dünen.
Mir wurde übel, während sie sprach, und dann packte mich nachträglich die Angst um sie. Allein, da draußen. Er hätte alles mit ihr machen können.
»Es ist nichts geschehen«, sagte Ruth.
Die beklemmendste Frage vermochte ich nicht in Worte zu fassen. Hatte sie dasselbe empfunden, was sie empfunden hätte, wenn *ich* es gewesen wäre?
Sie las mir auch diese Frage von den Augen ab und ergriff meine Hand. »Es war etwas ganz anderes, nicht so wie mit dir zusammen. Sid, etwas hat mich zu ihm hingezogen. Vielleicht weil er so sehr jemanden braucht und alles so tief in sich verborgen hält.«
Wie konnte ich auf den armen Kerl eifersüchtig sein! Und doch gab ich mich nicht zufrieden. »Und nach dem Vorfall in den Dünen – bist du da noch einmal mit ihm ausgegangen?«
»Ja.«
»Aber warum, Ruth? Warum nur?«
»Ich weiß nicht... er hat sogar von Heiraten gesprochen...«
Aus ihrer Stimme schrie es, ich möchte sie doch verstehen. »Ich – ich glaube, an diesem Tag habe ich ihn geliebt. Oh, Sid, es wäre nicht recht, wenn ich dir das verschwiege. Vielleicht war es auch nur Mitleid. Ich wußte, daß er unter irgend etwas Schrecklichem litt, das er mir nicht sagen konnte. Er verbirgt alles tief in sich. Vielleicht« – ihre Stimme klang jetzt ganz leise, erstickt –, »vielleicht hat er es gerade deshalb tun müssen.«
Ich verstand diese Worte nicht ganz und hatte das Gefühl, daß auch sie keine Erklärung dafür geben konnte. Dann beruhigte sie sich; sie fragte mich sogar, wie mir schien, in ganz unpersönlichem Ton, ob ich glaubte, sie müßten hingerichtet werden.
Ich sagte, ich sei aus verstandesmäßigen Gründen der Ansicht,

daß die Todesstrafe sinnlos und ein einfacher Racheakt sei, aber man habe doch angesichts einer solchen Tat das Gefühl, daß die Urheber nicht länger mehr der menschlichen Gesellschaft angehören dürften.

Sie schwieg, und ich gebrauchte abermals ungeschickte Worte. »Ruth, warum sollte deshalb etwas zwischen uns stehen! *Ich habe doch niemanden umgebracht!*«

Da brach es aus ihr hervor, in Leid und Bitterkeit. »Nein? Hast du nicht Tag und Nacht mit Feuereifer an ihrem Verderben gearbeitet? Willst du sie nicht hängen sehen, obwohl du aus verstandesmäßigen Gründen dagegen bist?« Sie schluchzte und ließ den Kopf sinken. »Entschuldige.«

Hätte ich ihr in diesem Augenblick auch nur ein leises Schamgefühl gezeigt, dann wäre diese schreckliche Kluft vielleicht zu überbrücken gewesen. Das sehe ich jetzt.

Die beiden Familien konnten sich den Tatsachen nicht länger verschließen. Artie hatte seine Mutter anrufen dürfen, und so hatte sie es nun tatsächlich aus seinem eigenen Mund gehört. »Ja, Mutter, es stimmt, ich habe es getan. Es tut mir leid, daß ich euch damit einen schweren Schlag zufüge. Ich werde alles tun, was ihr von mir verlangt.« So ging es weiter. Seine Mutter fand keine Worte. Sie vermochte nur seinen Namen zu wiederholen und die Frage: »Aber warum? Warum? Wie konntest du das nur tun, Artie!«

Mrs. Straus war oben auf ihrem Zimmer, als Arties Anruf kam. Ihr Mann stand neben ihr, wenn er sich auch weigerte, mit Artie zu sprechen. Dann ging er in sein Arbeitszimmer. Alle machten sich Sorgen um ihn. Randolph Straus war reizbar und sensibel und deshalb manchmal so ungesellig. Als Neffe von Nathan Weiss war er jetzt der Generaldirektor der von diesem gegründeten großen Aktiengesellschaft, und er wußte schon, daß er von seinem Posten zurücktreten würde. Sein Name sollte das Unternehmen nicht beflecken. Er würde sich zurückziehen, denn er konnte der Welt nicht mehr gegenübertreten.

Welche persönlichen Schuldgefühle mögen in den Eltern aufgestiegen sein? Fragte sich Arties Mutter, ob dies nun die Strafe sei für ihre Untreue der Kirche gegenüber, für den Umstand, daß sie ihre Kinder nicht katholisch erzogen hatte? Bekehrte sich der Vater zum Teil wieder, fragte er sich, ob die alten Gesetze vielleicht noch in Kraft seien?

Da kam schließlich sein Bruder Gerald herein und sagte: »Wir müssen etwas unternehmen.«
Etwas unternehmen, Pläne machen – was konnten sie denn aber tun? Doch er folgte Gerald hinaus und setzte sich zu den anderen: seinen Söhnen, seinen Brüdern, den Brüdern seiner Frau und zu den Feldschers, die gekommen waren. Man sprach, zumeist mit gedämpfter Stimme, in Gruppen zu zweien und dreien – die Kleider des Jungen unten im Ofen verbrannt, hier im eigenen Haus – und das gefürchtete Wort fiel nicht, fiel schließlich doch: die Jungen mußten geisteskrank sein.
Und dieses Wort brachte endlich die tiefer verborgenen Ängste zum Schwingen, denn wie in jeder großen Familie, gab es auch in der Sippe der Straus einen, der krank war – ein Vetter in einer Nervenheilanstalt –, und nun schienen die Wogen dieses Übels auch alle anderen erfassen zu wollen. Würden alle Mädchen der Familie von nun an das drohende Schicksal in ihrem Schoß spüren? War dies das Übel, das Artie ihnen angetan hatte?
Aber Randolph Straus wollte das nicht hinnehmen. Er stand auf und sagte, daß ihn alle hörten: »Es ist seine eigene Schuld. Dieser Junge hatte alles! Schon als Kind hat er sich alles erlaubt und hat er alles mögliche angestellt, weil er wußte, daß wir ihm aus der Patsche helfen würden. Wir haben ihn immer wieder gedeckt, haben seine Schandtaten vertuscht – er hat gelogen, war ungezogen, hat falsch gespielt, hat gestohlen; ja, wir wußten es alle. Er ist wie ein Irrsinniger Auto gefahren, ohne sich um das Leben anderer zu kümmern. Niemand kann sagen, wir hätten es nicht immer wieder mit ihm versucht. Er taugt nichts und jetzt hat er dies getan und wird dafür büßen! Er soll die Folgen tragen, die das Gesetz ihm auferlegt.«
Seine Stimme versagte nicht; er hielt aber offensichtlich nur mit Mühe bis zum letzten Wort durch. Er hatte Artie verdammt, hatte sich zu jenen alten, archaischen Gesetzen bekannt; er würde Arties Namen nicht mehr aussprechen, wollte nichts mehr von ihm hören.
Nach einem kurzen Schweigen sagte sein Bruder Gerald »Aber wir müssen ihm einen Verteidiger bestellen. Du kannst nicht sagen, daß wir damit in den Lauf des Gesetzes eingriffen.«
Lewis meinte. »Was wir auch tun, man wird sagen, wir versuchten unsere Millionen einzusetzen.«

»Wenn wir ihm nicht helfen, macht es einen noch ungünstigeren Eindruck«, erwiderte James.
Die Söhne traten auf den Vater zu, man solle doch mit Joshua Steiner sprechen; vielleicht sei es das beste, wenn beide Familien gemeinsam vorgingen.

Als der Anruf aus der Strausschen Villa kam, hatte Joshua Steiner nicht die Kraft hinzugehen. »Geh du, Max. Was für ihn getan werden muß, das tu.«
Max hatte sie fast alle erst vor wenigen Tagen bei seiner Verlobungsfeier gesehen. Man erkundigte sich besorgt nach seiner Braut – war sie nach New York zurückgefahren?
»Ihr geht es gut, ich war eben noch mit ihr zusammen – sie trägt es wie eine der Unseren.«
Arties Vater war nicht mehr anwesend; Onkel Gerald führte das Wort. Die Düsternis und die Schande waren überwunden; ein Stück Arbeit war zu leisten, eine Marschroute festzulegen.
Es ging um zweierlei: was war das Beste für die Angehörigen und was war das Beste für die beiden Jungen?
Wer hätte mit noch so vielen Worten aussprechen können, was sich dunkel in den Gedanken jedes einzelnen abzeichnete: das Beste für alle war ein schnelles, unauffälliges Ende. Wenn die Jungen hängen mußten, dann sollte es so rasch wie möglich geschehen; es bestand kein Anlaß zu einem Sensationsprozeß, der über Monate hinweg die Namen der beiden Familien in die Schlagzeilen brachte.
Schließlich schlug Ferdinand Feldscher, der Vetter von Randolph Straus vor: »Sie müssen auf ›schuldig‹ plädieren, dann findet keine Schwurgerichtsverhandlung statt, sondern nur eine kurze Vernehmung. Normalerweise kommt man, wenn man auf ›schuldig‹ plädiert, einigermaßen glimpflich davon, vielleicht mit lebenslänglich, allerdings hier in diesem Fall –«
Aber Onkel Gerald Straus gab sich damit nicht zufrieden. Ob es von vornherein feststehe, daß kein anderes Urteil zu erwarten sei. Ob sich mit Geistesgestörtheit nichts machen lasse.
Gerald sagte: »Man weiß vorher nie mit Bestimmtheit, wie sich eine Gruppe von Geschworenen entscheidet.« Er wolle die beste Verteidigung haben, die zu bekommen sei, sagte er, und wenn man eine Million Dollar ausgeben müsse! Solle der Fall doch ruhig die Schlagzeilen füllen! Das Übel sei ja bereits

geschehen. Wenigstens solle die Welt sehen, daß die beiden Familien zu ihren geistesgestörten Kindern standen!
Ferdinand Feldscher versuchte alles wesentliche zusammenzufassen; seine Stimme klang sanft im Gegensatz zu der Onkel Geralds. »Wir könnten noch mehr für sie tun als nur einen guten Verteidiger bestellen. Wir könnten einiges daran wenden, um herauszufinden, was sie zu ihrer Tat trieb, wie das die Wissenschaft heute kann. Wir könnten die besten Wissenschaftler kommen lassen, auch aus Wien. Zu einer umfassenden Untersuchung. Vielleicht wäre damit auch der gesamten Menschheit ein Dienst erwiesen.«
Onkel Gerald sagte, das sei ein ernstzunehmender Vorschlag. Besonders für den Fall, daß man auf Geistesgestörtheit plädierte. Aber jetzt gehe es in erster Linie um die Strategie. Zunächst also die Frage des Rechtsbeistands. Ferdinand Feldscher sei gewiß einer der besten Prozeßanwälte des Landes –
»Nein, nein, du brauchst auf meine Gefühle keine Rücksicht zu nehmen, Gerry«, unterbrach ihn Ferdinand. »Wir alle wissen, daß nur ein einziger Mann in Frage kommt.«
»Mein Vater ist immer für das Beste«, warf Max Steiner ein.
James Straus sagte: »Die Frage ist, ob Wilk den Fall übernimmt. Soviel ich weiß, verteidigt er nur die Armen.«
»Er wird ihn übernehmen, er wird ihn übernehmen«, gab Ferdinand Feldscher zurück, »und wenn er es nur aus Eitelkeit tut.«
Obwohl es schon nach Mitternacht war, schlug Gerald vor, ihn sofort in seiner Wohnung aufzusuchen.

»Geht doch nach Hause, geht doch nach Hause«, sagte Joshua Steiner immer wieder zu seiner Schwägerin und deren Mann, bis sie schließlich meinte: »Fühlst du dich auch wohl?« Und er versicherte, er werde sogleich zu Bett gehen.
Und doch sann er jetzt über alles nach – wie Jos damals zur Schule gegangen war das erstemal, als sie noch in der Michigan Avenue gewohnt hatten und die einzige anständige Schule in der Nähe die von Miß Spencer gewesen war, die nur Mädchen besuchten.
Das endlose Hin und Her mit seiner Frau! Mother Dear, siehst du denn nicht, daß der Junge unglücklich ist! Alle necken ihn, weil er mit Mädchen zur Schule geht. Schließlich hatte er ihn herausgenommen und auf die Public School geschickt. Aber das hatte nur ein paar Monate gedauert. Bis zu dem Tag, an

dem ihn dieses dumme Kindermädchen zu spät abgeholt hatte und Jos mit einer blutigen Nase heimgekommen war.
Nein, nein, auch dann, eine blutige Nase, damit mußte jeder Junge einmal fertig werden, so hatte er argumentiert, aber seine Frau und ihre Schwester hatten ihn überstimmt. Der Junge war für sein Alter schwächlich. Und so hatte Mother Dear gesagt, es sei besser, ihn wieder zu Miß Spencer zu schicken – wenigstens verprügelten ihn die Mädchen nicht und riefen ihm auch keine Schimpfworte nach.
Joshua Steiner hatte sich im Dunkeln in den großen Ledersessel gesetzt, in dem er gewöhnlich seine Zigarre rauchte. Nun beugte er sich vor und knipste die Lampe an.
Er ging in die Bibliothek und holte den Projektionsapparat hervor, den er eigens wegen des kleinen Films von Jos im vergangenen Jahr gekauft hatte. Es gelang ihm, den Film einzulegen, obwohl er das gewöhnlich Jos machen ließ. Mit fast verstohlen leisen Bewegungen spannte er die Leinwand auf; er wollte nicht, daß einer der Dienstboten hinzukam. Dann setzte er sich auf den hochlehnigen Stuhl neben dem Bibliothekstisch mit den geschnitzten Beinen und ließ die Bilder vor sich abrollen.
Da war ein Junge, er kauerte am Boden, seine Augen so wachsam, so klug. Es war in den Dünen, das hohe Gras, der Sand. Nun erfaßte die Kamera die Vögel, die in den Zweigen eines Busches auf und nieder hüpften – diese Szene war mit einem Spezialobjektiv für große Entfernungen aufgenommen worden.
Nun trat Jos auf den Busch zu. Er streckte die Hand aus, Samenkörner oder Krumen hinhaltend, was er eben immer dazu nahm. Ein Vogel hüpfte herzu. Man hatte diese Grasmücken hier in der Gegend für ausgestorben gehalten, für ewig in andere Gefilde abgewandert. Jetzt hatte der Staat Michigan den Kameramann geschickt, um die Entdeckung im Bilde festzuhalten. Eine ornithologische Zeitschrift hatte einen Artikel von Jos abgedruckt. Vielleicht hatte der Junge recht gehabt, vielleicht hätte er Naturwissenschaftler werden sollen...
Die Tränen stiegen ihm in die Augen.
Verschwommen nur sah er den Vogel auf Jos' Unterarm hüpfen – und Jos lächelte jetzt, sein ernstes, gesetztes Lächeln, das dem seines Vaters glich, wie die Leute immer wieder sagten.

Joshua Steiners Augen waren so sehr verschleiert, daß er nichts mehr sehen konnte. Er fühlte, wie ihm die Tränen über das Gesicht rannen.

Jonathan Wilk, damals schon eine legendäre Gestalt, widmete dem Justizwesen weniger Zeit als seinen Vorträgen und Abhandlungen und dem Philosophieren. Im Gerichtssaal war er mit einem Wort ein großer Plädeur. Seinesgleichen hat es seither nicht mehr gegeben. Obwohl er, vom technischen Standpunkt aus gesehen, ein einzigartiger Kreuzverhörspezialist war, der sein Ziel unbeirrbar verfolgte, manchmal auf Umwegen, manchmal mit einer List, kamen seine Fähigkeiten erst voll zur Geltung, wenn er in schlichtester, einfachster Weise um menschliches Mitleid bat. Er nannte sich selbst einen Materialisten, aber ich glaube, er war vor allem ein Mystiker, ein Mann mit einem weiten Herzen, der die Herzen seiner Mitmenschen aufzuschließen versuchte.
Er war als Gewerkschaftsanwalt bei einem großen Eisenbahnerstreik berühmt geworden. Eine Generation hindurch hatte er Gewerkschaftsführer verteidigt, die der Gewalttätigkeit angeklagt waren. Infolge einer Intrige war er vollkommen ruiniert und beinahe aus dem Anwaltsstand gestoßen worden; er hatte sich dann in einer endlosen Reihe von Prozessen wieder emporgearbeitet, als Verteidiger von Verbrechern, Verteidiger der Unterdrückten, Verteidiger von Negern – sein Leben hieß Verteidigen. Er war Reformer, manchmal Bilderstürmer, ein Erwecker, und er hatte lange genug gelebt, um zu einer legendären Gestalt zu werden.
Er war schon ein alter, schwacher Mann – rheumatische Anfälle fesselten ihn oft wochenlang ans Bett. Wilk hatte eine Wohnung im dritten Stock mit Blick über die Universität und den Park. Die Treppen waren zu anstrengend für ihn, aber er konnte sich von den Zimmern mit dem wundervollen Ausblick nicht trennen.
Gerald Straus stieg voran die Treppe hinauf. James Straus und Max Steiner waren mitgekommen.
Mrs. Wilk persönlich öffnete ihnen, eine Frau von kräftiger Gestalt mit einem stets zum Lächeln bereiten Mund und lebhaften Augen. Sie sagten ihr, wer sie waren.
Wilk hatte das Klingeln gehört; er hatte sich im Bett aufgesetzt. Gerald Straus sagte: »Wir kommen zu Ihnen als dem einzigen Menschen, der unsere Jungen retten kann.«

Wilk, der den ganzen Tag über seinen Büchern gesessen und das Zimmer nicht verlassen hatte, wußte nur, daß im Fall Kessler zwei Söhne reicher Eltern im Zusammenhang mit einer gefundenen Brille verhaftet worden waren. Wohl irgendeine zufällige Übereinstimmung.

»Aber Ihre Jungen bekommt doch jeder frei«, sagte er. »Es handelt sich doch ganz offensichtlich um einen reinen Zufall.«

»Nein, nein, sie haben bereits gestanden!« Gerald Straus flehte mit rauher Stimme. »Sie müssen den Fall übernehmen. Sie sind der einzige, der sie losbekommen kann.«

Wilk richtete sich ganz gerade auf. »Losbekommen?«

»Sie vor dem Tode bewahren«, warf Max rasch ein. »Nur, daß sie nicht hängen müssen. Wenn man ihnen nur ›Lebenslänglich‹ gibt, wären wir schon zufrieden.«

»Es wird ein großer Prozeß werden«, sagte Onkel Gerald, der sich an Feldschers Bemerkung erinnerte. Und er fügte hinzu: Sie können selbst Ihr Honorar festsetzen.«

Wilk schien den letzten Satz nicht gehört zu haben. Seine Lebensphilosophie verdammte ihn dazu, sie zu verteidigen, und wenn es sein Tod war – und es *konnte* sein Tod sein.

»Ich weiß nicht«, sagte er vorsichtig und seufzte. »Wo sind die beiden jetzt?«

»Staatsanwalt Horn hält sie fest. Er hat sie in der ganzen Stadt herumgefahren, und sie haben sich schon um Kopf und Kragen geredet.«

Wilks Kinn bewegte sich. »Jetzt bekommen Sie keinen Vorführungsbefehl mehr. Vor Montagmorgen kriegen wir sie nicht von ihm los. Er kann ihnen den ganzen Sonntag noch die Würmer aus der Nase ziehen. Weiß Gott, was sie noch alles ausplaudern.«

»Mitten in der Nacht kannst du sowieso nichts machen«, sagte seine Frau. »Jonathan, überschlafe die Sache wenigstens noch.«

Wilk seufzte abermals. »Ich weiß nicht, ob ich Ihnen viel nützen kann. Sie haben doch selbst einen ausgezeichneten Anwalt in der Familie. Ferdinand Feldscher.«

»Er hat uns empfohlen, zu Ihnen zu gehen«, sagte Onkel Gerald ernst.

»Gut, kommen Sie am Morgen noch einmal vorbei.« Wilk sah seine Frau an. »Ich nehme an, Feldscher hat bereits an Nerven-

ärzte gedacht. Wir haben nur einige wenige erstklassige Leute hier in der Stadt. Arthur Ball – setzen Sie sich am besten bald mit ihm in Verbindung.«
»Ich werde ihn gleich jetzt anrufen«, versicherte Gerald.
Als sie gegangen waren, sagte seine Frau: »Jonathan, das kann dein Tod sein. Und alle werden sagen, du tust es um des Geldes willen.«
Wilk hatte wie immer sofort eine treffende Antwort zur Hand: »Die Reichen haben das gleiche Recht auf Verteidigung wie die Armen.«

Horn hatte sich der Unterstützung der Nervenärzte versichert. Dr. Ball war am Sonntagmorgen bereits in den Amtsräumen des Staatsanwalts, als die Jungen aus dem Hotel herübergebracht wurden, wo sie eine letzte bequeme Nacht hatten verbringen dürfen.
Einige von uns waren ebenfalls anwesend.
Dr. Ball war ein lebhafter, freundlicher, schon älterer Mann; er war emeritierter Professor der neurologischen Abteilung der Northwestern Medical School. Jos brachte die Sprache sogleich auf Denkvorgänge bei Vögeln. Wenn Zugvögel ihre Reiseroute aufgrund einer Entscheidung zwischen mehreren Sinneseindrücken plötzlich änderten, sei das nicht eine Art Denken? Genauso wie wenn Menschen aufgrund einer Auswahl zwischen Sinneseindrücken ihre Entscheidung träfen – wenn etwa ein Mann sich für eine von zwei Frauen entscheide? »Ich bin Behaviourist«, erklärte Jos, während der Professor lächelte und fragte, ob seiner Ansicht nach ein menschliches Wesen seine Handlungen nicht mehr unter Kontrolle halten könne als ein Vogel.
»Ich vertrete einen materialistisch-deterministischen Standpunkt«, sagte Jos, und da kam gerade ein zweiter Psychiater herein, Dr. Stauffer, der sich gleich voller Eifer an die beiden wandte.
Jos kannte ihn dem Namen nach. »Ah, Sie schwören auf den Stanford-Binet-Test«, sagte er herausfordernd. Und er redete darauf los, sprach von Reflexhandlungen und Reaktionszeit. Er habe Reaktionen von einer Zehntausendstelsekunde gemessen, fügte er hinzu.
Die Zahl ›zehntausend‹ hatte Horn offenbar aufhorchen lassen, denn er fragte die Jungen daraufhin, weshalb sie gerade zehntausend Dollar als Lösegeld festgesetzt hätten. Jos lachte über

die Assoziation und meinte: »Sehen Sie, alles hat irgendwo seine Ursache.«

Aber sie hätten doch das Geld gewiß nicht gebraucht, fuhr Horn fort.

»Warum sollten wir uns aus dem Geld nichts machen?« rief Artie. »Zehntausend Dollar sind zehntausend Dollar.«

»Na schön, wenn ich jetzt zehntausend Dollar einstecken hätte, würden Sie dann versuchen, sie mir zu stehlen?«

»Es ist höchst unwahrscheinlich, daß Sie zehntausend Dollar bei sich haben«, warf Jos ein, und alles lachte über die Stichelei.

Dr. Ball forderte sie auf, ihm den Hergang der Sache zu berichten, und Artie begann die Tat in allen Einzelheiten zu schildern. Als er mit seiner Geschichte fertig war, sah Dr. Ball vom einen zum anderen und fragte im Tonfall ganz neutralen, wissenschaftlichen Interesses: »Und können Sie mir sagen, warum Sie das eigentlich getan haben?«

»Ich habe nicht die geringste Ahnung«, platzte Jos heraus.

Artie schwieg.

In diesem Augenblick kam Jos' Vater herein.

An diesem Morgen hatte Joshua Steiner zum erstenmal seit der Entdeckung der Täter wieder den Wagen vorfahren lassen. Er hatte Emil nicht mehr gesehen, seit davon die Rede gewesen war, daß die unerwartete Aussage des Chauffeurs den letzten Anstoß zu Arties Zusammenbruch und Geständnis gegeben hatte.

Emil hielt wie immer die Wagentür auf. Joshua Steiner blieb vor ihm stehen, ehe er einstieg. »Ich mache Ihnen keinen Vorwurf daraus, Emil«, sagte er. »Sie haben nach dem Gebot Ihres Gewissens gehandelt.«

Emil brachte ein paar gemurmelte Worte hervor – es tue ihm alles sehr leid. Sie fuhren in die Stadt.

Joshua Steiner ging auf die gleiche Tür zu, in der er erst vor wenigen Tagen als stolzer Bürger erschienen war, der seine Persönlichkeit in die Waagschale werfen wollte. Heute tat er es unsicheren, beklommenen, zögernden Schritts. Alle seine Lebensanschauungen hatten sich als falsch erwiesen. Beim Eintreten hörte er gerade noch die Worte seines Sohnes: »Ich habe nicht die geringste Ahnung.« Und im gleichen Augenblick begegneten sich ihre Augen.

Jos rief: »Hello, Dad.«

Als erster brach der Staatsanwalt das Schweigen. »Können wir etwas für Sie tun, Mr. Steiner?«
»Nein, nein, Sir.« Vielleicht war Steiner bereits die Antwort zuteil geworden auf die Frage, die ihn hergetrieben hatte.
»Möchten Sie mit Ihrem Sohn ein paar Worte unter vier Augen sprechen?«
»Hast du mir einen Anwalt bestellt?« fragte Jos, ohne eine Antwort seines Vaters abzuwarten.
»Ja«, sagte Joshua Steiner, »das ist bereits besorgt. Wir sind an den besten Mann herangetreten, den es gab. Jonathan Wilk wird euch verteidigen.«
Jos machte ein triumphierendes Gesicht. Unwillkürlich wandte er sich zu Artie um, für einen Augenblick ihre Entfremdung vergessend. Artie lächelte.
Der Vater blickte immer noch den Sohn an, sein Kopf begann leise hin und her zu schwanken. Jos sagte: »Es tut mir leid, daß das alles geschehen ist.«
»Ja«, sagte Steiner, »es tut uns allen leid.« Er wandte sich ab und ging.
Er ließ sich von Emil zu Wilk fahren. Max war mit den anderen schon im Bibliothekszimmer, in dem die Bücher sich in Stapeln auf dem Boden türmten.
Joshua Steiner erkundigte sich nach dem Befinden von Mr. und Mrs. Straus.
»Lewis hat sie nach Charlevoix gebracht«, sagte Gerald. »Auf Anweisung des Arztes.« Randolph Straus hatte ein schwaches Herz. Mrs. Straus litt an Depressionen. »Es ist besser so. Was könnten sie hier schon tun?« Die Meute, der schmutzige Mob habe sich bereits auf sie gestürzt, fügte Gerald in bitterem Ton hinzu. Anonyme Anrufe, sogar Telegramme.
Joshua Steiner hob den Kopf. Ja, am besten gingen sie fort von hier.
Angesichts der allgemeinen Hysterie bleibe nur eines übrig, sagte Ferdinand Feldscher – die Sache hinauszuziehen. Warten bis sich die Unruhe gelegt habe.
»Horn wird Himmel und Hölle in Bewegung setzen, wenn Sie um einen Aufschub einkommen«, gab Wilk zu bedenken. »Wir kennen ihn doch alle.« Nein, die Verteidigung müsse sogleich ins Werk gesetzt werden. Leider sei Dr. Ball schon vom Staat weggeschnappt worden. Dr. Ralph Tierney desgleichen. Aber natürlich gebe es noch andere.

Feldscher meinte: »Sie könnten doch im Auftrag beider Seiten arbeiten, wenn sie schon die besten Kräfte sind.«

Wilks Augen glänzten auf – er hatte den Gedanken sogleich erfaßt, aber die anderen starrten Feldscher verständnislos an. Er drückte sich deutlicher aus. Man könne doch den wirklich aufrichtigen, ernsthaften Versuch unternehmen, die neuesten Erkenntnisse der Wissenschaft anzuwenden und gemeinsam ein umfassendes Gutachten über die Persönlichkeiten der beiden Jungen auszuarbeiten. Würde es nicht in der Öffentlichkeit Vertrauen erwecken und die feindselige Stimmung dämpfen, wenn beide Seiten, Staatsanwalt und Verteidigung, sich auf das gleiche Gutachten einigten?

»Und dann sitzt nachher auf der Geschworenenbank ein völlig ungebildeter Laie«, sagte Wilk mit einem melancholischen Lächeln, »und geht bei der Entscheidung über ihren Geisteszustand allein davon aus, wie ihm ihre Gesichter gefallen.«

Alle blickten zu Wilk hin, dem Überwinder der Geschworenengerichte. Er fuhr sich mit der Hand langsam über die Wange. In diesem Augenblick reichte ihm Mrs. Wilk mit einem leisen Seufzer den *Sunday Examiner* und deutete auf einen Artikel, in dem von den Bemerkungen die Rede war, die Jos während der Autofahrt auf den Spuren des Verbrechens fallen gelassen hatte. Wilk las laut vor: »Der junge Steiner kam auch auf die Aussichten eines Auf-›Schuldig‹-Plädierens zu sprechen und sagte, es sei vielleicht für ihn und Artie das beste, es nicht auf die Entscheidung von Geschworenen ankommen zu lassen, sondern sich dem Urteil eines freundlich eingestellten Richters zu unterwerfen. Bei dem Millionenvermögen ihrer Familien –«

»Ja«, sagte Wilk trocken, »wenn wir nicht bald an diese Jungen herankommen und ihnen den Mund stopfen, dann bringen sie sich selbst an den Galgen, ob vor einem Einzelrichter oder vor einer Jury.«

»Wenn ihnen das nicht bereits gelungen ist«, murmelte Ferdinand Feldscher.

Inzwischen war sein Blick auf eine andere Zeitungsnotiz gefallen. Hier war von einem Psychiater-Kongreß die Rede, der in Atlantic City gerade eröffnet wurde. Die besten Spezialisten des ganzen Landes würden anwesend sein, meinte er erregt. Gerald kam sogleich zu einem Entschluß: »Am besten fährt einer von uns mit dem Nachtzug nach Atlantic City.«

Joshua Steiner schien den Einzelheiten kaum gefolgt zu sein, aber als man auseinanderging, zog er Ferdinand Feldscher beiseite. Mit fast beschämter Stimme fragte er: »Wäre es möglich, daß es unrecht von uns ist, für eine Verteidigung zu sorgen?« Feldscher sah ihn prüfend an, seine großen, ernsten Augen schienen die ganze Schwere der Frage zu erfassen. »Ich versuche mir vorzustellen«, fuhr Joshua Steiner fort, »wie wir dächten, wenn sie nicht unsere Söhne wären.«

Ferdinand Feldscher legte dem alten Mann die Hand auf die Schulter. »Unsere Vorstellung von der Justiz setzt eine Verteidigung voraus. Deshalb trägt die Gerechtigkeit, die die Waagschalen hält, eine Binde vor den Augen. Damit sie die Ungeheuer nicht sieht.«

Joshua Steiners Kopf begann wieder zu schwanken. »Sie glauben, daß jedermann verteidigt werden muß, ganz gleich, was er getan hat?«

»Ja«, sagte Feldscher mit seinem schwachen, besorgten Lächeln. »Jedermann. Darauf gründet sich unsere Rechtssprechung. Jeder hat ein Recht auf Verteidigung.«

Steiners Kopf kam zur Ruhe. »Dann glauben Sie also, daß wir nicht verantwortlich sind für das, was wir tun?« fragte er mit schwerer Stimme.

»Doch, doch, wir sind verantwortlich. Aber wenn unser Verhalten ins Abnorme reicht, dann liegen besondere Gründe vor, ein Zwang von außen oder von innen, und das Individuum braucht Hilfe, um diesen Zwang zu überwinden. Außerdem stellt sich hier die Frage der Strafart. Nehmen Sie diese beiden Jungen –« und wie er das sagte, hätten sie für ihn Fremde sein können –, »was wäre mit ihrer Hinrichtung gewonnen? Jos hat bereits so große Fähigkeiten bewiesen.«

»Aber wie können sie noch wie kleine Kinder sein? Sie sind doch erwachsene, begabte, intelligente Jungen!«

»Gewisse Teile in uns können unerwachsen bleiben, in gewissen Winkeln unseres Wesens können wir noch wie kleine Kinder sein«, sagte Feldscher. »Diese Vorstellung hat ja auch in unserer Sprache Eingang gefunden – wir sagen, jemand ist infantil. Man kann ein Kind für sein Tun nicht verantwortlich machen.«

Steiners Kopf schwankte wieder hin und her; er verstand nicht. »Geben Sie nie einem Menschen die Schuld für seine Handlungsweise?«

»Doch, doch, ein Mensch kann schuldig werden. Aber ich versuche, ihn nicht von vornherein schuldig zu sprechen.«

»Das verstehe ich nicht.« Steiner wandte sich ab. »Das verstehe ich nicht.«

Die anderen standen in einem Kreis zusammen; sie sprachen mit gedämpfter Stimme, denn es ging nun um das letzte noch zu klärende Problem, das so unangenehm war, daß niemand es bisher anzuschneiden gewagt hatte. Joshua Steiner wußte zuerst nicht, wovon die Rede war, denn er war außerstande gewesen, die Zeitungen zu lesen. Doch nun hörte er es. Ferdinand Feldscher sagte: »Es steht zu erwarten, daß Horn versucht, ihnen alle nicht aufgeklärten Verbrechen der letzten fünf Jahre in die Schuhe zu schieben.« Die Presse hatte wieder das gräßliche Verbrechen hervorgeholt, das vor einigen Monaten geschehen war – die Sache mit dem Taxichauffeur, den man verstümmelt aufgefunden hatte, den »Drüsenraub« im South-Side-Viertel. Sie seien zu zweit gewesen, hatte der Mann gesagt.

»Aber er hat doch selbst zugegeben, daß er sie gar nicht richtig zu Gesicht bekommen hat«, warf einer der anderen ein. »Er konnte keine Beschreibung von ihnen geben.«

»Hm, vielleicht sollte ich das lieber nicht erwähnen«, sagte Max mit leiser, ernster Stimme, »aber bei meiner Verlobungsfeier hat Artie ununterbrochen von der Entführung geredet und gesagt, er wette, beide Verbrechen seien von den gleichen Tätern begangen worden. Das haben viele mitangehört. Vielleicht erinnert sich einer von ihnen jetzt wieder daran.«

In seiner ungestümen Art, mit unangenehmen Dingen zu Ende zu kommen, sagte James Straus: »Im *Examiner* ist von dem Studenten die Rede, der einen Brief einwerfen wollte und dann ertrunken aufgefunden wurde. Artie kannte ihn. Perry Rosoff.«

»Der arme Rosoff hat sich das Leben genommen«, stellte Onkel Gerald fest.

Zögernd schlug James vor: »Wäre es nicht besser, wenn wir die Jungen nach all diesen Sachen fragten?«

Schweigen, angstschweres Schweigen. Dann sagte Gerald: »Können wir nicht warten und uns damit erst dann befassen, wenn – und wenn überhaupt – irgendwelche Beweise vorliegen?«

Wir rätselten inzwischen alle an diesen anderen Verbrechen herum. Tom mußte wieder an den merkwürdigen, impulsiven Brief denken, der aus Jos Steiners Schreibtisch entwendet worden war und in dem der Verdacht zurückgewiesen wurde, daß Jos Artie verraten haben könnte. Sollte es sich da um die anderen Untaten gehandelt haben? Und dieser Freund, Willie Weiss, war die gleiche Person, mit der sie am Mordtag geluncht hatten! Keiner von uns hatte Weiss gesprochen. Gewiß, die Polizei war der Sache nachgegangen und hatte ihn ausgeschieden. Trotzdem – sollten wir nicht versuchen, mit Willie zu sprechen?

Tom mußte nach Hause fahren; seine Familie erwarte ihn sonntags immer zum Mittagessen, sagte er. Wir kamen überein, daß ich Willie Weiss allein aufsuchen sollte. Ich rief bei ihm zu Hause an und erfuhr, daß er ins Laboratorium hinübergegangen war.

Ganz hinten in dem großen Raum saß eine Gestalt mit hängenden Schultern in einem verschmierten Arbeitskittel auf einem hohen Hocker. »Weiss?« sagte ich in fragendem Ton.

Er hatte einen langen, schmalen Kopf, den er ein wenig zur Seite geneigt hielt. Seine Augen leuchteten lebhaft, aber seine dunkle Gesichtshaut war ganz von Pockennarben bedeckt, und seine Nase glich einer Karikatur – er war sozusagen häßlich im großen Stil. Als er von seinem Hocker glitt, sah ich, daß er eine zwergenhafte Gestalt und einen viel zu großen Kopf hatte.

Willie machte keine feindselige Miene, ja, ehe ich ihm noch irgendwelche Fragen stellen konnte, hatte er mich bereits dazu gebracht, ihm ganz ausführlich meinen Anteil an der Aufklärung des Falles zu schildern. Besonders interessierte ihn zu hören, daß Artie sich unter die Reporter und sogar unter die Detektive gemischt und ihnen Ratschläge, Theorien, Fingerzeige angeboten hatte.

»Liegt ganz in der Linie, ganz in der Linie«, kommentierte Willie immer wieder Arties Verhalten, und dann sagte er: »Es wundert mich nicht, daß er als erster umgefallen ist und gestanden hat.«

Ich sagte, er kenne sie wahrscheinlich besser als sonst jemand.

»Sie glauben, ich sei der Dritte im Bunde gewesen?« Er grinste. »Ja, wir haben mittwochs immer gemeinsam gegessen. Sie waren meine Studienobjekte.«

»Oh.«

»Ja, ich hatte psychologisches Interesse an ihnen. Haben Sie sie nach dem Geständnis schon gesehen?«

»Ich komme gerade von dort«, sagte ich. »Der Staatsanwalt hatte zwei Psychiater da, die sie ausgefragt haben.«

»So?« Er war ganz neugierig. »Wer war das?«

»Dr. Ball. Und Stauffer.«

»Ziemlich kluge Leute«, gab er zu. Er wollte wissen, was sie gefragt hatten. Ich sagte, sie hätten sich den Hergang der Tat wiederholen lassen.

Ob sie nicht nach ihrem Leben gefragt hätten, nach ihrem Zuhause, ihren Angehörigen, ihrer Kindheit. Ob sie irgendwelche Vorstellungen gehabt hätten, was die beiden zu ihrer Tat veranlaßt haben könnte.

»Nein«, antwortete ich, »sie haben sie nur gefragt, ob sie Gut und Böse zu unterscheiden wüßten.«

Willie machte eine verächtliche Handbewegung.

Ob *er* denn eine solche Vorstellung habe, wollte ich wissen. Wenn er an den beiden schon seine Studien treibe –

Nur eine erste, unsichere Theorie, erwiderte Willie. Und – ä‍m – ob die Psychiater ihnen Fragen bezüglich der Waffe, bezüglich der Wahl gerade dieser Mordwaffe gestellt hätten.

»Nein«, entgegnete ich. »Warum auch?«

»Bin nur einfach neugierig.« Und er wollte wieder an seine Arbeit gehen. Ich hielt ihn zurück, indem ich ihn unumwunden fragte, ob er etwas von anderen Verbrechen wisse, die sie begangen haben könnten, und was er von diesem Brief halte, den Jos an Artie geschrieben habe.

»Was soll damit sein?« Willie sah mich ein wenig herausfordernd an.

Der Brief lese sich doch so, sagte ich, als ob Jos ihm, Weiss, etwas von einem Verbrechen verraten habe, an dem Artie beteiligt gewesen sei.

»Das ist eine interessante Folgerung«, meinte Willie. »Sie bringen das also mit diesem Gefasel von weiteren Verbrechen in Verbindung, das man jetzt in der Zeitung liest?« Er sah mich unverwandt an. »Nein, Jos hat lediglich dunkle Andeutungen gemacht. Er wisse Sachen von Artie, die ich nicht wisse, und so.« Er ahmte Jos nach. »›Artie erzählt mir Dinge, die er dir nicht erzählt!‹ Sie wissen ja, so wie sich Mädchen mit ihren Tuschelgeheimnissen anstellen.« Willie schüttelte den Kopf

voller Verwunderung über seine eigene Einfühlungsgabe »Völlig feminines Gebaren.«
Aber auch wenn sie anomale Menschen seien, sagte ich, so hab doch das Verbrechen, so wie man es jetzt sehe, offenbar nicht damit zu tun.
Willie fragte mich, ob ich etwas von der neuen Psychologi wisse. Von Sigmund Freud.
Ich kannte die Schlagworte: Komplexe, unterdrückte Be gierden.
»Das ist mein Gebiet«, verkündete Willie.
Ich fragte ihn, ob er mit Hilfe der Freudschen Theorien Jos und Artie verstehen könne.
Nein, nein, zu einem wirklichen Verstehen sei es noch ein weiter Weg. Er sprach jetzt in völlig ernstem, aufrichtigen Ton. »Ich habe nur so eine Ahnung«, sagte er. Er komme nicht von der Überzeugung los, daß zwei Umständen eine tiefer Bedeutung innewohne – zwei Dingen, die vielleicht am End das Verhalten der beiden erklärten.
Welchen zwei Dingen?
»Da ist zunächst das Tatwerkzeug«, sagte er, »das Tatwerkzeu und dann das Versteck der Leiche.«
»Das Tatwerkzeug?«
Ja, die Waffe. Der umwickelte Meißel.
So wenig waren wir damals gewöhnt, in Symbolen zu denken die heute der Vorstellung eines jeden vertraut sind, daß mi sogar unter Willies ermunterndem Blick die Bedeutung nicht aufging.
Was das Versteck betraf, glaubte ich, er meine das Sumpfgelän de im ganzen. Wollte er damit vielleicht sagen, daß man dor noch andere Leichen finden könne? Ich fragte ihn das gerade heraus.
Willie muß in diesem Augenblick zu dem Schluß gekommen sein, daß ich doch nicht allzu schlau sei. Dann gab er mir wie ein schon halb verzweifelnder Lehrer noch eine zweite Chance »Was glauben Sie wohl, wen sie eigentlich umbringen wollten?«
Diesmal begriff ich, gleichsam durch Gedankenübertragung »Sich selbst?«
Er lächelte jenes belohnende Lächeln, mit dem man einen schwerfälligen Schüler auszeichnet, der endlich doch eine rich tige Antwort gegeben hat. Ja, das sei prinzipiell richtig, i beiden wohne ganz zweifellos ein selbstzerstörerischer Drang

Man brauche nur Arties verrückte Fahrweise zu nehmen – er habe ja unzählige Unfälle gehabt – und dann den Umstand, daß os nicht auf die Brille geachtet habe.
Ja, ja natürlich«, sagte ich.
Aber der Selbstzerstörungstrieb genüge als Antwort noch nicht, erklärte Willie. Ob ich die Geständnisse gelesen hätte. Das mit den verschiedenen Personen, die sie sich im Laufe der Vorbereitungen als Opfer ausersehen hätten.
»Ja, Sie standen auch auf der Liste«, erwiderte ich. »Aber jeder hat so seine kleine schwarze Liste.«
Er tat meine Bemerkung mit einer Handbewegung ab. »Aber wofür standen diese Personen? Wen wollten sie in Wirklichkeit umbringen?« Er starrte mich an. »Darüber ließe sich eine interessante Studie anstellen. Eine höchst interessante Studie. Welche erstklassige Gelegenheit. Jetzt, wo sie voneinander getrennt und aus der Öffentlichkeit herausgerissen sind! Welche Möglichkeiten für eine umfassende Studie!«
Mehr bekam ich diesmal nicht aus ihm heraus.
Als ich durch die sonntäglich leeren Straßen schritt, wollte mir das Gespräch nicht aus dem Kopf gehen. Wen hatten sie in Wirklichkeit töten wollen? Und der Meißel ...
Ich rief Tom an. Kurz darauf traf ich mich mit ihm; er befand sich in Begleitung seines Bruders Will, der bei der Polizei war. Will hatte seinen Ford dabei.
»Ja, dieser Meißel –«, sinnierte Will, als ich ihnen von meiner Unterhaltung mit Willie Weiss erzählt hatte. Wir fuhren zur Hyde Park Station, wo Will mit seinem Freund Sergeant Lacey sprach.
Wenn er sich das jetzt so überlege, sagte Lacey – hm, er habe von wenigstens noch einem zweiten mit Klebestreifen umwickelten Meißel gehört, der in der Nähe gefunden worden sei. Vor einigen Monaten. Einer dieser privaten Nachtwächter hier in der reichen Villengegend habe ihn auf irgendeinem Rasenstück gefunden. Könne von einem Straßenräuber benutzt worden sein, habe aber zeitlich mit keinem Verbrechen in Verbindung gestanden; soviel er wisse, sei das Ding wieder weggeworfen worden.
Aber natürlich! Das war es, was Willie Weiss gemeint hatte. Die Waffe.
Wir setzten uns in den Ford und machten uns wieder an die Arbeit. Wir fragten das Wachpersonal und die Gärtner in der Nachbarschaft aus. Ja, der eine oder andere hatte einen derartig

umwickelten Meißel gesehen, aber genaue Angaben konnt
uns niemand machen.
Als wir zur Hyde Park Station zurückkehrten, erfuhr Will vor
Lacey unter dem Siegel der Verschwiegenheit, daß man gerad
Arties Zimmer durchsucht habe. In einem alten Koffer hab
man unter Spielsachen versteckt eine ganze Anzahl von Brief
taschen und Damengeldbörsen gefunden. In keiner davon wa
Geld gewesen.
Als ich mein Zimmer betrat, lag ein Zettel unter der Tür: ic
sollte Miß Seligman anrufen. Obwohl es schon nach zehn wa
rief ich an. Myra bat mich inständig, sofort zu ihr zu kommen
Man könne ihr Zimmer direkt über den Hotelflur erreichen.
Das Zimmer erweckte den Eindruck eines Studios, und Myr
trug einen chinesischen Hausanzug; ihre Hand, die nach de
meinen griff, war heiß und feucht.
»Sid«, sagte sie, »Sid, sie waren hier! Ich weiß nicht, ob ic
mich richtig verhalten habe – ich habe mit ihnen gesproche
und von Artie erzählt –«
»Wer war hier?«
Zwei von Horns Leuten seien dagewesen. Sie wolle doch gewi
Artie helfen, hatten sie gemeint, und sie hatte gesagt, ja natür
lich. Sie waren nett gewesen, sehr rücksichtsvoll, und sie hat
ten alles mögliche über Artie wissen wollen. Sie, Myra, kannt
ihn ja schon als Kind. Er sei doch wohl immer außergewöhnlic
klug gewesen, hatten sie gemeint. Und sie hatte geantworte
ja, natürlich sei er ein kluger Mensch! Und ganz bestimm
nicht anomal.
Nun zog sie die Unterlippe in den Mund nach der Art eine
ungezogenen Kindes, wie das ihre Angewohnheit war
»Glaubst du, ich habe etwas Falsches gesagt, Sid?«
Ich erwiderte, wahrscheinlich stellten sie allen Bekannten vo
Artie solche Fragen.
Sie sah mich schuldbewußt an. Sie hätten auch nach ihre
letzten Verabredungen mit Artie gefragt, und sie habe unsere
gemeinsamen Abend in den Four Deuces erwähnt. Sie hätte
wissen wollen, ob Jos ein Mädchen bei sich gehabt habe, un
sie, Myra, habe gesagt, er sei mit meiner Freundin Ruth zu
sammen gewesen.
Ruth wäre gewiß ohnehin vernommen worden, beruhigte ic
sie.
Mit ihrer rauhen Stimme erzählte mir Myra dann, daß sie un
Artie einmal einen Selbstmordpakt geschlossen hätten – wahr

scheinlich täten das alle Kinder, aber die Leute stellten sich Artie immer nur als einen Luftikus vor. Und jetzt, heute ... Ich führte mich nicht. Nach einer Weile trat sie auf mich zu und sank vor mir in die Knie, sie lehnte sich kraftlos an mich.
»Oh, ich bin schlimmer als eine Hure!« rief sie. »Glaubst du, ich hätte mich ihm hingeben sollen ... oh, wir sind alle solche Falschspieler – wir bilden uns ein, so emanzipiert zu sein. Sid, wenn ich es getan hätte, wenn ich es wirklich getan hätte, wäre er vielleicht nicht an diesen schrecklichen Jos geraten. Das hat ihn in die Sache hineingetrieben. Mir ist, als hätte ich restlos versagt!«
Ich glaube, mir wurde eines schon damals klar: ihre Besessenheit, alles vom Standpunkt des rein Geschlechtlichen zu betrachten, rührte einfach daher, daß dies zu jener Zeit der einzige Name war, den man für Liebe kannte.

18

Am Sonntagabend wurden die beiden endlich richtig ›eingeliefert‹, in das wuchtige Gefängnisgebäude mit seinen ursprünglichen grauen, jetzt aber fast schwarzen Mauern.
Horn hatte aus ihnen herausbekommen, was er wollte, und übergab sie deshalb dem Sheriff, der die unter Mordanklage stehenden endgültig in Haft nahm.
Das Verwaltungsgebäude und die eigentlichen Zellen verband ein schmaler Brückengang, und Artie ging, dem Wärter voraus eilend, als erster hinüber, so daß der Mann rief: »Wozu diese Hast? Du wirst hier noch genug Zeit haben.«

Er kam sich in dieser Umgebung keineswegs fremd vor. Die zufallende Tür, der sich drehende Schlüssel – alles erschien ihm vertraut. Artie sah seinen Zellengenossen mit fast spitzbübischem Blick an, so als wären sie zwei kleine Jungen. Aber der Zellengenosse war ein schwerfälliger Bursche vom Land; ihn interessierte offenbar gar nicht, wer Artie war. Nachdem sie sich kurz mit ihren Straftaten vorgestellt hatten – der andere hatte einen bewaffneten Raubüberfall ausgeführt –, streckte sich Artie auf seiner Pritsche aus.
Er hatte sich schon oft hinter dicken Kerkermauern gesehen. Wenn Miß Lästig ihn schön zugedeckt, seinen Teddybär neben ihn aufs Kopfkissen gelegt und das Zimmer verlassen hatte,

wenn die Tür ins Schloß gefallen und das Licht ausgegangen war, dann hatte er sich an seinen Teddybär gewandt, und wi damals kam ihm nun wieder die Zauberformel über die Lippen die mit den Worten: »Und jetzt, Teddy...«, begann. Aber hie ging das Licht nie richtig aus.
Und jetzt, Teddy, jetzt haben sie uns geschnappt. Aber für de Meisterverbrecher, den größten aller Zeiten, gibt es kein Schlösser und Riegel.
Aber Mumsie hat dem armen Artie noch nicht Gute Nach gesagt. Nur Miß Lästig. Mumsie ist mit ihrem Baby beschäf tigt. Um ein kleines Baby muß sich Mumsie kümmern. *Wir dir ganz recht geschehen!*
Ist die Lästig fort? Ist sie auf ihr Zimmer gegangen? Dan schnell die Taschenlampe unter der Matratze hervorgeholt Den Kriminalroman. Die Meister-Kidnapper. Das Baby direk aus dem Haus entführt, im Handumdrehen ins Hauptquartie gebracht. Da auf dem Dachboden; alles klappt tadellos. De italienische Drehorgelmann draußen spielt die vereinbarte Me lodie: das Lösegeld liegt bereit. Zehntausend Eier.
Nein, wir machen es anders. Wir tun so, als wollten wir Räube und Gendarm spielen mit dem Brüderchen. Ja, Mumsie, ic würde gern mit dem Brüderchen spielen.
Pst, Teddy, so gehen wir vor: Der kleine Dummkopf glaub alles, was man ihm sagt. Du tust so, als wärst du auf seiner Seit und wolltest ihm helfen, den Meisterverbrecher zu fangen, un ich liege oben hinter der Treppe auf der Lauer. Du führs den kleinen Bastard dann zu mir hinauf und *pang!* Wir habe ihn! War ein Unfall! Niemand konnte wissen, daß die Pistol geladen war. Armes Baby, oh, mein liebes, kleines Brüder chen!
Dann – die Strafe. Ins Zimmer eingesperrt.
Sie führten ihn zum Schafott, und Miß Lästig schritt hinte ihm her und las ihm laut die passende Stelle bei Dicken vor...
Als er sich auf seiner Pritsche umdrehte, fühlte er etwas auf de Haut krabbeln. Er setzte sich auf. Wanzen. Läuse.

Jos faltete sorgfältig seine Hose und seinen Rock zusamme und legte sie auf den Boden. Er rief seinem Zellengefährter einem Autodieb, ein kurzes, aber höfliches »Gute Nacht« zu Die ungeheure Einsamkeit senkte sich auf ihn herab.
Er legte sich nieder und verschränkte die Hände unter der

Kopf. Und da, in der Stille der Zelle, erkannte er auf einmal, wie dumm er in den letzten beiden Tagen gewesen war. Ein Übermensch war an keine Konventionen gebunden und brauchte deshalb auch nicht die Wahrheit zu sagen! Artie hatte ihn mit seinen Lügen gar nicht verraten, er hatte um seiner selbst willen gelogen als Gott, der sich seine eigene Wahrheit schafft.

Ein warmer Strom der Erleichterung durchfuhr Jos: er hatte Artie wieder!

Ob er Artie morgen sehen würde? Im Hof?

Als sie am nächsten Morgen in den Gefängnishof geführt wurden, ging Jos sofort mit ausgestreckter Hand auf Artie zu. »Wir sind zusammen in diese Sache hineingeraten, stehen wir sie auch zusammen durch«, sagte er. »Es tut mir leid, wenn ich irgend etwas getan habe, was unsere Freundschaft belasten könnte.«

Artie blinzelte, dann streckte auch er die Hand aus, während das spitzbübische Collegejungen-Lächeln sein Gesicht überzog.

Als Wilk und Ferdinand Feldscher die Sprechzelle betraten, erhoben sich die beiden Jungen – Artie mit einem scheuen Blick zu Feldscher hin, Jos mit dem Ausdruck fast unterwürfiger Hochachtung vor Wilk auf dem Gesicht, die er auch sogleich in Worte faßte: »Ich gehöre zu denen, die Sie zutiefst verehren. Gestatten Sie mir die Bemerkung, daß ich Sie zu den bedeutendsten Köpfen unserer Zeit rechne.«

Nun ja, er wolle tun, was er könne, sagte Wilk. Aber er habe keine allzu großen Hoffnungen. Warum hätten sie auch nicht den Mund halten können!

Jos hob den Kopf und sagte, er nehme an, er habe sich zeigen wollen.

»Schön. Also das ist jetzt vorbei. Bemerkungen wie ›einen freundlich eingestellten Richter finden‹ und so –« Wilk schüttelte den Kopf und sah Jos kummervoll an. »Das haben Sie doch nicht wirklich gesagt, oder?«

Jos erwiderte, er könne sich nicht mehr genau erinnern.

»Also von jetzt ab«, mahnte Feldscher, »– was euch auch immer Reporter oder andere Leute fragen, ihr sagt nur: ›Ich muß auf Anraten meines Rechtsbeistands leider die Beantwortung der Frage ablehnen.‹ Verstanden?«

Sie sprachen den Satz nach: »Ich muß auf Anraten meines Rechtsbeistands...«
Feldscher sah von einem zum anderen. »Hat man euch nach anderen Verbrechen gefragt?«
Arties Gesicht zuckte.
»Die Zeitungen sind voll von diesem Geschwätz. Man will euch alle Verbrechen von dieser abscheulichen Geschichte mit dem Taxifahrer bis zum Mord an Cock Robin zur Last legen.«
»Haben Sie die Zeitungen dabei?« fragte Artie aufgeregt.
Feldscher schüttelte den Kopf. »Alle Welt findet umwickelte Meißel in Chicago.« Sein fragender Blick ließ Artie nicht los.
Artie sah ihn an, ohne mit der Wimper zu zucken. »Ich muß auf Anraten meines Rechtsbeistands leider die Beantwortung der Frage ablehnen.«
Fürs erste beließ man es dabei.

Jetzt kam Wilks Telefon nicht mehr zur Ruhe – anonyme Drohungen, wüste Beschimpfungen. Was? Hundertundzehn Mörder vor dem Galgen bewahrt? Er selbst werde an einer Straßenlaterne baumeln, noch bevor er diese beiden seiner Liste hinzufügen könne.
Und um Mitternacht flammte es unter seinem Fenster auf – das brennende Kreuz.

Als die Meldung eintraf, eilte ich zum Midway, sah aber nur noch die verkohlten Überreste. Die Feuerwehr fuhr gerade wieder davon. Es war der Ku-Klux-Klan. Das erste brennende Kreuz in Chicago. Nein, keiner hatte weiße Gestalten mit Kapuzen gesehen. Einige gaben an, ein Lastwagen habe gehalten, ein Dutzend Männer hätten das fertige Kreuz aufgestellt, mit dem Streichholz angezündet und seien dann davongefahren.
Ein brennendes Kreuz für Wilk? Ich war wie betäubt. Was hatte dieses Verbrechen mit dem K.K.K. zu tun? Da erinnerte ich mich an eine Bemerkung meines Vaters. Als ich am Sonntag zu Hause angerufen hatte, war er gar nicht weiter auf den Mordfall eingegangen und hatte nur gesagt: »Sid, die Sache hat nur das eine Gute, daß das Opfer wenigstens auch ein Jude ist.« Mein Vater, mit dem einzigen Maßstab, an dem er alles maß, was kann den Juden daraus erwachsen?
Ich brauchte lange, ehe ich begriff, in welch unterirdisch verborgener Weise der Tatsache, daß alle Beteiligten, Täter wie

Opfer, Juden waren, überhaupt eine Bedeutung beizumessen war. Die unmittelbare Folge des brennenden Kreuzes war, daß die Polizei von nun an Jonathan Wilk bewachte. Trotz seines Protests.

Dann beraumte die Verteidigung eine Pressekonferenz an. Wilk saß mit dem Rücken zum Fenster, als wir hereinkamen, aber er stand sogleich auf und nahm seine berühmte Lincolnsche gekrümmte Haltung ein; sein offenstehender Rock hing lose an ihm herab, und sein linker Daumen hakte sich automatisch unter den Hosenträger. Er winkte uns alle herein, die altersfleckige Haut seiner Hand war durchsichtig im Sonnenlicht.

Man reichte uns Kopien der vorbereiteten Erklärung. Die beiden Familien verpflichteten sich, in keiner Weise ihr Vermögen zu einer Beeinflussung der Justiz zu gebrauchen. Die Honorare der Verteidiger würden von der Anwaltskammer festgesetzt werden. Die Familien glaubten, daß die Jungen für immer aus der menschlichen Gesellschaft entfernt werden sollten, hofften aber, daß man ihnen das Leben lasse.

Ob das Nervenheilanstalt heiße, wollten wir wissen, und worauf die Verteidigung denn plädiere.

Zunächst, sagte Ferdinand Feldscher, werde die Verteidigung Tatsachenmaterial sammeln.

Mike Prager warf ein: »Sind denn die Tatsachen nicht schon alle festgestellt?«

Die äußeren Tatsachen, ja. Aber eine Forschergruppe, der die besten Psychiater angehörten, werde eine Untersuchung anstellen, um die »inneren« Tatsachen zu ermitteln.

»Dann plädieren Sie also auf Geistesgestörtheit?«

Das hänge alles von dem Ergebnis der Untersuchung ab, erwiderte er lächelnd. Man werde streng wissenschaftlich vorgehen, ja, die Verteidigung halte Mr. Horn immer noch die Möglichkeit einer von beiden Seiten gemeinsam autorisierten Untersuchung des Geisteszustands offen.

Die formelle Anklageerhebung sollte am nächsten Morgen stattfinden, und bis spät in die Nacht hinein warteten wir in der Nähe von Wilks Wohnung. Feldscher hatte aus Atlantic City zwei Psychiater mitgebracht. Auch Willie Weiss war anwesend. Er eilte geschäftig von einem Zimmer ins andere, und es gelang mir, mich ihm bemerkbar zu machen. Er kam heraus und ging mit mir um den Häuserblock herum, wobei er unaufhörlich redete. Er arbeite jetzt für die Verteidigung! Ein Dr. Hugh Allwin sei da, ein sehr fortschrittlicher Gelehrter, der gerade mit den neuesten wissenschaftlichen Erkenntnissen aus Wien zurückgekommen sei. Und außerdem ein Dr. El Storrs, ein hervorragender Psychologe. »Sie planen eine großangelegte Untersuchung!« sagte er. »So etwas war noch nicht da. Eingehende psychologische und physiologische Untersuchung unter Anwendung der letzten Erkenntnisse auf dem Gebiet der Drüsenforschung. Wilk hat auch Dr. Vincenti engagiert, den zur Zeit besten Drüsenspezialisten!« Man werde die beiden buchstäblich auseinandernehmen, um zu sehen, was ihren Mechanismus in Unordnung gebracht habe.

Am Morgen der Anklageerhebung wußten wir immer noch nicht, worauf man plädieren würde. Als wir schon hinausgingen, um uns ins Gerichtsgebäude zu begeben, winkte Reese Tom zu sich. Ein gewisser Al Capone, Inhaber des Lokals Four Deuces, war gerade verhaftet worden: er hatte einen berüchtigten Gangster namens Joe Howard erschossen. Eine neue Spielart des kaltblütigen Mords. Man war mit dem Wagen einfach auf der Clark Street an Joe Howard vorbeigefahren und hatte ihn mit Kugeln durchsiebt.

Tom eilte ins Polizeihauptquartier, und ich ging allein zur Anklageerhebung gegen Jos und Artie.

Als sich die Nachricht verbreitete, daß die Mörder gleich erscheinen würden, war plötzlich auf allen Gängen ein Hasten und Eilen, und ehe man sich's versah, war der Gerichtssaal bis auf den letzten Platz gefüllt.

Die beiden wurden hereingeführt. Es war Arties neunzehnter Geburtstag, und die Klatsch-Reporterinnen stürzten sich auf ihn. Ob er von seinen besten Freundinnen etwas geschenkt bekommen habe. Von Myra Seligman. Oder von Dorothea Lengel.

Artie lächelte spitzbübisch. Dann andere Fragen, jetzt an sie beide. Wie sich das Leben im Gefängnis anlasse. Was sie vorziehen würden: Hängen oder Lebenslänglich. Und sie erwiderten höflich, aber wie zwei Clowns: »Wir müssen auf Anraten unseres Rechtsbeistands leider die Beantwortung der Fragen ablehnen«, wobei sie feixend ihre Anwälte ansahen.

Der Richter betrat den Saal. Es war der Präsident selbst. Bei gewissen Ereignissen scheint es sich der Zufall angelegen sein

zu lassen, die geeigneten Personen auszuwählen, als bestünde irgendwo die Anordnung, der Menschheit von Zeit zu Zeit ein vollkommenes Symbol zu präsentieren. So war in diesem Fall Richter Matthewson genau der Mann für die ihm zufallende Rolle. Er stand in der Reife der Jahre, zeigte aber noch keinerlei Anzeichen von Altersschwäche.
Der Gerichtsschreiber rief den Fall auf.
Horn und sein Mitarbeiterstab hatten eine umfassende Anklageschrift vorbereitet: schweres Sittlichkeitsverbrechen, Mord durch Erwürgen, Entführung mit Mordabsicht – alles war aufgeführt, als hätte man Angst gehabt, die beiden könnten im letzten Augenblick durch eine zauberhaft sich auftuende Gesetzeslücke entschlüpfen. Aber Wilk saß ganz ruhig da, entspannt, ohne ein Schriftstück vor sich. Als dann die Frage kam, auf was sie plädierten, stellten er und Ferdinand Feldscher sich links und rechts neben die beiden Jungen.
»Nicht schuldig«, sagte Jos, als beantworte er eine Frage im Schulzimmer, und Artie sagte ebenfalls, die Worte verschluckend: »Nicht schuldig.«
Horn lächelte. Er würde also die Chance haben, den großen Wilk vor eine Jury zu schleppen. Der Richter setzte den Termin fest: der Prozeß sollte in wenigen Wochen stattfinden.
Wilk bat um einen Aufschub, um die Verteidigung vorbereiten zu können.
»Ich kann Ihnen allerhöchstens eine weitere Woche zubilligen«, sagte der Gerichtspräsident.

Ich gab einen telefonischen Bericht durch und eilte dann in die Redaktion, um meine Story zu schreiben.
Als Laie auf diesem Gebiet verfolgte ich das Vorgehen der Psychiater, die zunächst bei den Angehörigen Auskünfte einholten. Dr. Allwin fuhr in aller Eile nach Charlevoix. Arties Vater stand immer noch unter dem Einfluß des Schocks, er blieb stumm, ließ sich nicht sehen. Die Mutter begann irgendwie mit dem Schicksalsschlag fertig zu werden. Sie vermochte sich zu Dr. Allwin zu setzen und in ihrer Erinnerung zu suchen...
Gewiß, Artie sei schon als Kind außergewöhnlich mutwillig und ungezogen gewesen, und deshalb habe sie gedacht, eine starke Persönlichkeit wie Miß Lasty werde eine gute Gouvernante für ihn sein. Miß Lasty sei natürlich auch nur ein Mensch mit Schwächen und Fehlern gewesen, und gegen Ende

ihrer Zeit habe er es der armen Frau sehr schwer gemacht, die doch keinen anderen Menschen gehabt habe, dem sie ihre Liebe habe schenken können, und deshalb zu Artie eine übergroße Zuneigung gefaßt und versucht habe, ihm die Mutter zu ersetzen – aber so etwas erlebe man ja häufig bei Gouvernanten, nicht wahr?
Dann seine kleinen Untaten. Ja, die Diebstähle in Warenhäusern hätten sie alle ziemlich beunruhigt ... und dann dieser schreckliche Unfall hier in Charlevoix, als er einfach einen Wagen genommen habe, um zu einer Tanzveranstaltung zu fahren. Bei dem Zusammenstoß mit einem anderen Wagen sei eine alte Frau verletzt worden, sie habe monatelang im Krankenhaus liegen müssen. Artie selbst habe eine Gehirnerschütterung davongetragen.
Ob er sich damals merklich verändert habe.
Sie suchte sich zu uneingeschränkter Offenheit zu zwingen. Es müsse gesagt werden, daß Artie schon immer sehr wild gewesen sei. Und unaufrichtig. Ja, aber wer habe ahnen können, daß ...
Nein, nein – ihr Gegenüber beruhigte sie –, man hätte daraus unmöglich gleich auf eine ausgesprochen verbrecherische Veranlagung schließen können.
Und habe er nie zu einem Menschen Vertrauen gehabt?
Sie habe immer geglaubt, daß er vielleicht zu James ... Ihre Augen zuckten unruhig.
Aber vielleicht habe Artie auf andere Weise seinen wahren Gefühlen Ausdruck gegeben. Plötzliche Ausbrüche des Zorns, des Hasses. Eifersucht innerhalb der Familie. Nein?
Doch. Ihr war ein Fall in Erinnerung. Sein Vater war nach New York gefahren und hatte Arties Bruder James mitgenommen, und Artie hatte unbedingt dabei sein wollen. Er war damals fünfzehn gewesen, und er hatte geschrien und sogar einen Wutanfall bekommen wie früher als kleiner Junge.
Einen Wutanfall? Und auch als Kind schon?
Ja, ziemlich häufig sogar. Eben kindliche Wutanfälle, wenn er nicht gleich bekam, was er haben wollte. Aber das war ja bei allen Kindern so, und sie ließ ihn sich dann gewöhnlich austoben, eingesperrt in seinem Zimmer, da weder sie noch ihr Mann etwas von körperlicher Züchtigung hielten.
Sie habe versucht, sagte sie, ihm das Leben zu Hause anregend und angenehm zu machen. Sie habe die jungen Leute immer ermuntert, sich zu treffen, sich zusammenzutun, obwohl es

den Anschein gehabt habe, als wechsle Artie seine Freunde ziemlich oft. Aus diesem Grunde habe sie vielleicht seine für ihn ungesunde Freundschaft mit Jos Steiner zu lange geduldet.

Andenken, Schnappschüsse wurden hervorgeholt, und Dr. Allwin betrachtete sie alle sehr eingehend: da war der junge Tennisspieler in Weiß, der lächelnde Schüler auf dem Klassenfoto, der Collegestudent Artie in einem Sportwagen. Und dann kam ein Bild aus Arties frühester Kindheit, bei dem der Psychiater stutzte: Artie in Cowboytracht, eine Spielzeugpistole auf die Brust seines Teddybärs richtend.

Ob sie sich erinnern könne, wann diese Aufnahme gemacht worden sei.

Natürlich erinnerte sie sich an jenen Sonntagnachmittag! Artie war damals vier Jahre alt gewesen und so lieb und nett, und Mr. Straus hatte ungewöhnlich heitere Laune gehabt und die Aufnahme gemacht. Warum? War etwas Besonderes an dem Bild?

Nein, nein, nichts Ungewöhnliches, sagte der Arzt, nur, hm – der Gesichtsausdruck...

Und er habe so sehr an seinem Teddybär gehangen, erwiderte die Mutter.

Der Psychiater gab sich nicht zufrieden. Trotzdem – ein Kind würde lächeln oder Gesichter schneiden oder seine Eltern anschauen dabei. Aber hier auf diesem Bild sei der Junge so sehr bei der Sache, so in sein Spiel, seine Rolle des Jägers vertieft...

Dr. Allwin fragte, ob das kurz nach Miß Lastys Einstellung gewesen sei. Hm, ja, ja, das stimme, erwiderte die Mutter, die Stirn in Falten gezogen. Aber warum – was...?

Er sehe selbst noch nicht ganz klar, tappe noch im Dunkeln. Hatte er es hier mit einer fixierten, »eingefrorenen« Pose zu tun, mit einem Menschen, der innerlich gewissermaßen ständig in Verkleidung auftrat, die Pistole gezückt? »Es ist nur – aus diesem Blick hier spricht eine so ungeheure Konzentration und Hingabe an sein Tun«, sagte der Arzt. Er fragte, ob er das Bild mitnehmen könne. Aber natürlich. Und er nahm den Schnappschuß an sich.

Auch die Steiners hatten Andenken aufbewahrt. Da war das Baby-Tagebuch, das die Mutter voller Sorgfalt und Stolz geführt hatte – die Fotografien des kleinen, aufgeweckten Kindes mit den so merkwürdig glänzenden schwarzen Augen. Und

Tante Bertha erzählte ununterbrochen – was der frühreife Junge schon alles gekonnt habe und was die Eltern alles für ihn getan hätten!
Der Psychiater nickte und blätterte unterdes im *Jahrbuch der Mark Twain School*, das in kunstvoll verziertes Leder gebunden war. »Er war der Beste in der Klasse«, sagte Tante Bertha, »und der Jüngste.« Und Dr. Allwins Blick fiel auf eine Seite mit einem Gedicht – jedem Schüler der Junioren-Klasse war eine Strophe gewidmet. Die letzte lautete:

Das sind nun die Junioren,
Und klügere kennt keiner.
Doch halt! Vergeßt uns nicht
Den Klügsten: Joshua Steiner.

Dr. Allwin schlug die Seite um und stieß auf eine Fotografie von Artie Straus – »Der beliebteste Twain-Schüler und jüngste Student, der je die University of Chicago besuchte.«

Von den Brüdern war nicht viel zu erfahren. Max sagte, er habe sich ehrlich bemüht, dem Jungen zu helfen, aber sie hätten sich nie für die gleichen Dinge interessiert. James Straus sagte, er habe vielleicht Artie zu sehr in Schutz genommen, und Onkel Gerald sprach von einem Vorfall vor vier Jahren, dem man vielleicht mehr Aufmerksamkeit hätte schenken sollen. James erzählte den Hergang. Er hatte eines Tages festgestellt, daß aus seinem Schreibtisch ein Scheck über hundert Dollar verschwunden war. »Artie hat sich sehr aufgeregt und gleich eine haarsträubende Geschichte erzählt. Er hätte gesehen, wie der Chauffeur sich vor meinem Zimmer herumgetrieben habe. Als Artie aber dann außer Haus war, habe ich in seinem Tisch nachgesehen und den Scheck in der Schublade gefunden.« James hatte ihn einen gemeinen verlogenen Dieb geschimpft. Und nun fiel James wieder ein, daß Artie damals vor Wut getobt und geschrien hatte: »Schön! Dann habe ich ihn eben geklaut! Und das geht dich einen Dreck an!«
Und das geht dich einen Dreck an! Der Satz hallte jetzt erneut wider. Gehörte diese Bemerkung zu den Dingen, für die sich der Psychiater interessierte? »Vielleicht hätten wir das damals nicht hingehen lassen und ihn von einem Arzt untersuchen lassen sollen; vielleicht war das ein Zeichen.«
Aber Onkel Gerald sagte: »Ihr hättet ihm diese Neigungen ausprügeln müssen.«

»Ihr Vater muß doch von seinen Vergehen etwas gewußt haben«, sagte der Arzt zu James gewandt.
»Ich glaube, er hatte eine leise Ahnung davon, aber sehen Sie, mein Vater, hm – lebte immer ein wenig zurückgezogen. Ich fürchte, keiner von uns hat sich eigentlich richtig mit Artie befaßt.«

Eine quälende Frage ließ sie auf dem Weg zum Gefängnis nicht los: sollte man Artie wirklich den Rat geben, den Ärzten alles zu sagen? Die Zeitungen waren immer noch voll von den anderen Verbrechen, die die Polizei den beiden Jungen aufzuhalsen versuchte. Die gräßliche Geschichte mit dem Taxifahrer. Die beiden anderen Opfer, die man tot aufgefunden hatte, das erste erschossen, das zweite ertrunken. Beides junge Leute, und jedesmal in der South Side. Wer kannte sich bei Artie schon aus! Was konnte er nicht alles angestellt haben, wenn er schon diesen Mord jetzt begangen hatte! Und wenn er sich nun seinen Ärzten offenbarte – James sah unter diesen schrecklichen Fragen Onkel Gerald scheu von der Seite an.

»Na, wie stehen die Aktien?« rief Artie ihnen zu, als er munteren Schritts die Besuchszelle betrat.
Onkel Gerald fiel der zerrissene Ärmel an dem Gefängniskittel auf, den Artie trug. »Was ist mit deinen Kleidern geschehen?«
»Sind die Läuse reingekommen«, sagte Artie heiter, »und da haben mir die Kerkermeister diese Klamotten hier gegeben.«
Wie die Sache stehe. Artie wiederholte die Frage. Ob man irgendwelche Hoffnungen habe. Und ehe sie noch antworten konnten, beschäftigte ihn schon etwas anderes: »Ach, James –«
Ob James nicht Dorothea Lengel ausrichten könne, daß sie um zehn Uhr vormittags auf der seinem Fenster gegenüberliegenden Straßenseite sein könnte, er werde ihr dann zuwinken.
»Rede keinen Unsinn, Artie«, ermahnte ihn sein Bruder. »Füge dich einfach den Anweisungen der Ärzte und sag ihnen alles, was sie wissen wollen.«
»Alles?«
Sein Bruder sah ihm in die Augen. »Selbst das, was man gewöhnlich keinem anderen erzählt. Auch alles, was du – sagen wir: *mir* nicht erzählen würdest.«
»Erzählen von Sachen, die ich getan habe? Alles?«

In Arties Augen stahl sich jener seltsame Blick – verschwörerisch, schlau, und doch auch wieder drollig verschmitzt.
»Artie«, sagte sein Onkel, »gibt es schwerwiegende Dinge, die uns unbekannt geblieben sind?«
»Hm, möchtet ihr das wissen?« Machte er sich über sie lustig? Witzelte er nur? Jetzt lachte er. »Ihr glaubt also den Mist, der in den Zeitungen steht?«
»Gut, sagen wir so –«, fuhr sein Onkel nachdenklich fort, »wenn du dir über irgend etwas im Zweifel bist, dann fragst du lieber vorher James, ob du es sagen sollst oder nicht.«
»Vielleicht würde es mir leichter fallen, es gleich den Ärzten zu erzählen«, entfuhr es Artie.
James sagte: »Es geht um dein Leben, Junge.«
»Du machst dir ja doch nichts draus!« fuhr ihn Artie an.

Jos wurde von seinem Bruder Max auf die Fragen der Psychiater vorbereitet. Wie gewöhnlich versuchte er zu zeigen, daß er mehr wisse als die Fachleute. »Nach der gesetzlichen Definition bin ich im Vollbesitz meiner geistigen Kräfte.«
»Das sollte man nicht für möglich halten«, entfuhr es Max, und schon stand die alte Feindschaft zwischen ihnen auf. »Um Himmels willen, wenn du nicht verrückt bist, was hat dich dann zu dieser Tat getrieben?« rief Max. »Ihr müßt ja total besoffen gewesen sein!«
»Ich fürchte, Trunkenheit würde man uns als Entschuldigung nicht abnehmen«, bemerkte Jos kühl, überlegen. »Und außerdem – wir hatten zwar eine Flasche mit im Wagen, aber ich glaube, wir haben nicht mehr als ein, zwei Schluck daraus getrunken. Vielleicht als wir gewartet haben.«
»Gewartet?«
»Ja, bis die Schule aus war.«
Max stöhnte. »Jos, Junge, warum um Gottes willen hast du dann nicht Schluß gemacht? Schön und gut, Artie ist ein wilder Kerl, aber warum hast du die Sache nicht abgeblasen?«
»*Ich* einen Rückzieher machen? Hätte ich vielleicht als Feigling dastehen sollen?« Und da stand es zwischen ihnen, nackt, eine Anklage, ein Hohn mit einem bitteren Lachen dahinter, und deutete gleichsam mit dem Finger auf Max: Du hast es mich gelehrt, du hast deinen eigenen kleinen Bruder gelehrt – sei ein Mann, sei kein Feigling, weiche nie zurück – das ist doch dein eigener verdammter Moralkodex!

Eine Zeitlang war es nun relativ still um die beiden. Dr. Storrs und Dr. Allwin führten ihre Arbeit fort, die sich später als das umfassendste psychiatrische Gutachten herausstellen sollte, das bis dahin – und ich glaube sogar bis zum heutigen Tag – einem Gericht vorgelegt wurde. Während Dr. Allwin bei den Angehörigen Auskünfte einholte, begann Storrs mit den psychologischen Tests.

Die Testverfahren waren noch nicht so weit spezialisiert, wie sie es heute sind. Wissenstests und Tests zur Erforschung der geistlichen Beweglichkeit wurden schon allgemein angewandt, aber Tests zur Ermittlung der gefühlsmäßigen Reaktion standen noch ganz im Anfang. Der heute unentbehrliche Rorschach-Test wurde bei Jos und Artie nicht angewandt. Der »Thematic Apperception Test« war gerade von einem jungen Psychologen der Harvard-Universität entwickelt worden; Dr. Storrs experimentierte mit ihm und kam dabei zu merkwürdigen Ergebnissen.

Das Resultat der anderen Tests, der üblichen Intelligenzprüfungen, war vorauszusehen gewesen. Jos wurde mit dem Stanford-Binet-Test in so kurzer Zeit fertig, daß die Skala keine Werte mehr aufwies, um ihn einzustufen. Arties Zeit war fast ebenso phänomenal. Die Wortschatz-Tests und die »Problem-Solution«-Tests waren für sie ein Kinderspiel. Einen Wort-Test, bei dem fünf Minuten als Minimum gerechnet wurden, löste Jos in drei Minuten und fünfzehn Sekunden. Auch Artie löste ihn sehr schnell.

Aber es gab auch Abweichungen von der Norm des Genies. Da war zum Beispiel der »Stumm-Lese-Test«, bei dem eine Zusammenfassung des Gelesenen verlangt wurde. Wieder wurde Jos spielend damit fertig, aber Artie mit seinem sprunghaften Aussetzen der Aufmerksamkeit ließ markante Punkte aus; seine Antworten glichen eher denen eines Oberschülers als denen eines College-Studenten.

Und bei einem Koordinationstest, bei dem Bildausschnitte zusammengesetzt werden mußten, versagte Jos auf einmal: von der möglichen Punktzahl 100 erreichte er nur 56 – dies entsprach der Norm eines zwölfjährigen Kindes.

Zur Ermittlung der gefühlsmäßigen Reaktion griff Storrs zu Wort-Assoziationen. Eine ganze Aufzählung hindurch reagierte einer wie der andere schnell und in buchstäblich gefühlsfreiem Ton. Nur bei dem Wort Meißel, das zwischen neutrale Worte eingeschoben worden war, stutzte Artie plötzlich. Er

brauchte eine volle Minute, ehe er »Unannehmlichkeiten« herausbrachte.
Darauf griff Storrs zu den Bildern, mit denen der neue »Thematic-Apperception-Test« arbeitete. Da war zum Beispiel ein Bild mit einem Jungen, der nur einen Schuh anhatte. Neben ihm lagen der andere Schuh, ein Paar Überschuhe und ein Paar Pantoffeln. Worauf ließ das Bild schließen?
Eine einfache Antwort wäre gewesen: der Junge zieht gleich noch den anderen Schuh an, dann die Überschuhe, und geht zur Schule. Oder man hätte sagen können, er ziehe sich gerade aus: er entledige sich auch noch des letzten Schuhs und schlüpfe dann in die Pantoffeln.
Jedoch – zu diesem und zu anderen Bildern dieser Serie gaben Artie wie Jos Erklärungen, die man von jungen Menschen ihres Alters und ihrer offenbaren Intelligenz nicht erwartet hätte. Artie meinte sogleich, der Junge ziehe vielleicht die Schuhe eines anderen an, um falsche Spuren zu hinterlassen, und er schmückte das Thema in kindlicher Vorstellung von Verbrechen noch weiter aus. Jos ignorierte vollständig die im Bild angedeutete Situation – den unvollendeten Akt des Aus- oder Anziehens. Der Junge warte sicher auf jemanden, sagte er. Etwas Wichtiges sei im Gange. Eine große Entscheidung werde gerade getroffen, und der Junge warte vielleicht auf seine Mutter. Vielleicht führe man zu Hause auch gerade eine heftige Diskussion, bei der es um ihn gehe; in welche Schule er geschickt werden solle... Da sah er plötzlich Storrs mit dem schlauen Blick dessen an, der den »Dreh« begriffen hat.

Dann ist es Dr. Allwin, der die Untersuchungen führt, unterstützt von Spezialisten in den neuentwickelten Methoden zur Prüfung des Stoffwechsels und der Herztätigkeit.
Eines Morgens kommt Jos allein in den Untersuchungsraum und sieht sich Dr. Allwin gegenüber, der einen weißen Kittel trägt und einige Instrumente auf einem sauberen Tuch ausbreitet.
Allwin begrüßt Jos, wie man etwa einen Kollegen begrüßt, mit dem man an einem rein wissenschaftlichen Experiment zusammenarbeitet. Doch an diesem Morgen erblickt Jos die Injektionsnadeln, die dort liegen, und wird blaß.
»Etwas nicht in Ordnung?« fragt der Arzt.
»Wozu haben Sie diese Instrumente da?«
»Wir wollen nur ein paar Blutproben entnehmen.« Mit einer

Spritze in der Hand wendet sich Allwin zu ihm um, aber nun ist Jos kreidebleich im Gesicht.

»Entschuldigen Sie, Doktor«, sagt er, »aber schon der Gedanke an Blut setzt mir immer so zu. Ich weiß, das ist eine dumme Reaktion, aber ich kann einfach nichts machen.«

»Nun, es dauert ja nur eine Sekunde.« Jos weicht unwillkürlich ein Stück zurück, als seinem Ohrläppchen das Blut entnommen wird. Als alles vorbei ist, stehen ihm Schweißperlen auf der Stirn.

»Na, Sie haben ja wirklich eine große Abneigung dagegen.«

»Schon immer.« Und Jos erzählt von dem Kindheitserlebnis: als der Arzt seine Mutter untersuchte und sagte, er wolle ihren Blutdruck messen. »Ich habe mir wohl vorgestellt, daß das Blut dabei herausspritzt, und mir wurde so übel, daß der Arzt sich schließlich um mich kümmern mußte anstatt um meine Mutter.«

»Wie haben Sie sich Ihre Mutter immer vorgestellt?«

In seiner nüchternen, leicht lehrhaften Stimme sagte Jos: »Ich habe sie immer als die Madonna gesehen. Auch heute noch sehe ich sie so.«

Er fühlt sich ganz ungezwungen, als er so zu dem schon älteren, freundlichen Arzt spricht und ihm von dem bunten Glasfenster in einer Kirche erzählt, in die ihn sein junges irisches Kindermädchen mitnahm, die Vorgängerin von Trudy.

»Aber Sie stammen doch aus einer jüdischen Familie – hatten Ihre Eltern nichts gegen diese Besuche in einer christlichen Kirche?« fragte der Arzt mit höflicher Neugierde.

Auf religiösem Gebiet seien seine Angehörigen sehr tolerant, sagt Jos. Ja, sein Vater habe sogar gesagt, es sei vielleicht ganz gut, daß er, Jos, sich dafür interessiere, wie es in einer christlichen Kirche zugehe, da er ja schließlich in einer christlichen Umwelt lebe. »Ich habe mich sonntags von unserem Chauffeur in die verschiedensten Kirchen fahren lassen und wußte bald zwischen der Gottesdienstordnung von Katholiken, Protestanten, Methodisten, Episkopalen und Kongregationalisten zu unterscheiden.«

»Das war aber eine höchst ungewöhnliche Beschäftigung für ein Kind.«

»Ich habe den Kirchenbesuch beibehalten, als ich größer wurde«, erklärt Jos. »Ich habe mir über die einzelnen Religionen und ihre jeweilige Vorstellung von Gott Gedanken gemacht.«

»Und – hatte das irgendwelche Auswirkungen auf Ihr Denken?«
»Als Kind mußte ich natürlich zu dem Schluß kommen, daß alles fauler Zauber war. Gott sollte dreierlei und eins und Leib und Geist und ein jüdischer alter Moses mit einem Bart sein!«
»Hm, ja, ich verstehe. Und sind Sie, als Sie in jener Zeit die Kirchen besuchten, auch in die Synagoge gegangen?«
»Ja, es gibt da so eine Art Vorbereitungsunterricht – mein Vater wollte, daß ich den für Jungen üblichen Unterricht erhielt. Man lernt da etwas Hebräisch und soll dann mit dreizehn Jahren etwa an einer Zeremonie teilnehmen und damit richtiges Gemeindemitglied werden. Er hat mich immer in die Unterrichtsstunden von Rabbi Hirsch geschickt, aber ich war schon einige Jahre früher als die anderen fertig, und als ich dann dreizehn war, hatte ich keine Lust mehr, an dem Ritual teilzunehmen – so ähnlich wie eine Konfirmation –, weil ich inzwischen den Glauben an alles verloren hatte.«
»Und doch sagen Sie, daß Sie auch heute noch Ihre Mutter als Madonna sehen...«
»Das ist eine Ausnahme. Oh, ich habe schon als Kind gewußt, daß sie anders war als wir alle. Und natürlich habe ich später gemerkt, daß das eine abergläubische Anschauung war, aber ich habe diese Ausnahme gemacht, um mir diese Vorstellung von meiner Mutter zu bewahren. Und da Mutter tot ist, stelle ich sie mir eben am liebsten so vor.«
»Sie meinen, als die schöne Frau im Kirchenfenster?« Der rotgesichtige Arzt scheint mit ihm über kindliche Begriffe zu lächeln. »Als himmlisches Wesen?«
»Ja.« Und er fährt in seinem ruhigen, sachlichen Ton fort: »Wenn ich nicht gewesen wäre, wäre sie vielleicht nicht gestorben. Ich bin schuld an ihrem Tod.«
»Wieso das?«
»Ihr Tod hing mit meiner Geburt zusammen«, sagte Jos. »Sie ist nach meiner Geburt nie mehr richtig gesund geworden. Sie hatte mit einem Nierenleiden zu tun.«
»Ich habe aber gehört, daß in Ihrer Familie die Frauen oft von einem Nierenleiden befallen werden.«
»Ich habe zu ihrem Tod beigetragen.« Jos läßt sich nicht von seiner Meinung abbringen. »Sie war der Inbegriff des vollkommenen Menschen.« Er besuche häufig ihr Grab, sagt er, und dann fügt er hinzu: »Manchmal wünsche ich, ich wäre nie geboren.«

»Haben Sie das schon oft gewünscht?«
»Ich habe diesen Wunsch schon seit Jahren, ich hatte ihn schon als Kind.«

Bei einer anderen Gelegenheit bekommt ihn Dr. Allwin dazu, von jenen Kindheitsjahren zu sprechen, da er so oft den Wunsch gehabt hatte, nicht geboren zu sein. Jos sagt, das sei gewesen, als sie noch in der Michigan Avenue wohnten und als er diese Schule besuchen mußte, in die außer ihm nur Mädchen gingen.
»Sie hätten doch stolz darauf sein können, daß Sie der einzige Junge unter so vielen Mädchen waren.«
Er hasse Mädchen, hasse weibliche Wesen. Sie seien alle so dumm, so geschwätzig.
Ob er nie eine richtige ›feste‹ Freundin gehabt habe.
Ein paarmal habe ihn ein Mädchen angezogen, aber das sei keine Liebe gewesen. Aber jetzt, gerade in diesen Tagen, habe er ein Mädchen kennengelernt, dem gegenüber seine Gefühle ganz anders gewesen seien – er habe sogar daran gedacht mit ihr von zu Hause wegzulaufen, sie zu heiraten. Seine Stimme sinkt.
In welcher Hinsicht seine Gefühle da anders gewesen seien als sonst. In sexueller?
Nein, er habe keinen Verkehr mit ihr gehabt, obwohl sie ihn sehr angeregt habe. Nein, sie sei ein anständiges Mädchen und sehr klug, und seit er sie kenne, glaube er auf einmal, solche Dinge wie Ehe und Familie verstehen zu können ... Jos verstummt.
»Würden Sie mir mehr von diesem Mädchen erzählen?«
»Ich wüßte nicht, wozu.«
Er kommt sogleich auf eine Kindheitserinnerung zu sprechen, in der Max eine Rolle spielt. Als sie einmal im Spaß auf dem Rasen miteinander gerungen hatten, war er mit der Stirn gegen einen Stein gestoßen, und als er merkte, daß es blutete, hatte er geweint, und Max hatte ihn ein Mädchen genannt. Damals hatte er beschlossen, sich niemals mehr etwas anmerken zu lassen, wenn er sich verletzt fühlte, ja, sich überhaupt nicht mehr von irgendwelchen Gefühlen verletzen zu lassen. »Ich fand damals heraus, daß Gefühle zu tief verletzen können, und deshalb nahm ich mir vor, keine Gefühle mehr in mir aufkommen zu lassen.«

An einem anderen Tag spricht er plötzlich von jenen Monaten in der Public School. Die Kinder hatten ihn ständig geneckt, weil er so ein Zwerg und ein Judenjunge war.
»Was haben Sie da gefühlt?«
»Das ist heute schwer zu sagen. Wut wahrscheinlich.«
»Haben Sie sich vielleicht auch geschämt?«
»Nein – nein, ich würde mich nie schämen, daß ich Jude bin.« Und ganz automatisch fügt er hinzu: »Meine Familie war immer stolz darauf.«
Dann erzählt Jos von jenem Tag, als Trudy nicht vor der Schule gewartet und er sich allein auf den Heimweg gemacht hatte. Zwei Jungen waren ihm nachgelaufen und hatten gerufen: »He, Itzig, wo hast du denn heute dein Kindermädchen gelassen?« Dann hatten sie ihn gepackt und in einen dunklen Hausgang hineingezogen. Mensch, dieses dicke Kindermädchen da – hatte er der schon mal unter den Rock gesehen? »Ja, ja, ganz klar, du bist ihr Sklave, sie läßt sich's von dir machen!«
Und dann der eine zum anderen: »Du, hat er überhaupt einen Spatz? Die Itzigs schneiden doch immer ein Stück von dem Apparat ab, vielleicht haben sie bei ihm zuviel abgeschnitten! Vielleicht ist er sogar ein Mädchen!« Und dann die Hände, die an seinen Knickerbockern zerrten, ihn festhielten, während er schrie und blind um sich schlug. Er fühlte ihre Schläge auf seinem Körper, seinem Gesicht... Tritte, Blut... und dann läuft er, läuft...
»Hatten Sie dieses Kindermädchen, diese Trudy, längere Zeit?«
»Bis ich vierzehn war.«
Wie sie gewesen sei.
Sie sei kein besonders intelligenter Mensch gewesen, erklärte Jos. Ja, er wollte sie eher als leicht schwachsinnig bezeichnen – sie hatte in ihrer Heimat nur wenige Jahre die Schule besucht. Er sprach immer deutsch mit ihr. Aber sie war verschlagen und ihm sehr zugetan. Einmal wollte er einige Briefmarken aus dem Album eines Vetters haben, und sie lachte nur, als er sie einfach stahl. Aber nachher erpreßte sie ihn, indem sie drohte, ihn zu verraten, und er mußte für sie Dinge tun, die sie haben wollte.
Was für Dinge?
Oh, ihr einfach gehorchen. Und nichts sagen... von anderen Dingen. Sogar – ja, er erinnert sich jetzt – sexuelle Dinge – vielleicht daß sie ihn, wenn sie ihn badete, immer abtätschelte

und am ganzen Körper mit Küssen bedeckte. Trudys Mund lachend und drohend – »Wenn du kein lieber kleiner Junge bist...« – und wieder lachend und ein Geräusch des Verschlingens dabei ausstoßend, und dann war er ihr kleines Mädchen.

Dr. Allwin fragt ihn, wie er schlafe. Ob er gleich einschlafe oder vielleicht erst noch irgendwelchen Phantasievorstellungen nachhänge. Jos gewinnt Interesse an der Sache – die ganze Ausfragerei tut sich ihm auf wie eine Welt, von der er sich nichts hatte träumen lassen – und erzählt völlig aufrichtig, objektiv. Ja, fast so weit wie seine Erinnerung zurückreiche, habe er sich Geschichten ausgedacht. »Immer vor dem Einschlafen. Manchmal war ich ein König, und manchmal ein Sklave –«
»Was waren Sie öfter, König oder Sklave?«
»Mit der Zeit war ich immer häufiger der Sklave.«
»Ging das lange so? Bis jetzt vielleicht?«
»Hm, bis ziemlich in die letzte Zeit hinein.« Manchmal dauerte es eine Stunde. Dann lag er auf dem Bauch oder auf der Seite, gewöhnlich hatte er dabei das Kissen im Arm. Nach einiger Zeit wurde es dann sehr angenehm, er verspürte einen angenehmen Bettgeruch und stellte sich dann vor, daß dies der Körpergeruch eines nackten Sklaven sei, der sich angestrengt hatte, vielleicht in einem Kampf, wo er das große Schwert geschwungen hatte, um seinem König das Leben zu retten. »Dann war der König sehr dankbar und erbot sich, dem Sklaven die Freiheit zu schenken.«
Ein andermal beschreibt er den König als den Jugendgruppenleiter, den er hatte, als er zwölf war. »Er hieß Chesty. Er war damals etwa achtzehn, und ich habe ihn sehr verehrt.«
Und er fährt fort: »Ich habe mir dann vorgestellt, ich sei sein Sklave. Manchmal war ich auch ein im Wald verirrtes Kind, das der König fand, oder der König ritt über den Sklavenmarkt, wo gerade ein Kind von zehn oder zwölf Jahren zum Verkauf angeboten wurde, und der König bekam Mitleid und kaufte den Jungen und machte ihn zu seinem Leibsklaven. Er ließ dann den jungen Sklaven immer zu sich kommen und liebkoste ihn.«
»Das war also immer dieser Chesty, Ihr Jugendgruppenleiter?«
»Nach jenem Sommer waren es andere Jungen, manchmal auch ein Lehrer, und als ich dann einige Jahre später mit Artie

in Charlevoix war und ihn zu idealisieren begann, da war immer er der König.«
»Sie haben Artie idealisiert?«
Jos sah ihn voll an. »Es war blinde Anbetung. Ich habe mich ganz mit ihm identifiziert. Ich habe immer auf das Essen und die Getränke gestarrt, die er zu sich nahm, und dabei das Gefühl der Eifersucht verspürt.«
»Und jetzt?«
»Auch jetzt ist das noch so.«
Wieder ein andermal erinnert sich Jos an eine Umkehrung dieser Phantasieszenen, in der er der König war und Artie der Sklave. »Wir fuhren über See und erlitten Schiffbruch und gelangten zu einer auf keiner Karte vermerkten Insel. Ein Klavier war das einzige, was wir gerettet hatten, und ich war der einzige, der darauf spielen konnte. Auf der Insel waren Eingeborene, und ich war der einzige, der ihre Sprache sprechen konnte. Es gab zwei Gruppen von Eingeborenen: die eine waren die Adligen, die andere die Sklaven. Meine Begleiter wurden alle zu Sklaven gemacht, aber ich wurde Adliger, weil ich Klavier spielen konnte, denn die Eingeborenen wußten nicht, was Musik war, und waren begeistert. Als Adliger kaufte ich dann Artie und machte ihn zu meinem Sklaven. Er war sehr krank, und ich pflegte ihn wieder gesund. Als er dann bei Kräften war, stellte ich ihn vor die Wahl zwischen drei Möglichkeiten. Einmal: Freiheit. Ich würde ihn freilassen, und das Brandmal an seinem rechten Bein würde entfernt werden.«
»Die Sklaven waren also gebrandmarkt?«
»Ja. Ich habe mir auch immer das Einbrennen vorgestellt. Aber das fand nicht auf der Insel statt, sondern im Umkleideraum der Twain School, in der Turnhalle. Dann waren wir wieder auf der Insel, und ich sagte: ›Wenn du die Freiheit wählst, kannst du gehen, aber sieh dich vor, der erste Adlige, der dich bemerkt, kann dich fangen und zu seinem Sklaven machen.‹ Er konnte aber auch als zweite Möglichkeit mein Leibsklave sein, in jeder Beziehung. Drittens konnte ich ihn an einen anderen Adligen verkaufen. Aber wenn ich das tat, wurde er schlecht behandelt und bat, zu mir zurückkehren zu dürfen. Dann schrieb er mir eine verschlüsselte Botschaft und benutzte das geheime Kosewort der Insel. Er unterzeichnete die Botschaft mit diesem Wort.«
»Und was für ein Wort war das?«
»Dein Kätzchen, oder Deine Pussy«, sagte Jos ganz ruhig.

Ich habe versucht, mich in Arties Vorstellungen hineinzudenken, aber hier stößt man auf Regionen, die wohl für immer im Dunkeln bleiben werden. Artie war verschlagen und hielt gewiß, als er von sich berichtete, mit mancher Einzelheit zurück; als ihn aber Dr. Allwin nach seinen Traumvorstellungen fragte, wurde auch er gesprächig. Ja, auch er hatte sich fast jede Nacht solchen Phantasien hingegeben, und es mutete fast unheimlich an, wie sehr sie denen von Jos entsprachen.

Sah sich Jos am liebsten in der Rolle des Sklaven, so träumte Artie von sich als dem Herrn. Er war der Chef aller Verbrecher, der unbedingten Gehorsam forderte.

Sogar in der Umkehrung ihrer Phantasiebilder bestand eine verbindende Symmetrie. Jos war zwar ein Sklave, aber als solcher ein höheres Wesen, ein Streiter, ein gottähnlicher, schöner Mensch. War er also der Rangordnung nach der Unterlegene, so war er, dem aktiven Sinn seiner Rolle nach, überlegen – er lebte in angenehmer Umgebung und war der Mentor von Königen. Artie dagegen war nominal überlegen – er war der überlegene Geist, der Chef –, aber im Verlauf seiner Vorstellungen sah er sich als Gefangenen und Inhaftierten, in Ketten liegend und in Lumpen gehüllt. Größte Befriedigung bereitete es ihm, sich vorzustellen, wie er hinter Kerkermauern schmachtete und ausgepeitscht wurde.

Im wirklichen Leben nun wurden diese Phantasie-Beziehungen höchst folgerichtig in die Tat umgesetzt. Beide erzählten jetzt von ihrem seltsamen Pakt nach jenem Einbruch in das Studentenheim – von jenem Pakt, dem zufolge Artie der Herr war, dem zwangsläufig gehorcht werden mußte; und doch war die andere Seite des Abkommens der sexuelle Akt, bei dem sich Artie fügen mußte, ein Akt, der im Sinne einer Vergewaltigung, eines Überfalls, ja fast einer Züchtigung ausgeführt wurde – aber, in Arties Phantasie, einer Züchtigung, die er passiv genoß.

Dr. Allwin erfuhr weitere Einzelheiten aus Arties Leben. Als Artie neun Jahre alt war, kam sein kleiner Bruder Billy zur Welt. Drei Neigungen begannen sich damals in ihm auszuprägen: Mit neun beging er den ersten kleineren Diebstahl in einem Warenhaus, mit neun verschlang er die ersten billigen Schundromane, die er vor Miß Lästig versteckte – die Geschichte eines entführten und auf einem Dachboden versteckten Kindes hinterließ einen bleibenden Eindruck –, und mit neun bekam er die erste Vorstellung von sexuellen Dingen.

Da ist also der überneugierige kleine Junge, der Augen und Ohren offenhält, um hinter das Geheimnis der Entstehung der kleinen Kinder zu kommen. Vielleicht kriegen Mumsie und Papsie das Baby nur, weil sie jemand anderen haben wollen, nicht Artie. Niemand will Artie haben. Höchstens Hank, der Chauffeur, der nichts dagegen hat, wenn man sich in der Garage herumtreibt. Miß Lästig kann ihn nicht leiden – Hank sei schmutzig und verdorben, sagt Miß Lästig. Weil Hank alle möglichen Sachen mit Mädchen tut. Das weiß jeder.

Hank ist am Wagen beschäftigt, die Motorhaube ist hochgeklappt, und die ganze Garage riecht nach Benzin und Fett und Gummi.

»Reich mir doch mal den großen Hammer, Artie.« Um den Stiel ist ein schwarzer Klebestreifen gewickelt. Hank ist mit dem Oberkörper unter der Haube und arbeitet an etwas herum mit einem Meißel, der durch Eisen hindurchgeht. »Die verdammte Mutter sitzt fest«, sagt Hank. »So verklemmt wie das Ding bei einer Hexe.« Das ist eine häßliche Ausdrucksweise, und da lacht Hank über einen guten Witz, der ihm jetzt eingefallen ist – von einem Liebespaar, das man gerade dabei erwischt hatte und wo die Polizei und die Feuerwehr hatte kommen müssen, um sie wieder auseinanderzubringen. »Um was auseinanderzubringen?« fragt Artie. »Ihre Gesichter?« Und Hank lacht dröhnend. Und das ist der Tag, an dem Hank dem kleinen Artie von dem Unterschied zwischen Mann und Frau erzählt. Es sei geradeso wie dieser Schraubenbolzen und diese Mutter hier, sagt er, geradeso wie Schlüssel und Schlüsselloch.

Wenn man älter wird, sagt Hank, wird der Spatz immer größer, und manchmal wird er ganz dick und so hart wie ein Stück Stahl, und Hank bewegt den Meißel mit der Hand hin und her, um ihm zu zeigen, wie hart er wird.

Artie hat den Meißel ergriffen, den Hank hingelegt hat. »Wozu ist der Klebstreifen da drum?« fragt der Junge. Und Hank sagt: »Damit man ihn besser halten kann. Damit der Schaft nicht glitschig wird vom Schweiß in der Hand.« Und dann bricht er in ein schallendes, schmutziges Gelächter aus. »Das ist gut! Aber sag das nie einem Mädchen!«

»Was?« fragt Artie verwirrt.

»Das!« sagt Hank und nimmt den Meißel in die Faust, aber verkehrt herum, mit dem Griff nach vorn. »Junge, mit so was

könntest du eine glatt umbringen! Mensch, hast du eine Ahnung, was mancher gäbe für so einen Apparat!«
Und gerade in diesem Augenblick kommt Miß Lästig hinzu.
»Artie, was tust du hier!«
Mit seiner verblüffenden Offenheit erzählt Artie Dr. Allwin von all den frühen kleinen Untaten – einmal hatte er zusammen mit einem anderen Jungen Geld aus einer Limonadenbude gestohlen, einmal hatte er seinem großen Bruder einen Scheck entwendet – aber das habe man Dr. Allwin ja sicher bereits berichtet. Artie erzählt von Abenteuern zusammen mit Jos – die Sache mit dem Edison Electric, mit den eingeworfenen Fenstern, mit dem Polizisten, der ihnen einmal nachgeschossen hatte, mit dem Einbruch in Ann Arbour.
»War dazwischen nicht noch etwas?«
»Noch etwas?« Wieviel er denn schon von Jos und von seinen Angehörigen wisse.
»War da nicht noch ein Abstecher nach Oak Park?«
Ach ja, richtig, das hatte er ganz vergessen. Artie lächelte und erzählte, wie er und Jos einmal den Plan gehabt hatten, bei Joe Stahlmeyer den Keller auszuräumen. Lauter kanadische Ware, die Flasche zwanzig Dollar schwer. Artie hatte einen Revolver mit und –
Er hielt inne.
»Und?« bohrte Dr. Allwin weiter.
Oh, er habe einen umwickelten Meißel mitgenommen. Als Keule.
»War das das erste Mal, daß Sie sich eine solche Waffe zurechtgemacht hatten?«
Ja, aber die Expedition sei ein Mißerfolg gewesen.
»Warum der Klebestreifen?«
»Hm, so hatte man das Ding gut im Griff, so als Hiebwaffe, und darunter den harten Stahl...« – er schloß mit einem leisen Keuchen.
Dr. Allwin fragte ganz ruhig, während er sein Notizheft schloß: »Und gab es noch andere Gelegenheiten, bei denen Sie einen Meißel benutzten?«
Artie hatte wieder seinen lächelnden, schlauen Blick zurückgewonnen. »Erwartet man von mir darüber Auskunft?«
Der Arzt schraubte seinen Füllhalter zu. »Wir sind nur hier, um Ihnen zu helfen, Artie.«
»Und wenn Sie etwas herausfinden, was mir *nicht* helfen würde?«

»Vielleicht machen wir lieber für heute Schluß«, sagte Dr. Allwin.

Die Psychiater hatten sich an eine tiefe Kluft herangearbeitet und nun blieben sie stehen. Sollten sie sich in jede einzelne Spalte hinablassen oder war es besser, einfach hinüberzuspringen, vielleicht eine Seilbrücke zu improvisieren? Storrs und Allwin müssen lange über dieses Dilemma debattiert haben, und die Besprechungen in Wilks Wohnung müssen bis tief in die Nacht hinein gegangen sein.
Es war ihre Aufgabe, den Geist, das Denken dieser beiden Jungen im Zusammenhang mit einem ganz bestimmten Verbrechen zu erforschen. War etwas gewonnen, wenn man auch die Einzelheiten weiterer Verbrechen kannte? Anwälte und Ärzte stimmten darin überein, daß diese Frage die Familien zu beantworten hätten.

Onkel Gerald suchte Artie in seiner Zelle auf.
»Also schön«, sagte Artie, gierig an der Zigarette ziehend – seine Zigaretten waren ihm ausgegangen, und der verdammte Wärter verlangte von ihm einen Dollar für eine Packung – »also schön, ich habe auch noch andere Dinger gedreht.«
»Weiß Jos davon?«
»Er hat immer so getan, als hätte er mich damit in der Tasche. Wenigstens was *eine* Sache betrifft.«
Ihre Augen begegneten sich. »Große Sachen?«
»Große.«
»Wieviele, Artie?«
»Sagen wir – vier.«
»Schön, nennen wir sie *A, B, C* und *D*.« Mit vorsichtigen Worten erinnerte er Artie daran, daß die Presse ihm beziehungsweise ihm und Jos gemeinsam ganz bestimmte Verbrechen zuschrieb.
»Das ist alles blödes Gewäsch!« rief Artie aus, doch dann überzog sein Gesicht jenes merkwürdige andeutungsvolle Lächeln. »Ich hatte nie etwas mit diesem ›Drüsenraub‹ zu tun«, erklärte er. Auch den Mann mit den abgehackten Händen habe er nicht auf dem Gewissen. Aber bezeichnenderweise erwähnte er nichts von dem noch ungeklärten Tod der beiden Studenten.
Nun mußte in nächtelangen Beratungen in Wilks Arbeitszimmer die gesamte Konzeption der Verteidigung überprüft wer

den. Wenn Artie ein mehrfacher Mörder war, würde dann nicht jede Jury in ihm einen vom Dämon besessenen Irren sehen? Und wenn Jos an den anderen Verbrechen keinen Teil hatte, war es dann gerecht, ihm mit Artie zusammen den Prozeß machen zu lassen? Jos war ja an dem Verbrechen gewissermaßen nur als höriges Opfer eines Geistesgestörten beteiligt.

Gewiß ist diese Möglichkeit geprüft, besprochen und tausendmal beiseitegeschoben worden, nur um aufs neue von den Anwälten in Betracht gezogen zu werden während der Tage, da Storrs und Allwin in Wilks Eßzimmer ihr Gutachten niederschrieben.

Aber war eine getrennte Behandlung wirklich vorteilhaft? Sowohl Wilk wie Ferdinand Feldscher wiesen darauf hin, daß Horn kein Dummkopf war. Horn war in der Lage, jeden Versuch der Verteidigung, Jos mehr oder weniger als Mitläufer hinzustellen, im Handumdrehen zu zerpflücken und lächerlich zu machen. Die Öffentlichkeit würde mit nur noch lauterem Wutgeschrei reagieren, man würde von einer ›Gesetzesverdrehung‹ sprechen. Auch war keineswegs sicher, daß die Aufdeckung weiterer Gräßlichkeiten die Geschworenen dazu veranlassen würde, Artie für geistesgestört zu erklären; im Gegenteil, eine Jury konnte in diesem Fall unter Umständen noch in ihrem Entschluß, einen solchen Unhold zu vernichten, bestärkt werden.

Zum Glück traf an diesem Tage Dr. McNarry ein. Seine selbstsichere Erscheinung, so vertraute mir Willie Weiss in einem an Schwärmerei grenzenden Ton an, verhalf den anderen dazu, in ihre Gedanken Klarheit zu bringen. Alles an ihm erweckte den Eindruck des Vollbepackten – sein Anzug schien mit dem schweren Leib vollgepackt zu sein, und der massige Kopf, an dessen kahlem Schädel die Adern hervorstanden, vollgepackt mit Wissen.

McNarry hatte einige kurze Unterredungen mit den beiden Jungen, um sich seine eigene Meinung von ihnen zu bilden; dann besprachen sich die drei Ärzte untereinander. McNarry legte ziemlich das gleiche Material vor, die König-Sklave-Phantasien von Jos und die Meisterverbrecher-Phantasien von Artie, die Kindheitsbilder. Eli Storrs brachte die Ergebnisse seiner Tests zur Sprache und beobachtete gespannt, wie McNarry auf diesen Bericht von der Anwendung der noch ganz neuen ›Apperception‹-Methode reagierte.

Sogleich gerieten die Ärzte in eine lebhafte Diskussion über McNarrys Auffassung von der Psyche. McNarry widerstrebte es, Gefühl und Intellekt voneinander zu trennen und in zwei verschiedene ›Schubfächer‹ zu verweisen. Nach seiner Ansicht fügte sich beides zu einer einzigen biologischen Wesenheit zusammen, die als Einheit handelte.
»Ja, aber diese Einheit hat verschiedene Aspekte. Unsere Tests beweisen, daß zwei verschiedene Personen auch verschieden reagieren...«
»Hm, ja«, gab McNarry schließlich zu, es gebe einen Gefühlsaspekt, den man ›im Ton emotionell‹ nennen könne, und dann den intellektuellen Aspekt –
Mit entschuldigendem Lächeln bat Gerald Straus um Auskunft: würde dies alles einer Jury beweisen, daß die beiden Jungen geistesgestört seien?
Ebenfalls mit einem Lächeln hielt ihm McNarry einen kurzen Vortrag über Geistesgestörtheit, so als spräche er zu einem durchschnittlichen Geschworenen. »Man glaubt allgemein, ein Mensch sei in einem bestimmten Augenblick geistig normal und werde dann im nächsten geistesgestört. Für den Arzt bedeutet Geistesgestörtheit nichts als eben eine geistige Störung, eine Krankheit, und ebenso wie es bei einer körperlichen Krankheit alle möglichen Abstufungen gibt, von einer gewöhnlichen Erkältung bis zur Lähmung, ebenso hat eine geistige Störung ihre Abstufungen, von einer relativ harmlosen Neurose bis zu einer Psychoneurose oder Psychose.«
Onkel Gerald nickte. »Und was würden Sie sagen, *wie* krank sie sind?«
»Wir sind zu dem Schluß gekommen«, fuhr nun Dr. Allwin als Ältester fort, »daß beide an einer funktionellen Störung leiden. Arties Störung könnte sich zu einer dementia praecox entwickeln, zu einer Persönlichkeitsspaltung, und Jos neigt zu einer Paranoia.«
»Und wie weit ist das Leiden schon fortgeschritten?«
»Das versuchen wir gerade festzustellen«, sagte Dr. McNarry etwas kurz angebunden, und Onkel Gerald verstummte. McNarry hatte vorher gerade mit Jos über dessen Philosophie gesprochen. Die Philosophie selbst tat er als eine bloße Tarnung ab, als ein einfaches Durcheinander von Dingen, die Jos gelesen hatte.
Aber alle diese philosophischen Anschauungen, die Jos habe

wiesen in die Richtung einer Paranoia, bemerkte Eli Storrs. »Bedenken Sie, wie sich hier der Geist das verschafft, was er braucht!« Gleich den Tests deuteten diese Ansichten darauf hin, daß Jos von der emotionellen Seite her gesehen noch ein Kind war.

»Das ist interessant«, sagte McNarry. »Sie könnten die ›Allmacht‹ à la Nietzsche in der gleichen Weise interpretieren. Sie gehört zur magischen Phase.« Dies sei der Zeitraum, während dessen das Kind mit Hilfe seines Schreiens die Entdeckung mache, daß die Umwelt alles tue, was es wolle. Vielleicht stecke Jos heute noch in dieser Phase.

Onkel Gerald begann plötzlich zu verstehen und meinte: »Ja, Max hat mir einmal gesagt, daß sein Bruder sich erst mit vierzehn Jahren die Schuhe zugeschnürt hat. Vorher mußte das immer sein Kindermädchen machen.«

Die Psychiater beschäftigten sich sodann mit Arties »Detektiv-Spielen«. Artie hatte Allwin erklärt, er gehe diesem Zeitvertreib noch nach, weil er ein Spiel haben müsse, das er mit seinem kleinen Bruder Billy spielen könne. Aber Dr. McNarry gegenüber hatte Artie das kindliche Spiel nicht mehr mit Verstandesgründen zu erklären versucht. Er hatte angegeben, daß er es mit Jos spiele und auch für sich allein; wenn er durch die Straßen gehe, stelle er sich immer vor, Komplicen zu haben, die ihm mit der Hand Zeichen gäben. Dr. McNarry fügte hinzu: »Ich glaube, er hat sich diese Geschichte für mich ausgedacht; er ist ein schlauer Bursche.«

»Nein, solche Sachen macht er tatsächlich!« fiel Onkel Gerald ein. »An einem Tag im vorletzten Herbst hat er mich abends während des ganzen Heimwegs verfolgt. Als ich vor meinem Haus stand, ist er plötzlich hinter mir aufgetaucht, ein schwarzes Tuch vor dem Gesicht wie ein richtiger Straßenräuber, und hat gesagt: ›Hände hoch!‹ Natürlich wußte ich, daß es Artie war, und ich habe gesagt, er solle machen, daß er nach Hause komme.«

Feldscher und Max und James waren hinzugekommen, und die Diskussion ging in größerem Rahmen weiter, aber immer kam man auf das Hauptproblem zurück, auf die Frage, wie man die Geschworenen davon überzeugen könnte, daß die beiden Jungen an ›funktionellen Störungen‹ litten.

»Wir müssen etwas stärker auftragen«, meinte Onkel Gerald.

»Wir können aber auch nicht behaupten, daß sie jede Verbin-

dung mit der Wirklichkeit verloren hätten«, gab Dr. McNarry zu bedenken. »Schließlich hat die Gegenseite auch ihre Psychiater.«
Damit hatte er sich selbst das Stichwort für sein Lieblingsthema gegeben. McNarry konnte nämlich nicht begreifen, wie Psychiater es über sich brachten, für die Anklagebehörde zu arbeiten. Ziel der Psychiatrie sei es doch, die Ursachen eines Verhaltens aufzudecken, sagte er. Und wenn jedes Verhalten eine Ursache habe, wo sei dann die Schuld? Wie also könne sich ein Arzt zum Ankläger machen lassen?
»Wenigstens sind Sie und Jonathan Wilk dieser Meinung«, sagte Ferdinand Feldscher. »Aber welche Jury wird Ihnen da folgen?«
McNarry schüttelte den Kopf. Er halte es für ziemlich aussichtslos, einer Jury diesen Standpunkt klarzumachen, denn jede Gruppe von Geschworenen sei zwangsläufig eine Öffentlichkeit im kleinen und entscheide wie eben diese Öffentlichkeit, die sie vertrete. Das sei unvermeidlich und liege in der Natur des Jury-Systems. »Was dabei herauskommt, ist die durch das Medium der Geschworenenversammlung vorgebrachte Kritik der breiten Masse.«
Er führte einige Fälle aus seiner eigenen Praxis an, Fälle, bei denen die Geistesgestörtheit ganz offensichtlich gewesen war. Da war zum Beispiel der Fall des Father Schmidt, eines Geistlichen, der eine Frau auf dem Altar in sieben Teile zerschnitten hatte. Aber die Geschworenen hatten ihn für zurechnungsfähig erklärt, damit er gehängt werden konnte. »Geschworene sehen in einem Plädieren auf Geistesgestörtheit ganz einfach einen faulen Trick. Sie schenken den Experten keinen Glauben.«
Was blieb also zu tun?
Was war mit Wilk? Onkel Gerald wies darauf hin, daß Wilk ja schließlich der größte Schwurgerichtsanwalt der Welt sei. Er müßte den Tatbestand doch einer Jury klarmachen können. Und wenn er nur einen einzigen Geschworenen überzeugte, langte das ja schon.
Wilk lag mit einer Erkältung zu Bett; die ganze Gruppe ging in sein Schlafzimmer hinüber.
Und nun brachte Feldscher wieder den Gedanken an ein ›Schuldig‹-Plädieren vor einem Richter vor.
»Eines gefällt mir an dem Plan«, fiel Max Steiner ein. »Wir bleiben bei der Wahrheit, wenn wir auf schuldig plädieren.«

»Man überzeugt die Menschen genauso leicht von einer Lüge wie von der reinen Wahrheit«, sagte Wilk mit schleppender Stimme. »Aber im letzteren Fall ist einem wahrscheinlich wohler dabei.«

Onkel Gerald war immer noch unsicher. Es sei zu riskant, die Entscheidung dem Urteil eines einzigen Menschen zu überlassen; bei zwölf Geschworenen gehe man vielleicht doch sicherer.

»Er ist ein einsichtiger Mensch«, meinte Wilk.

»Er hat noch keinen hängen lassen«, fügte Ferdinand Feldscher hinzu.

Und so entschied man sich denn für diesen Plan, aber mit einer Einschränkung. »Wir müssen erst noch hören, wie die Jungen darüber denken.«

Wilk wollte selbst sehen, wie sie sich dazu stellten. Artie stimmte nervös zu. Sie müßten es ja am besten wissen. Jos zögerte ein wenig. Auf schuldig plädieren, hieße das nicht, sich einfach verurteilen lassen? Dann werde der Fall ja nie aufgerollt.

Nein, versicherte Wilk, beim Vorbringen der mildernden Umstände komme alles zur Sprache. Alle seine Vorstellungen und Auffassungen würden gehört werden.

So kam es zu der aufsehenerregenden Mitteilung der Verteidigung, daß man sich zu einem anderen Vorgehen entschlossen habe. Die Jungen wurden zu einer kurzen, gänzlich unsensationellen Vernehmung ins Gerichtsgebäude gebracht, wo sie sich schuldig bekannten.

Die Zeitungen des Hearst-Konzerns wetterten am lautesten. Jetzt habe also sogar Wilk Angst, vor eine Jury zu treten! Und Mike Prager lancierte einen seiner ›Berichte aus erster Hand‹. Die Verteidigung sei zusammengebrochen, wollte er aus ›verläßlicher‹ Quelle erfahren haben, weil die mit tausend Dollar pro Tag honorierten Nervenärzte sich weigerten, die Angeklagten für geistesgestört zu erklären.

Wir fanden uns alle in Wilks Büro ein. Wilk sah abgespannt aus, seine Stimme war rauh. Er wies auf die Zeitungen, die er vor sich liegen hatte. Zuoberst lag der *American* mit seiner Sensationsüberschrift: *Sie werden hängen, sagt Horn.*

»Ja, Jungens«, begann Wilk, »wenn Sie wissen wollen, warum wir unsere Pläne geändert haben, hier liegt die Antwort vor Ihnen. Sie alle tragen Schuld daran. Wie können wir hoffen, daß von den Geschworenen auch nur einer unvoreingenom-

men wäre!« Er werde auf mildernde Umstände plädieren, einfach damit es nicht zu einem Todesurteil komme.
Um welche mildernden Umstände es sich denn handle, wollten wir alle wissen.
Wenn die Jungen aus armen Verhältnissen stammten, erklärte Wilk, würden wir alle zugeben, daß mildernde Umstände vorlägen. Aber gebe es nicht noch Dinge jenseits des Milieus, eine viel tiefer reichende Kraft, die die Jungen zu ihrer Tat getrieben habe? Das versuchten die Psychiater zur Zeit herauszufinden.
Zehn, zwölf Stimmen fragten, ob es wahr sei, daß die Psychiater festgestellt hätten, die Jungen seien normal. Der Bericht von Dr. Allwin und Dr. Storrs sei ein privates Gutachten, erwiderte Ferdinand Feldscher in scharfem Ton.
»Wieso?« fragte Mike.
»Was haben Sie denn zu verbergen?«
Es könnten darin private Familienangelegenheiten zur Sprache kommen, die nichts mit dem Verbrechen zu tun haben, sagte Feldscher ruhig.
»An einem Mord ist nichts Privates«, gab Mike zurück.
Wilk sprach Mike direkt an: »Warum wollen Sie unbedingt Sachen drucken, von denen Sie nicht wissen, ob sie zutreffen?« Er schlug mit der Hand auf die Zeitung. »Warum schreiben Sie so etwas zusammen?«
Wenn etwas daran ›zusammengeschrieben‹ sei, dann solle Wilk es doch durch Tatsachen widerlegen, rief Mike herausfordernd.
»Das Tatsachenmaterial wird dem Gericht vorgelegt werden«, sagte Wilk, »und Ihnen allen wird es dann ebenfalls zur Verfügung stehen.«
»Ich werde vielleicht noch vorher drankommen! Und ich suche mir meine eigenen Tatsachen, nicht die, die Sie uns anbieten!«
Es entstand ein Gemurmel, man hörte etwas wie ›Mann, sei kein Frosch‹. Aber Mike stürmte hinaus.
Auf dem Schreibtisch der Sekretärin lag ein Stapel Schriftmaterial, der gerade von einem Schreibbüro gebracht worden war. Die Sekretärin war im Hauptbüro, in dem auch wir uns befanden. Mikes Blick fiel auf die Namen der Ärzte auf dem obersten Blatt. Er nahm eine Kopie des Storrs-Allwin-Gutachtens an sich und ging einfach damit hinaus.

Zwei Stunden später war Mikes Blatt an allen Zeitungsständen. Wörtliche Zitate aus dem vertraulichen Bericht der Ärzte nahmen eine ganze Seite ein. Sofort rief man uns wieder in Wilks Büro. Während ich mich noch durch die verkehrsreichen Straßen der Innenstadt schlängelte, überflog ich Mikes Bericht. Unter der Überschrift »Sexualabkommen« war zum erstenmal der seltsame Pakt nach dem Einbruch in Ann Arbour erwähnt. In einer besonderen Spalte stand zu lesen, daß Artie noch weitere Verbrechen eingestanden hatte, A, B, C und D genannt. »Um welche Verbrechen handelt es sich hier?« fragte die Zeitung. Und auf der Innenseite spaltenlange Auszüge aus dem Kapitel über die Phantasievorstellungen.

Der Bericht hatte zunächst einmal zur Folge, daß wir unsere Vorstellung von dem Verbrechen von Grund auf revidieren mußten. Hatten Tom und ich wie nahezu jedermann Jos für die treibende Kraft, den finsteren Dämon gehalten, so sahen wir nun, als wir in der Redaktion über dem Bericht saßen, wie sehr wir in die Irre gegangen waren. Wir alle. Außer Ruth, dachte ich dann sogleich.

Denn der Bericht zeigte in aller Deutlichkeit, daß Artie der Anstifter, der ›Boß‹ gewesen war und Jos seine ›Bande‹. Jos war durch Leidenschaft an ihn gekettet. Während Tom die Auszüge vorbereitete, rief ich Horn an. Er war bester Laune und machte sich im einen Augenblick über diesen ganzen ›Mumpitz‹ lustig, um im nächsten ungehalten die Aufklärung der dunklen Punkte zu verlangen. »A, B, C, D – Verbrechen sind für Mr. Wilk und Genossen einfach nur Buchstaben!« schrie er. »Zwei kleine Jungen, die gerade A, B, C und D sagen können – und jedesmal handelt es sich um einen Mord!« Und diese Drüsenuntersuchungen – im Gefängnis wisse man doch, daß sich die beiden bester Gesundheit erfreuten. Und diese Träumereien da, von Königen und Sklaven – beabsichtige Wilk tatsächlich, mit solchem Unsinn vor Gericht zu gehen? Kein Wunder, daß er sich da keiner Jury stellen wolle!

Fieberhaft hatten wir uns bemüht, den Vorsprung des *American* einzuholen, und nun kamen wir endlich zur Ruhe. Ich nahm den Bericht mit nach Hause. Ich hatte ihn tatsächlich nur überflogen. Nach dem Abendessen ging ich an Wilks Haus vorbei und traf Willie Weiss. Er fing sogleich von dem Gutachten an. Was ich davon hielte. Das Material über Jos – seine entsetzlichen Konflikte: War er ein Junge oder ein Mädchen? War er ein Jude oder ein Christ? Willie sagte, ihm sei nie zum Bewußtsein gekommen, wie zerrissen Jos innerlich war.

Aus seinen Worten wurde mir klar, daß ich höchst bedeutsame Aussagen des Berichts gar nicht mitbekommen hatte. Wir gingen in einen Eissalon in der 61. Straße, und Willie begann sogleich in seiner aufgeregt demonstrierenden Art, mir klarzumachen, was ich nicht gesehen hatte.

Warum ich der Familiengeschichte so wenig Aufmerksamkeit geschenkt hätte. »Sehen Sie doch mal –« Drei Fehlgeburten waren der Geburt von Jos vorausgegangen, und seine Mutter war während der ganzen Zeit der Schwangerschaft krank gewesen. Jos hatte sich immer die Schuld an dieser Krankheit, ja am Tod der Mutter gegeben.

»Er muß auch seinem Vater innerlich Vorwürfe gemacht haben«, fügte Willie hinzu. »Vergessen Sie nicht, er war ein frühreifes Kind, und Kinder machen sich seltsame Vorstellungen, wenn sie erst einmal etwas erfahren haben – sie bilden sich ein, daß Väter den Müttern etwas Schreckliches antun. Und dieses Kind hier hat das Gefühl, daß es mit seiner Geburt die Mutter getötet hat, aber noch vorher hat sie der Vater getötet. Wir haben es hier mit dem klassischen Komplex zu tun, dem Ödipus-Komplex –«

Der Terminus war damals noch wenig verbreitet, aber Willie erklärte mir mit Feuereifer, wie genau die Ödipus-Situation sich hier wiederholte: Der Junge, der seine Mutter liebte und seinen Vater haßte.

»Das Kinder-Tagebuch vermerkt, daß er mit drei Monaten den ersten Schritt getan und mit vier Monaten das erste Wort gesprochen hat.«

Die frühen Eindrücke, die Jos von seiner Umwelt empfing, mußten ihm das Gefühl gegeben haben, daß er ein außergewöhnliches Wesen sei. Und mit dieser Meinung hatte er Schritt halten müssen. Ein kleines, schwächliches Kind, »bis zum Alter von neun Jahren litt er an Magen- und Darmstörungen, zu denen Fieber, Kopfweh und Erbrechen traten«. Beklemmung, Furcht, sagte Willie. Er sei bis zu jenem Alter ziemlich weichlich gewesen, und diese Periode falle mit seiner Zeit in der Mädchenschule zusammen. »Wie konnte das Kind wissen, was es eigentlich war! Der junge Jos ist klein von Gestalt, empfindlich wie ein Mädchen; und er haßt Mädchen, weil er weiß, daß er sich eigentlich mehr wie ein Junge benehmen und mehr wie ein Junge fühlen müßte, und doch wird er unter Mädchen gesteckt. Sein Vater will ihn in die Public School schicken, aber seine Mutter sagt, ihr Liebling ist zu schwach, zu ›besonders‹, zu ›anders‹. Der Vater hört nicht auf die Mutter, Jos kommt in die Public School.« Hierzu hieß es in dem Bericht: »Es kam ihm zum Bewußtsein, daß er den anderen Jungen überlegen war, und zwar weil er reiche Eltern hatte, weil er jeden Tag von seinem Kindermädchen zur Schule gebracht und wieder abgeholt wurde und weil er die Schultoilette nicht benutzen durfte.«

»Der arme Kerl, mußte immer alles einhalten!« rief Willie. »Denken Sie sich doch nur in diesen Jungen hinein, der das Gefühl hat, daß er etwas so Besonderes ist, daß er nicht einmal auf den Lokus darf! Kein Wunder, daß er diesen Übermensch-Komplex entwickelt hat!«

Wir wandten uns wieder dem Bericht zu. Es war von den Kirchen die Rede, die er besucht hatte, von der Madonna, die für ihn eins wurde mit seiner Mutter.

Hier hakte Willie ein. Das liege ganz in der Linie. »Sehen Sie, durch die Madonnen-Vorstellung kommt er von seinem leiblichen Vater los, dem er zürnt. Und das gibt ihm die Möglichkeit, sich als ein magisches, höheres Wesen zu betrachten, ja, als magisch geboren, als Sohn Gottes gewissermaßen.«

Willie war verstummt. Er sann über die Teildefinition von Jos Steiners Charakter nach, die er mir gegeben hatte und die er Jahre später im Gespräch mit mir in höchst verblüffender Weise vervollständigen sollte. Ich schlug einige Seiten um. »Und was ist mit Artie?«

»Arties Fall ist entweder ganz eindeutig oder völlig dunkel«, sagte er. »Vielleicht ist er von Geburt aus anomal.«

»Sie meinen also, es könne doch Vererbung vorliegen?«

Willie glaubte nicht, daß nur Vererbung daran schuld sei. Wenn seine Schwächen früher aufgefallen wären, hätte die moderne Psychiatrie vielleicht helfen können. Aber warum hatte man diese Schwächen nicht früher entdeckt? »Ach, wir wissen einen Schmarren.« Er war wieder grüblerisch geworden.

»Eines haben Sie erraten«, sagte ich, um ihm neuen Auftrieb zu geben. »Das mit der Waffe.« Und ich erzählte ihm von den anderen Meißeln, den anderen Verbrechen, auf deren Spur uns ein Eingehen auf die Mordwaffe gebracht hatte.

Willie sah mich einen Augenblick wie benommen an. »Um Himmels willen, das hatte ich damit ja gar nicht gemeint!« rief

er dann. Es würde ihn allerdings nicht überraschen, wenn noch andere derartige Verbrechen begangen worden seien. »Aber sehen Sie denn nicht, was der Meißel eigentlich ist? Was e darstellt?«
Heute würden wir sagen, ich müsse damals begriffsstutzig gewesen sein, daß ich den Zusammenhang nicht sogleich er faßte. Als er eine obszöne Geste mit der Hand machte, däm merte es mir endlich. Der Gedanke erschien mir zugleich un heimlich, weithergeholt und von ganz augenscheinlicher Rich tigkeit. Ich kam mir einfach zu dumm vor, um die nächstlie gende Frage zu stellen.
Willie stellte sie rhetorisch für mich. Warum mußte aber Arti mit diesem Gegenstand Menschen umbringen? Und warum nur Männer? Artie war ja, wie der Bericht erwähnte, gegen Jos Vorschlag gewesen, als Opfer ein Mädchen zu nehmen.
Auch bei Artie, sagte Willie, müsse man das Verhältnis zum Vater untersuchen. Bereits in den ersten Zeilen des Absatze über Artie stehe ja, daß sich nur die Mutter, die Brüder und de Onkel zu seinem früheren Verhalten geäußert hätten. »Sei Vater hält sich immer noch von allem zurück. Man war be ihnen oben, um der Familie Gelegenheit zu geben, ihre Anteil nahme an Arties Lage gegenüber der Öffentlichkeit zu bekun den. Die Mutter hat sich schließlich sehen lassen und ein paa Worte gesagt, aber der alte Herr hat sich nicht gezeigt.«
Wir lasen weiter in dem Bericht. »Der Großvater, ein lebhafter impulsiver Mann, war überstreng mit seinen Kindern und ha sie oft geschlagen. Der Vater der zur Untersuchung stehende Person war in seinem Verhältnis zu seinen Kindern das genau Gegenteil, wahrscheinlich als Reaktion auf die übermäßig Strenge des Großvaters.« Willie hob einen Absatz aus ›Artie Sexualleben‹ besonders hervor. Als Artie sich die Gonorrhö geholt hatte, »ging er seinen älteren Bruder und seinen Onke um Rat an und war insbesondere bemüht, diese Dinge vor seinem Vater fernzuhalten, dessen Achtung er sich bewahre wollte«.
»Fast jeder Junge hätte so gehandelt«, sagte ich.
»Er hatte weder durch die Eltern noch durch seine Brüder noch durch seine Gouvernante sexuelle Aufklärung erfahren. Ein mal machte der Chauffeur der Familie ihm gegenüber einig Andeutungen...«
Da fand Willie einen Hinweis. In dem Jahr, als Arties kleiner Bruder geboren wurde und Artie anfing, seinen Verbrecher

Vorstellungen nachzuhängen, »bekam er ein Augenleiden, das sich über mehrere Wochen hinzog und bei dem die Lider häufig zusammenklebten«. Und dann deutete Willie auf die nächste Stelle – dieses Augenleiden war vor etwa einem Monat wiedergekehrt, also zur Zeit des Verbrechens.
»Ja, also ich sehe nicht –«
»Sie sehen nicht! Eben, das ist es ja! Er *wollte nicht sehen*. Er wollte diesen kleinen Bruder nicht sehen, und er wollte, Jahre danach, nicht das Verbrechen sehen, das er begangen hatte.«
Jetzt erinnerte ich mich an die Frage, die mir Willie im Labor gestellt hatte: ›Was glauben Sie wohl, wen sie eigentlich umbringen wollten?‹ Hatte Artie also dabei an seinen kleinen Bruder gedacht? Hatten Artie und Jos nicht sogar einmal Billy als Opfer ins Auge gefaßt?
Aber warum? Simple Eifersucht auf den jüngeren Bruder?
Es hänge alles mit einem Gefühl der eigenen Unzulänglichkeit zusammen, fuhr Willie fort, dem Gefühl, ein Kind zu sein, das nicht genügend geliebt, gebraucht wird – warum hätten sonst die Eltern noch ein Baby haben wollen? Sei Artie nicht noch unentwickelt trotz seines großen Drangs, erwachsen zu werden? »Mit achtzehn Jahren wechselt seine Stimme noch immer«, hieß es in dem Bericht. »Er ist in seiner männlichen Entwicklung zurückgeblieben.« Er brauchte sich kaum zu rasieren. Seine Geschlechtsreife war hinausgezögert. »Um seine relative Impotenz zu verbergen, rühmte er sich seiner Schulnoten, obwohl er immer nur mittelmäßige Zensuren erhielt. Er überzeugte seine Freunde davon, daß er ihnen geistig weit überlegen sei...«
Impotenz? Artie, der sich immer als Weiberheld hinstellte? Aber natürlich, das würde genau in das Bild passen, denn was wußten wir schließlich schon wirklich von seinen Eroberungen? Hatte er uns nicht immer in dem Glauben gelassen, daß Myra seine Geliebte sei? Und ich war sicher, daß sie noch unberührt war.
Aus diesem ganzen Fragenkomplex erkläre sich irgendwie der ganze Artie, sagte Willie. Die heftige Eifersucht auf seinen kleinen Bruder und dann die Scham über das noch nicht ganz entwickelte Mannestum – Wut und Enttäuschung, die sich in ohnmächtig-verzweifelter Weise Luft machten wie bei einem Kind. »Ich werde es euch schon zeigen!« Mit einem harten Gegenstand würde er sie alle niederschlagen und töten, die daran schuld waren, daß er sich unbedeutend vorkam – töten

diesen kleinen Bruder, seinen Rivalen, der so ›lieb‹ war und so sehr geliebt wurde. Und töten auch sein unzulängliches Ich.
Das Werkzeug – war es nicht das vollkommene Symbol, die gefürchtete Waffe, von der jeder kleine Junge träumte, der in seinen Vorstellungen von den Erwachsenen in ihr etwas Schreckliches, Mächtiges, Todbringendes sah?
Ein wenig peinlich berührt fragte ich ausweichend nach einer Erklärung für die anderen Phantasien von Jos und Artie, die Wachträume oder wie man sie nennen wollte –
»Sie meinen die Masturbationsvorstellungen?«
Ich gab mir den Anschein, sie ebenfalls als solche verstanden zu haben.
»Das sind Wunschvorstellungen. Jos wollte vor allem Arties Sklave sein, und so wurde er es, und Artie wollte ein Meisterverbrecher sein und gefangen und eingekerkert werden.«
Aber waren sie nicht, trotz all dieses inneren Zwangs, beide intelligente, ja außergewöhnlich intelligente Menschen? Mußten sie nicht sehen, auf welche Bahn sie gerieten?
»In beiden Fällen«, sagte Willie, »zeigt uns das Gutachten, daß das ›emotionelle‹ Alter nicht mit dem ›Intelligenz‹-Alter übereinstimmt. Auch die psychologischen Tests beweisen, daß sie emotionell gesehen, noch Kinder sind. Was ist die emotionelle Reaktion eines neunjährigen Kindes, wenn es in eine schwierige verwirrende Situation gerät? Es schlägt blindlings um sich –«
»Aber es liegt doch kein ›blinder‹ Totschlag vor, die Sache war von langer Hand geplant«, warf ich ein.
»Würde nicht auch ein Kind über so etwas brüten und Pläne machen? Und dann etwas ganz Impulsives tun? Sie haben die Sache geplant – und sich dann ganz impulsiv einen Jungen gegriffen.«
Er las abermals die Stelle vor, an der von Arties Launen die Rede war, von seinen Depressionszuständen, von seiner Erklärung, daß er sich manchmal mit Selbstmordgedanken getragen habe. »Er ist sich bis zu einem gewissen Grad seiner Eigenschaften bewußt und sagt, er habe sich oft die Frage gestellt, ob er ›ganz da‹ sei. Er behauptet, sich während des letzten Jahres anders gefühlt zu haben; er hat das Gefühl, daß er sich nicht mehr gut konzentrieren kann, daß sein Gedächtnis ihn bisweilen im Stich läßt und daß er nicht mehr so gut wie früher in der Lage ist, mit anderen eine Diskussion oder ein zwangloses Gespräch zu führen . . .

Nach unserer Ansicht wird diese Tendenz fortdauern und sich noch verstärken, so daß er mehr und mehr in seiner Phantasiewelt gefangen sein wird und allmählich den Kontakt mit der Wirklichkeit verliert.«

Für die Familie bestand dem Gutachten zufolge keine Gefahr: Es besteht kein Grund zur Annahme, daß der Zustand des Untersuchten erblicher Natur ist oder sich auf spätere Generationen übertragen könnte. Ebensowenig besteht Grund zu der Annahme, daß die Familie in irgendeiner Weise für den Zustand des Jungen verantwortlich wäre.«

Willie war unbefriedigt. *Verantwortlich.* Er tastete das Wort von allen Seiten ab.

»Nach Ihrer Ansicht ist niemand verantwortlich«, sagte ich. »Das habe ich nicht behauptet.« Er warf einige Münzen auf den Tisch. »Sie glauben wohl, Unkenntnis sei keine Entschuldigung?«

Wir standen auf.

Am nächsten Montag sollte der Prozeß beginnen. Hingeschmierte Drohbriefe trafen ein: man werde das Gerichtsgebäude in die Luft sprengen, wenn etwas anderes als ein Todesurteil herauskomme. Leitartikler sprachen davon, daß ein Prozeß für solche Ungeheuer eine Verschwendung öffentlicher Mittel darstelle, und brüsteten sich doch mit ›unserem unerschütterlichen Gerechtigkeitsgefühl‹, das sogar ihnen die Möglichkeit gebe, sich zu verteidigen. Aber man setzte auch noch höhere Erwartungen in den Prozeß. Einige von uns, vielleicht von Jos Steiners Ideen beeinflußt, erhofften sich eine erhabene, zeitlose Diskussion wie beim Prozeß des Sokrates.

Um acht Uhr war der Bürgersteig vor dem Gericht schwarz von Menschen, die alle die Mörder sehen wollten, wenn sie, aus dem Gefängnis kommend, das Gebäude betraten. Die Polizei hatte vor dem Eingang eine zusätzliche Postenkette aufgestellt, und ein Wortwechsel löste den anderen ab – erregt schimpfende Bürger, schmeichelnd bittende Frauen – jedes Mittel war recht, wenn man nur hineingelangte.

Und schließlich die Presse. Fast den halben Gerichtssaal beanspruchten die Korrespondenten der auswärtigen und ausländischen Zeitungen. Aber eine Kategorie war noch höher eingestuft: die Elite der Presse hatte in der Box der Geschworenen Platz genommen. So sahen wir uns nun als die wahren Schiedsrichter; was wir schrieben, kam dem Urteil gleich.

Einige im Pressestand waren alte Bekannte und hatten mit dem

Fall schon von Anfang an zu tun gehabt. Mike Prager gehört natürlich dazu; er trug sein spöttisches, kampflustiges Lächeln zur Schau. Richard Lyman von der *Tribune* hatte wie selbstverständlich den Platz des Jurysprechers eingenommen. Die *Tribune* hatte außerdem einen ›Modeschreiber‹ namens Arthur Kramer abgestellt, der neben unserer Box saß, wo besondere Stühle standen. Ein Dutzend Reporterinnen war im Saal anwesend, damit auch der weibliche Leserkreis auf seine Kosten käme. Artie schien bei den Frauen ein hysterisches Mitgefühl zu erwecken. Wir hörten es jetzt im Gang, ein merkwürdiges Keuchen und Seufzen, als die beiden Jungen durch die Menge geschoben wurden; wir sahen nackte Arme, Hände sich ihnen entgegenrecken, hörten, wie die schrillen Stimmen einiger Mädchen die anderen übertönten – »Artie!« »Artie, Liebling!«

Im Saal hatten sich inzwischen die beiden Parteien versammelt. Für die Anklagevertretung waren erschienen Horn – rosig, wie ein Sportler von seinen Masseuren zum Kampf fit gemacht, der Mann, der die kurzen, scharfen Bälle ins Netz trat –, zu seiner Linken Padua – gut aussehend, lächelnd, der Mann, der die Bälle vortrug –, Czewicki – ein Stopper mit Schutzpolstern – und noch fünf, sechs andere Herren.

Die gegnerische Mannschaft sah älter aus: Wilk, gewollt schlicht, fast schäbig gekleidet – sein Anzug sah genauso zerknittert und alt aus wie sein Gesicht; Ferdinand Feldscher bestechend elegant, gemessen im Auftreten, scharfsinnig, glatt. Dann die Vertreter der Familien: Arties Bruder James, der das Mitgefühl der Anwesenden erweckte, und Onkel Gerald, der sich vorbeugte und mit den Anwälten flüsterte. Von den Steiners saßen Vater und Bruder Max zusammen; Max war manchmal abwesend, und dann saß Joshua Steiner allein, das starre Bild eines Hiob, eine Gestalt, die selbst in diesem dicht besetzten Gerichtssaal von den anderen wie durch eine unsichtbare Mauer getrennt schien.

Unmittelbar dahinter zwei kleine Männer – Charles Kessler und sein Bruder Jonas mit undurchdringlichem Gesicht. Bei ihnen Richter Wagner.

Und dann wurden die Gefangenen hereingeführt. Artie lächelte seinem Bruder und seinem Onkel spöttisch-verschmitzt zu, während Jos die Seinen mit einem flüchtigen Blick streifte.

Der Fall wurde aufgerufen, und beide Seiten gaben durch ihre Sprecher eine kurze Stellungnahme ab. Horn erklärte für den

Staat, daß auf der ganzen Welt noch nie ein so kaltblütiges, gemeines, unentschuldbares Verbrechen begangen worden sei und daß sich in einem solchen Fall die Todesstrafe nicht umgehen lasse. Ferdinand Feldscher kündigte lediglich an, daß die Verteidigung sich bemühen werde, mildernde Umstände aufzuzeigen.

Horn rief seinen ersten Zeugen auf, den polnischen Arbeiter, der die Leiche gefunden hatte.

Und nun zogen mehr als zwei Wochen lang die Tatbestandszeugen vorüber, der Mann vom Bestattungsinstitut, verschiedene Polizisten, Graphologen, der Taucher, der die Schreibmaschine heraufgeholt hatte – alle sagten sie über die näheren Umstände der Tat aus, die von der Verteidigung ja gar nicht bestritten wurde. Aber dahinter steckte Methode, denn indem Horn die Zeugen das Blut beschreiben ließ, die Leiche, indem er die Lehrer die Persönlichkeit des unschuldigen Opfers schildern ließ, indem er Beweise für das sorgenfreie, reiche Milieu beibrachte, in dem die Mörder aufgewachsen waren, führte er ja schon erschwerende Umstände an, um ein Gegengewicht gegen die von der Verteidigung angekündigten Milderungsgründe zu schaffen.

Während dieser Woche konnte die Verteidigung nur immer und immer wieder die Abkürzung der Vernehmungen fordern; selten nahm man einen Zeugen ins Kreuzverhör, nur gelegentlich stellte einer der Anwälte eine plötzliche Zwischenfrage, um zu zeigen, daß man noch in Form sei.

Dann kam der amtliche Leichenbeschauer, Dr. Kruger. Obwohl sich auf Richter Matthewsons Gesicht Abscheu und Ungeduld ausdrückten, behielt Horn den Arzt im Zeugenstand und ließ ihn ›Anzeichen sexuellen Mißbrauchs‹ beschreiben.

Die Verteidigung erhob ständig Einspruch. Der amtliche Befund des Leichenbeschauers bringe deutlich zum Ausdruck, daß keine sicheren Schlüsse gezogen werden könnten. Offenbar versuche der Staatsanwalt mit Vorbedacht, das Gericht gegen die Angeklagten einzunehmen.

Horn schlug zurück. »Was heißt hier Voreingenommenheit! Ungeheuer sind Ungeheuer!«

Endlich konnte sich Wilk den Zeugen vornehmen. Diesmal war von keinem ungeduldigen Abwinken die Rede. Habe Dr. Kruger nicht in seinem Gutachten festgestellt, daß keine greifbaren Anzeichen vorhanden seien? Wie könne er dann jetzt zu diesem Schluß kommen? Oh, das sei nur seine Meinung. Könne man dann nicht mit genau demselben Recht gegenteiliger Meinung sein? Dann sei es also gar nur eine *Vermutung*? Sollte vielleicht Mediziner dazu neigen, auf Vermutungen einen Eid zu leisten?

Dr. Kruger schien bei jeder Erwiderung in die Luft gehen zu wollen, aber Wilk nagelte ihn mit einer Folge medizinischer Fragen fest. Ob es nicht zutreffe, daß eine Muskelspannung nach dem Tod zurückgehe. Zumal wenn eine Leiche eine ganze Nacht lang im Wasser liege. »Dann war der Zustand der Leiche also doch normal, nicht wahr?«

»Das ist meine Meinung, und dabei bleibe ich!« gab der Arzt in heftigem Ton zurück. Wilk zuckte die Achseln und winkte ihn aus dem Zeugenstand.

Das Gefolge farbloser Zeugen zog weiter vorüber.

Dann kam der Tag, an dem ich selbst den Zeugenstand betreten mußte.

Ich hatte mir vorher tausendmal gesagt, daß es nicht schwerer sei, im Zeugenstand zu stehen als vor der Schreibmaschine zu sitzen. Wenn ich schrieb, sagte ich doch auch aus, und nach bestem Wissen und Gewissen. Was konnte mich also erschüttern? Hatte ich das Gefühl, daß ich dennoch an diesem Tage meinen Platz als objektiver Beobachter aufgeben und selbst am Geschehen teilnehmen würde?

Artie und Jos, dessen war ich sicher, warfen mir einen schweren, prüfenden Blick zu, abwägend, wieviel ich ihnen vielleicht schaden könnte.

Ich war mit Tom zusammen das Material durchgegangen. Es würde unangenehm sein, gewisse Worte Arties zu wiederholen. Aber wir hatten sie schon vor Wochen in Druck gegeben, wie konnten wir sie jetzt ändern? *Gerade so der Bankert den sich einer zum Kidnappen aussuchen würde.* Aus diesem Satz, das wußten wir beide, wollte ihnen Horn einen Strick drehen.

Die Hitze lastete auf dem Raum, und überall wischte man sich mit dem Taschentuch den Schweiß von der Stirn. Die beiden Angeklagten saßen lässig da, um ihre Gleichgültigkeit zu zeigen. Sokratesprozeß, Begegnung erhabener Geister! Wie weit war man davon entfernt! Da nahm Horn wieder Platz, mitten in einem Satz, wie es hätte scheinen können; Wilk schüttelte den Kopf, keine Fragen. Und mein Name wurde aufgerufen. Ich hob die Hand zur Eidesformel und verspürte eine merkwürlige Intensivierung des Lebensgefühls, eine archaische heilige Scheu vor der Unbedingtheit dessen, was ich gleich sagen würde; das fühlt wohl bis zu einem gewissen Grad jeder, der in den Zeugenstand tritt, und die Anwälte wissen das zu nutzen.

Horn trat vor, lächelte beruhigend und stellte meine Personalien fest, meine Tätigkeit und erwähnte, daß ich kürzlich an der University of Chicago graduiert hatte und der gleichen Verbindung angehörte wie einer der beiden Angeklagten. Dann fragte er mich nach meinem Alter.

Mit achtzehn schon zu graduieren sei doch ziemlich ungewöhnlich, nicht wahr, fragte er, und ich sagte, ohne zu wissen, wie es kam, daß auch andere in meinem Alter bereits graduiert hätten.

»Ja.« Er blickte zu den beiden hinüber.

Dann fragte er mich, ob eine Gouvernante meine Schulausbildung beschleunigt hätte. Wilk war aufgestanden und erhob Einspruch. Horn zog die Frage zurück und kam auf meine Tätigkeit als Reporter und die Identifizierung der Leiche Paulie Kesslers zu sprechen. »Diese Entdeckung, das war doch so etwas wie ein Knüller, nicht wahr?«

Artie hatte den Kopf gehoben. Ich murmelte: »Es war einfach ein glücklicher Zufall.«

An dem Tag, als wir den Drugstore ausfindig gemacht hätten – sei es da nicht Artie gewesen, der auf der Suche bestanden hätte? Und dann stellte er die Frage, die zu erwarten gewesen war.

»Kam die Rede auch darauf, wie Artie persönlich zu dem Opfer stand?«

»Ja.«

»Haben Sie ihn etwas über Paulie gefragt?«

»Mein Begleiter, Tom Daly, hat Artie gefragt, was Paulie für ein Junge gewesen sei.«

»Und wie lautete seine Antwort?«

Artie und Jos sahen mich starr an. Ich fühlte, wie mir unter den Armen der Schweiß ausbrach und am Körper herunterrann. »Er sagte: ›Gerade so der –‹ und hier hat er ein Schimpfwort gebraucht – ›den sich einer zum Kidnappen aussuchen würde.‹« Ich mußte dem Stenografen das ausgelassene Wort sagen.

Horn warf der Verteidigung einen herausfordernden Blick zu.

Ob diese Bemerkung damals einen Verdacht in mir wachgerufen habe. Nein, damals nicht. Dann ließ sich Horn die Sache mit der Schreibmaschine erzählen, nicht ohne anschließend zu bemerken, daß es auf der Universität offenbar verschiedene Arten von Genies gebe.
Aber er war noch nicht fertig. »Sagen Sie uns, Mr. Silver – würden Sie, wenn es Ihnen nichts ausmacht, dem Gericht die Frage beantworten, ob Sie sich in irgendwelchen Traumvorstellungen einmal als König oder Sklave oder als Idealtyp des sportlichen Collegehelden gesehen haben?«
Was die Staatsanwaltschaft mit dieser Fragestellung bezwecke, wollte der Richter wissen. Während man sich noch darüber stritt, gingen mir meine eigenen Phantasievorstellungen durch den Kopf: große Fußballkanone, gewitzter Starreporter, berühmter Schriftsteller, der den Pulitzer-Preis erhält... Ich spürte, wie ich errötete, denn diese Bilder wurden gleich überdeckt von sexuellen Vorstellungen, Haremsszenen...
Horn wollte sich nicht davon abbringen lassen, daß das Gutachten der Psychiater mit seiner seitenlangen Darstellung der Traumphantasien der beiden Angeklagten diese Frage aufgeworfen hätte. Aber dieses Material sei dem Gericht noch nicht vorgelegt worden, entschied Richter Matthewson.
Ich wurde der Verteidigung übergeben.
Wilk erhob sich – es war wie das Auseinanderklappen eines Zollstocks; würde er mich jetzt lächerlich machen? Schon seine Stimme zog mich auf seine Seite. Er hatte nicht viele Fragen an mich zu stellen. Arties Redeweise sei mir doch vertraut, ja? Ich hätte ihn doch in der Verbindung und auf dem Campus erlebt, nicht wahr? Sei es Arties Angewohnheit, auch in normaler Rede mit Schimpfworten um sich zu werfen?
›Ja.‹
Ja, allerdings – und Wilk wandte sich, mit einer Andeutung seines bekümmerten Lächelns auf den Lippen, zu Artie um – allerdings, der Junge könne gar nicht den Mund auftun, ohne ein schmutziges Wort zu gebrauchen. So wie das manche Kinder täten, um zu zeigen, daß sie erwachsen seien, ja?
›Ja, solche Ausdrücke seien bei ihm nichts Besonderes, gab ich zu.‹
Dann war also dem Schimpfwort, das Artie da benutzt habe, gar keine eigentliche Bedeutung beizumessen, oder? Diese Worte wollte doch dann gar nichts sagen, nicht wahr?

Nein.‹ Und ich fühlte mich erleichtert, daß ich dies hatte feststellen können.

Im Geist strich ich den ›Bankert‹. Der Rest war noch schlimm genug.

Wilk schien den gleichen Gedanken gehabt zu haben. Nun senkte er die Stimme zu einem vertraulicheren Tonfall.

Nun hätte ich Artie doch oft gesehen, auch seinen Freund Jos natürlich, aber doch vor allem Artie, in jenen Tagen, ehe sie gefaßt worden seien, und wenn ich mich jetzt so an Arties Verhalten erinnerte, wie würde ich ihn dann kennzeichnen?

Einen Augenblick lang fand ich keine Antwort. Ich sah sofort das Kellerlokal vor mir, jenes tote menschliche Wrack, von dem ich damals gerade kam, Ruth, Artie, und Jos, der mit Ruth tanzte... Wenn ich den Mund auftat, würde ich von Ruth sprechen –

Wilk kam mir zu Hilfe. An dem Tag, als Artie unbedingt den Drugstore habe ausfindig machen wollen – wie sei er mir da vorgekommen?

»Ich würde schon sagen, er war besessen«, erwiderte ich. »Ich sagte sogar noch zu meinem Kollegen, daß Artie von diesem Fall besessen sei wegen seiner Leidenschaft für Kriminalromane.«

»Besessen, sagten Sie?«

»Ja, er schien besessen zu sein.« Ich verließ den Zeugenstand und war Jonathan Wilk irgendwie dankbar dafür, daß er diese letzte Aussage aus mir herausgebracht hatte.

19

Endlich war Horn fertig, und die Verteidigung konnte ihre Zeugen vorladen. Wieder standen die Menschen dichtgedrängt auf dem Bürgersteig; die Gänge, die Aufzüge waren überfüllt; zusätzliche Gerichtsdiener mußten bestellt werden, um die Türen des Gerichtssaals zu bewachen. Jonathan Wilk war an der Reihe.

Er erhob sich in seiner ruckartigen Zeitlupenmanier und berief Dr. McNarry in den Zeugenstand. Während der Arzt noch dahin auf dem Weg war, begann die Gegenpartei aufzubegehren. Er gab seine Personalien an, wurde vereidigt. Erst dann wandte Richter Matthewson seine Aufmerksamkeit Horn, Padua und Czewicki zu, die empört aufgesprungen waren, Czewicki mit einem Stapel Bücher unter dem Arm, Padua wie ein Litanei sein »Herr Präsident, die Anklagevertretung protestiert...« wiederholend.

»Nun, was hat die Staatsanwaltschaft einzuwenden?«

Padua legte los und ließ sich über das Plädieren auf Geistesgestörtheit aus, indem er zunächst mit hallender Stimme zu Frage *compos* oder *non compos* – zurechnungsfähig oder nicht – aus seinem Blackstone zitierte.

Jos war hellwach geworden; so etwas wie Vergnügen prägte sich auf seinem Gesicht aus – endlich stritt man sich un Ideen. Er flüsterte Feldscher etwas zu, gewiß irgendeine Stichelei über den Abendkursusjuristen mit seinem primitiven Blackstone.

Padua las aus der Verfassung des Staates Illinois vor: »Ein Person ist als geistig gesund zu betrachten, wenn sie weder idiotisch oder irrsinnig noch geistesgestört ist und das Alter von vierzehn Jahren erreicht hat, und vor diesem Alter, wenn sie Gut und Böse zu unterscheiden weiß... Eine Person unter zehn Jahren kann keines Verbrechens oder Vergehens fü schuldig befunden werden.«

Es ging mir blitzschnell durch den Sinn, daß der Bericht de Psychiater das ›emotionelle Alter‹ der beiden auf neun Jahr festgelegt hatte. Wäre es nicht ein geschickter Schachzug de Verteidigung, wenn sie forderte, vom emotionellen und nicht vom physischen Alter auszugehen?

Dann kam der Absatz über die zeitweilige Geistesgestörthei Wenn im Augenblick des Verbrechens »die dieses Verbrechen beschuldigte Person irrsinnig oder geistesgestört ist, muß ein Jury von Geschworenen dies durch ihre Entscheidung fest stellen...«

»...In allen diesen Fällen ist es die Pflicht des Gerichts«, la Padua mit Nachdruck weiter, »eine Jury einzusetzen, die übe die Frage zu entscheiden hat, ob der Angeklagte als normal ode geistesgestört anzusehen ist.«

Wenn die Verteidigung auch nur an die Frage der Geistes gestörtheit rührte, mußte der Fall automatisch vor eine Jur gebracht werden.

Es war ein seltsamer Augenblick. Wilk, der große Schwurge richtsverteidiger, suchte mit allen Mitteln ohne Geschworen auszukommen. Und die Staatsanwaltschaft wollte unter Beru fung auf alle möglichen Paragraphen erreichen, daß entwede der Fall vor das Schwurgericht ging oder das gesamte psychia rische Material, das einzige Material, auf das die Verteidigung ich stützen konnte, abgewiesen wurde.

Nun griff Horn ein. »Geistesgestörtheit kann als Verteidigung vorgebracht werden«, stellte er heraus, »genauso wie ein Alibi. Sind wir in der Rechtsprechung so weit, daß wir vor dem Gericht einfach auf ›schuldig‹ plädieren, um eine Jury zu vermeiden, und dann so tun, als sei auf ›nicht schuldig‹ plädiert worden, um Rechtfertigungszeugen vorzuladen?«

Der Richter machte eine Bewegung, als scheuche er eine Fliege fort. Horn gab sich nicht zufrieden. »Ich bestehe darauf, Herr Präsident, daß über die Vernehmung von Zeugen hinweggegangen wird, die die Angeklagten für geistesgestört erklären wollen. Wenn nicht, entbehrt alles, was jetzt hier weiter geschieht, jeder rechtlichen Grundlage.«

Der ganze Saal hielt die Luft an angesichts dieser herausfordernden Worte. Dr. McNarry, der Horn mit seinem berufsmäßigen Halblächeln angesehen hatte, wandte sich Richter Matthewson zu.

»Von dem Augenblick an, da Sie Zeugen zulassen, die den Angeklagten Geistesgestörtheit nachweisen wollen, ist der Prozeß nur noch eine Posse!« schrie Horn. Endlich schaltete sich der Richter ein. Ob sich der Staatsanwalt auf irgendwelche Autoritäten berufen könne.

Mehrere Anwälte sprachen gleichzeitig. Inzwischen beugte sich, während Jos und Artie gespannt lauschten, der Richter vor und erläuterte seinen eigenen Standpunkt. Es sei tatsächlich seine Pflicht, herauszufinden, ob die Jungen geistesgestört seien, um notfalls ihr Recht wahren zu können – ihr Recht auf eine Schwurgerichtsverhandlung! »Ich habe das Recht zu wissen, ob diese Jungen in der Lage sind, auf schuldig oder unschuldig zu plädieren.«

Der Richter schien entschlossen, jeder Seite ein Zugeständnis zu machen, denn er fuhr fort: »Es gibt verschiedene Formen der Geistesgestörtheit. Medizinisch gesehen –«

»Nicht nach den Buchstaben des Gesetzes!« rief Horn.

Geduldig, wie jemand, der auf die Ursprünge zurückgeht, fragte Richter Matthewson den Staatsanwalt: »Können denn bei einem Mordfall überhaupt keine mildernden Umstände geltend gemacht werden?«

»Geistesgestörtheit ist kein mildernder Umstand. Sie liegt vor oder liegt nicht vor.«

Wilk schritt langsam auf den Sitz des Richters zu, er sah

verwirrt aus. »Und spielt der Grad der Zurechnungsfähigkei keine Rolle?«
»Mr. Wilk, einen Augenblick!« Und Padua legte dem Richte seine Frage vor. »Wenn feststeht, daß Geistesgestörtheit nich vorgebracht werden kann, hat dann die Verteidigung da Recht, Beweise für eine Geistesgestörtheit anzuführen?«
»Wir legen gar kein Beweismaterial für Geistesgestörthei vor!« schrie Wilk.
»Haben Sie dann das Recht, Zeugen über die geistige Verfas sung der Angeklagten aussagen zu lassen?« wollte Padu wissen.
»Natürlich!« lautete die einstimmige Antwort.
»Zeugen, die beweisen wollen, daß sie nicht für ihr Tun verant wortlich sind oder nicht in dem Maß dafür verantwortlich gemacht werden sollten, das für andere Menschen gilt?«
»Natürlich.« Wilk nahm demonstrativ wieder Platz.
»Aber das heißt doch nur der Geistesgestörtheit einen anderer Namen geben!«
»Ach, nennen Sie es, wie Sie wollen!« rief Ferdinand Feld scher.
»Bitte, bitte, meine Herren!« schaltete sich der Richter ein »Mit heftigen Worten ist nichts gewonnen!«
Dr. McNarry konnte sich nicht eines leisen Lachens enthalter Jos grinste. Artie sah bekümmert aus, als wolle er uns dara erinnern, daß es bei dem Streit schließlich um sein Lebe gehe.
Das Schicksal der Verhandlung schien auf Messers Schneide z stehen. Sich höflich Dr. McNarry zuwendend, sagte der Rich ter: »Ich weiß ja gar nicht, was Dr. McNarry oder wie der Her heißt für eine Aussage zu machen hat.« Er sah sanften Blicks z Horn hinüber. »Außer der Staatsanwaltschaft hat noch nie mand behauptet, daß er überhaupt etwas zu dem Geisteszu stand der Angeklagten sagen wird.«
Das war spitzfindig gesprochen. Wir alle hielten ja den Berich der Ärzte in Händen, der doch deutlich besagte, daß beid geistig gestört waren. Vom Standpunkt des Gesetzes aus schie Horn im Recht zu sein. Aber die eigentliche Schwierigkeit la in dem Umstand begründet, daß das Gesetz selbst, in seine Definition der Geistesgestörtheit, veraltet war.
Der Streit nahm an Heftigkeit zu. Man führte Verordnunge von Nebraska an, Präzedenzfälle in Alabama, die Verfassun von Colorado. Das Gerücht von der Auseinandersetzung wa

bis auf die Straße gedrungen, und das Gedränge an den Türen wurde stärker. Wie bei den meisten Streitfällen ging es um eine Wortdefinition. Geistesgestörtheit. Das Wort war wie der Klingelknopf für eine Jury. Die Verteidigung wollte es als »geistig angegriffen« verstanden wissen.
»Es hat keinen Zweck, Paragraphen zu zitieren«, sagte Richter Matthewson. »Wenn irgendeine geistige Krankheit vorliegt, handelt es sich um Geistesgestörtheit.«
Eine plötzliche Stille trat ein. Die Anklagevertretung schien das Spiel gewonnen zu haben. Jos wandte sich aufgeregt an Wilk.
Wilk erhob sich abermals und schritt auf die Tribüne des Richters zu. »Soll das heißen, daß das Gericht nicht die geistige *Verfassung* in der Frage der mildernden Umstände in Betracht ziehen will? Die geistige Verfassung soll ja nicht als Entschuldigung, sondern nur als Milderungsgrund gelten.«
Seine Frage hing unbeantwortet über unseren Köpfen. Milderung, wiederholte er. Was falle denn alles unter Milderung? Ziehe man nicht die Umstände in Betracht, die zu einem Verbrechen führten? Das Milieu eines Verbrechers, die Kräfte, die seinen Charakter formten? Den äußeren und inneren Druck, unter dem er stehe, das Maß seiner Verantwortlichkeit?
Und während er sprach, führte er sein Auditorium von der Definition eines Wortes hin zu den tieferen Gründen. Was sei freie Wahl der Handlung? Was sei freier Wille? Und unausgesprochen stand Wilks jahrelanges Grübeln zur Debatte, sein melancholischer Pessimismus, sein Glaube an einen mechanistischen Determinismus, seine Behauptung, daß es keine echte Willensfreiheit gebe. Doch selbst wenn ein gewisses Maß von Willensfreiheit bestehe, »und die geistige Verfassung mit dem freien Willen dieser beiden jungen Menschen in Konflikt gerät und mit ihrem Verstand, glauben Sie dann nicht, daß das Gericht ein Recht darauf hat, von dieser geistigen Verfassung zu hören und abzuwägen, ob ein mildernder Umstand vorliegt?«
Das war die eindringliche, fast fordernde Bitte, wie wir sie von Wilk erwartet hatten, das Werben um Mitgefühl, das aber dennoch genau ausgewogen war, denn wenn man es allzu nachdrücklich vortrug, lief man Gefahr, wirklich zu sagen, was man meinte, nämlich daß niemand für ein Verbrechen verantwortlich sei.
Und Padua schlug, seine Stimme zum feierlichen Ernst der

Stimme Wilks senkend, mit teuflischer Berechnung vor: »Wenn Sie es mit einer so gearteten geistigen Verfassung zu tun haben, warum bringen Sie diese Tatsache dann nicht vor einem Schwurgericht voll zur Geltung?«
Durch den Gerichtssaal ging ein Murren über diesen schlauen jungen Juristen, der den Mut hatte, den Bann des großen Streiters zu brechen.
Wilk war im ersten Augenblick verblüfft. Ferdinand Feldscher sprang für ihn ein und zitierte abermals Autoritäten, und manchmal verwickelten sich vier oder gar alle sechs Anwälte in eine Diskussion, an der auch der Richter lebhaften Anteil nahm.
Schließlich erhoben sich Stimmen. »Das ist ja nur Zeitverschwendung!«
»Auf ein paar Stunden Zeitverschwendung kommt es nicht an«, sagte der Richter. »Hier geht es um das Leben von zwei Menschen, und die Frage an sich ist schon von großer Bedeutung.«
Die Vormittagssitzung war um.

Als der Streit wieder aufgenommen wurde, war es Feldscher, der versuchte, die Lage zu entwirren. »Selbst den erfahrensten Psychiatern fällt es schwer, die genaue Grenze zwischen dem normalen und dem kranken Geisteszustand anzugeben.« Der Experten falle dies schwer, hob Feldscher hervor, »aber nach dem Gesetz soll eine Jury von zwölf Laien, von denen vielleicht die Hälfte die Höhere Schule besucht hat, auf Grund von Zeugenaussagen in der Lage sein, zu entscheiden, ob ein Mensch normal oder geistesgestört ist!«
»Aber das ist nun einmal das Gesetz!« Horn ritt wieder darauf herum. »Und ein Fall von Geistesgestörtheit muß vor eine Jury.«
Feldscher schlug plötzlich zu. »Eine Frage – als Sie noch den Platz des Richters einnahmen, haben Sie da nicht einmal bei einem ähnlichen Vergehen – im Prozeß Fitzgerald – Aussagen über den Geisteszustand des Angeklagten zugelassen, der dieses arme fünfjährige Mädchen mißbraucht und auf schuldig plädiert hatte?«
»Nein, ich habe nicht –«, begann Horn.
Wilk griff ein, dem Engel des Zorns gleich. »Jeder Anwalt in Chikago weiß, daß Sie sich von einem Nervenarzt die geistige Verkommenheit des Angeklagten bestätigen ließen!«

»Ja, aber ich habe kein Beweismaterial über Geistesgestörtheit zugelassen!« kreischte Horn. »Moralische Verkommenheit ist keine Geistesgestörtheit.«
»Ein Psychiater sagte über die geistige Verfassung Fitzgeralds aus«, wiederholte Wilk unbeirrt.
»Bestätigte nur, daß er anomal veranlagt war!«
»Und unzurechnungsfähig!« schrie ihm Wilk ins Gesicht.
»Und Fitzgerald wurde zum Tod durch Erhängen verurteilt!« gab Horn triumphierend zurück.
»Ja, Sie haben ihn an den Galgen gebracht«, sagte Wilk voller Abscheu. »Sie haben einen krankhaft veranlagten Menschen an den Galgen gebracht.«
Richter Matthewson klopfte zornig auf sein Pult und rief die Streitenden zur Ordnung. Noch einen weiteren Tag dauerte das Hin und Her, bis Padua die Sache für die Staatsanwaltschaft in der Erklärung zusammenfaßte: »Siebzig Prozent der in die Anstalten des Staates eingelieferten Patienten sind Fälle von funktionellen Geistesstörungen – und genau auf diesen Begriff will die Verteidigung ja hinaus – und das ist Geistesgestörtheit, Geistesgestörtheit nach den Buchstaben des Gesetzes, und das bedeutet, daß der Fall vor das Schwurgericht muß.«
Nun richtete sich Wilk zu seiner berühmten Pose auf, Daumen unter dem Hosenträger, entspannte, lässige Haltung.
Er begann in trockenem Ton: »Ich entnehme allem, was bisher über diesen Fall gesagt wurde, daß die Staatsanwaltschaft des Glaubens ist, das Universum werde zusammenstürzen, wenn diese beiden Jungen nicht hängen. Ich muß sagen, daß ich noch nie einen Prozeß erlebt habe, bei dem man mit solcher Leidenschaft und Begeisterung für die Todesstrafe eintrat.«
Das war Wilk in einem seiner charakteristischen menschlichen Ausbrüche. »Wenn ich überzeugt wäre, daß das Aufhängen von Menschen zukünftige Verbrechen verhindern könnte, würde ich wahrscheinlich ebenfalls dafür eintreten«, fuhr er fort. »Ja, ich hätte sogar nichts dagegen, wenn alle gehängt werden würden außer mir ...«
Nun wurde er zu dem geschickten Anwalt, der Horns Argumente umdrehte. »Wenn die Fähigkeit, zwischen Gut und Böse zu unterscheiden, das einzige Kriterium des normalen Geisteszustands ist, dann wissen wir ja bereits, daß die beiden Jungen nach dem Gesetz normal sind, und deshalb kann der Richter sich auch alle Aussagen anhören, die er für nützlich hält. Ja, Mr. Horn hat sogar gesagt, meine Klienten seien nicht weniger

normal als er!« Wozu halte die Anklagevertretung also die Dinge auf? »Sie kommen uns hier mit ihrem hochgepriesenen, altehrwürdigen Blackstone ...«
Horn nickte mit dem Kopf, als ob er sagen wollte: Laßt den Clown ruhig seine Vorstellung beenden.
»Wir haben in unserem Staat ein Statut, welches besagt, daß das Gericht vor dem Urteilsspruch über ein menschliches Wesen prüfen kann, ob mildernde Umstände vorliegen. Nun, was bedeutet das? Gibt es eine Liste, eine Aufstellung von mildernden Umständen? Nein, darüber muß sich das Gericht aussprechen, die Entscheidung liegt bei ihm und bei sonst niemandem.
Was ist ein mildernder Umstand? Schon das jugendliche Alter eines Angeklagten. Einfach, weil ein Kind kein Urteilsvermögen besitzt. Wir sind doch alle jung gewesen und kennen die Unberechenbarkeiten, die plötzlichen Einfälle des kindlichen Verstands. Wir kennen die Traumwelt, in der das Kind lebt, wir wissen, daß in dieser Welt nichts wirklich ist. Diese beiden Jungen hier sind Minderjährige. Das Gesetz verbietet ihnen, Verträge abzuschließen, verbietet ihnen, ohne Einverständnis der Eltern zu heiraten. Warum? Weil sie noch kein Urteilsvermögen haben, das erst mit den Jahren kommt. Ich kann den Juristen nicht verstehen, der vom Hängen von Kindern spricht wie von einer Ferienreise – wie von einem Pferderennen.
Vor ungefähr sieben Jahren wurde ein armer Junge namens Petnick des Mordes angeklagt, und eine wohltätige Organisation bat mich, ihn zu verteidigen. Er war eines Tages in ein Haus hineingegangen, um Lebensmittel abzuliefern, und hatte ein Messer ergriffen und eine Mutter und ihr kleines Kind getötet.
Ich habe, wie in diesem Falle hier, auf schuldig plädiert. Ich habe den Schullehrer über seinen Geisteszustand aussagen lassen, und ich habe Nervenärzte hinzugezogen, die sich über die geistige Verfassung des Jungen aussprachen. Richter Willard, ein früherer Kollege von Mr. Horn, sagte, er werde den Jungen nicht hängen lassen. Und doch bekommen wir heute in diesem Saal gesagt, daß das Gericht einen solchen Umstand nicht berücksichtigen darf!« Er sah vorwurfsvoll zur Anklagevertretung hinüber. »Sie sagen, das sei das Gesetz – sie sagen, man dürfe kein Beweismaterial über mildernde Umstände zulassen. Wenn das das Gesetz ist, dann hoffe ich, daß dieses

Gericht das Gesetz ignoriert, wie es die Gerichte ständig ignorieren!«

Horn brach los. »Im Namen der Frauen und Kinder dieses Staates«, schrie er, »frage ich den Herrn Präsidenten, ob dies hier kein Gerichtshof mehr ist! Mr. Wilk empfiehlt ihnen, Herr Präsident, das Gesetz zu ignorieren und das Strafgesetzbuch zu verbrennen!« Er funkelte den in Vergessenheit geratenen Dr. McNarry an, die Ursache der zweitägigen Auseinandersetzung. »Sie müßten sich tatsächlich über das geltende Recht hinwegsetzen, wollten Sie diesen Zeugen dort anhören!«

Mit einer ungestümen Handbewegung kam der Richter zu seiner Entscheidung. »Nach dem Wortlaut der Statuten muß ich Aussagen über mildernde wie über erschwerende Umstände anhören. Der Einspruch der Staatsanwaltschaft ist abgelehnt, die Verteidigung kann fortfahren.«

Jos und Artie strahlten, als ob damit alles schon gewonnen sei.

Was konnte Dr. McNarry aussagen? Warum hatte der Staatsanwalt zwei Tage lang seine Aussage zu verhindern versucht?

McNarry begann mit Artie, berichtete im einzelnen, wie sich die Gewohnheit des Lügens bei ihm entwickelte, bis »er heute selbst sagt, es falle ihm schwer, zwischen dem, was wahr, und dem, was nicht wahr sei, zu unterscheiden«.

Horn schaltete sich ein: »Ich stelle fest, daß wir es jetzt eindeutig mit einer Aussage über Geistesgestörtheit zu tun haben, und beantrage die Einberufung einer Jury.«

»Antrag ist abgelehnt«, sagte der Richter.

McNarry kam auf die Phantasievorstellungen zu sprechen, und Horn versuchte es andersherum. »Was Sie da beschreiben, nennt man doch auch manchmal ›Kraft der Einbildung‹ oder ›Luftschlösser bauen‹, nicht wahr? Findet man das bei Jungen nicht oft?«

»Gewiß«, gab der Arzt zu. »Aber unter Luftschlössern versteht man im allgemeinen etwas Schönes und Wünschenswertes, während hier –«

»Stellen sich nicht die meisten Jungen einmal vor, sie wären hinter Kerkermauern oder auf der Flucht?«

Richter Matthewson sagte ungerührt: »Lassen Sie den Arzt seine Aussage machen, ohne ihn zu unterbrechen; wenn er fertig ist, können Sie ihn ins Kreuzverhör nehmen.«

Der Psychiater beschrieb, wie Artie Leute auf der Straße beschattet hatte, beschrieb die Phantasievorstellungen vom Leben im Gefängnis und erwähnte, daß Artie, als er schließlich wirklich ins Gefängnis gekommen war, das Gefühl gehabt hatte, »dorthin zu gehören und jetzt in der Wirklichkeit das zu erleben, was er sich als Kind immer ausgemalt hatte«. Er erzählte von dem »Beibehalten einer Gewohnheit, die ihm als Kind schon eigen war, nämlich zu seinem Teddy als zu einem Vertrauten zu sprechen: ›Und jetzt, Teddy...‹« Er faßte zusammen: »Die Phantasiewelt übt eine kompensierende Wirkung aus, sie läßt aber auch das tatsächliche Verhalten ahnen. Er sieht sich in einem Gefängnis sitzen, als Meisterverbrecher. Die Bedeutung liegt auf der emotionellen Seite, denn die Phantasiewelt wurzelt in den Emotionen.« Artie sei also, emotionell gesehen, ein Kind, ein böses Kind, das nach seiner Bestrafung verlange.

Um deutlich zu machen, wie stark sich eine Phantasievorstellung in den Vordergrund spielen und die Wirklichkeit zurückdrängen könne, erinnerte der Psychiater daran, daß Artie sich trotz seiner allgemeinen Beliebtheit, innerlich als unerwünscht und den anderen unterlegen vorkam. Dies sei ein weiteres Zeichen für seine Desintegration, die bereits aus seiner Klage darüber hervorgehe, daß er in den letzten Jahren das Gefühl gehabt habe, »nicht ganz da zu sein«.

»Mit anderen Worten: er hat das Alter von achtzehn Jahren erreicht, trägt aber seine Kindheit noch in sich in der Gestalt einer unentwickelten emotionellen Einstellung dem Leben gegenüber... Wir kennen den Fall einer Aufspaltung der Persönlichkeit, bei der keine Möglichkeit mehr besteht, die beiden Aspekte der Persönlichkeit wieder zu einer einigermaßen harmonischen Einheit zu verschmelzen. Artie befindet sich in einem Zustand, der, wenn er sich verschlimmert, zu dieser bösartigen Spaltung führt.«

Würde Dr. McNarry die anderen Verbrechen – A, B, C, D – als weitere Beweise für Arties innere Auflösung anführen?

»Artie hatte verbrecherische Neigungen.« Er erwähnte aber nur die schon allseits bekannten kleineren Vergehen. »Um seine Phantasievorstellung vom Meistergehirn in die Tat umzusetzen, benötigte Artie eine ›Bande‹, und diese ›Bande‹ war Jos, der seinerseits keine verbrecherischen Neigungen hatte.« Diese Feststellung überraschte den Gerichtssaal.

Jos Steiners Veranlagung ließe sich, sagte der Arzt, als ein ständiges Hin- und Herpendeln zwischen Überlegenheits- und Minderwertigkeitsgefühlen darstellen. Er habe eine Ergänzung, ein Gegengewicht gebraucht und in Artie sein anderes Ich gefunden, daß ihm manchmal überlegen, manchmal unterlegen war, so zum Beispiel, wenn der König von dem Sklaven errettet worden sei.

So stellte er in dieser Phantasievorstellung, ob als Sklave oder als König, beide Komponenten seiner Veranlagung dar, seinen Wunsch nach Unterwerfung auf der einen und seinen Wunsch nach Herrschaft auf der anderen Seite, so daß bei ihrer tatsächlichen, emotionellen Beziehung das Leben des einen mit, ich möchte sagen: fast teuflischer Präzision in das Leben des anderen hineinspielte.«

War Artie also die in der Auflösung befindliche Persönlichkeit, ein Mensch, der sagte, er habe alle Freuden des Lebens bereits genossen, so schilderte uns der Psychiater Jos als den ständig aktiven Menschen, der als Kind die Kirchen miteinander verglich, später zum Ornithologen wurde, sich mit Sprachen befaßte und sogar jetzt noch im Gefängnis ein Buch plante, um seine Ideen darzulegen, und eine Rede, die er vom Galgengerüst herab halten wollte, falls er zum Tode verurteilt würde. Ja, er habe sich eine Anzahl von Fragen zurechtgelegt, die er aus dem Jenseits beantworten wollte – wenn es eines gebe, was er allerdings nicht glaube.

So steuerten diese beiden Jungen«, fuhr Dr. McNarry in seinem ruhigen Tonfall fort, »deren Persönlichkeiten sich ergänzten und ineinandergriffen wie die Finger zweier Hände« – er verschränkte die Hände zu der entsprechenden, demonstrierenden Geste –, »auf diesen aus dem Emotionellen geborenen Pakt zu, dessen Folge der Mord an Paulie Kessler war.« Man könne die Tat als eine *folie à deux* bezeichnen, die sehr selten sei, da sie nur dann eintrete, wenn sich die genau zueinander passenden Persönlichkeiten fänden, was vielleicht unter einer Million Fällen einmal vorkomme.

Der Psychiater unterstrich diese Feststellung mit Nachdruck, wahrscheinlich um das Publikum und die Welt zu beruhigen; aber mich erfaßten damals bereits Zweifel: zogen die betreffenden Persönlichkeiten einander an, um zusammenzufinden? Und inzwischen haben wir ja mehr als einmal den Fall eines solchen Zusammentreffens erlebt.

An die Aussage Dr. McNarrys schlossen sich einige formale Fragen an, die Feldscher dem Zeugen stellte: »Sie haben nun den Angeklagten Arthur Straus untersucht und beobachtet. Können Sie etwas über seine geistige Verfassung am 21. Mai 1924 aussagen?«

»Ja.«

»Bitte.«

»Ich habe meiner Meinung praktisch bereits Ausdruck verliehen. Er trug asoziale Tendenzen in sich, wie ich sie beschrieben habe. Er befand sich im Vorstadium einer Bewußtseinsspaltung wegen jenes inneren Konflikts, der unaufgelöst blieb... Er ist emotionell gesehen noch ein Kind, das sich noch mit seinem Teddybär unterhält – so um die vier, fünf Jahre alt. Vom Intellekt her gesehen schneidet er bei den Tests sehr gut ab.«

Auch Jos, so führte er weiter aus, stehe »unter dem Einfluß eines relativ infantilen Aspekts seiner Persönlichkeit, aber er hat einen Abwehrmechanismus entwickelt, der schließlich zu einem betont wirren, in Unordnung geratenen Persönlichkeitsbild führte, und zwar mit einer starken Tendenz zu Superioritätsgefühlen, die es ihm weitgehend unmöglich machen, seine Beziehungen zur Umwelt richtig zu bewerten«.

Wir hatten fast vergessen, daß wir einem Prozeß beiwohnten, einer Auseinandersetzung, als Horn zum Kreuzverhör überging. Er kam auf die »verbrecherischen Neigungen« zu sprechen, die sich bei Artie bemerkbar machten und bei Jos nicht, und fragte den Zeugen, ob er wisse, wer die entscheidenden Schläge auf Paulie Kesslers Kopf geführt habe.

Dr. McNarry blickte zögernd zur Box der Verteidigung hinüber. Wilk erhob sich.

Es sei für das Vorgehen der Verteidigung von keinerlei Bedeutung, ob dieser Punkt geklärt werden könne oder nicht, sagte er. Die beiden Jungen stünden, auf eigenen Wunsch und auf Wunsch ihrer Familie, unter gemeinsamer Anklage, da sie ja auch durch ihre Tat untrennbar aneinandergekettet seien.

Horn wiederholte seine Frage.

»Ja«, antwortete Dr. McNarry. Er sprach, als wäre dies ein unbedeutender Nebenumstand. »Es war Artie.«

Der Schrei einer Frau übertönte noch den Aufruhr im Gerichtssaal. Ich wurde auf Myra aufmerksam, plötzliche Tränen liefen ihr über das Gesicht. Sie mußte sich bis zu diesem Augenblick an die Vorstellung geklammert haben, daß Jos Arties böser Geist gewesen war.

Horn fragte den Arzt, wie er das erfahren habe.

Bei einem unserer Gespräche kamen wir an einen Punkt, an dem es für mich feststand, daß Artie es war. Ich fragte ihn: ›Sie haben die Schläge geführt, nicht wahr?‹ und Artie nickte und sagte: ›Sie wußten es ja schon vorher.‹«

Ich sah zu Jos hinüber, der Artie mit einem fast vorwurfsvollen Blick anstarrte.

Die Sensation war am späten Nachmittag gekommen; das Gericht vertagte sich, während ich noch meine Meldung durchgab. Durch die Gänge ergoß sich ein Strom erregter Frauen. Da erblickte ich Myra, die durch das Gedränge hindurchschlüpfen wollte. Ich rief ihren Namen. Sie krallte ihre Hand in meinen Arm, wie sie dies immer tat. »Oh, Sid.«

»Sid«, keuchte sie, »ich soll morgen aussagen.«

»Wie kam das? Was war mit den anderen Psychiatern?«

»Ich weiß nicht, ach, ich weiß nicht. Die Anwälte haben es mir gerade eben gesagt. Sid, ich habe Angst vor diesem schrecklichen Menschen.«

Ich beruhigte sie. Horn sei kein Mensch, vor dem man sich zu fürchten habe; als Zeuge aussagen sei gar nicht schlimm. Und Wilk werde ihr schon zu Hilfe kommen.

Ich wartete im Park. Myra wollte, daß ich sie zu Wilks Wohnung begleitete. Die drückende Hitze hatte nicht nachgelassen, und der Park wimmelte von Menschen. Plötzlich tauchte sie neben mir auf. »Oh, Sid, soll ich sagen, daß er verrückt war, daß er immer verrückte Sachen gemacht hat?« Als Dr. McNary im Zeugenstand Arties Charakter geschildert habe, sei ihr plötzlich alles ganz klar geworden, und sie habe sich an so viele Szenen erinnert, die alle in dieser Linie lagen. Zum Beispiel das eine Mal, als er sich eine dunkle Brille aufgesetzt und sich an der Ecke Cottage Grove und 63. Straße niedergehockt und so getan habe, als wäre er ein blinder Bettler, das sei doch auch infantil gewesen – sie habe immer gesagt, er sei infantil, sogar seiner Mutter gegenüber ... »Oh, der arme Junge, wenn sie ihn am Leben lassen, wenn sie ihn in eine Nervenheilanstalt schicken und er eines Tages gesund wird, meinst du, dann lassen sie ihn jemals wieder heraus?«

Und dann lehnte sie sich an mich und sprach abermals von ihrer Angst. Wie sei einem im Zeugenstand zumute? An jenem Sonntag, als Horns Leute zu ihr gekommen seien – sie könnte

sich gar nicht mehr erinnern, was sie da alles gesagt habe
Könnte man ihr jetzt die damaligen Aussagen entgegen
halten?
Als wir Wilks Wohnung betraten, nahm Ferdinand Feldsche
sogleich Myra beiseite und verschwand mit ihr in einem Ne
benzimmer. Überall wurden Besprechungen geführt. In eine
Ecke von Wilks Bibliothek wurden mehrere Studienkollege
der beiden Angeklagten auf ihre Aussage am nächsten Ta
vorbereitet. Im Eßzimmer hielten sich Mitglieder der vogel
kundlichen Gruppe auf, deren Leiter Jos gewesen war, un
einige Campusintellingenzler, mit denen er über Philosophi
diskutiert hatte.
Ich begann diese plötzliche Änderung in der Taktik der Verte
digung zu verstehen. Dr. McNarrys Aussage hatte sich als z
stark auf Geistesgestörtheit ausgerichtet erwiesen; wenn ihr
die anderen Psychiater unmittelbar folgten, riskierte mar
Horn in die Hände zu arbeiten und den Fall vor das Schwurge
richt zu bringen. Statt dessen wollte man nun ein Zwischen
spiel einlegen – Bekannte, Studienkollegen und Freundinne
sollten dem Gerichtssaal wieder das Bild der beiden lebhafter
begabten Collegejungen vor Augen führen, die sogar für völli
normale Mädchen etwas Anziehendes besaßen.
Unvermittelt stand Willie Weiss neben mir, und mit seiner
geradezu unheimlichen Einfühlungsvermögen fragte er: »Ma
chen Sie sich Gedanken, weil Ihre Freundin aussagen muß?«
Ich dachte in diesem Augenblick nicht daran, daß er auch Myr
gemeint haben konnte, die ich ja herbegleitet hatte. Ich brauch
te Hilfe, und ich erklärte es ihm ziemlich unbeholfen – d
ganze Sache mit Jos und Ruth. Er hockte sich auf die Kante d
Telefontisches und hörte höchst gespannt zu.
»Sie glauben also, er sei im Begriff gewesen, die alte Sach
loszuwerden?« fragte er.
»Ja, das möchte ich eben genau wissen«, erwiderte ich. Un
gerade in diesem Augenblick ging Dr. McNarry vorüber, un
Willie hielt ihn am Ärmel fest. »Da ist eine sehr interessan
Sache«, sagte er, zu dem Arzt gewandt. Und dann blickte er sic
um. »Mal sehen, ob wir das irgendwo ungestört besprecher
können.«
Wir versuchten es zuerst im Eßzimmer, aber da waren scho
andere. Mrs. Wilk bot uns schließlich seufzend die Kamme
des Mädchens an, die hinter der Küche gelegen war.
So nahmen wir denn in dem kleinen Raum auf der Bettstel

latz. Über unseren Köpfen hing eine unbeschirmte Glühbirne, und ich fühlte, wie mich Dr. McNarry beobachtete.
Sei ich nicht der Reporter, fragte er, der den Fall aus nächster Nähe kenne? Leider sei er während meiner Zeugenaussage nicht zugegen gewesen.
»Ich stehe dem Fall vielleicht noch näher, als ich bisher dachte«, sagte ich, und dann erzählte ich von Ruth Goldenberg.
»Sie ist Ihre Freundin?«
»Hm, nicht eigentlich. Nicht mehr, fürchte ich.«
»Die Freundin von Jos?« Und da wußte er auf einmal, daß sie das Mädchen war, dessen Name ihm Jos bei ihren Unterredungen nicht hatte nennen wollen. Ja, Jos habe sogar davon gesprochen, daß er hätte von zu Hause weglaufen und dieses Mädchen heiraten wollen. Aber – McNarry drückte die Fingerspitzen seiner Hände aneinander – ihm sei das alles ziemlich phantastisch vorgekommen.
Willie kam auf das Problem zu sprechen, das mich beschäftigte. »Sid fragt sich, ob diese plötzliche Neigung zu einem Mädchen ein Zeichen dafür sein könne, daß Jos im Begriff war, seine krankhafte Veranlagung zu überwinden. Ich glaube, diese Frage ist ganz interessant.«
Dr. McNarry sah auf seine Fingerspitzen. »Natürlich kommt so etwas vor. Homosexuelle können sich gleichzeitig auch wie Heterosexuelle verhalten – das scheint bei beiden hier der Fall gewesen zu sein –, aber sie können auch ihre Neigung überwinden, wie wir das manchmal erleben, und zu einer normalen Einstellung, zu normalen Beziehungen finden. Im späten Jünglingsalter ist so etwas ja nicht selten, oder?« Er sah mich an. »Jos ist neunzehn.«
»Doktor«, unterbrach ihn Willie, »könnte der Mord nicht als eine Art Katharsis, eine Art Reinigung gewirkt und Jos aus einer homosexuellen Bindung befreit haben?«
Ein Lächeln der Anerkennung zeigte sich auf dem Gesicht des Psychiaters. »Aber inzwischen haben sich die alten Bande wieder gefestigt«, sagte er.
»Weil ihm jetzt im Gefängnis keine andere Wahl bleibt«, meinte Willie. »Aber in der Woche nach dem Verbrechen, ja eigentlich schon am Tage danach, scheint er zum ersten Mal in seinem Leben einem Mädchen normale Gefühle entgegengebracht zu haben.«
Dr. McNarry fragte: »War die junge Dame von ihm beeindruckt?«

»Ja«, sagte ich, und es war mir peinlich, daß Willie das höre mußte. »Ich glaube, sie hat die Absicht, auszusagen.«
Er starrte wieder auf seine Hände. Dann seufzte er, nicht a[ls] Arzt, sondern als einer von uns. Er schüttelte den Kopf. »Alle[s] zur falschen Zeit. Der arme Kerl.«

Gerade als Myra in den Zeugenstand gerufen wurde, sah ich[,] wie Ruth den Gerichtssaal betrat. Willie zog sie hinter sich he[r] und geleitete sie zur vordersten Bank, auf der die Zeuge[n] saßen. Man rückte zusammen, um ihr Platz zu machen. D[a] erblickte sie mich und schenkte mir ihr ernstes Lächeln.
Ich hatte das Gefühl, daß sie irgendwie verändert sei, und ein[e] Beklemmung überkam mich; ich wischte mir den Schweiß vo[m] Gesicht, um mir verstohlen die Augen trocknen zu könne[n]. Würde Ruth sagen, daß Jos sie gebeten hatte, seine Frau z[u] werden? Würde mich das für immer ausschalten, so als ob da[s] Mädchen, das ich liebte, sich tatsächlich einem anderen hinge[ge]ben hätte?
Myras Vernehmung hatte begonnen. Ferdinand Feldsch[er] stellte ihr in sanft-väterlicher Art seine Fragen.
Ja, sie habe Artie von Kind auf gekannt.
Ob sie ihn als einen festen Charakter bezeichnen könne.
Nein, als einen höchst schwankenden Charakter, sagte sie. E[r] sei nervös, rauche in einer sehr nervösen Art, indem er d[ie] Zigarette schon nach wenigen Zügen wegwerfe. Er neige daz[u,] ohne jede Ursache zu lügen, erfinde Geschichten, wie di[e] Kinder täten, so etwa seine Alkoholschmugglergeschichte[n,] und überhaupt benehme er sich oft sehr infantil, so daß [es] manchmal peinlich wirke und jedem auffalle.
»Können Sie uns vielleicht ein Beispiel nennen?«
»Ja, vor kurzem erst war ich verabredet, und ehe ich no[ch] abgeholt wurde, kam Artie vorbei. Als es läutete, schlang [er] sich meine Schärpe um und stürzte zur Tür ...«
Man begann im Saal zu kichern. Horn grinste. Natürlich könn[ten] solche Possen auf gute Laune zurückzuführen sein, sag[te] Myra, aber bei Artie wirkten sie oft störend.
»Würden Sie ihn als einen voll entwickelten, reifen Mensche[n] bezeichnen?«
»Nein, keinesfalls. Er war oft kindisch.«
»Kindisch? In seinen Gefühlen?«
»Ja, sehr.«
Der Anwalt kam noch mehrmals auf diesen Punkt zu spreche[n]

zog sich dann langsam zurück, und Horn trat auf Myra zu; er grinste immer noch, aber seine Stimme klang höflich.
Sie sei also eine Cousine von Artie?
Eine entfernte Cousine.
Und sie sei als Kind seine Spielgefährtin gewesen?
»Ja.«
»Würden Sie sich als seine Geliebte bezeichnen?«
Sie errötete und vermochte nicht zu antworten.
»Sie haben sich doch wohl manchmal geküßt, ja?« fragte er unbarmherzig. Trotz Einspruchs forderte sie der Richter auf, die Frage zu beantworten.
»Ja«, sagte sie. Ihre Empörung half ihr, sich wieder zu fassen.
»Und würden Sie diese Küsse von einem erwachsenen Geliebten als emotionell kindliches Verhalten einstufen?« Und mitten im allgemeinen Gelächter bohrte Horn sein Messer noch tiefer in die Wunde: »Waren das kindliche oder reife Küsse?«
Der Richter rief ihn zur Ordnung.
»Als seine Spielgefährtin und Freundin würden Sie ihm doch aus der Patsche helfen, wenn Sie könnten, ja?«
»Natürlich, aber nicht –«
»Aber als Dame würden Sie jetzt nicht lügen, um Artie zu helfen, oder?«
»Ich lüge nicht!«
Aus dem Saal herauf drang ein wissendes Gemurmel. »Oh, wirklich!«
»Haben Sie nicht soeben hier im Zeugenstand gelogen?« fragte Horn. Er sah auf einige Schriftstücke, die er in der Hand hatte. »Sie haben doch einem Vertreter der Anklagebehörde gegenüber eine Aussage gemacht, an dem Tag, nachdem Artie Straus und Jos Steiner ihre Tat eingestanden hatten, nicht wahr?«
»Man hat mich einiges gefragt. Ich war damals sehr verwirrt.«
»Lassen Sie mich Ihnen eine Stelle aus Ihrer Aussage vorlesen. Frage: ›Würden Sie Artie als intelligent bezeichnen?‹ Antwort: ›Als außergewöhnlich intelligent.‹ Frage: ›Als reif in seinen Vorstellungen?‹ Antwort: ›Ja, als sehr reif in seinen Vorstellungen.‹ Nun, erinnern Sie sich, diese Antworten gegeben zu haben?«
»Ich kann diese Aussage gemacht haben, ich weiß es jetzt nicht

mehr. Ich wußte nicht, was unter ›reif‹ zu verstehen war – ich habe auch vieles gesagt, was die beiden Herren nicht aufgeschrieben haben –«

»Miß Seligman, in dieser von Ihnen unterzeichneten und beeideten Aussage erklären Sie den Angeklagten für reif. Hier im Zeugenstand sagen Sie aus –« Er ließ den Stenograph die Stelle noch einmal vorlesen: »Frage: ›Würden Sie ihn als einen voll entwickelten reifen Menschen bezeichnen?‹ Antwort: ›Nein, keinesfalls. Er war sehr kindisch –‹«

Horn winkte ab, warf dann den Arm vor und deutete auf sie: »Wann haben Sie gelogen, vor zehn Minuten in diesem Gerichtssaal hier oder bei jener Erklärung?«

Myras Gesicht zuckte krampfhaft. »Aber – aber –« Sie rang nach Worten.

»Keine Fragen mehr«, sagte Horn nur. Ferdinand Feldscher stürzte herbei, um ihr zu helfen, als sie aus dem Zeugenstand taumelte. Wilk starrte Horn mit unverhülltem Abscheu an, rote Flecke des Zorns auf den Wangen.

Mit einem Satz war Willie Weiss über der Barriere und an Myras Seite. Wir alle sprangen von unseren Pressesitzen auf, als Myra in das Zimmer des Richters getragen wurde. Dann kam Feldscher zu uns heraus. Dr. Allwin habe Myra ein Beruhigungsmittel gegeben, sagte er. Sie werde anschließend nach Hause gebracht.

Als ich wieder auf meinem Platz in der Pressebox saß, sah ich, daß Ruth nicht mehr im Saal anwesend war. »Keine Mädchen mehr als Zeugen«, rief mir Tom zu, als er fortging, um in der Redaktion seinen Artikel zu schreiben. »Wilk hatte sie alle gestrichen.«

Ich fing Jos' Blick ein. Ich sagte mir, daß auch er sich erleichtert fühlte.

Und hätten ihm diese Aussagen wirklich etwas nützen können? Selbst wenn Ruth alles hätte verständlich machen können – alles, auch seine innersten, unvollendet gebliebenen Gefühle...

Dann rief die Verteidigung zu unserer Überraschung Milt Lewis auf, obwohl er derjenige gewesen war, der die entscheidenden Schreibmaschinenseiten beigesteuert hatte. Milt erzählte von jenem Tag, an dem Jos im Hörsaal behauptet hatte, der Übermensch stehe über dem Gesetz.

»Können Sie den Tag näher bestimmen?« fragte Ferdinand Feldscher.

Hm, ich weiß, daß es zwischen dem Verbrechen und seiner Verhaftung war.«

»Und damals dachten Sie sich nichts dabei, als Jos diese Ideen vorbrachte?«

»Nein, er hatte ja immer so verrückte Ideen.«

»Verrückte Ideen, sagten Sie? Meinen Sie ›unverantwortliche Ideen‹?«

»Na ja, sagen wir ›übertrieben‹. Eben Dinge, die man nicht ernstnehmen konnte.«

»Erinnern Sie sich noch an andere solche – verrückte Ideen?«

»Er sagte, er sei Nihilist.«

»Ein Nihilist, was ist das?«

»Eine Art Anarchist, der Dinge zerstören will.«

»Also noch schlimmer als ein Anarchist? Ein Mensch, der Zerstörung liebt?«

»Ja. Er glaubte nicht an irgendwelche Autorität und sagte, er sei für die Zerstörung nur um der Zerstörung willen. Ich erinnere mich, daß er einmal behauptete, das Leben an sich sei ohne Wert.«

»War dies ein Teilstück seiner Philosophie à la Nietzsche?«

Jos flüsterte jetzt erregt; Wilk versuchte ihn zu beschwichtigen.

»Nein, ich würde nicht sagen, daß dies genau in einer Linie mit Nietzsche liegt.«

»Würden Sie sich der Philosophie Nietzsches verschreiben?«

»Nein«, erwiderte Milt. »Der Begründer dieser Lehre war ein Urteil seines Lebens geistesgestört und starb in einer Nervenheilanstalt.«

»Aber Jos hat diese Philosophie akzeptiert?«,

»Voll und ganz.«

Horn nahm nur ein kurzes Kreuzverhör vor. Seien nicht alle Studenten mit Nietzsches Philosophie in Berührung gekommen?

»Die Theorie Nietzsches ist nur ein Teilstück des gesamten Gebiets der Philosophie«, erwiderte Milt.

»Sie haben diese Lehre also nicht alle als Ermunterung aufgefaßt, andere Menschen umzubringen?« Die Frage wurde auf Einspruch der Verteidigung zurückgezogen.

Milt verließ mit selbstzufriedener Miene den Zeugenstand. Am Morgen berief die Verteidigung Dr. Allwin in den Zeugenstand. Horn nahm nicht einmal Stellung, als die Verteidigung einen Schnappschuß vorlegte, auf dem der vierjährige Artie in

Cowboytracht seinem Teddybär die Pistole auf die Brust hielt und lachte nur laut, als Dr. Allwin auf die Bedeutung von Arties »angespanntem Gesichtsausdruck« zu sprechen kam, der darauf schließen lasse, daß bei ihm schon in diesem frühen Alter Phantasie und Wirklichkeit durcheinander gegangen seien. Horn wartete seine Chance ab.
Und dann ging er, den Storrs-Allwin-Bericht wie eine Bibel in der Hand haltend, zum Angriff über.
»Könnten die Jungen nicht bei einigen Tests gemogelt haben, wenn sie schon so schlau und so gute Lügner sind, wie aus Ihrem Gutachten hervorgeht?«
»Nein«, sagte Dr. Allwin.
»Und warum nicht?«
»Weil ich noch schlauer bin als sie«, erwiderte er gelassen.
Weil bei der Fülle des Materials, das er aus ihnen herausbekommen habe, konsequentes Lügen höchst schwierig gewesen wäre, erläuterte er. Jos habe im ganzen ziemlich offen und ehrlich geantwortet, wesentlich aufrichtiger als Artie. Aber Artie habe die dem normalen Menschen eigene Fähigkeit der Unterscheidung zwischen Wahrheit und Phantasie eingebüßt.
»Schön. Was kennzeichnet in dieser Beziehung einen ›normalen‹ Menschen?«
»Ein einigermaßen gesundes Verhältnis zwischen Intellekt und Gefühl.«
»Und diese Jungen hier sind also anomal?«
»Ja, aber nicht in gleicher Weise.«
Horn knurrte. Soviel er von Anomalität verstehe, seien sie einander gleich, sagte er. Für die Staatsanwaltschaft seien sie einfach zwei Entartete. Beweise denn ihr Pakt nicht, daß Artie gewissen Akten zustimmen sollte als Gegenleistung für die Unterstützung seines Partners bei verbrecherischen Unternehmungen? Um welche ›Akte‹ es sich denn da gehandelt habe.
»Um sexuelle Akte«, entgegnete Dr. Allwin.
»Wie oft fanden die statt?« fragte Horn.
Einige Frauen drängten sich in den Gängen nach vorn, um näher dabei zu sein. Zornig verwies der Richter alle Frauen des Saales.
Als sich dann schließlich die Reihen gelichtet hatten, wurde die Vernehmung fortgesetzt. In verhaltenem, bedauerndem Ton beschrieb Dr. Allwin die Akte, wobei er Jos als den ›Aggressor‹ bezeichnete. Doch sei diese Beziehung die einzige ihrer

Art, die Jos aufgenommen habe. Artie habe dabei die passive Rolle gespielt. Es sei ein paarmal im Monat zu diesen Akten gekommen.

Jos blickte zu Boden. Sein Vater hatte den Kopf auf die Brust gesenkt, die Augen geschlossen.

Da lag nun endlich das Krankhafte offen vor uns. War es so schrecklich? War es so viel schlimmer als all das Kranke, Häßliche, Entartete, Leichtsinnige, von dem die Geschichte menschlichen Verhaltens kündete?

Aber mit dem sexuellen Akt hänge noch mehr zusammen, fuhr Horn hartnäckig fort, als die Verhandlung wieder öffentlich geführt wurde. Habe der Pakt nicht vorgesehen, daß jeder Akt mit einem Verbrechen in Verbindung stehen sollte? Welches seien also die anderen Verbrechen?

Ferdinand Feldscher erhob Einspruch.

Mit eindringlicher Stimme las Horn aus dem Storrs-Allwin-Bericht den Abschnitt über die verschwiegenen Verbrechen vor. Von Artie hieß es da: »Er kann lügen oder gewisse Dinge verschweigen, ohne daß man ihm dabei etwas anmerkt.« Er wandte sich an den Arzt. »Dann weist Arties Darstellung also Lücken auf?«

»Ja, das sagte ich ja bereits.«

»Und es wäre möglich, daß man ihm geraten hätte, diese Dinge zu verschweigen?«

»Es wäre möglich.«

Horn las weiter: »»Sein älterer Bruder weiß nichts von diesen unbekannten Vorfällen, aber der Patient sagt, er werde darüber nur berichten, wenn ihm seine Familie dazu rät.‹ Das haben Sie geschrieben?«

»Ja, genau das habe ich geschrieben.«

»Und wie wichtig diese Dinge sind, von denen er Ihnen auf Anraten nichts erzählen sollte, das wissen Sie nicht?«

»Nein, das weiß ich nicht«, erwiderte Allwin ruhig.

Mit Nachdruck las Horn weiter: »»Andererseits ist es juristisch von gewissem Vorteil, wenn diese Dinge nicht allzu bekannt werden.‹ Mit anderen Worten, es ist für die Angeklagten von Vorteil, Ihnen gewisse Dinge verschwiegen zu haben, weil Sie sonst bei Ihrer Untersuchung zu anderen Ergebnissen gekommen wären, ja?«

»Ich war nur mit diesem einen Verbrechen befaßt, dem Fall Kessler«, gab der Arzt zurück.

Dann kam Horn an die mysteriöse Stelle. »»Obwohl Artie die

Täterschaft an dem sogenannten ›Drüsenraub‹ und dem Fa
des ›verstümmelten Unbekannten‹ abstritt, gab er die Bete
ligung an vier anderen Episoden zu, für welche die Buchstabe
A, B, C, D vorgeschlagen wurden. Es schien forensisch nich
ratsam, ihn über diese Vorfälle auszufragen.‹ Mit ›forensisch
meinen Sie doch ›juristisch‹, ja?«
Allwin versuchte, sich aus der Schlinge zu ziehen. »Wir ware
in Zeitdruck. Wir haben uns auf diesen einen Fall konzentrier
um das Gutachten abschließen zu können, ehe die Ärzte au
dem Osten eintrafen.«
Horn schüttelte den Kopf. »Was verstehen Sie hier unte
›forensisch‹?«
»Vor dem Forum.«
»Also vor den Schranken des Gerichts?«
»Ja.«
»Die Stelle könnte also auch lauten: ›Es schien juristisch gese
hen nicht ratsam, ihn über diese Vorfälle auszufragen?‹«
»Ja.«
»Aha, man hielt es also forensisch nicht für ratsam –«
»Ja, das war der Grund«, wiederholte der Arzt hartnäckig. »D
ist der forensische Grund.«
Man hörte Lachen.
Horn ließ ihn nicht aus der Zange. »So, also juristisch hielt ma
es nicht für ratsam – was wollten Sie denn damit sagen? Daß
seine Lage vor Gericht nicht bessern würde, wenn Sie diese
anderen Episoden auf den Grund gingen?«
»Nein – es drehte sich darum, das Gutachten wenn irger
möglich bis zum Einundzwanzigsten fertig zu haben.«
»Warum bringen Sie denn das nicht zur Sprache? Daß S
keine Zeit hatten?«
»Wir hielten das eben so für vorteilhaft«, erwiderte der Ar
kurz.
»Und Sie glaubten, das Gericht und wir alle hier würden diese
Formulierung entnehmen, daß Sie keine Zeit hatten, die ande
ren Vorfälle näher zu untersuchen?«
Dieser Sarkasmus war zuviel für den Arzt. »Keineswegs«
sagte er gereizt, »und einfach deshalb, weil dieser Bericht nich
für Sie bestimmt war. Er war für die Ärzte gedacht, die noch z
dem Fall hinzugezogen werden sollten. Ich konnte nicht ahne
daß er der Öffentlichkeit und Ihnen zur Kenntnis gelange
würde.«
»Aha!« rief Horn laut. »Wir hätten also nicht einmal d

fahren sollen.« Dann sagte er: »Aber jemand ist doch da, der von diesen Dingen weiß. In Ihrem Bericht spricht Artie Straus von seinem Gefährten Jos Steiner. Er sagt: ›Ich hatte immer Angst vor ihm, er wußte zuviel von mir.‹ Und Sie selbst schreiben hier: ›Er fürchtete, sein Gefährte könnte ihn verraten. Er hatte schon daran gedacht, ihn mit einem Revolver zu erschießen.‹ Sie schreiben, Artie Straus habe gesagt: ›Die Vorstellung, einen anderen umzubringen, besonders, wenn ich allein gewesen wäre – ich glaube, das hätte ich nicht fertiggebracht. Aber wenn ich nur mit den Fingern hätte zu schnicken brauchen, um ihn durch einen Herzschlag zu töten, dann hätte ich es getan.‹«

Die Jungen blickten einander mit bleichen, verlegen lächelnden Gesichtern an. Horn fuhr fort: »›Er wollte seinen Gefährten töten, weil er zuviel wußte‹! Was wußte er?« Der Staatsanwalt starrte Jos an, dann Artie. Hätte er sie nur in den Zeugenstand schleppen können! Es war jetzt ganz klar, daß die Verteidigung es niemals riskieren würde, die Jungen aussagen zu lassen.

Jos gab Horn den Blick zurück. Es war ein kühner Blick, ein Blick, aus dem geheimer Stolz sprach. Er hatte keinen Verrat begangen, er hatte sich an ihren Codex gehalten.

Dieser merkwürdige, düstere, pervers herausfordernde Blick blieb mir gewissermaßen als eine Momentaufnahme von dem Prozeß im Gedächtnis haften. Sollte Jos nicht daran gedacht haben, daß, wenn eine ganze Folge von Verbrechen Artie als geistesgestört auswies, ihrer beider Geschicke getrennte Wege hätten gehen können? Daß Artie vielleicht in eine Heilanstalt eingeliefert worden und er selbst mit weniger als lebenslänglich davongekommen wäre?

Horn stieß sich an der Mauer des Unbekannten wund, aber die angedeuteten Vorfälle sollten für immer ein Geheimnis bleiben, und in ihnen, so kam es mir immer vor, lag das Geheimnis Arties, das Mysterium seiner wahren Geistesverfassung.

Als Dr. Allwin den Zeugenstand verließ, war es, als sei für Jos der gefährlichste Augenblick des Prozesses vorüber. Er wandte den Blick wieder Artie zu, und sie tauschten ein stilles Lächeln, waren für kurze Zeit wieder durch die alte, enge Gemeinsamkeit verbunden.

Die Tage gehörten Horn, und die Verteidigung schien nur langsam wieder Boden zu gewinnen, als ein Nervenarzt aus Sing Sing aussagte, der sich auf Jugendkriminalität spezia-

lisiert hatte. Dr. Holliday wies darauf hin, daß Jos' Sammle
leidenschaft und seine Manie für Perfektion mit dem ›Zwangs
verhalten‹ manisch Kranker in Einklang stehe und daß sei
Denken ›autistisch‹ sei – ein damals neues Wort. Soviel ic
seiner Erklärung entnahm, bezeichnet es den Glauben, daß d
Dinge wirklich so seien, wie wir sie uns vorstellten – eine Art i
sich verschlossenes, magisches Denken, ohne Bezug auf d
äußeren Realitäten. Beide Jungen wiesen bis zu einem gewis
sen Grade die Charakteristika auf, sagte Holliday, denn
handle sich um ein Abwenden von der Wirklichkeit. Er zeig
auf, daß Jos in seiner Vorstellung sogar die Hinrichtung vor
wegnahm. Er plane bereits eine letzte große Ansprache vor
Galgengerüst herab, wolle seine Philosophie der Welt mitteile
und bis zum Ende ›konsequent‹ bleiben.
Artie verhalte sich im Gegensatz dazu gleichgültig und passi
Das Hängen fasse er nicht als eine reale, ihm persönlich dro
hende Möglichkeit ins Auge, sondern als etwas, das vielleic
einem anderen zustoßen könne. Er habe gesagt: »Ja, es ist z
dumm, daß man das dann nicht selbst in der Zeitung lese
kann.« Und für den Fall, daß er zu einer Haftstrafe verurtei
würde, mache er sich jetzt schon Gedanken, ob er bei se
ner Entlassung eine vollständige Sammlung aller Zeitunge
aus diesen Monaten würde auftreiben können. »Ich habe
meinem Leben viele hartgesottene Verbrecher untersuch
aber –«
Horn unterbrach ihn mit einem Einspruch, und Feldscher ve
anlaßte den Arzt zu einer Neuformulierung seiner Gedanker
»Können Sie aufgrund Ihrer Tätigkeit in Sing Sing, aufgrun
Ihrer Erfahrung bei der Untersuchung von über zweitause
Gefangenen etwas über die emotionellen Reaktionen von Art
Straus aussagen?«
»Ja. Der gefühllose Verbrecher zeigt bei jeder Reaktion ein
gewisse Grobheit und Roheit. Straus scheint unfähig zu sei
auf die vorliegende Situation mit einem adäquaten Gefühl z
reagieren. Sein Verhalten wird erst verständlich, wenn ma
berücksichtigt, daß man es hier mit einer desintegrierten od
nicht völlig integrierten Persönlichkeit zu tun hat, einer ge
spaltenen Persönlichkeit, wenn man so will.«
»Oder, um einen anderen Terminus zu gebrauchen – er i
geistesgestört, ja?« warf Horn vage ein.
Auf Dr. Holliday folgte der Drüsenspezialist Dr. Vincenti, e
begeisterter Anhänger seiner neuen Wissenschaft. Er war jün

ger als die anderen, gab sich sehr lebhaft und selbstsicher, und erweckte den Eindruck, als liege alles klar auf der Hand. Er legte Röntgenaufnahmen von Jos' *sella turcica* vor, der die Hirnanhangdrüse bergenden Knochenhülle. Da! Jeder konnte doch sehen, daß sie bereits verkalkt war! Verkalkt mit neunzehn Jahren! Alle Störungen, an denen Jos litt, konnten von dieser frühzeitigen Verkalkung herrühren. Seine Krankheiten, seine anomale geschlechtliche Veranlagung, alles!

Ja, und bei Artie deute der niedrige Grundumsatz auf ein schlechtes Funktionieren der endokrinen Drüsen hin. Damit hingen auch seine zeitweiligen Depressionszustände, seine selbstmörderischen Neigungen und seine mangelnde Geschlechtsreife zusammen.

Damit schloß der Reigen der von der Verteidigung benannten Zeugen. Es war ein sehr dürftiger Abschluß. Horn stellte dem Arzt die hinterlistige Frage, ob er seiner neumodischen Wissenschaft ganz sicher sei.

Vincenti strahlte. Ja, er war ganz sicher.

Der erste Gegenzeuge der Anklagevertretung war ein Drüsenspezialist, der sofort erklärte, niemand wisse Genaues über die Hormondrüsen zu sagen. Rothaarig, grob, kurz angebunden, brachte Horns Experte den ganzen Saal zum Lachen. Wohl selten gab ein Fachmann einen besseren Beweis seines Wissens als Dr. Leahy mit seinem ›Ich weiß, daß ich nichts weiß‹.

Und er beschäftigte sich also speziell mit den endokrinen Drüsen? Ja, seit mehr als fünfzehn Jahren. Und sei er zu irgendwelchen sicheren Ergebnissen gekommen? Zu gar keinen. »Von einigen isoliert stehenden Tatsachen abgesehen könnte man unsere Kenntnis von den Funktionen der endokrinen Drüsen mit unserer Kenntnis von Zentralafrika vor Stanleys Zeit vergleichen.«

Konnte die Drüsentätigkeit einen Einfluß haben auf die emotionelle Reife?

Ihre Vermutung ist nicht mehr und nicht weniger wert als die meine oder die eines anderen Spezialisten.«

Soviel also über Jos Steiners berühmte *sella turcica*«, sagte Horn und rief seinen nächsten Gegenexperten auf.

Hugh Allwins Aussage versuchte der schon ältere Arthur Ball zu widerlegen, ein Chikagoer Spezialist, der es mit den besten Experten von der Ostküste aufnehmen konnte.

Ja, er sei an jenem Sonntag gebeten worden, die beiden jungen Herren zu untersuchen. Mr. Horn habe sie aufgefordert, ihre

Geschichte zu erzählen, und das hätten sie denn auch in alle Ausführlichkeit getan. »Meistens hat der eine der beiden geredet. Er wurde nur gelegentlich von Mr. Straus berichtigt –«
»Sie meinen, von Mr. Steiner?«
»Ja, ja natürlich von Mr. Steiner.« Er lächelte, um zu unterstreichen, wie nahe eine solche Verwechslung liege.
»Können Sie aufgrund Ihrer Interviews mit Straus und Steine etwas über das Motiv des Verbrechens aussagen?«
»Ich erinnere mich, daß Mr. Straus sagte: ›Nein, weiß Gott, ich habe nicht die geringste Ahnung.‹« Wieder wurde er berichtigt. Sei das nicht Mr. Steiner gewesen, der das gesagt habe. Der Professor sah von einem zum anderen und suchte in seinem Gedächtnis. Ja, das habe Mr. Steiner gesagt, der Kleinere von beiden. Der Große, Mr. Straus, habe gesagt, sie hätten es wegen des Nervenkitzels, wegen des Experiments und wegen des Geldes getan.
»Haben sie über das Lösegeld gesprochen?«
»Sie wollten das Geld in einem Safe aufbewahren, und kein Dollar davon sollte innerhalb von Chikago ausgegeben werden, ehe nicht ein Jahr um war. Aber einer von ihnen wollte nach Mexiko fahren.« Er musterte sie genau. »Das war Mr. Straus. Er lächelte, weil er sich diesmal nicht geirrt hatte. »Und der andere, Mr. Steiner, wollte nach Europa reisen.«
Horn schlug wieder den Storrs-Allwin-Bericht auf. Und jetzt, wenn der Herr Professor mit diesem Gutachten vertraut sei –?
Nein, das war der Professor nicht. Er hatte den Bericht nicht einmal gesehen.
Würde er sich die Mühe machen, ihn zu prüfen?
Natürlich, die neue Psychologie interessierte ihn immer.
Lächelnd stimmte die Verteidigung der Unterbrechung zu, da ohnehin gleich Mittag war. Als die Verhandlung wieder aufgenommen wurde, sagte der Professor, er habe das Gutachten eingehend geprüft. Horn schlug seine Kopie auf. Ob der Zeuge aufgrund des Gutachtenmaterials zu der Auffassung gelangt sei, daß die Angeklagten in ungewöhnlichem Maße mit Phantasievorstellungen zu tun gehabt hätten.
Nein, solche Phantasievorstellungen habe jeder normale Junge.
Richter Matthewson beugte sich vor, auf beide Ellenbogen gestützt. Professor Ball ließ sich näher über das Thema aus. »Jeder Mensch hat seine Phantasievorstellungen. Der Rechts-

nwalt träumt von einem großen Prozeß, den er gewinnt, der Golfspieler von einer guten Golfpartie, und ein junger Mann mit kriminalistischen Neigungen wie der eine der beiden Angeklagten hier, Artie, hatte ganz naturgemäß kriminalistische Phantasievorstellungen. Wenn man nicht das Verbrechen selbst als Beweis für einen anomalen Geisteszustand ansehen will, ist an den hier beschriebenen Wachträumen nichts Abnormes.«

Uns allen fiel auf, daß der Richter nickte, als habe er nun endlich einmal ein vernünftiges Wort gehört.

Horn fragte weiter. Ob der Zeuge bei den Angeklagten eine verminderte emotionelle Reaktionsfähigkeit festgestellt habe.

Artie habe eine äußerst heftige emotionelle Reaktion gezeigt. Und da Jos nach eigenen Angaben seit seiner Kindheit systematisch jedes Gefühl unterdrückt habe, erkläre sich bei ihm die geringere emotionelle Reaktion von selbst. Niemand könne jedoch abstreiten, daß er in seinen Beziehungen zu seinem Gefährten, Mr. Straus, ein sehr starkes Gefühl entwickelt habe.

Lächelnd fragte Horn den Professor, ob er sich der Feststellung anschließen würde, daß Jos ›krankhaft leicht beeinflußbar‹ sei.

»Ich habe an ihm überhaupt keine Anzeichen feststellen können, die auf Beeinflußbarkeit hingedeutet hätten.«

Und sein Minderwertigkeitsgefühl im Zusammenhang mit seiner geringen Körpergröße – sei das so ausgeprägt, daß man es pathologisch nennen könne?

Nein, keinesfalls! Der junge Mann sei ja schließlich kein Zwerg!

Abschließend könne er unter Berücksichtigung nicht nur seiner eigenen Untersuchungen, sondern auch des Storrs-Allwin-Berichts sagen, daß der Geisteszustand bei beiden Angeklagten als einwandfrei normal anzusehen sei.

Wilk trat auf ihn zu und erinnerte ihn im zwanglosen Gesprächston an die vielen angenehmen Diskussionen, die sie beide miteinander geführt hätten. Er schätze ihn, Professor Ball, als einen Wissenschaftler, der sich genau an seine Tatsachen halte.

Nun habe aber jene Untersuchung nur einige wenige Stunden gedauert und dazu noch in einem überfüllten Raum stattgefunden – seien da wirklich die besten Voraussetzungen für eine Untersuchung gegeben gewesen?

In gewisser Hinsicht ja. Man müsse schon im Vollbesitz seiner Geisteskräfte sein, um inmitten eines solchen Getriebes einen genauen und ausführlichen Bericht geben zu können.
Einverstanden, aber sei die Situation danach angetan gewesen, jede Einzelheit, die mit dem Geisteszustand eines Menschen zusammenhänge, ans Licht zu bringen?
Professor Ball lächelte. »Ich gebe ohne weiteres zu – ich nehme an, darauf wollen Sie hinaus, Mr. Wilk –, daß ich diese Untersuchung nicht als eine in jeder Hinsicht erschöpfende Studie des Geisteszustands betrachte.« Aber soweit es die Gegebenheiten des Falles erforderten, sei er überzeugt, daß er die richtigen Schlüsse gezogen habe.
Zweifellos, sagte Wilk, wenn man sich auf die gesetzliche Definition des Begriffs ›geistesgestört‹ beschränke. Aber müsse er nicht zugeben, daß die gesetzliche Definition, an medizinischen Erfordernissen gemessen, unzulänglich sei?
Ja, das gebe er zu, erwiderte Professor Ball. Und hier beim Storrs-Allwin-Bericht handle es sich um das Ergebnis langwieriger Untersuchungen. Trotzdem könne er sich diesem Gutachten nicht anschließen.
Wilk zitierte eine Stelle aus einem Artikel, den Dr. Ball in einer medizinischen Fachzeitschrift veröffentlicht hatte: »Die gesamte Vergangenheit des Patienten, seine Krankheiten, Erlebnisse, seine Schulausbildung, Umgebung und Charakterveranlagung und das Leben seiner Vorfahren sollte bei einer Untersuchung geprüft werden.«
»Ja!« gab Dr. Ball unumwunden zu. »Bei einem zur Behandlung stehenden Fall. Wenn es nur darum geht, den Geisteszustand im Zusammenhang mit der gesetzlichen Definition zu untersuchen, ist das nicht erforderlich.«
Wilk lächelte. »Auch wir betrachten sie als normal nach dem Buchstaben des Gesetzes. Wir bitten um die Anerkennung mildernder Umstände aufgrund einer geistigen Anomalie, die wahrscheinlich nicht bei einer nur flüchtigen Untersuchung festzustellen ist. Haben Sie sich bei jener Gelegenheit damals Notizen gemacht, Dr. Ball?«
›Einige.‹ Dr. Ball holte einen zusammengefalteten Zettel hervor; er entzifferte ein hingekritzeltes Wort und las es laut vor: »Zugänglich.«
»Was bedeutet das?«
»Das ist ein in der Psychiatrie gebräuchlicher Terminus. Wir stellen zunächst fest, ob der Patient durch eine normale Unter-

haltung ansprechbar ist oder ob er, wie man in der Umgangssprache sagt, schon ›nicht mehr da‹ ist.«
»Und die Angeklagten waren also noch ›da‹?«
»Ja, sie waren vollkommen zugänglich.«
Wilk fragte: »Haben Sie sich noch mehr Notizen gemacht?«
Ja, aber er könne die Worte jetzt beim besten Willen nicht mehr entziffern. Dr. Ball stimmte in das allgemeine Gelächter ein.
So, ja – um jetzt auf die Phantasievorstellungen zu kommen – habe Dr. Ball nicht irgendwo geschrieben, daß Träume und Phantasien den Schlüssel zur geistigen Verfassung eines Menschen darstellten?
Ja, natürlich, das habe er geschrieben, erwiderte Dr. Ball mit neu erwachtem Interesse. Aber ständig wiederkehrende Phantasiebilder deuteten erst auf eine geistige Störung hin, wenn sie in das Stadium der Wahnvorstellungen einträten.
»Das heißt also, in das Stadium, in dem Phantasie und Wirklichkeit ineinander übergehen?«
Ja, wenn eine Phantasie als Realität, als wirkliches Geschehen aufgefaßt werde, habe man es mit einer Wahnvorstellung zu tun.
Ein junger Mann, ein College-Graduierter, der auf der Straße Räuber und Gendarm spiele und seinem Onkel nachschleiche, setze der nicht ein Phantasieleben in die Wirklichkeit um?
Der Professor lächelte. »Es könnte danach aussehen, ja«, sagte er. »Aber man müßte natürlich wissen, wie weit er sich an dieses kleine Spiel verloren hat.«
Wilk kam auf eine andere Form von Geistesstörung zu sprechen. Eine fixe Idee, eine Zwangsvorstellung – reiche die nicht auch bis zum Wahn? Es gebe doch zum Beispiel Leute, die bedingungslos an religiöse Visionen und Vorhersagen glaubten, die sich für Heilige oder den Erlöser hielten.
»O ja«, pflichtete Dr. Ball bei, »es gibt Leute, die wegen solcher Wahnvorstellungen in eine Heilanstalt eingewiesen werden.«
»Könnte nun nicht auch eine philosophische Überzeugung eine solche Vorstellung hervorrufen?«
»Wenn man fest genug an sie glaubt.« Aber Wilk stellte nicht die Frage, die nun zu erwarten gewesen wäre, sondern wollte wissen, ob es Formen des Geisteszustandes gebe, die nahe an Geistesgestörtheit heranreichten und gewisse Vorkehrungen und vielleicht sogar eine Behandlung erforderlich machten.
Ja, ja, die gebe es, sagte Dr. Ball.

Ihre angenehme Diskussion war vorüber. Dr. Balls Aussagen entsprachen, wenn man sie ernsthaft betrachtete, genau den Vorstellungen der Verteidigung.

Der zweite, der von der Staatsanwaltschaft benannten Nervenärzte forderte Wilk zu jener wilden Brutalität heraus, die wir bis dahin nur an Horn gekannt hatten.
Der Zeuge war Dr. Stauffer, untersetzt, selbstsicher. Im Gerichtssaal kein Unbekannter, wie mir Tom sagte. »Verdient seinen Lebensunterhalt mit Gutachten für die Staatsanwaltschaft.« Doch konnte er auf eine eindrucksvolle Vorbildung verweisen: Er war Leiter der psychologischen Abteilung der University of Illinois gewesen und hatte dem psychiatrischen Laboratorium der Staatlichen Nervenheilanstalt vorgestanden. Seine langatmige Aussage wurde erst interessant, als er auf Arties Darstellung der Autofahrt mit der Leiche zu sprechen kam. »Er schilderte, wie sie in einer Sackgasse in der Nähe eines russisch-orthodoxen Friedhofs anhielten und dort die Leiche vom Gürtel abwärts entkleideten, indem sie dem Opfer Hosen, Schuhe und Strümpfe auszogen. Und nun ist hier ein kleiner Umstand, über den ich nur mit den Anwälten beider Seiten sprechen möchte, wenn der Herr Präsident erlaubt.«
Die Anwälte versammelten sich um den Sitz des Richters. Der Arzt senkte salbungsvoll die Stimme. »Es geht um die Tatsache, daß sie die Leiche nur vom Gürtel abwärts entkleidet haben.« Er hatte aus diesem Anlaß eine ganze Reihe von Fragen gestellt, die sich um sexuelle Perversionen und homosexuelle Praktiken drehten.
Es war klar, daß er aus den Jungen nichts herausbekommen hatte. Er hatte die Frage der Mißbrauchung, zweifellos mit Horns Einverständnis, lediglich zu suggestiven Zwecken aufgeworfen. Wilks Gesicht hatte sich verdunkelt.
Stauffer fuhr in seiner Beschreibung des Verbergens der Leiche fort und führte alle möglichen Einzelheiten an. »Straus gab an, daß der Körper steif war und die Augen glasig glänzten. Sie senkten die Leiche vorsichtig ins Wasser, damit es nicht platschte...«
Er habe Artie Straus gefragt, ob er sich zu irgendeinem Zeitpunkt aus der Sache hätte zurückziehen können, »und da antwortete er, daß er Kneifen nicht leiden könne und sich aus einem Feigling nichts mache. Mr. Steiner gab praktisch dieselbe Antwort.«

In kategorischem Ton erklärte der Arzt die Angeklagten für normal. Sie seien im Vollbesitz ihrer geistigen Fähigkeiten einschließlich des Urteilsvermögens.

Horn fragte ihn, ob er mit der ›neuen Psychologie‹ vertraut sei. Ja, natürlich sei er mit dieser vertraut, aber er halte überhaupt nichts davon. Wenn die Verteidigung bei diesem Prozeß ihren Standpunkt durchsetzen sollte, würden in Zukunft alle Verbrecher Traumbücher studieren!

Noch inmitten des Lachens schritt Wilk gesenkten Hauptes auf Dr. Stauffer zu. In einiger Entfernung vor ihm blieb er stehen, wie um der Gefahr der Ansteckung aus dem Wege zu gehen.

Wie lange es eigentlich schon her sei, daß Dr. Stauffer nicht mehr die medizinische Praxis ausübe und Patienten wirklich behandle, um ihnen zu helfen.

Horn erhob Einspruch.

Nachdem die Frage in anderer Form gestellt worden war, erwiderte Dr. Stauffer, daß er seit zehn Jahren nicht mehr praktiziere und sich nur noch der Forschungs- und Lehrtätigkeit widme.

»Sie waren fast ausschließlich als Gutachter für die Staatsanwaltschaft tätig, nicht wahr?«

Stauffer gab zu, vom Staat des öfteren herangezogen zu werden.

»Und was ist Ihr übliches Honorar?« Wilk brachte schließlich aus ihm heraus, daß er normalerweise fünfzig Dollar pro Tag bekam. »Und was bekommen Sie bei diesem Prozeß hier?«

»Soviel wie die anderen Gutachter auch, zweihundertundfünfzig Dollar.«

Ob es zutreffe, daß er sich geweigert habe, auszusagen, wenn man ihm nicht diese Honorarerhöhung zubillige.

Horn wurde weiß im Gesicht. Stauffer erwiderte wütend: »Warum sollte ich nicht genausoviel bekommen wie die anderen?«

Ebenso wütend und ebenso wenig überzeugend hörte sich seine Behauptung an, daß er zu einer Untersuchung nicht mehr als zwei Stunden benötige. Und ob die Untersuchung nun in einem stillen Zimmer oder in einem Raum voller Menschen stattfinde, das spiele gar keine Rolle.

»Sie haben aber doch gehört, daß Dr. Ball festgestellt hat, unter derartigen Bedingungen und in so knapper Zeit sei nur eine relativ oberflächliche Untersuchung möglich. Sind Sie anderer Meinung?«

Dr. Stauffer zuckte die Achseln. Er habe alle Hochachtung vor Dr. Ball, aber er selbst habe bedeutend mehr Erfahrung mit Kriminellen und könne sie schneller durchschauen. »Zu diesem Zeitpunkt war noch niemand von der Verteidigung an sie herangekommen, um ihnen einzuschärfen, was sie zu sagen hätten und was nicht!«
»Eben!« donnerte Wilk. »Die Jungen waren ohne Rechtsbeistand, ohne jede Hilfe, und Sie konnten zwei Stunden lang mit ihnen anstellen, was Sie wollten!«
»Zwei Minuten hatten mir genügt, um diese Schlauberger zu durchschauen!«
Wilk griff nach einem Lehrbuch. Ob Dr. Stauffer in Deutschland studiert habe.
»Ja.«
Ob er Dr. Bleuler als Autorität auf dem Gebiet der nervösen Störungen anerkenne.
Dr. Stauffer gab zu, daß Dr. Bleuler ein bedeutender Experte sei.
Wilk zitierte: »Ein negativer Befund ohne längere Beobachtung ist kein Beweis für den normalen Geisteszustand eines Patienten.« Schließe sich Dr. Stauffer dieser Feststellung an?
Dr. Stauffer schnaubte aufgebracht. Er habe schließlich die Verbrecher hier im Gerichtssaal beobachtet, Tag für Tag. Sie seien im Vollbesitz des geistigen Orientierungsvermögens.
Wilk zitierte abermals Bleuler: »Anzunehmen, ein Mensch sei geistig normal, weil er sich in Zeit, Raum und Gegenwart orientieren kann, ist ebenso naiv wie anzunehmen, ein Mensch sei geistig normal, weil er kein tobsüchtiger Irrer ist.«
Wenn sie geistig krank wären, gab Dr. Stauffer zurück, dann hätten sie gewiß viel Freude an ihrer sogenannten Krankheit – sie säßen ja nur herum und lachten.
Beweise denn dieses Verhalten nicht gerade ihre emotionelle Unterentwicklung?
»Nein«, sagte Stauffer, »das beweist nur, daß sie gefühllose Mörder sind, sonst nichts.«
»Gefühllose Mörder«, wiederholte Wilk, »ja, aber keine professionellen Mörder, die die Wissenschaft entehren, indem sie unlautere Aussagen machen, für die sie sich auch noch bezahlen lassen, oder?«
Horn tobte und verlangte eine Entschuldigung. Wilk murmelte dem Richter ein paar Worte zu und stelzte dann mit einer lässigen Handbewegung von dem Zeugen fort.

Er konnte der beabsichtigten Wirkung sicher sein – hatte er vorher Dr. Ball mit kollegial-freundschaftlicher Schmeichelei überfahren, so hatte er Dr. Stauffer mit seiner Verachtung zu Boden geschmettert.

Und am dritten Tag führte uns Wilk noch einen dritten Kreuzverhörstil vor, sehr zum Leidwesen von Horns drittem Gegenzeugen.

Für Dr. Tierney hatte sich Wilk die hartnäckige, trockene Methode des Fragens aufgehoben und eine geradezu meisterhafte Beherrschung seines Stoffes, so daß der ganze Gerichtssaal einfach nicht anders konnte, als das überlegene Spiel zu genießen, das er mit diesem vorsichtigen und widerspenstigen Zeugen trieb, bis er ihn so weit hatte, daß er genau das sagte, was die Verteidigung von ihm hören wollte.

Tierney war eine lokale Autorität von nationalem Rang und sollte gegen Dr. McNarry auftreten. Er war Direktor der Staatlichen Nervenheilanstalt gewesen und hatte gleich Dr. McNarry ein bedeutendes Werk über die Geistesgestörtheit und die Rechtsprechung verfaßt. Eine sehr eindrucksvolle Figur, dunkelhaarig, dicke Hornbrille.

Horn ließ sich von ihm bestätigen, daß er den Storrs-Allwin-Bericht geprüft und die Angeklagten während all dieser Wochen vor Gericht auf ihr Verhalten hin beobachtet habe. Beide seien im Vollbesitz ihrer geistigen Fähigkeiten und als normal anzusehen.

Anschließend nahm ihn Wilk ins Verhör. »Konnten Sie, indem Sie diese Jungen nur ansahen, feststellen, ob sie geistig gestört sind oder nicht?«

»Nein«, erwiderte der Arzt, »aber ich konnte feststellen, ob sich bei ihnen die Anzeichen einer geistigen Störung bemerkbar machen oder nicht.«

Jos konnte bei dieser albernen Bemerkung ein Lachen kaum unterdrücken.

Wilk versuchte nun zu zeigen, daß Dr. Tierney nie mit den Angeklagten gesprochen hatte. Der Doktor hatte sie einen Tag nach jener oft erwähnten sonntäglichen Untersuchung gesehen. Sie waren in Horns Büro gebracht worden, wo sie die Koffer abholen sollten, die ihnen ihre Angehörigen geschickt hatten.

»Und haben Sie die Jungen dann untersucht? Haben Sie ihnen Fragen gestellt?«

»Sie waren bereits angewiesen worden, auf keine Fragen mehr zu antworten.«

»Nun, Sie haben ja auch Erfahrung mit gerichtlichen Fällen – ist es üblich, daß Anwälte ihre Mandanten anweisen, keine Fragen zu beantworten?«
»Ich habe eine ganze Reihe von Fällen für den Staat begutachtet, bei denen die Anwälte ihren Mandanten das Reden nicht verboten hatten.«
»Welche Fälle waren das zum Beispiel?«
»Nun, ich könnte da etwa den Fall Carl Wanderer anführen«, sagte Tierney, an den Prozeß jenes notorischen Mörders erinnernd.
»Und der hat Fragen beantwortet?«
»Ja, das hat er.«
»Und ist aufgehängt worden?«
»Ja.«
Das Lachen schien ihn nicht zu berühren.
»Sie wissen doch, daß niemand das Recht hat, sie zu einer Aussage zu zwingen, ja?«
»Ich glaube, das gesteht die Verfassung den Angeklagten zu.«
Und doch, hob Wilk hervor, habe Horn versucht, die Jungen dahin zu bringen, daß sie Dr. Tierneys Fragen beantworteten.
Horn griff in den Kampf ein. »Ich erhebe Einspruch. Man kann jemanden nicht zum Reden zwingen, aber es steht nicht in der Verfassung, daß man ihn nicht *bitten* dürfte, Fragen zu beantworten!«
Wilk wandte sich dem neuen Gegner zu. »Es stand Ihnen ebensowenig zu, sie in Ihr Büro zu bringen wie in die Staatliche Haftanstalt!«
»Der Sheriff hat sie mit Ihrem Einverständnis hingeführt, damit sie sich ihre Koffer abholen konnten!«
»Und Sie haben die Lage auszunutzen versucht, Sie haben versucht, noch mehr aus ihnen herauszubekommen, unter Verletzung Ihres verfassungsmäßigen Rechts, nachdem Sie das ganze Wochenende mit ihnen in gemütlicher Runde gesessen und sie von jedem Rechtsbeistand ferngehalten hatten!«
»Ich gebe gern zu, daß ich eine ganze Reihe von Verfassungsrechten verletzt habe!« brüllte Horn, ganz die Anwesenheit des Zeugen vergessend. »Und ich werde das weiter so halten, solange ich Staatsanwalt bin!«
Wilk wandte sich gleichsam an die Weltöffentlichkeit. »Ich glaube nicht, daß in einem Kulturstaat ein Mann zum Staats-

anwalt gewählt werden kann, der sagt, er werde einem Bürger, der eines Verbrechens angeklagt ist, die ihm verfassungsmäßig zustehenden Rechte vorenthalten!«

»Nun, meine Herren, Sie werden noch genügend Zeit haben, Ihren Streit auszufechten, wenn die Beweisaufnahme abgeschlossen ist«, warf Richter Matthewson ein.

»Ich bitte um Entschuldigung, Herr Präsident«, sagte Wilk. Er sah Tierney scharf an. Seine Aussage stütze sich also ausschließlich auf die Beobachtungen hier im Gerichtssaal, ja? Einmal, und dann auf die Gutachten der anderen Psychiater.

»Konnten die vorliegenden psychiatrischen Gutachten an irgendeiner Stelle einem Psychiater Anlaß zu weiteren Fragen oder Untersuchungen geben?«

»Außerhalb der Materie, die das Verbrechen betrifft – nein.« Außerdem, so hob Dr. Tierney hervor, hätten die Jungen keinen Anlaß gegeben, an ihrem normalen Geisteszustand vor der Tat zu zweifeln.

»Ist eine gespaltene Persönlichkeit Anzeichen einer geistigen Störung?« fragte Wilk.

»Von einer Störung könnte man erst sprechen, wenn sie sich noch weiter zu einem Wahnzustand hin entwickelt – also wenn ein Fall von Schizophrenie zur Psychose führt.«

Das sei gerade das Wort, auf das er gewartet habe, sagte Wilk. Sizzy – Skizo – wie heiße es doch noch? Und während er sich mit dem Wort abmühte, lachte alles. Ach, richtig, er habe das Wort ja in Dr. Tierneys Buch gelesen.

»Welche anderen Namen gebrauchen Sie noch für Bewußtseinsspaltung oder gespaltene Persönlichkeit?« fragte Wilk.

»Oh, man spricht von Wahnvorstellungen und von Halluzinationen und von Phantasien. Und von Schizophrenie.«

»Ja, das hatten wir gerade. Nun, eine kleine Abschweifung – was ist der Geist oder das Bewußtsein?«

»Der Geist stellt das dar, was wir gemeinhin das *Ich* nennen. Er ist eigentlich das Ich-Ego, die Summe der Erfahrungen eines Menschen auf der subjektiven Stufe und nicht die objektive Erfahrung.«

»Die Summe der Erfahrungen eines Menschen?« Der große Jonathan gab uns das Gefühl, daß dieser Experte zuviel für ihn sein könnte.

»Ja, das Denken, Fühlen und Handeln, in bezug auf die Situationen, in die man gestellt wird und an die man sich erinnern kann.«

»Und was ist Gefühl, Emotion?«
»Das Gefühl resultiert aus dem Bedürfnis der lebenden Materie, sich zu erhalten.«
»Dann ist also eine Person, ein ›Ich‹, ein Geist, mit einer emotionellen Natur, die diesen Selbsterhaltungstrieb nicht hat, schlecht bedient?«
»Inwiefern?«
»Ein Mensch, der unüberlegte Handlungen begeht, die zum Tod führen können – wäre der als emotionell unterentwickelt zu bezeichnen?«
Wenn Mr. Wilk sich auf Selbstmörder beziehe, sagte Dr. Tierney, liege wiederum ein Fall vor, bei dem die Definition einer geistigen Störung erst durch den Akt selbst ausgelöst werde.
»Aber gibt es nicht auch indirekte Arten des Selbstmords?«
Nicht jede unüberlegte Handlung sei ein Beweis für einen selbstzerstörerischen Trieb, erwiderte der Arzt. Manche unüberlegten Handlungen entsprängen einfach der Dummheit.
Wilk nickte. Ob man nicht selbstzerstörerische oder selbstmörderische Neigungen häufig bei einer gespaltenen Persönlichkeit antreffe. Das heißt, wo der eine Teil für und der andere gegen das Ich sei.
Ja, das stimme, gab Dr. Tierney zu.
»Jetzt, wie war noch einmal das Wort – Sizzo – na ja, spielt auch keine Rolle – wenn Sie einen Fall von Bewußtseinsspaltung vor sich hätten, dann würden Sie doch noch weitere Untersuchungen vornehmen, ja?«
Dr. Tierney lächelte. »Das ist alles eine Frage des Krankheitsgrades. Wenn Sie ein Wort nicht behalten können, Mr. Wilk, würde ich es deshalb noch nicht für erforderlich erachten, Sie auf Ihren Geisteszustand zu untersuchen.«
Wilk gestand ihm eine spöttische Verbeugung zu. »Nun – diese Schizo – neigen solche Personen besonders dazu?«
»Nun, schizophrene Personen natürlich.«
»Versuchen Sie meiner Frage auszuweichen oder wollen Sie sich über mich lustig machen?«
»Nein, ich bemühe mich nur, Sie zu verstehen«, erwiderte der Arzt höflich.
»In welchem Lebensalter entwickelt sich diese Störung hauptsächlich zur Psychose?«
»Was meinen Sie mit ›dieser Störung‹?«
»Ich meine Ihre Sizzyphasis oder wie sie heißt.«

Das Gesicht des Arztes schien zu Stein zu erstarren. Also hatte ihn der andere mit seinen Faxen aufs Glatteis geführt. »Allgemeines kann ich dazu nicht sagen«, erwiderte er.

»So?« Wilk warf einen Blick in das Buch, dessen Verfasser der Arzt war. Die ganze Zeit hatte er den Finger zwischen den betreffenden Seiten gehabt. »Im Jünglingsalter?«

»Eine gewisse Häufigkeit ist nicht abzustreiten«, gab der Arzt zu.

Wilk zitierte aus dem Buch: »In solchen Fällen – Schizophrenie im Jünglingsalter« – und diesmal machte ihm das Wort überhaupt keine Schwierigkeiten –, »kommt es oft zu Gewaltverbrechen.«

Horn rief: »Hat das noch Bezug auf den vorliegenden Fall, Doktor?«

»Warten Sie, bis Sie mit Ihren Fragen an der Reihe sind!« fuhr ihn Wilk an, ehe noch der Richter eingreifen konnte. Dann ging er wieder zum Angriff über.

»Wann kommt so etwas am häufigsten vor?«

Tierney schwieg. Wilk zitierte ihn: »Dies kommt am häufigsten bei Jugendlichen vor, und zwar in dem Alter, da sie der häuslichen Aufsicht entgleiten und die Schule verlassen...«

Der Arzt zuckte die Achseln.

Wilk las weiter: »Die Störung kann bei Menschen von hohem Intelligenzgrad auftreten... In dieser Periode gegen Ende der Pubertätszeit kann sich der Betreffende Phantasievorstellungen hingeben, die an Autismus grenzen. Jedoch entwickeln sich nicht alle Fälle zu einer Psychose.« Er sah von dem Buch auf und fragte: »Würde ein junger Mann von außergewöhnlicher Intelligenz, der bis zum fünfzehnten Lebensjahr eine Gouvernante hatte, der dann von der einen Schule auf eine andere überwechselte und der häuslichen Aufsicht entzogen war, ein junger Mensch mit äußerst regen Phantasievorstellungen – würde ein solcher Mensch unter diese Beschreibung fallen?«

Es sei jetzt einige Jahre her, daß er dieses Buch geschrieben habe, sagte Dr. Tierney.

»Haben Sie die Absicht, diese Stelle in der nächsten Auflage zu streichen?« Tierney reagierte auf das Lachen mit einer resignierten Handbewegung. Wilk las weiter: »Der Betreffende kann unter diesen Umständen sogar einen Mord begehen, dem offensichtlich kein Motiv zugrunde liegt, und möglicherweise keine Reue zeigen.«

Dann kam Wilk auf Jos zu sprechen.

»Doktor, haben Sie bei einem meiner Mandanten Anzeichen einer paranoiden Persönlichkeit festgestellt?«

Ja, er habe bei Jos Steiner einige oberflächliche Übereinstimmungen mit diesem Krankheitsbild festgestellt, sagte Dr. Tierney. »Aber die Hauptmerkmale einer paranoiden Persönlichkeit fehlen bei ihm.«

»Welches wären zum Beispiel solche Merkmale?«

»Man stößt oft auf Selbstsucht und einen herrischen Charakter.«

»Eigenschaften, wie man sie etwa einem Übermenschen zuschreiben könnte?«

Dr. Tierney lächelte. »Das ist lediglich ein Begriff. Aber auch dieser kommt erst für ein fortgeschrittenes paranoides Stadium in Frage.«

Könne Dr. Tierney noch andere Merkmale einer paranoiden Persönlichkeit nennen?

Ein vorsichtiges Schweigen. »Ich will Ihnen helfen«, sagte Wilk und sah wieder in das Buch: »Jemand, der immer im Vordergrund stehen möchte?«

»Ja, aber das kann man auch als Teilbild eines egozentrischen Charakters auffassen.«

»Schön, befassen wir uns mit Egozentrikern.« Wilk blätterte um. »Steht hier nicht irgendwo geschrieben, daß ein Egozentriker praktisch dasselbe sei wie ein paranoider Charakter?«

Die Lippen des Arztes öffneten sich zu einem dünnen Lächeln. »Über dieses Thema möchte ich mit Ihnen nicht streiten.«

»Warum sagen Sie dann nicht ja und geben mir wenigstens einmal recht, ohne viel Drumherum?«

Jemand applaudierte. Der Hammer des Vorsitzenden gebot Ruhe. Wilk trieb sein Wild weiter in die Enge. Ob Menschen mit egozentrischem oder paranoidem Charakter gern lernten, wollte er von dem Zeugen wissen.

Ja, das sei oft ein Charakteristikum.

»›Während solche Menschen schnell lernen, wird die Beziehung zwischen dem Gelernten und der Lebenswirklichkeit nicht recht erfaßt.‹ Stimmt das?«

Dr. Tierney wollte Ausflüchte machen. Das treffe nur auf gewisse Typen von paranoiden oder egozentrischen Persönlichkeiten zu.

»Na schön, Doktor. Sie erkennen doch dieses Buch noch als Autorität an, ja?«

Tierney nickte mit steinernem Gesicht.

»Ich zitiere einen Absatz auf Seite 157. Die Überschrift lautet: ›Die egozentrische Persönlichkeit.‹ Es heißt da: ›Menschen dieses Typus besitzen oft die Gabe des papageienhaften Lernens, die sie befähigt, ihr Pensum sich schnell anzueignen und rein schulmäßig gut abzuschneiden; aber die Qualität dieser Art des Lernens läßt zu wünschen übrig, und die Beziehung zwischen dem Gelernten und der Lebenswirklichkeit wird nicht recht erfaßt.‹«

»Ja, dem habe ich ja bereits zugestimmt.«

Aber entspreche das denn nicht genau der Beschreibung, die die Verteidigung von Jos Steiner zu geben versuche – egozentrischer oder paranoider Typus einer psychopathischen Persönlichkeit? »Und soviel ich Sie verstehe, ist doch eine psychopathische Persönlichkeit noch nicht krankhaft gestört, nicht wahr?«

»Nein, nicht unbedingt.«

»Aber ein Arzt würde doch vorsichtshalber eine Untersuchung vornehmen, ja?«

»Wenn man schon weiß, daß man es mit einer paranoiden Persönlichkeit zu tun hat, wüßte ich nicht, weshalb man noch eine Untersuchung anstellen sollte. Mir ist aus dem täglichen Leben eine ganze Reihe von paranoiden Persönlichkeiten bekannt.«

»Wenn nun aber diese paranoide Persönlichkeit ein Verbrechen begeht, einen Mord?«

»Oh, in diesem Fall sollte man die Persönlichkeit einer Untersuchung unterziehen.«

Zum soundsovielten Male, so wollte es uns scheinen, war man nun im Verlauf des Prozesses an diesem Punkt angelangt. Und doch klammerten wir uns an die Worte, als ob nun endlich diesmal die Antwort zum Vorschein kommen müßte.

Wie sich Wilk in seiner Frage ausdrückte, konnten die Wissenschaftler der Seele, des Geistes zwar nachher die Anlagen herauslesen – warum konnten sie das aber nicht schon *vor* einem Verbrechen?

Weil eine psychopathische Persönlichkeit nicht geistig gestört sei, wiederholte der Arzt. Zu diesem Zeitpunkt sprächen noch keine Anzeichen dafür, daß der Betreffende anderen und sich selbst gefährlich werden könne. Er könne auf dem Weg zu einer richtigen Krankheit sein oder sich auch so, wie er sei, weiterhin in den Rahmen der Gesellschaft fügen.

»Wie es halt gerade kommt, nicht wahr?«

Es gebe glücklicherweise nicht allzu viele psychopathische Persönlichkeiten, sagte Dr. Tierney.
»Aber doch so viele, daß wir – da Sie ja feststellen, daß sie zu erkennen sind – ihnen etwas mehr Aufmerksamkeit schenken sollten«, gab Wilk zurück; und dann wandte er sich um und sah Jos unverwandt an. Er hatte Steinchen um Steinchen aneinandergefügt, er hatte sich von den Psychiatern der Staatsanwaltschaft aufs Wort genau die Behauptung der Verteidigung bestätigen lassen, daß dieser junge Mensch nicht geistesgestört sei, aber die typischen Anzeichen einer potentiellen Störung zeige.
Wilk schritt zurück zu seinem Tisch. Erstaunt stellten wir fest, daß der Prozeß schon fast vorüber war.
Und dann war auf einmal tatsächlich von einem »Handel« hinter den Kulissen die Rede. Wilk wollte angeblich, um das Verfahren abzukürzen, auf seine letzten Entlastungszeugen verzichten, wenn Horn mit seinen Gegenzeugen das gleiche tat.
Während einer Verhandlungspause zogen sich die beiden gegnerischen Anwälte in ein Nebenzimmer zurück. Als sie wieder herauskamen, sagte Horn: »Nichts zu machen.« Da spiele er nicht mit. Er rufe jetzt Sergeant McNamara auf. Die Verteidigung möge tun, was sie wolle.
Was McNamara zu sagen hatte, war nicht neu. Wir hatten alle die Sache mit Jos Steiners Bemerkung über das »Schuldig-Plädieren vor einem freundlich eingestellten Richter« abgedruckt.
Was hoffte Horn zu gewinnen, wenn dies zu den Prozeßakten kam? Hatte er das Gefühl, damit Richter Matthewson so festzunageln, daß dieser es nicht wagen konnte, das angedeutete ›freundliche‹ Urteil zu sprechen? Hatte er den Eindruck, daß seine Psychiater durch Wilks Attacken so diskreditiert worden waren, daß nur ein kühnes Manöver seinen ›Fall für den Galgen‹ retten konnte?
Vorsichtig führte Horn den Polizisten mit seinen Fragen auf die entscheidende Aussage hin. Ob Jos ihm gegenüber gesprächig geworden sei. Ob er sich Notizen gemacht habe. Ja, weil ihm das so wichtig vorgekommen sei. Und am Sonntag, dem dreißigsten Mai – habe da Jos eine Bemerkung fallen lassen, die ihm besonders aufgefallen sei?
Ja, Jos habe gesagt – im Zusammenhang mit der Frage, wie man am besten plädiere –: »Das hängt von meiner Familie ab – ob sie

wollen, daß ich aufgehängt werde. Andernfalls werde ich auf schuldig plädieren und vor einen freundlich eingestellten Richter gehen, um Lebenslänglich zu bekommen. Man könnte auch auf Geistesgestörtheit plädieren.«
Richter Matthewson saß kerzengerade, starr da.
McNamara sagte weiter, diese Worte hätten ihn so sehr erstaunt, daß er sie seiner Frau und auf dem Weg zur Kirche auch einigen Nachbarn gegenüber wiederholt habe.
War Wilk beim Kreuzverhör Dr. Stauffers nur erbittert und voller Verachtung gewesen, so war er jetzt einfach mörderisch. Wann sich denn McNamara diese Bemerkung notiert habe. Gleich nachdem sie gefallen war? Nein, erst später. Wann genau? Am selben Tag noch, meinte der Detektiv. Wo er denn das Notizbuch habe. Er habe es nicht bei sich.
Oh, er habe es nicht bei sich. Ob er denn glaube, dem Gericht so mir nichts dir nichts etwas erzählen zu können, ohne Beweise dafür zu haben.
Der Richter beugte sich vor. Man werde die Sitzung unterbrechen. Das Notizbuch solle beigebracht werden.
Eine Stunde später wurde die Verhandlung wieder aufgenommen. McNamara legte ein abgegriffenes schulheftähnliches Notizbuch vor. Es fanden sich mit Bleistift geschriebene, zum Teil halb verwischte Eintragungen, die meisten bezogen sich auf kleinere Geldausgaben.
Wilk schlug die Eintragungen auf, die am Tag der großen Autokavalkade gemacht worden waren. Wo stehe denn da etwas von einer Bemerkung über einen ›freundlichen Richter‹? Nichts. Am nächsten Tag ebenfalls nichts.
»Dann haben Sie also gelogen!« rief Wilk. »Sie haben hier vor Gericht, unter Eid stehend, gelogen! Sie haben es nicht an diesem Tag oder am nächsten eingetragen – wenn Sie es überhaupt notiert haben!«
McNamara kam ins Stammeln. Er habe nicht gelogen. Er habe ja gar keinen genauen Tag für die Eintragung angegeben.
In einem Gewirr von Fragen ließ ihn Wilk sich verhaspeln, daß er am liebsten vor Wut geplatzt oder in Tränen ausgebrochen wäre. McNamara wies auf später gemachte Notizen hin – »Plädieren auf Geistesgestörtheit oder Lebenslänglich vor einem freundlich eingestellten Richter.«
Jonathan Wilk ließ nicht locker. Wie könne denn einer wissen, ob das wirklich Jos Steiners Worte seien! Könnte es sich nicht dabei genauso gut um McNamaras eigene Gedanken zu dem

Fall handeln? Könnten die Worte nicht erst vor kurzem, vielleicht heute, eingetragen worden sein? Habe nicht vielleicht ein Zeitungsmann die ganze Geschichte erfunden?
McNamara rief: »Das ist eine Lüge!« Vom Richter zurechtgewiesen, sprudelte er die Namen der Nachbarsleute hervor, denen er die Geschichte erzählt hatte, versprach sich aber dann, als er den Ausspruch wiederholen wollte, und gab schließlich zu, daß er des genauen Wortlauts nicht mehr ganz sicher sei.
»Wenn ein solcher Ausspruch überhaupt getan wurde!« bellte Wilk. Aber er war mit seiner Beute noch nicht fertig. Was denn das mit dem ›freundlichen Richter‹ bedeuten solle. Wenn Jos das wirklich gesagt habe, könne er damit nicht einfach gemeint haben, daß eine Jury von Geschworenen eben ›unfreundlich‹ eingestellt sein würde und voreingenommen infolge der Hetzkampagnen in der Öffentlichkeit? Ob McNamara nicht nur ein Notizenschreiber, sondern auch ein Gedankenleser sei.
Der Polizist schwitzte und brummte: »Nein, so schlau bin ich nicht. Mit gewissen Anwälten, die Millionenhonorare einstreichen, komme ich nicht mit.«
Wilk sah zu Richter Matthewson auf. Das Wort war gefallen. Für die voreingenommenen, leicht beeinflußbaren Gemüter bildeten sie ein Paar – der Anwalt, der Millionen einstrich, und der Richter, der angeblich Millionären ›freundlich gesonnen‹ war.
McNamara verließ unsicheren Schritts den Zeugenstand.

20

Wohl selten zuvor hatte man bei einer Gerichtsverhandlung der Redekunst *eines* Mannes so erwartungsvoll entgegengesehen wie nun dem Plädoyer Jonathan Wilks für seine Mandanten Steiner und Straus. Vielleicht kam in dieser Spannung das Gefühl zum Ausdruck, daß alles Sondieren, alles Analysieren der Experten doch am Kern der Sache vorbeigegangen sei und daß es des letzten, persönlichen Einsatzes eines großen Mannes bedürfe, wenn das Unerklärliche eine Erklärung finden sollte.
Wilk beschäftigte mich noch in einer anderen Hinsicht. Wochenlang hatte er unermüdlich in dem überfüllten, geladenen, kochenden Gerichtssaal für diese beiden jungen Menschen gestritten, aber es hatte den Anschein, als sei ihm, obwohl

besonders Jos ihn mit seinen Blicken zu erreichen versuchte, nichts an einem inneren Kontakt mit den Angeklagten gelegen; es war, als verteidige Wilk sie aus Prinzip, vielleicht sogar einer geheimen Abneigung zum Trotz. Die Summe, die er nun zog, konnte also nur eine gleichsam abstrakte Bitte um reine Gnade sein.

Und ganz gewiß würde es der letzte große Mordprozeß sein, der den erschöpften, alternden Wilk als Verteidiger vor den Schranken sah; nie wieder konnten solch außergewöhnliche Umstände zusammentreffen. Reine Gnade – für einen reinen Mord, den nicht einmal ein Schuldgefühl begleitete.

Mit diesen Worten charakterisierte auch Padua die Tat, als er das Schlußkapitel der Zusammenfassungen einleitete. Er sprach flüssig und überzeugend, zitierte die Rechtsprechung von Blackstones Zeiten bis in unsere Tage, führte Präzedenzfall auf Präzedenzfall an, die alle seiner Ansicht nach bewiesen, daß nur Erhängen, nur die Höchststrafe dieser Tat angemessen sei. Mildernde Umstände? Wofür? Auf Grund ihrer überlegenen Intelligenz? Auf Grund der Vorteile, die ihnen Reichtum und Luxus gewährt hatten? Nein, solange es im menschlichen Recht die Todesstrafe gab, war sie in einem Fall wie diesem hier obligatorisch.

Darauf sprach Ferdinand Feldscher für die Verteidigung und bewies seinerseits anhand ebensovieler Präzedenzfälle, daß in Anbetracht der Jugend und der geistigen Verfassung der Angeklagten nur eine Zuchthausstrafe gerechtfertigt sei. Und er erweckte Mitgefühl für seine Person – wir vermochten nicht zu vergessen, daß er ein Verwandter des einen der beiden Angeklagten war. Und das Mitgefühl, das ihm galt, übertrug sich auf die Jungen.

Am nächsten Tag war Czewicki an der Reihe. Er hielt eine auswendig gelernte Rede, deren Kerngedanke war, daß dies ja alles nur Schwindel sei, da es sich bei den Angeklagten zugegebenermaßen um geistig normale Menschen nach dem Wortlaut des Gesetzes handle. Tollwütige Hunde litten an einer Krankheit, aber nicht diese perversen Wunderknaben hier, diese Lustmörder.

Es blieben nur noch Wilk und Horn.

Obwohl das Urteil nur von dem Spruch eines einzelnen Menschen abhing, nämlich von dem des Richters Matthewson, war der Prozeß doch kein Spiel hinter dem Vorhang. Die ganze Welt saß auf der Geschworenenbank. Tausende von Briefen überschwemmten das Gericht, Telegramme, Gesuche, Drohungen. Würde Wilk die starren Gefühle aufrühren, sie buchstäblich ins andere Extrem ausschwingen lassen können, ins Mitleid?

Waren die Türen vorher bereits umlagert gewesen, so brachte der große Tag einen unvorstellbaren Ansturm. Die Gerichtsdiener in ihren durchschwitzten Hemden bildeten mit untergefaßten Armen eine Kette und versuchten, den Angriff der Massen abzuwehren, als plötzlich ein Schmerzensruf ertönte – einem von ihnen war der Arm gebrochen worden.

Eine halbe Stunde lang wartete Wilk. Endlich trat Ruhe ein. Der Richter nickte mit dem Kopf, und Wilk erhob sich.

Wir denken bei einer großen Rede an eine Ansprache, die sich auf einer ansteigenden Linie bewegt und einen machtvollen Höhepunkt erreicht. Und wir wurden in der Tat mitgerissen, aber nicht im Sinne einer solchen stetig wachsenden Spannung.

Er sprach zwei Tage lang, über vier Sitzungen hinweg.

Bei einer solchen Rede von solcher Dauer kann sich der Sprechende nicht ständig mit der gleichen Intensität an seine Zuhörerschaft wenden, und so entspannte sich denn auch manchmal Wilks Darstellungsweise zu einem lockeren Unterhaltungston, und bisweilen schien er einfach nur mit hängenden Armen im Gerichtssaal auf und ab zu gehen. Aber sein Plädoyer wirkte deshalb dennoch wie aus einem Guß. Es war das Anliegen eines Mannes, der mit dem Herzen sprach.

Er begann in verhaltenem, fast müdem Ton und berührte sogleich die Frage, die jeden beschäftigte – warum man eine Schwurgerichtsverhandlung habe vermeiden wollen.

»Herr Präsident, es sind nahezu drei Monate her, seit wir, meine Kollegen und ich, die große Verantwortung dieses Falles auf uns genommen haben. Ich verhehle nicht, daß es drei Monate der ernsten Sorge waren. Unsere Sorge galt nicht den mit dieser höchst unglücklichen Angelegenheit verbundenen Tatsachen, sondern der wohl noch nie dagewesenen Publizität, die der Fall erhielt. Und wenn die Öffentlichkeit mobilisiert ist und auf Bestrafung dringt, denkt sie nur an *eine* Strafe – an die Todesstrafe.

In dieser Atmosphäre der Spannung und Gereiztheit taten wir alles, um das Vertrauen der Öffentlichkeit zu gewinnen, deren Stimme – mag das, was sie fordert, nun weise sein oder nicht – keinesfalls überhört werden kann.

Man schrieb dreist, auf diesen Prozeß sollten Millionen von Dollar verwendet werden. Märchenhafte Summen sollten für das Leben der beiden Jungen ausgegeben werden, Summen, wie sie die beiden Familien nie besaßen.
Wir gaben der Öffentlichkeit bekannt, daß keine übertrieben hohen Honorare gezahlt würden, weder den Anwälten, noch den Psychiatern, noch sonst irgendwem. Wir haben dieses Versprechen gehalten.
Manchmal ist Armut ein Glück. Ich behaupte, Herr Präsident, daß es in ganz Illinois keinen einzigen Staatsanwalt gegeben hätte, keinen einzigen, der nicht in Anbetracht des vorliegenden Schuldbekenntnisses von vornherein mit einer lebenslänglichen Zuchthausstrafe einverstanden gewesen wäre, wenn es sich bei den beiden Angeklagten um die Söhne besitzloser Familien gehandelt hätte.
So aber ist das Leben zweier junger Menschen in Gefahr, die Öffentlichkeit ist erregt. Warum?
Weil die Angehörigen unglücklicherweise Geld haben.
Herr Präsident, ich erwähnte bereits früher, daß nie zuvor in Chikago ein Jugendlicher unter einundzwanzig Jahren, der sich schuldig bekannt hatte, zum Tode verurteilt wurde. Ich setze dieses Alter noch herauf und sage, daß es noch nie einen Fall gab, bei dem ein Mensch unter *dreiundzwanzig* Jahren zum Tode verurteilt wurde.
Und doch wird das Gericht bestürmt, was sage ich: mit Drohungen dazu gedrängt, die beiden Jungen allen Präzedenzfällen zum Trotz aufhängen zu lassen.
Juristen haben hier tagelang Fälle aus dem finstersten Mittelalter angeführt, einer Zeit, da Richter den Standpunkt vertraten, daß ein Mensch, wenn er noch einen kleinen Rest Verstand besitzt, und ein kleines, kaum der Wiege entwachsenes Kind, wenn es Gut und Böse zu unterscheiden vermag, gehängt werden könne. Man zitierte Fälle, in denen junge Menschen von achtzehn, siebzehn, sechzehn und vierzehn Jahren zum Tode verurteilt wurden.
Als ob das etwas mit dem Jahr 1924 zu tun hätte! Als ob das etwas zu tun hätte mit Chikago, seiner Kinderstadt, seinen doch ziemlich verständnisvollen Maßnahmen zum Schutze der Jugend.
In einer Rede, die nicht grausamer hätte sein können, sagte Mr. Padua hier vor diesem Gericht, wir plädierten auf schuldig, weil wir Angst hätten, auf etwas anderes zu plädieren.

Herr Präsident, das ist wahr.
Wir haben der Öffentlichkeit und diesem Gericht gegenübe[r]
betont, daß weder die Angehörigen noch die Freunde noch d[ie]
Anwälte das Gefühl haben, die Jungen sollten freigelasse[n]
werden. Sie sind, wie sie sind. Sie sollten auf jeden Fall aus de[r]
Gesellschaft ausgeschlossen werden. Wir ersuchen das Gerich[t]
nur, ihr Leben zu schonen, und das ist das Mindeste und da[s]
Höchste, was ein Richter tun kann.
Herr Präsident, wir haben vor Ihnen auf schuldig plädiert, we[il]
wir uns fürchteten, diesen Fall vor eine Jury zu bringen. I[ch]
werde erklären, warum.
Ich weiß sehr wohl, daß es da, wo die Verantwortung durc[h]
zwölf geteilt wird, leicht ist zu sagen: ›Fort mit ihm.‹
Aber, Herr Präsident, wenn diese Jungen hängen sollen, müs[s]en *Sie allein* die Verantwortung dafür übernehmen. Sie kön[n]en nachher nicht sagen, die anderen hätten Sie überstimm[t.]
Sie fällen ein kühl abgewogenes Urteil und haben nicht d[ie]
Aussicht, die Verantwortung auf andere abzuwälzen.
Herr Präsident, von den vierhundertundfünfzig Mensche[n,]
die während der letzten zehn Jahre in Chikago des Morde[s]
für schuldig befunden wurden und auf schuldig plädierte[n,]
ist nur ein einziger gehängt worden. Und meinem Freun[d,]
der hier in diesem Fall die Anklage vertritt, gebührt die Eh[re]
für dieses Urteil, das er fällte, als er noch das Amt des Rich[t]ers innehatte. Aber sein Opfer damals war vierzig Jah[re]
alt.«
Wilk wandte sich zum Tisch der Staatsanwaltschaft um. »I[ch]
kann Ihre Argumente in wenigen Worten zusammenfasse[n:]
grausam, heimtückisch, wohlüberlegt, teuflisch, feig, kal[t]blütig.
Kaltblütig!« Und der lange Arm schnellte vor. »Soll doch d[ie]
Anklagebehörde, die so sehr darauf aus ist, diesen Jungen d[as]
Leben zu nehmen, erst einmal selbst Verständnis und Gü[te]
aufbringen, ehe sie meine Mandanten als kaltblütig b[e]zeichnet.
Kaltblütig! Weil sie ihre Tat geplant und verabredet hatten?
Ja. Aber hier sitzen Beamte, denen der Staat alle Macht übe[r]tragen hat und die seit Monaten nichts anderes planen als d[en]
Tod dieser beiden Jungen.
Sie sagen, wir sähen uns dem kaltblütigsten Mord gegenübe[r,]
von dem die zivilisierte Welt je gehört habe. Ich weiß nicht, w[as]
sie unter der zivilisierten Welt verstehen. Illinois wahrschei[n]

ich. Nun, Herr Präsident, ich bin schon lange Anwalt, eigentlich schon zu lange, jedenfalls seit fünfundvierzig, sechsundvierzig Jahren, und ich habe manchen Strafprozeß mitgemacht, immer als Verteidiger. Deshalb bin ich nicht besser als andere auch, aber wahrscheinlich habe ich ein empfindlicheres Gewissen.

Ich habe nie einen Prozeß erlebt, bei dem der Staatsanwalt nicht behauptet hätte, es handle sich um das kaltblütigste, unentschuldbarste, bestüberlegte Verbrechen, das je begangen worden sei. Wenn es ein Mord war, dann hatte es einen solchen Mord noch nie gegeben.

Warum das? Nun, es erhöht den Ruf eines Staatsanwalts, wenn er mit einem sensationellen Fall zu tun hat. Das ist das eine. Sie können dann sagen: ›Ja, ich hatte die Anklage in dem kaltblütigsten Mordfall, der je zur Verhandlung kam, und ich habe die Mörder verurteilen lassen, und jetzt sind sie tot.‹
Und dann ist da noch etwas, Herr Präsident: gewiß, ich verteidige im allgemeinen vor dem Schwurgericht, und diese Adjektive verfehlen auf Geschworene nicht ihre Wirkung – kaltblütig, verabscheuenswürdig, feig, heimtückisch, grausam, gefühllos – die ganze Litanei der Staatsanwaltschaft macht sich gut vor einer Jury.

Sie sagen, es sei der grausamste Mord, der je begangen wurde. Ich dagegen sage, daß es bisher nur ganz wenige Mordfälle gab, die so frei von Grausamkeit waren wie dieser hier.«
Er wartete einen Augenblick – der Gerichtssaal sollte unter diesen Worten erschauern. »Der arme Paulie Kessler hat nur ganz kurz gelitten. Es gibt keine Entschuldigung für diesen Mord. Wenn der Tod dieser beiden Jungen das Opfer wieder ins Leben zurückzurufen vermöchte, würde ich sagen: ›Laßt sie hängen‹, und ich glaube, das würden auch ihre Angehörigen sagen. Aber

*Die Hand, die schreibt, sie schreibt und gleitet weiter,
Und lockt kein Bitten, Klügeln sie von dort
Zurück, zu streichen auch nur eine Zeile,
Noch löscht die Träne nur ein einz'ges Wort.«*

Während der anschließenden Pause bemerkte Mike Prager: »Schon mal gehört, daß Wilk ein Plädoyer gehalten hat, ohne einen Omar Chajjam zu zitieren?«
Dann wandte sich Wilk den Argumenten der Anklagevertre-

tung zu. Horn habe sich alle Mühe gegeben, das Lösegeld als Tatmotiv hinzustellen. Diese Behauptung sei fast lächerlich leicht zu widerlegen – schließlich bezögen beide ein überaus reichlich bemessenes Taschengeld, außerdem besitze Artie ein Bankkonto über dreitausend Dollar, und Jos verfüge ebenfalls über dreitausend Dollar für seine Europareise.
»Und doch ermordeten sie einen kleinen Jungen, gegen den sie überhaupt nichts hatten, um in den Besitz von zehntausend Dollar zu gelangen. Darauf stützt sich die Anklage. Ohne Motiv bräche sie sofort zusammen. Ohne Motiv wäre der Mord die sinnlose Tat zweier unreifer, kranker Kinder, was er ja auch in Wirklichkeit ist.
Warum brachten sie den kleinen Paulie Kessler um?
Nicht um des Geldes, nicht um der Herausforderung, nicht um des Hasses willen. Sie töteten ihn, weil irgendwo in den unbegreiflichen Vorgängen, die der Menschwerdung vorausgehen, etwas versagte, und nun sitzen diese unglücklichen Jungen hier als gehaßte, verachtete Ausgestoßene, und die Öffentlichkeit schreit nach ihrem Blut.
Ist ihnen ein Vorwurf zu machen? Ihre Tat ist eben einfach geschehen, wie so vieles geschieht, und sie sollte nicht unseren Haß herausfordern, sondern unsere Barmherzigkeit, unser Verständnis. Mr. Padua sagt, unterstützt von der Unreife und Unerfahrenheit seiner Jugend, daß es keine Morde mehr geben würde, wenn wir die beiden an den Galgen brächten. Diese unsere Welt war von Anbeginn bis heute ein einziges Schlachthaus, und das Töten geht weiter und wird nicht enden. Warum liest man keine Bücher darüber, warum vertieft man sich nicht in die Dinge, warum denkt man nicht – warum ist man blind und ruft nach dem Henker?
Tötet sie. Würde das andere unvernünftige Jungen, andere bösartige Männer, andere bösartige Frauen davon abhalten, ihrerseits zu töten? Nein!
Der Staatsanwalt sprach von den Müttern. Ich weiß, daß jede Mutter die Mutter eines kleinen Paulie Kessler sein könnte, der das Haus verließ, um zur Schule zu gehen, und nie mehr zurückkam. Ich weiß, daß jede Mutter die Mutter eines Artie Straus, eines Jos Steiner sein könnte. Der Unterschied ist nur, daß sie, wenn sie die Mutter eines Jos Steiner, eines Artie Straus ist, sich die Frage stellen muß: ›Wie wurde mein Kind zu dem, was es jetzt ist? Von welchen Vorfahren hat es diesen Hang? Wie weit zurück wurde das Gift geboren, das sein Leben

zerstörte? War ich die Trägerin des Erbes, das nun sein Tod ist?«
Mir fällt ein kleines Gedicht ein, das Selbstgespräch eines Jungen, der gleich gehängt wird, ein Selbstgespräch, wie es auch diese Jungen hier führen könnten.« Und er zitierte Housman.

»*In der Nacht, da mein Vater mich zeugte,*
Dachte er nicht an mich,
Machte sich keine Gedanken,
Ob ich einst wäre,
Der ich nun bin.

Am Tag, da mich Mutter geboren,
War sie irre vor Glück –
Trotz aller Qual und Schmerzen –
War ich ihr dennoch lieb,
Da sie mich sah.

Vater und Mutter, sie liegen
Nun in ewiger Ruh,
Kein Sheriff wird sie finden.
Allein stehe ich nun,
Unterm Galgen – allein.«

»Niemand kennt das Schicksal des Kindes, das er zeugt, keine Mutter kennt das Schicksal des Kindes, das sie unter dem Herzen trägt; das Schicksal des Kindes ist das Letzte, an das man denkt. Und so zeugt diese müde, alte Welt weiter, gebärt, lebt und stirbt sie fort; und alles geschieht blinden Auges, von Anfang bis Ende. Ich weiß nicht, was diese beiden Jungen zu ihrer Tat trieb, aber ich weiß, daß sie sich nicht selbst gezeugt haben. Ich weiß, daß irgendeine Ursache aus einer unbegrenzten Reihe, die bis an den Urbeginn zurückreicht, im Denken dieser Jungen Gestalt angenommen haben kann, die Sie jetzt zum Tod verurteilen sollen, weil in der Vergangenheit sich jemand an ihnen versündigt hat.

Ich empfinde Mitleid mit den Vätern wie mit den Müttern, mit den Vätern, die ihre Kraft, ihr Leben einsetzten, um die Söhne, die sie lieben, zu erziehen und zu schützen und ihnen ein Vermögen zu hinterlassen; mit den Müttern, die um ihrer Kinder willen in die Schattenwelt des Todes hinabsteigen, die ihr Tun, ihr Wachsen verfolgen mit Zärtlichkeit und Liebe und Sehnsucht, die Ehrlosigkeit und Ächtung auf sich nehmen um der Kinder willen, die sie lieben.

Alle sind sie hilflos. Wir alle sind hilflos. Wenn wir den Vater und die Mutter des armen Paulie Kessler bemitleiden, wie ist es dann um die Väter und Mütter dieser beiden unglückseligen Jungen bestellt, und um die Jungen selbst, und um alle Väter und alle Mütter und alle Jungen und alle Mädchen, die von der Geburt bis zum Tode in einem Labyrinth des Dunkels wandeln?«

Er tauchte aus seinem Selbstgespräch auf, hob den Kopf. »Glauben Sie, diesem Übel sei damit abzuhelfen, daß man diese beiden aufhängt? Glauben Sie, man könnte den Haß und das Fehlgeleitete in der Welt beseitigen, wenn man sie aufhängt?

Welche Vorstellung hat mein Freund von der Gerechtigkeit? Er sagt hier vor diesem Gericht: Laßt ihnen die gleiche Gnade zuteil werden, die *sie* für Paulie Kessler übrighatten.

Wenn der Staat, in dem ich lebe, nicht gnädiger, menschlicher, umsichtiger, klüger ist als diese beiden Jungen mit ihrer Wahnsinnstat, dann tut es mir leid, daß ich so lange gelebt habe.«

Damit schloß die erste Sitzung.

Am Nachmittag sprach Wilk von der Ungeschicklichkeit, der Dummheit des »sorgfältig geplanten« Verbrechens. »Ohne das geringste Motiv, getrieben allein von irgendeiner unbestimmten Wahnidee, wie sie Kinder haben können, mieteten sie sich einen Wagen und fuhren um vier Uhr nachmittags los, um jemanden zu finden, den sie töten konnten. Für nichts und wieder nichts.«

Wilk beschrieb, wie sie ihr Opfer aufspürten. »... Sie schlagen ihm mit einem Meißel auf den Kopf und töten es, und dann fahren sie weiter, an Nachbarn vorbei, die sie kennen, die Straße entlang, bei hellem Tageslicht. Und da gibt es noch Menschen, die behaupten, sie besäßen einen klaren Verstand oder sie könnten sich, wie Dr. Stauffer sich ausdrückte, ›orientieren‹ und vernunftmäßig handeln, genausogut wie er.

Wenn je ein Todeswagen den gleichen Weg nahm, gesteuert von gesunden, normalen Menschen, dann ist mir davon nichts bekannt. Zwanzig Meilen fährt der Wagen so durch die Straßen. Der kleinste Unfall – einfach alles konnte das Ende herbeiführen. Sie fahren durch den Park, begegnen Hunderten von anderen Autos, bewegen sich im Blickfeld Tausender von Augen, mit diesem toten Jungen im Wagen.

Und doch sagen hier Ärzte unter Eid, es handle sich um einen aus gesundem Verstand geborenen Akt. Sie wissen es besser.

Wir brauchen keine Experten, wir brauchen keine Röntgenaufnahmen, wir brauchen keine Hormondrüsen-Gutachten. Ihr Verhalten zeigt deutlich, was vorlag, zeigt, daß es das Gericht mit zwei jungen Menschen zu tun hat, die in einer Nervenheilanstalt untersucht und mit Liebe und Sorge behandelt werden sollten ...

Man sagt uns, sie hätten die Tat geplant. Nun, was heißt das? Ein Irrer plant, ein Idiot plant, ein Tier plant; jedes Gehirn, das funktioniert, kann planen; aber ihre Pläne waren die kranken Pläne kranker Gehirne.«

Er schritt auf den Tisch der Anklagevertretung zu und sah seine Gegner herausfordernd an. »Mein Freund hat Ihnen anschaulich geschildert, wie die Leiche in das Abflußrohr gesteckt wurde – aber, Herr Präsident, ich kann mir eine Szene ausmalen, neben der dieses Bild zur Bedeutungslosigkeit verblaßt.«

Und dann beschrieb er, indem er zu Jos und Artie hinsah, mit grausiger Genauigkeit den Vorgang ihres möglichen Gehängtwerdens. »Ich kann sie mir vorstellen, wie sie im frühen Grau des Morgens geweckt werden, einen vom Staat gestellten Anzug ausgehändigt bekommen, zum Gerüst geführt werden – man bindet ihnen die Füße, streift ihnen schwarze Kapuzen über den Kopf, stellt sie auf eine Falltür, und dann drückt der Henker eine Feder herunter; ich sehe sie durch den Raum fallen – und – ich sehe, wie ihr Fall plötzlich durch das Seil um ihren Hals unterbrochen wird.«

Am nächsten Morgen beschäftigte sich Wilk wieder mit den Angeklagten selbst. »Herr Präsident, wer sind diese beiden Jungen? Artie Straus, ein seiner Kindheit beraubter Junge, der zum Wunderknaben wurde; Jos Steiner, mit einem glänzenden Verstand begabt –.« Wilk kam auf die allgemeine psychiatrische Ansicht über ihn zu sprechen. Die begabten Jungen, von frühester Kindheit an »hochgezüchtet wie Gewächshauspflanzen, um immer mehr und mehr und mehr zu lernen. Aber ein Mensch, der fähig sein soll, sich dem Leben anzupassen, muß mehr haben als nur Hirn.

», wie Dr. Ball und Dr. Tierney bedauernd zugeben – das Hirn, der reine Verstand, ist nicht einmal der wesentliche Faktor im menschlichen Verhalten. Die Emotionen, die Gemütsregungen, sind die Triebkräfte, die uns leben machen – die Triebkräfte, die uns zu Arbeit und Spiel veranlassen, uns über die Pfade des Lebens führen. Sie sind die instinktiven Kräfte.«

Wilk schilderte die Untersuchung durch die vom Staat bestell ten Psychiater, nachdem die Jungen ihr Geständnis abgeleg hatten. »Dr. Tierney und Dr. Ball sind zweifellos fähige Leute Dr. Tierney sagte, als einziges unnatürliches Merkmal sei ihr an ihnen der Mangel an emotionellen Reaktionen aufgefaller Dr. Ball sagt das gleiche. Sie sind die Gutachter der Staatsar waltschaft, nicht die der Verteidigung. Diese Jungen konnte ihre grausige Geschichte erzählen, ohne sich auch nur d geringste Gefühlsregung anmerken zu lassen. Woran lag das Ich weiß es nicht. Ich weiß, was die Gefühlsregungen auslös weiß, daß es die Nerven sind, die endokrinen Drüsen, da vegetative System. Ich weiß, daß manche Menschen dies auslösende Kraft praktisch gar nicht haben, sie fehlt b ihnen einfach. Sie vermögen nicht jene moralischen Schock wirkungen zu verspüren, die andere vor Unheil bewahrer Kann man Artie zum Vorwurf machen, daß sein ›Mechanis mus‹ unvollständig ist? Mir ist es immer weniger darum ge gangen, einen Vorwurf zu erheben, als Menschen von einer Vorwurf zu befreien. Zum Vorwurferheben bin ich nicht weis genug.
Ein Mensch kann ohne Intellekt auskommen, und den meiste Menschen gelingt das auch; aber ohne Gemütsregunge kommt er nicht aus. Diese Jungen hier – ich kümmere mic nicht um ihre Mentalität, die würde alles nur noch schlimme machen – sind emotionell unterentwickelt.
Mr. Horn hat klug und schnell gearbeitet. An jenem Sonntag nachmittag, ehe die Verteidigung noch Gelegenheit hatte, m den Jungen zu sprechen, zog er zwei Psychiater hinzu, Dr. Ba und Dr. Stauffer, die sich dann hinsetzten und sich die Ge schichte anhörten, welche die Jungen zu erzählen hatten, ur das ist alles.
Herr Präsident, sie stellten keine Untersuchung an. Es wa einfach ein Verhör und sonst nichts. Etwas vorzeitig zwar, abe ein Verhör.
Wenn Mr. Horn also recht willkürlich mit der Verfassur umgesprungen ist, so will ich hier nicht davon sprechen. Vie Menschen auf dieser Welt glauben, der Zweck heilige die Mi tel. Ich weiß nur, was ich selbst tue. Und das ist auch der Grun weshalb ich nie die Vertretung der Anklage übernehme möchte – ich könnte einem Menschen Unrecht tun. Ich bi überzeugt, daß der Staat ohnehin nicht zusammenbricht.
Aber was sagte Dr. Ball? Er sagte, es sei keine besonders gür

ige Gelegenheit für eine Untersuchung gewesen. Freilich da
ar auch noch Stauffer. ›Eine äußerst günstige Gelegenheit für
ne Untersuchung‹, sagte er, ›ihre Seelen lagen nackt vor uns.‹
auffer ist kein Psychiater, Stauffer ist ein Redner. Wenn
auffers Seele nackt vor uns läge, könnte er keinen großen
aat damit machen.« Soviel sei also über die Gutachter der
aatsanwaltschaft zu sagen.

e Gutachter der Verteidigung nun hätten die emotionelle
eaktionsfähigkeit der Jungen untersucht. Da sei zunächst
rties Miss Lasty. »Diese Gouvernante war ständig um ihn,
ußer wenn er sich nachts aus dem Hause stahl, und das blieb so
m vierten bis zum vierzehnten Lebensjahr. Sie gab ihm all
e guten Bücher zu lesen, aus denen sich Kinder im allgemei-
n nun mal nichts machen, und er verschlang, wenn sie
rade nicht hinsah, Kriminalschmöker. Wir haben in unserem
aat eine Bestimmung – wenn ich mich nicht täusche, wurde
e im vergangenen Jahr verabschiedet –, die Jugendlichen die
ktüre von Verbrechergeschichten untersagt. Warum? Weil
r Gesetzgeber das einsichtige Gefühl hatte, daß eine solche
ktüre in den Gemütern der jungen, unreifen Menschen ver-
echerische Neigungen wachrufen muß. Dieser Junge nun las
lche Geschichten Tag für Tag. Und hörte nie auf damit. Auch
s er älter wurde, las er praktisch nichts anderes. Artie war
notionell gesehen ein Kind.

an hat über uns gelacht, als wir von kindlichen Phantasievor-
ellungen sprachen und von Halluzinationen. Herr Präsident,
e waren auch einmal ein Kind. Die Jugend hat wohl ihre
orteile, aber sie hat auch ihre großen Nöte. Wir wollen vor
s selbst aufrichtig sein. Ehe ich einem Jungen die Schlinge
n den Hals legte, würde ich versuchen, mich der drängenden,
stinktiven, hartnäckigen Gefühle meiner eigenen Kindheit
erinnern. Wer ehrlich Rückschau hält und die Tür, die er
rschlossen glaubte, zu öffnen versucht und den Jungen in
h zurückruft, kann den Jungen verstehen.

ese Jungen hier standen beide gerade in der schwierigsten
ase des Lebens junger Menschen; beide befanden sich an der
elle, an der neu und geheimnisvoll die Stimme des Ge-
lechts hörbar wird; beide trugen sie die stärksten Gefühle
d Leidenschaften in sich, die je Menschen bewegten; beide
ren in dem Alter, in dem Jungen am labilsten sind, in jener
riode, in der Verbrechen begangen werden. Sollen wir sie
t der vollen Verantwortlichkeit belasten, nur damit der Hen-

ker in Aktion treten kann? Damit die blinden Mauern vo[n] Chikago erzählen, wie ihr Blut vergossen wurde?
Den jungen Menschen zwischen fünfzehn und zwanzig od[er] einundzwanzig Jahren ist die Bürde des Heranwachsens, d[er] Pubertät, der Geschlechtsreife aufgeladen. Mädchen behä[lt] man zu Hause, wo man sie sorgsam hütet. Jungen, denen ke[in] Rat zuteil wird, läßt man die Not dieser Jahre allein tragen.
Sie hatten Eltern, die auf ihre Weise gut und freundlich u[nd] klug waren. Aber ich sage hier in allem Ernst, daß die Elte[rn] größere Verantwortung trifft als diese Jungen. Sie wären ihne[n] vielleicht bessere Erzieher und Helfer gewesen, wenn sie nic[ht] soviel Geld gehabt hätten, ich weiß es nicht. Großer Reichtu[m] ist oft ein Fluch. Ich weiß, daß es keine besseren Bürger unser[er] Stadt gibt als die Väter dieser beiden Jungen. Ich weiß, daß keine besseren Frauen gibt als ihre Mütter. Aber ich will di[e]sem Gericht gegenüber aufrichtig sein, und sei es zum Schade[n] der einen wie der anderen.«
Er sprach langsamer. »Anzunehmen, daß irgendein Junge f[ür] sich oder seine frühere Erziehung verantwortlich sei, ist e[in] Irrglaube, dessen sich heutzutage kein Anwalt und kein Richt[er] mehr schuldig machen sollte. Wenn das menschliche Versage[n] dieser Jungen auf Vererbung zurückzuführen ist, so weiß [ich] nicht, woher und wie es auf sie kam.«
Der ganze Gerichtssaal starrte zu Jos Steiners Vater hin. D[er] alte Mann hob den schweren Kopf, als verlange ihn danac[h,] seinen Anteil der Strafe auf sich zu nehmen. Was Arties Ang[e]hörige betraf, so war es, als wisse man jetzt endlich, warum se[in] Vater und seine Mutter zu krank gewesen waren, um an de[n] Verhandlungen teilzunehmen.
»Ich weiß nicht, welcher Vorfahr in dunkler Vergangenheit d[ie] Saat säte, die jetzt in Artie verderbnisbringend aufging. Wen[n] irgendwo eine Verantwortlichkeit besteht, so liegt sie weit v[or] ihm, irgendwo in der großen Zahl seiner Ahnen oder in seine[m] Milieu oder in beidem.«
Seltsamerweise legte er, als er von Vererbung sprach, d[en] Hauptakzent auf Artie und nicht auf beide zusammen. Spür[te] Wilk das Gewicht der anderen Verbrechen Arties, die kein[en] Namen hatten? Wußte er mehr von Arties Wahnsinn?
»»Nun habe ich die kindlichen Dinge von mir getan«, sagte d[er] Psalmist vor drei Jahrtausenden. Wenn wir sie aber nun nic[ht] von uns tun können? Wenn diese Traumbilder der Kindhe[it,] diese Phantasien noch fortbestehen und der heranwachsen[de]

Knabe noch Kind bleibt – Kind in seinem Gemüt, seinem Fühlen, seinen Vorstellungen –, dann deutet dies auf einen kranken Geist hin.
Herr Präsident, *alle* Eltern können gerügt werden; ebenso alle Lehrer. Einmal wird die Erziehung wissenschaftlich begründet sein, einmal werden wir zu erfahren versuchen, was jedem einzelnen Kind frommt, anstatt ihnen allen den gleichen Weg zu weisen ohne Rücksicht darauf, wie sie veranlagt sind.«
Er blickte zu Artie hin, der sich nervös bewegte. »Dieser Junge brauchte mehr Liebe, mehr Anleitung. Seine Gefühle hätten geweckt werden müssen. Er brauchte Hände, führende Hände auf der Straße, die die Jugend beschreiten muß. Hätten sich diese Hände nach ihm ausgestreckt, säße er heute nicht hier.«
Sein Blick wanderte weiter zu Jos. »Und nun, Herr Präsident, möchte ich von Jos sprechen.« Ihrer beider Augen hielten sich einen Augenblick fest, ehe Wilk sich abwandte. »Jos ist ein Junge von bemerkenswertem Verstand – weit über seine Jahre hinaus. Er ist in dieser Beziehung eine Art Genie, wie er in anderer – ein Junge ohne Gefühle ist.«
Ich fragte mich, ob dies von Jos im gleichen Maße wie von Artie behauptet werden konnte, denn vielleicht lag eher ein Fall von radikaler Gefühlsunterdrückung oder -ablenkung vor.
Wilk fuhr in seiner Analyse fort: »Er war eine intellektuelle Maschine ohne Gleichgewicht und ohne Steuerung, er versuchte in alle Philosophien einzudringen, gebrauchte dazu aber nur seinen Intellekt.
Natürlich verstanden ihn seine Angehörigen nicht; nur wenige Menschen hätten ihn verstanden. Seine Mutter starb, als er noch jung war. So wuchs er auf und machte sich die Philosophie Nietzsches zu eigen.
Herr Präsident, ich habe fast alle Schriften Nietzsches gelesen. Er war der originellste Philosoph des vergangenen Jahrhunderts – ein Mann, der vielleicht auf die Philosophie tiefer eingewirkt hat als irgendein anderer im Zeitraum von hundert Jahren, ob er nun recht hatte oder nicht. Nietzsche glaubt, daß einmal der Übermensch geboren würde, daß die Entwicklung auf diesen Übermenschen hinsteure.« Er blickte Jos an wie ein Lehrer, der seinen Schüler berichtet.
Er schrieb ein Buch, *Jenseits von Gut und Böse,* das eine Kritik der Moralvorstellungen ist, die die Menschheit besitzt – eine Abhandlung, die zu dem Schluß kommt, daß der intelligente

Mensch jenseits von Gut und Böse stehe und daß die Gesetze für Gut und Böse sich nicht auf diejenigen bezögen, die sich dem Idealbild dieses Übermenschen nähern. Jos Steiner is nicht der einzige, der Nietzsche gelesen hat. Er ist aber vielleicht der einzige, der sich in dieser Weise von ihm beeinflussen ließ.«

Heute wissen wir, daß noch viel mehr Menschen von dieser Lehre beeinflußt wurden oder doch wenigstens glaubten, in Nietzsche einen Teil ihrer selbst wiederzuerkennen. Damals im Jahre 1924, in jenem Chikagoer Gerichtssaal, hörte man kaum die Sturmglocke, die dem Jahrhundert geschlagen hatte, da in fernen München ein anderer Nietzscheaner seinen Marsch begann.

Jonathan Wilk ging zum Tisch der Verteidigung zurück und griff nach einigen Notizzetteln. »Ich habe ein paar kurze Auszüge aus Nietzsches Werk gemacht. Diese Stellen würden Sie genauso kalt lassen wie mich. Die Frage ist, wie sie auf das leicht beeindruckbare, visionäre, träumerische Denken dieses Jungen hier gewirkt haben. Hier also einige der Lehren, die Nietzsche aufstellt:

›Warum so weich, o meine Brüder? Warum so weich, so widerstandslos und nachgiebig? Dieses neue Gesetz gebe ich euch o meine Brüder: Werdet hart. Von moralischen Bedenken besessen zu sein, spricht von einem sehr niedrigen Intelligenzgrad. Wir sollten die Moral ersetzen durch den Willen zu unserem eigenen Zweck und den Mitteln, diesen zu erreichen.‹«

Wilks Stimme hatte unter diesen Worten einen harten Klang angenommen. Er fuhr fort: »›Ein bedeutender Mensch, ein Mensch, den die Natur in großem Stil erschaffen und ausgedacht hat, ist kälter, härter, rücksichtsloser und fürchtet sich weniger vor der öffentlichen Meinung.‹«

Er sprach Jos unmittelbar an wie der Lehrer den Schüler, der etwas falsch verstanden hat. »Das war ein philosophischer Traum, der mehr oder weniger Wahrheit enthielt, aber nicht auf das praktische Leben anwendbar ist.« Anschließend zitierte Wilk aus einer wissenschaftlichen Abhandlung über den Philosophen: »Wenn auch die Geschichte noch keinen vollkommenen Übermenschen kennt, so tragen doch alle großen Gestalten der Menschheit gewisse Züge der Nietzscheschen Idealfigur – Alexander, Napoleon –, und zwar die bösen Helden wie die Borgia, Wagners Siegfried und Ibsens Brand ebenso wie die kosmopolitischen Geister vom Format eines Goethe oder eines

Stendhal. Diese waren die Götter, die Nietzsche verehrte. Ihre übermenschlichen Eigenschaften liegen angeblich nicht in ihrem Genie begründet, sondern in ihrer Erhabenheit über Skrupel. Sie betrachteten sich als über dem Gesetz stehend. Der Übermensch ist sich somit selbst Gesetz. Was er tut, entspringt dem Willen und der überschüssigen Kraft in ihm.«

Ein erregter Glanz war in Jos' Augen getreten. Verteidigte Wilk ihn jetzt? Und diese Augen sprachen die große anklägerische Frage aus: Wie konnte jemand wissen, ob der Wille zur Macht zum Guten oder zum Bösen führte?

Doch der Augenblick ging vorüber. Wilk schien sich aus der Entrückung zu lösen und langsam wieder die Last der Verteidigung auf sich zu laden. »Herr Präsident, diese Philosophie wurde Teil seines Wesens. Er lebte in ihr und übte sie aus. Hier ist ein Junge, der Tag und Nacht, bei jeder Gelegenheit vom Übermenschen redete, der glaubte, niemandem etwas schuldig zu sein und tun zu können, was ihm gefiel – der dies genauso glaubte, wie ein anderer Mensch an seine Religionslehre glaubt.

Sie erinnern sich, daß ich Dr. Ball nach diesen religiösen Fällen fragte und daß er antwortete: ›Ja, viele Menschen werden wegen so etwas in die Nervenheilanstalt eingeliefert.‹ Ich frage Dr. Ball, ob eine philosophische Anschauung die gleichen Folgen zeitigen könne, und er antwortete: ›Ja, wenn man fest genug an sie glaubt.‹ Und wir wissen von Nietzsche, daß er die letzten fünfzehn Jahre vor seinem Tod geisteskrank war. Seine Lehre selbst ist ein Anzeichen von Geisteskrankheit.«

Jos schien etwas sagen zu wollen. Dann ließ er sich zurückfallen.

»Ein Mensch, der die Welt beeindruckte«, fuhr Wilk fort. »Jeder Philosophiestudent kennt ihn. Seine Lehre ließ ihn in geistige Umnachtung sinken. Und hier ist ein junger Mensch im heranwachsenden Alter, geplagt von allem, was Kinder plagen kann, der diese Philosophie übernimmt und sie Wort für Wort glaubt. Sie wird sein Leben. Glauben Sie, sonst hätte er seine Wahnsinnstat begehen können?

Er beging sie, besessen von einer Idee, vielleicht bis zu einem gewissen Grad beeinflußt durch Dinge, die hier nicht zur Sprache kamen – durch Perversionen, die in ihm gegenwärtig waren.« Dann wandte er sich, gleichsam in vertrauensvollem Ton, unmittelbar an den Richter: »Beides sind Anzeichen von gei-

stiger Gestörtheit, beides beweist, zusammen mit der Tat das Vorhandensein eines kranken Geistes.
Warum ist das Leben dieses Jungen mit dem Friedrich Nietzsches verknüpft, der vor vierundzwanzig Jahren geistesgestört in Deutschland starb? Ich weiß es nicht. Ich weiß nur, daß es so ist.
Ich weiß, Herr Präsident, daß alle Atome des Lebens in diesem Universum miteinander verknüpft sind. Ich weiß, daß man keinen Kieselstein in den Ozean werfen kann, ohne damit jeden einzelnen Tropfen Wasser im Meer in Mitleidenschaft zu ziehen. Ich weiß, daß jedes Leben unentwirrbar verbunden und verschlungen ist mit anderem Leben. Ich weiß, daß jeder Einfluß, bewußt oder unbewußt, auf jeden lebenden Organismus einwirkt, und daß niemand einen Vorwurf erheben kann. Ich weiß, daß alles Leben aus einer Reihe zahlloser Chancen besteht, die manchmal nach der einen, manchmal nach der anderen Seite ausschlagen. Ich besitze nicht die unendliche Weisheit, dies zu ermessen, und sicher besitzt sie auch kein anderer Mensch. Aber wenn hinter all dem eine schöpferische Macht steht, dann weiß ich, daß diese Macht allein darüber aussagen kann, und wenn keine Macht dahinter steht, dann ist es eine unredliche Chance, zu unfaßbar, als daß der Mensch damit fertig werden könnte. Sagen Sie mir, daß Sie den Zorn des Schicksals und des Zufalls und des Lebens und der Ewigkeit an einem neunzehnjährigen Jungen heimsuchen können! Wenn Sie es könnten, dann wäre Gerechtigkeit eine Travestie und Gnade ein Betrug!«
Wenn es aber die Begegnung mit der Philosophie Nietzsches gewesen sei, die in Jos eine Fähigkeit zum Bösen hervorgebracht habe, wer sei dann für diese Begegnung zu tadeln? Treffe die Herausgeber der Werke Nietzsches der Vorwurf? Treffe er die Universität? »Ich glaube nicht, daß den Universitäten ein Vorwurf zu machen ist. Ich glaube nicht, daß sie dafür verantwortlich zu machen sind. Ich glaube jedoch, daß sie zu groß, zu unpersönlich sind und daß sie, wenn möglich, sich des einzelnen stärker annehmen sollten.
Aber man kann nicht eine Idee zerstören, weil vielleicht irgendein Verstand durch sie bedroht wird. Es ist meines Erachtens die Pflicht der Universität, das große Lagerhaus der Weisheit aller Zeiten zu sein und die Studenten zu sich kommen und lernen und auswählen zu lassen. Jede veränderte Idee auf der Welt hat ihre Folgen gehabt. Jede neue Religionslehre

hat ihre Opfer hervorgebracht. Jede neue Philosophie hat Leiden und Tod geschaffen. Jede neue Maschine hat Menschenleben gefordert, während sie der Welt diente. Kein großes Ideal, das nicht Gutes und Böses wirkte, und doch können wir es nicht aufhalten, weil es vielleicht Böses wirkt.«

Hier machte er eine Pause; er schien mit der Philosophie fertig zu sein, und auf Jos Steiners Gesicht trat ein ratloser Blick – wurde er der Welt so unzureichend interpretiert? War das alles, was den Wert seines Lebens ausmachte?

»Herr Präsident, der Fall, der uns hier beschäftigt, weist noch ein Element auf, das stärker ist als die Dinge, von denen ich bisher sprach. Das ist das Element des Zufalls. Keiner der beiden Jungen hätte wahrscheinlich die Tat allein vollbringen können, sie mußten zusammenkommen. Es war nicht die Tat eines einzelnen, es war die Tat von zwei.

Herr Präsident, der Gedanke an den armen Paulie Kessler erfüllt mich mit tiefem Leid, und ich glaube, wer mich kennt, weiß, daß ich das nicht nur so dahin sage. Ich weiß nicht, was aus Paulie Kessler hätte werden können, wenn er zum Manne herangewachsen wäre. Aber hätte es irgendeinen Sinn, wenn aufgrund dieses Todes die beiden Jungen hinausgeführt würden, wenn man ihnen einen Strick um den Hals legte, wenn sie als Missetäter stürben? Nein, Herr Präsident, der unglückselige und tragische Tod Paulie Kesslers sollte eine Mahnung an die Väter und Mütter sein, an die Lehrer, die Geistlichen, an die Gesellschaft ganz allgemein. Eine Mahnung an sie alle, die Seele der ihnen anvertrauten Kinder zu erforschen, die Gefühlsregungen zu verstehen, die sie bewegen, die Gedanken zu verstehen, die sie leiten, und sie zu lehren, die Fallgruben des Lebens zu umgehen.«

Als er sich am Nachmittag wieder erhob, war er abermals der geschickte Anwalt, der genau auf sein Ziel zusteuert. Er kam auf die wundeste Stelle zu sprechen, die Aussage McNamaras, den ›freundlich eingestellten Richter‹ betreffend.

»Lassen Sie mich, Herr Präsident, Ihnen eines sagen: Wenn Sie zu dem Urteil kommen, daß diese beiden Jungen aufgehängt werden sollen, werden wir wissen, daß es *Ihr* Urteil ist. Es ist schwer genug für einen Richter, an Ihrer Stelle zu sitzen, unter den Augen der Öffentlichkeit, im heißen Streit der öffentlichen Meinung dafür und dagegen. Es ist schwer genug, so schwer, daß es nicht der Anwälte beider Seiten bedürfte, diese Aufgabe

noch schwerer zu machen. Ich werde nichts mehr darübe
sagen, außer daß dieser Ausspruch bewußt erlogen ist, erloger
und erfunden, und McNamaras ganze Aussage beweist das.«
Horns Gesicht schwoll vor Wut an. Wenn Wilk die Absich
gehabt hatte, ihn herauszufordern, hätte er sich keine besser
Provokation ausdenken können, wie sich in den letzten Augen
blicken des Prozesses herausstellen sollte.
Wilk schritt wieder auf die Richtertribüne zu. »Herr Präsident
ich muß mich kurz fassen, denn ich will heute zu Ende kom
men. Ich weiß, ich hätte schon früher fertig werden sollen, un
doch ist da noch vieles, von dem ich gern sprechen möchte.
Ein Verbrechen hat, ebenso wie eine Krankheit, eine gan
bestimmte Ursache, und das natürliche, vernünftige Mittel
einem anomalen Umstand zu begegnen, besteht darin, da
man seine Ursache beseitigt.
Wenn ein Arzt zu einem Typhuskranken gerufen wird, ver
sucht er wahrscheinlich festzustellen, von welchem Wasser de
Patient getrunken hat, um dann den Brunnen zu desinfizieren
damit sich nicht auch andere infizieren. Würde aber ein Staats
anwalt zu einem Typhuskranken gerufen, so würde er den
Patienten einen Monat Zuchthaus verordnen und dann de
Glaubens sein, kein anderer mehr könnte es wagen, von den
unreinen Wasser zu trinken. Wenn der Patient schon nacl
vierzehn Tagen wieder gesund wäre, würde man ihn festhal
ten, bis seine Zeit um ist; wenn sich sein Zustand nach einer
Monat noch verschlimmert hätte, würde man ihn trotzder
entlassen, weil seine vier Wochen um sind. Staatsanwälte sin
in der Regel keine Wissenschaftler. Sie glauben, es gebe nur ei
Mittel, die Menschen zu bessern: ihnen einen solchen Schrek
ken einzujagen, daß sie es nicht wagen, Böses zu tun.«
Und dann sprach er von einem Aspekt des Verbrechens, de
nur wenige bedacht hatten. Die Statistik der Todesurteile zu
rückverfolgend, zeigte er, daß seit Jahren in Chikago kei
Minderjähriger mehr gehängt worden war, auch nicht auf
grund eines Geschworenenspruchs. Jedenfalls nicht von 191
bis 1920. »Im Jahre 1920 wurde ein Junge namens Viani vo
den Geschworenen für schuldig befunden und aufgehängt, ei
Junge von achtzehn Jahren. Warum wurde plötzlich wieder ei
Minderjähriger gehängt? Es war im Jahre 1920, wir waren e
gewöhnt, daß junge Männer, Knaben noch, in den Tod ginger
Es war 1920, gerade nach dem Krieg. Und diese Zeit lebt noch i
uns fort, Herr Präsident.

Wir sind wieder an Blut gewöhnt, Herr Präsident. Wir hatten einmal einen Ekel davor bekommen, aber nun sahen wir es wieder fließen, nicht nur eimerweise, nein, ganze Ströme, Seen, Meere von Blut sahen wir fließen, und wir haben unser Entzücken daran gehabt. Wir haben das Blutvergießen gepredigt, wir haben es vorbereitet, es empfohlen, wir haben es die jungen Menschen gelehrt, bis die Welt im Blut ertrank, bis jedes Menschen Seele, jedes Menschen Geist mit Blut befleckt war, bis das Blut fast alle Gefühle des Mitleids und der Barmherzigkeit erstickte, die in der menschlichen Brust ihren Platz haben.

Ich selbst habe daran geglaubt. Ich weiß nicht, ob ich verrückt war oder nicht. Manchmal glaube ich, ich war es. Ich ermutigte Männer zum Kampf. Ich persönlich hatte nichts zu fürchten, denn ich war zu alt. Vier Jahre lang beschäftigte sich die Welt damit, Menschen umzubringen. Ich brauche den Herrn Präsidenten nicht daran zu erinnern, wie viele intelligente, bis dahin unbescholtene junge Männer unter Mordanklage vor dieses Gericht gebracht und zum Teil gerettet, zum Teil in den Tod geschickt wurden, junge Männer, die diesen Krieg mitgekämpft und gelernt hatten, das Leben eines Menschen gering einzuschätzen.«

Wilk wandte sich an Jos und Artie: »Diese Jungen hier wuchsen im Krieg heran. Der Tod ging in ihrem Elternhaus, auf den Sportplätzen, in den Schulen von Mund zu Mund; der Tod stand in den Zeitungen, die sie lasen, er war Teil des allgemeinen Taumels. Was war ein Leben? Es war nichts. Einer von ihnen erzählte uns, wie sehr er von einem Hetzplakat heimgesucht wurde, wie oft er von Vergewaltigung und Töten träumen mußte.

In fünfzig Jahren erst, wenn überhaupt, wird diese Erinnerung aus den Herzen der Menschen fortgewischt sein. Niemand braucht mir zu sagen, daß ein Verbrechen eine Ursache habe. Es hat eine genauso bestimmte Ursache wie jede andere Krankheit. Ich weiß, daß im Anschluß an die napoleonischen Kriege eine Welle des Verbrechens über Europa hinwegging, wie man sie nie zuvor gekannt hatte. Ich weiß, daß Europa heute die gleiche Erfahrung macht; ich weiß, daß das nach jedem Krieg so ist, und ich weiß, daß diese Jungen hier dadurch so sehr beeinflußt wurden, daß das Leben ihnen anders vorkam, als es gewesen wäre, wenn der Mensch die Welt nicht mit Blut rot gefärbt hätte. Ich erhebe Protest gegen die Verbrechen und

Fehler, die die menschliche Gesellschaft an ihnen verübte. Wir alle haben daran teil. Auch ich. Denn ich weiß nicht – und ich werde es nie wissen –, wie viele der Worte, die ich während des Krieges sprach, Grausamkeit hervorgebracht haben, wo Liebe und Verständnis und Barmherzigkeit hätten sein sollen.«

Wieder hatte er den Rahmen des Falles weit hinter sich gelassen; er stand im Banne seiner Gedanken und wir mit ihm. »Herr Präsident, Sie kennen die durch den Krieg bedingte Zunahme der Gewaltverbrechen, die sich auch vor diesem Gerichtshof hier bemerkbar gemacht hat. Die Täter kommen nicht nur aus den Reihen derjenigen, die gekämpft haben, sondern auch aus der Masse derer, die man lehrte, daß Blut billig sei, daß menschliches Leben wenig gelte, und wenn es der Staat auf die leichte Schulter nahm, warum dann nicht auch der einzelne?

Ich weiß nicht, wieviel an diesen beiden Jungen zu retten ist. Es widerstrebt mir, dies in ihrer Gegenwart zu sagen, aber worauf könnten sie hoffen? Ich weiß nur, daß Sie barmherzig wären, Herr Präsident, wenn Sie ihnen die Schlinge um den Hals knüpften und sie sterben ließen; barmherzig *ihnen* gegenüber, aber nicht der Zivilisation, nicht denen gegenüber, die sie zurücklassen würden. In ihrem Alter zu wissen, daß man der Rest des Lebens im Zuchthaus zubringen muß, ist eine sehr geringe Hoffnung. Ist es überhaupt eine Hoffnung?

Vielleicht hoffen sie, wenn manches Jahr dahingegangen ist, freigelassen zu werden. Ich weiß es nicht. Ich weiß es nicht.« Er sah die Angeklagten an. »Ich will aufrichtig sein zu diesem Gericht, wie ich es von allem Anfang an versucht habe. Ich weiß, daß diese Jungen nicht reif sind, in Freiheit zu leben. Ich glaube, das werden sie erst sein, wenn sie in das nächste Stadium ihres Lebens eintreten, mit fünfundvierzig oder fünfzig Jahren.«

Die Worte sanken schwer in uns alle ein – es war, als hätte er ihnen prophetisch das Urteil gesprochen.

»Ich will dieses Gericht nicht glauben machen, ich hegte nicht die Hoffnung, daß sie eines Tages, wenn das Leben, das Alter wie es dies ja tut, ihre Körper verändert und ihre Seelen geläutert hat, wieder zurückkehren dürfen ins Leben. Ich wäre der letzte auf Erden, der einem menschlichen Wesen, das lebt, die Tür der Hoffnung zuschlüge, und am wenigsten meinen Mandanten. Aber was haben sie von der Zukunft zu erhoffen? Nichts.« Er zitierte abermals Housmann:

»*Nun brennen fahle Feuer aus,*
Es stirbt die letzte Glut.
Dein Bündel schnür und geh hinaus,
Verlaß den Freund, nur Mut.
Nur Mut, Gesellen, nichts geschieht,
Nicht links noch rechts hab acht.
Der Weg ohn' End, den ihr jetzt zieht –
Er führt nur in die Nacht.«

Ein Leuchten hatte Wilks Gesicht überzogen, eine jenseitige Schönheit, als hätte er sich in der Tat der Unzulänglichkeiten des Menschendaseins entledigt.
Er wiederholte: »Der Weg ohn' End, den ihr jetzt zieht – er führt nur in die Nacht.
Es ist für mich gleich, Herr Präsident, ob der Marsch ins Dunkel am Galgen beginnt oder in dem Augenblick, da die Tore des Zuchthauses sich hinter ihnen schließen, vor ihnen liegt nichts als Nacht, und das ist für keinen Menschen eine tröstliche Hoffnung.«
Er entriß sich dem Bann der eigenen Worte und kam zu seiner Schlußbetrachtung. »Aber es geht nicht um die beiden Angeklagten allein.
Da ist Steiners Vater – sein Junge war der Stolz seines Lebens. Er liebte ihn, sorgte sich um ihn, arbeitete für ihn; er erzog ihn und sah ihn schon an einem ehrenvollen Platz in der Gesellschaft, eine Hoffnung, die berechtigt war. Es ist schwer für einen Vater, die Hoffnung seines Lebens zu Staub werden zu sehen. Das gleiche gilt für den jungen Straus. Hier sitzen der treue Onkel und der besorgte Bruder, die Tag für Tag der Verhandlung beigewohnt haben – Arties Eltern sind zu krank, als daß sie den Anstrengungen dieses Prozesses gewachsen wären, sie warten nun auf eine Nachricht, die für sie mehr bedeutet, als sie uns Unbeteiligten bedeuten kann.
Spricht irgendein Grund dafür, Herr Präsident, daß ihrem guten Namen und den kommenden Generationen, die ihn tragen werden, ein so unauslöschlicher Makel anhaften sollte? Gott weiß, er ist ohnehin schon groß genug. Aber noch heißt er nicht ›Tod durch den Strang‹, nein. Und ich bitte den Herrn Präsidenten, über all das hinaus, was ich bereits gesagt habe, zwei ehrbare Familien vor einer Ächtung zu bewahren, die nie enden und keinem lebenden menschlichen Wesen von Vorteil sein würde. Ich beuge mich in Trauer vor dem Verlust, der Mr.

und Mrs. Kessler getroffen hat, denn diese Wunde kann nie geheilt werden. Aber verglichen mit den Familien Steiner und Straus sind die Kesslers zu beneiden, und das weiß jeder von uns.
Nun lassen Sie mich noch ein Wort sagen, und ich gebe dies alles in Ihre Hände, was ich schon längst hätte tun sollen. Das Einfachste und der Volksmeinung Gemäßeste wäre, meine Mandanten hängen zu lassen. Das weiß ich. Männer und Frauen, die nicht zu denken vermögen, werden applaudieren. Die Grausamen werden beifällig nicken. Heute wird es ein leichtes sein; aber in Chikago und im ganzen Land wird es immer mehr Väter und Mütter geben, die menschlichen, gütigen, hoffnungsvollen, deren Verständnis allmählich erwacht und die sich nicht nur um diese Jungen hier Gedanken machen, sondern um ihre eigenen Kinder – diese werden nicht in den Jubel über den Tod meiner Mandanten einstimmen. Diese würden verlangen, daß dem Blutvergießen ein Ende gemacht werde.
Ich weiß, daß die Zukunft auf meiner Seite ist, ich weiß, wofür ich hier stehe; ich stehe hier nicht nur für das Leben dieser beiden unglücklichen Jungen, sondern für alle Jungen und Mädchen, für alle Jungen und, soweit es möglich ist, auch für die Alten. Ich bitte um Leben, Verständnis, Barmherzigkeit, Güte und die unendliche Gnade, die alles umfaßt.«
Der alte Steiner ließ seinen Tränen freien Lauf; einige sagten, Jos und Artie hätten ebenfalls geweint. Uns alle hielt ein übermächtiges Mitleid in Bann, das aus Wilks Stimme sprach, aus seiner ganzen Gegenwart, und das über die Wirkung bloßer Worte hinausging.
»Ich bitte darum, daß wir Grausamkeit mit Güte und Haß mit Liebe überwinden. Herr Präsident, Sie stehen zwischen Vergangenheit und Zukunft. Sie können diese Jungen aufhängen, aber wenn Sie das tun, wenden Sie Ihr Gesicht der Vergangenheit zu. Ich trete für die Zukunft ein; ich flehe die Zeit herbei, da wir durch Vernunft und Urteilsvermögen und Verstehen und durch den Glauben erfahren, daß alles Leben wert ist, gerettet zu werden, und daß die Barmherzigkeit das höchste Attribut des Menschen ist.«
Er trat ein wenig zurück, uns zum Teil aus seinem Bann entlassend.
»Wenn es mir gelingen sollte, das Leben dieser beiden Jungen zu retten, und ich dabei nichts für den Fortschritt unserer Rechtsprechung getan hätte, würde mich dies schmerzen.

Wenn es mir gelingt, wird meine größte Belohnung und meine höchste Hoffnung sein, daß ich dazu beigetragen habe, das menschliche Verständnis zu vertiefen und Gerechtigkeit durch Barmherzigkeit zu mildern, Haß durch Liebe zu überwinden.
Ich las gestern abend von der Sehnsucht des alten persischen Dichters Omar Chajjam. Diese Sehnsucht dünkte mich die höchste, die man sich vorstellen kann. Ich wünschte, sie wäre in meinem Herzen, und ich wünschte, sie wäre in unser aller Herz.

> *Steht es geschrieben nur im Buch der Liebe,*
> *Was kümmert mich der Weisheit höchstes Buch.*
> *Löscht meinen Namen oder schreibt ihn, wie ihr wollt,*
> *Steh ich geschrieben nur im Buch der Liebe.«*

Wir wagten nicht, einander unsere Eindrücke mitzuteilen, denn Worte hätten unserer Bewegung Hohn gesprochen. Statt dessen tauschten wir berufsmäßige Kommentare aus. Ein großes Plädoyer. Sein größtes. Sein Abschiedsplädoyer. Ein Plädoyer für jedes einzelne Menschenleben.

21

Das hohe Lob, das Wilk sogar von den Zeitungen gespendet wurde, die am lautesten nach Blut geschrien hatten, mußte Horn wohl einen letzten Stoß versetzt haben, denn er stürzte sich in sein Galgenplädoyer wie ein blinder Stier, wutschnaubend, nach allen Seiten zugleich ausschlagend. Er griff Wilk persönlich nicht weniger an als die Mörder, denn Wilks Philosophie, so argumentierte er, würde die Entschuldigung für jedes Verbrechen, den Verzicht auf jegliche Bestrafung und die Preisgabe der Grundordnung zum Schutze der Gesellschaft bedeuten. Bisweilen bestand seine Rede nur aus lächerlich schrillem Geschrei und Armfuchteln, so daß sogar Jos und Artie spöttisch grinsten, und das machte ihn rasend.
Er begann in sarkastischem Ton: »Ehe ich mich mit den eigentlichen Tatsachen des Falles beschäftige, möchte ich auf einen anderen Umstand zu sprechen kommen. Unser sehr verehrter Mitbürger, dessen Beruf es ist, Mörder zu schützen, und über dessen Gesundheitszustand die Diebe und Räuber Erkundigungen einziehen, ehe sie ein Verbrechen begehen, hat es für

richtig gehalten, die Anklagebehörde zu verunglimpfen. Wir hätten ein Herz aus Stein.
Wir haben es gewagt, diesen Mord als kaltblütig zu bezeichnen, wo wir doch dieser beiden jungen Menschen, der armen Söhne von Multimillionären, nicht mit unzarten Worten Erwähnung tun sollten. Wir hätten die Kinderchen mit Güte und Verständnis umhegen sollen!
Man sollte ihre sensiblen Ohren nicht mit Bezugnahmen auf die Gesetze des Staates, auf die Todesstrafe verletzen. Wißt ihr denn nicht, daß einer von ihnen sich jeden Tag in der Woche rasieren muß? Das ist ein schlechtes Zeichen. Der andere muß sich nur zweimal in der Woche rasieren, und das ist ein schlimmes Zeichen. Der eine ist klein, der andere groß, und das ist ebenfalls ein schlechtes Zeichen. Für beide natürlich. Der eine ist sexuell überentwickelt, der andere schafft es nicht so ganz.
Mein Gott, wenn einer von ihnen eine Hasenscharte hätte, würde ich mich wahrscheinlich bei Jonathan Wilk noch dafür entschuldigen müssen, daß ich sie überhaupt unter Anklage gestellt habe!
Wir sind kaltblütig! Wir haben, Mr. Wilk zufolge, seit drei Monaten Pläne geschmiedet und konspiriert, um zwei kleinen Jungen ans Leben zu gehen, die im Traumland wandelten.«
Padua sei ein anständiger Mensch mit sauberem Lebenswandel, fuhr er fort, Czewicki desgleichen; was ihn, Horn, selbst angehe, so glaube er, »daß nicht einmal Mr. Wilk, der mich seit Jahren kennt, sagen würde, Arthur Horn sei ein bösartiges, grausames, herzloses Ungeheuer«. Wäre er kein Staatsanwalt, würde er gegenüber diesen beiden Menschen keinen persönlichen Groll hegen. Als sie seiner Obhut anvertraut gewesen seien, habe er sie »mit Güte vnd Verständnis behandelt«. Als Jos Steiners Name damals bei der Identifizierung des Eigentümers der Brille zum erstenmal gefallen sei, habe er den späteren Angeklagten in einem Hotel vernommen, um die Sache nicht in die Presse zu bringen. »Ich glaube, der Staatsanwalt in diesem Prozeß ist ein ebenso gütiger Mensch wie der bezahlte Philanthrop, der Mann, der glaubt, seinen Mitbürgern Gutes tun zu müssen – nachdem er ihnen schon so viel Gutes getan hat.«
Es wurde zögernd gelacht.
»Aber als öffentlicher, vom Volk gewählter Beamter, dem es obliegt, den Gesetzen seines Landes Geltung zu verschaffen«,

fuhr er fort, »habe ich nicht das Recht, diejenigen zu entschuldigen, die gegen die Gesetze ihres Landes verstoßen. Es ist meine Pflicht, sie anzuklagen.

Sie, Herr Präsident, haben das Recht, zu verzeihen, und ich weiß, daß Sie denen verzeihen, die Gilbert Matthewson persönlich angreifen, aber Sie sitzen hier als Präsident dieses Hohen Gerichts, und in dieser Eigenschaft haben Sie nicht das Recht, jemandem zu verzeihen, der die Gesetze verletzt! Sie müssen mit ihm verfahren, wie das Gesetz es vorschreibt!

Herr Präsident, wenn bei diesem Prozeß, zu dem die Staatsanwaltschaft ein so erschöpfendes Beweismaterial beigebracht hat, eine Jury in jener Box dort säße und einen Spruch fällte, der nicht das Todesurteil enthielte, dann hätten alle Bürger dieser Stadt, Sie und mich eingeschlossen, das Gefühl, daß dieser Spruch auf Korruption zurückgehe!«

Das Gesicht des Richters verfinsterte sich, er bewahrte aber seine Haltung.

»Und ich werde auch sagen, warum. Ich habe während der letzten vier, fünf Wochen eine nette, kleine Reise gemacht. Ich glaubte, dieser Prozeß würde mich den ganzen Sommer in Chikago festhalten und ich müßte meine Zeit hauptsächlich im Strafgerichtsgebäude zubringen. Ich betrat auch vor fünf Wochen hier diesen Gerichtssaal, aber dann kam der gute Doktor Yak – wie heißt er doch noch? Der Mann aus Washington – ach ja, richtig, Dr. McNarry – ja, dann kam also Dr. McNarry und nahm mich an der Hand und führte mich in die Kinderstube zweier armer, reicher Jungen und stellte mich einem Teddybär vor. Dann erzählte er mir einige Schlummergeschichten, und als ich die gehört hatte, führte er mich in den Kindergarten und machte mich mit einem kleinen Artie und einem kleinen Jos bekannt.

Dann faßte mich Ferdinand Feldscher an der Hand und nahm mich mit in ein Laboratorium für Psychopathie, und dort erhielt ich eine sehr liberale Aufklärung über Geisteskrankheiten und besonders darüber, was gewisse Ärzte von ihnen *nicht* wissen.«

Die Anwälte der Verteidigung lehnten sich zurück und lächelten.

»Die drei Weisen aus dem Osten, die gekommen waren, um Ihnen, Herr Präsident, von den beiden Unschuldsengeln zu erzählen, wollten das Bild noch vervollständigen, und einer von ihnen war gotteslästerlich genug zu sagen, dieser Entarte-

te, dieser Mörder, dieser Kidnapper halte sich für Christus und seine Mutter für die Madonna.
Und dabei behauptet dieser perverse junge Mensch seit seinem elften Lebensjahr, es gebe keinen Gott!« Er wandte sich an Jos »Ich frage mich nur, ob Sie jetzt glauben, es gebe einen oder e gebe keinen!
Ich frage mich, ob Sie es mit Ihrem Nietzsche für reinen Zufal halten, daß Ihnen die Brille aus der Tasche rutschte, oder ob Sie darin die Hand der Göttlichen Vorsehung erblicken, die mi Hilfe der Gesetze des Staates Illinois den Zorn Gottes auf Sie beide herabbeschwören wollte.«
Dann wandte er sich zur Gerichtsbühne um. »Nun, nachdem Feldscher meine Bildung im Laboratorium für Psychopathie vervollständigt hatte, nahm mich mein guter Freund Jonathan Wilk auf einen Ausflug mit, und wir besuchten soziale Einrichtungen wie das Hull House, wobei er mir seine besonder Lebensphilosophie darlegte, und wir trafen mit Kommunisten und Anarchisten zusammen, und Jonathan erfreute sie mi seiner Rechtsphilosophie, die darauf hinausläuft, daß es überhaupt keine Gesetze und also auch natürlich keine Ausübung der Gesetze mehr geben sollte.
Ich weiß nicht, ob die Tatsache, daß er zwei reiche Mandanten hat, die dem Galgen gefährlich nahestehen, ihn zu diesem Ausflug veranlaßte oder was sonst.
Herr Präsident, als ich die Stelle einnahm, die Sie jetzt ausfül len, stand einmal ein unglückseliger Mensch vor mir. Ich wei nicht, ob seine Zirbeldrüse verkalkt oder verknöchert war. Ich weiß nicht, ob er einen Klumpfuß hatte oder nicht, und ich habe ihm auch nicht in den Mund gesehen, um festzustellen ob er vielleicht noch ein paar Milchzähne hatte.«
Den nächsten Satz schrie er laut heraus: »Ich weiß nicht, o Thomas Fitzgerald mit vierzehn oder mit sechzehn ge schlechtsreif wurde! Ich weiß aber – und wußte es damals – daß er nach dem Gesetz ein heimtückisches Verbrechen began gen hatte; er hatte sich ein kleines fünfjähriges Mädchen ge griffen, das Kind armer Eltern, und es mißbraucht und ermor det. Und Mr. Wilk sagt, ich sei, als ich meine Pflicht ausübt und ihn zum Tode verurteilte, blutdürstig gewesen!
Das Gesetz sieht für Schwerstverbrecher die Todesstrafe vor Als Mr. Wilk der Gesetzgebenden Versammlung angehörte brachte er einen Gesetzentwurf zur Abschaffung der Todes strafe ein, der abgelehnt wurde. Wenn ich in der Legislativ

säße, würde ich vielleicht dafür stimmen, ich weiß es nicht. Aber als Richter habe ich nicht das Recht, das Gesetz beiseitezuschieben. Ich habe nicht das Recht, den Willen des Volkes zu mißachten, wie er in der Versammlung von Illinois zum Ausdruck kommt. Ich habe nicht das Recht, richterlicher Anarchist zu sein, auch wenn Jonathan Wilk anarchistischer Anwalt ist.
Er sagt, das Hängen verhindere nicht, daß weiter gemordet wird. Ich glaube, da irrt er. Seit Thomas Fitzgerald am Galgen sein Verbrechen gesühnt hat, habe ich nicht mehr gehört, daß einem kleinen Kind das gleiche Schicksal beschieden gewesen wäre wie Janet Wilkinson.
Er sagt, das Hängen verhindere nicht, daß weiter gemordet werde. Ich möchte Ihre Aufmerksamkeit auf das Jahr 1920 lenken, als wir eine Welle der Gesetzlosigkeit eindämmten. Vier Richter hatten zwei Monate lang nur mit Mordsachen zu tun. In diesem kurzem Zeitraum wurden vom Strafgericht fünfzehn Menschen zum Tode verurteilt.
Das Ergebnis war, daß die Zahl der Morde in unserem Distrikt im Jahre 1920 um fünfzig Prozent zurückging.
Wir haben einiges über England zu hören bekommen. Nun, ich hatte nie besonders viel für die englische Gesetzgebung übrig, wie sie meine Vorfahren zu spüren bekamen und die Menschen auf einer benachbarten Insel, aber ich habe die Art schätzen gelernt, mit der in England das Gesetz gehandhabt wird. Dort ist Mord eben Mord und keine Phantasie. Recht wird schnell und sicher gesprochen, und die Folge ist, daß im gesamten Königreich Großbritannien jährlich weniger Morde begangen werden als in der Stadt Chikago!«
Er starrte die Jungen an als der Mann, der seine Pflicht tat, auch wenn ihn der Anblick dieser Subjekte mit Ekel erfüllte.
»Sollen wir sie Babies nennen? Sollen wir sie kleine Kinder nennen?« schrie er. »Nach dem Material, das gegen sie vorliegt, haben sie denselben Anspruch auf die Barmherzigkeit des Gerichts wie zwei tollwütige Hunde.
Sie sind sich selbst ein Übel. Sie machen von ihrem Menschentum nur Gebrauch, um sich selbst zu erniedrigen. Sie sind eine Schmach für ihre geachteten Familien und eine Bedrohung für das Land.
Das einzig Nützliche, was sie in diesem Leben noch tun können, ist, daß sie dieses Leben lassen, und zwar so schnell es nach dem Gesetz nur möglich ist!«
Der schrille, hysterische Schrei einer Frau ertönte, erstickte

dann zu einem Schluchzen. Ich sah in den Zuschauerraum; Myra war es nicht. Sie saß starr da, weiß im Gesicht, mit eingezogenen Lippen.

»Ich glaube, es ist Zeit, daß wir wieder in den Gerichtssaal zurückkehren und uns vor Augen führen, daß wir hier den Mordfall des Jahrhunderts verhandeln, einen Fall, dessen Umstände uns nicht nur in Erstaunen versetzen, sondern mit Grausen erfüllen.

Der Reichtum der Angeklagten hat meines Erachtens nichts mit alldem zu tun, außer daß er ihnen eine Verteidigung gestattet, wie sie einem Menschen vor dem Strafgericht selten zur Verfügung steht. Man nehme die Millionen der beiden Familien fort, und Jonathan Wilks Zunge bliebe so stumm wie Julius Cäsars Grab.

Man nehme ihre Millionen fort, und die Weisen aus dem Osten wären nicht hier, um uns von Phantasievorstellungen und Teddybären und kühnen, bösen Knaben zu erzählen, die sich in Cowboytracht fotografieren ließen. Ihre Doktoren haben ja jeweils das von dem Kollegen vorher als Behauptung aufgestellte dumme Zeug verworfen, und schließlich fegte der große alte Mann von der Verteidigung, Jonathan Wilk, als er sah, wie unsinnig das alles war, ihrer aller Aussagen beiseite und hielt an Stelle eines Plädoyers eine Vorlesung über seine spezielle Lebensphilosophie.

Nun, sehen wir uns diese Philosophie einmal an.

Was verhandeln wir hier, Herr Präsident – einen Mord bei einem Streit von Betrunkenen, einen Mord, begangen im Affekt, um ein tatsächliches oder eingebildetes Unrecht zu rächen?« Seine Stimme kletterte eine Stufe höher. »Einen Mord, begangen von einem Straßenjungen, dessen Vater ein Trunkenbold und dessen Mutter eine Dirne ist? Dem keine Chance gegeben war, der in den Slums aufwuchs und nie ein gutes Beispiel vor Augen hatte?

Nein!

Einen Mord, begangen von zwei Supergehirnen, die aus den Häusern der angesehensten Familien Chikagos kommen. Sie hatten die Chance der Wahl, und sie wählten bewußt die falsche Philosophie, Wilks Philosophie. Sie zogen es vor, ihr Verhalten dieser Philosophie anzupassen!

Diese beiden Angeklagten waren Homosexuelle, Straus war der passive Teil und Steiner der Aggressor, und sie bekamen Streit.

Sie schlossen einen Pakt, damit diese widernatürlichen Beziehungen ihren Fortgang nehmen konnten. Und Dr. Allwin nennt das einen kindlichen Pakt. Wenn Dr. Allwin sich nicht von selbst schämt, sollte man ihm dazu raten. Mein Gott, ich war ein erwachsener Mann, als ich von solchen verkommenen Dingen zum erstenmal etwas hörte!«
Aufs höchste erregt, schrie er: »Man spricht davon, was ein Anwalt für Geld alles tut, und, mein Gott, da betritt ein Arzt den Zeugenstand und bezeichnet unter Eid ein widernatürliches Abkommen zwischen diesen zwei Entarteten als einen kindlichen Pakt!
Mildernde Umstände!« Er trat, sich gleichsam von dieser Zumutung distanzierend, einen Schritt zurück. »Ich habe hier so viele große Worte und so viele Fremdwörter gehört, daß ich manchmal das Gefühl nicht los wurde, es könnte vielleicht ein Irrtum zu den Prozeßakten genommen werden, so viele seltsame, fremde, unbekannte Worte gebrauchte man hier, und die Verfassung sieht schließlich vor, daß diese Prozesse in englischer Sprache geführt werden müssen; ich weiß nicht, vielleicht habe ich die erschwerenden und mildernden Umstände miteinander verwechselt.«
Horn schritt auf seinen Tisch zu und griff nach seinen Notizen.
»Als ich diese Doktoren sagen hörte, man könne in weniger als zwanzig oder dreißig Tagen keine exakte Untersuchung durchführen, habe ich mich gefragt, ob da vielleicht die Tatsache mit ausschlaggebend war, daß sie schließlich für zweihundertundfünfzig Dollar am Tag arbeiteten.«
Und er habe nicht etwa deshalb von Staats wegen Psychiater bestellt, weil er geglaubt habe, die Jungen seien geistesgestört. »Ich wußte, wieviel Geld sie für irgendein Phantasieplädoyer auf Geistesgestörtheit zur Verfügung hatten. Deshalb habe ich gleich am ersten Tag den besten Nervenspezialisten von Chikago hinzugezogen.«
Hätte man sich denn überhaupt eine bessere Gelegenheit für eine Untersuchung denken können?! »Diese beiden Oberschlauen brüsteten sich mit ihrer Verkommenheit, man hatte ihnen noch nicht den Tip gegeben, Phantasien zu erfinden.
Ich hatte bisweilen den Eindruck zu träumen, wenn die gelehrten Doktoren den Zeugenstand betraten, die man nur geholt hatte, um auszusagen, wie verrückt diese beiden Burschen seien. ›Stellt sie gerade verrückt genug hin, daß sie nicht

gehängt werden, aber nicht so verrückt, daß die Sache vor zwölf Geschworene kommt, denn zwölf Menschen lassen sich von eurem Gefasel nicht an der Nase herumführen. Macht sie gerade so geistesgestört, daß es zu einem mildernden Umstand reicht, den wir dem Gericht unterbreiten können!«< Im Bewußtsein, den schwachen Punkt seiner Gegner getroffen zu haben, grinste Horn zum Tisch der Verteidigung hinüber.
»Ja, einer der Psychiater der Verteidigung sprach von Jos Steiners ornithologischen Schriften. Ich fragte ihn: ›Haben Sie sie gelesen?‹ ›Nein.‹ ›Sie hatten doch den Auftrag, seinen Geisteszustand zu untersuchen, nicht wahr?‹ ›Ja.‹ ›Was haben Sie denn da untersucht?‹ ›Seinen Urin.‹«
Es wurde gelacht.
Horn hob nun seine Kopie des Storrs-Allwin-Berichts vom Tisch auf. »In Ausübung meiner Pflicht und in dem Bemühen, die Bürger meines Distrikts zu schützen, muß ich manche unangenehmen Dinge tun, und so entschloß ich mich auch, dieses Gutachten zu lesen.
Dieser Bericht hat es inzwischen zu einiger Berühmtheit gebracht.« Er hielt ihn vorsichtig in der Hand. »Wenn sie jetzt freigesprochen würden, infolge irgendeiner Gesetzeslücke oder dergleichen, dann würden ihre sogenannten geistigen Störungen sehr schnell verschwinden. Wenn die Brille nicht entdeckt worden wäre, wenn die Staatsanwaltschaft den Angeklagten das Verbrechen nicht nachgewiesen hätte, dann wäre Joshua Steiner junior jetzt in Paris oder in einer anderen der heiteren Hauptstädte Europas und frönte seiner widernatürlichen Lust mit Hilfe der fünftausend Dollar, die er Charles Kessler entlockt hätte.«
Er schlug den Bericht auf. »Der Arzt hatte keine Ahnung, daß dieses Gutachten in die Hände des Staatsanwalts gelangen würde.« Er machte wie zufällig bei einer Seite halt und kam auf das Kindermädchen zu sprechen – das Kindermädchen, sagte er, das mehr über Arties Dasein bis zum vierzehnten Lebensjahr wisse als irgendein anderer. »Sie versuchten, den Eindruck zu erwecken, sie sei geistesgestört gewesen und Artie hätte sich bei ihr damit angesteckt, wie man sich die Masern holt. Sehen wir doch einmal, was Dr. Allwin über sie sagt. ›Sie ist sehr zurückhaltend, still und exakt in ihren Aussagen und hat ein gutes Gedächtnis. Sie ist als Frau eine anziehende Erscheinung, bescheiden und sehr sorgfältig gekleidet.‹ Warum hat man sie nicht als Zeugin vorgeladen? Jetzt kommt's:

›Sie stritt ab, daß er je Angstzustände oder einen gestörten Schlaf gehabt hätte!‹ Und wenn jemand etwas von den Wachträumen Arties hätte wissen müssen, dann doch wohl diese Frau!«
Nun komme er zu Arties Leidenschaft für Kriminalromane. »Nun, damit steht er nicht allein. Ich erinnere mich, daß ich unters Bett gekrochen bin, um Nick Carter zu lesen. Und als ich an der Yale University studierte, habe ich mich mehr mit Raffles beschäftigt als mit richtigen Büchern. Ich glaube, das geht den meisten normalen, geistig gesunden jungen Leuten so.
Nun behaupten sie, Artie habe sich dieses geringfügigen Vergehens, des Mordes an Paulie Kessler, nur schuldig gemacht, weil er unentwegt nach einem Nervenkitzel suchte.« In schnaubendem Ton zitierte Horn eine Stelle aus dem Bericht der Ärzte: »Er schien nie nach einem Nervenkitzel oder erregenden Vergnügungen Ausschau zu halten, sondern verhielt sich eher still. Nach Miß Lastys Fortgang schien er ziemlich der gleiche zu sein wie vorher, still, liebevoll, äußerst höflich und zuvorkommend.«
Unermüdlich zitierte er aus dem Bericht: »›Er gibt an, völlig bedenkenlos zu lügen und durch und durch unaufrichtig zu sein.‹ Und dann, auf Seite sechsundsechzig, heißt es: ›Er gibt an, gewisse Dinge verschwiegen zu haben, weil ihm geraten worden sei, sie nicht zu erwähnen.‹«
Horn schlug den Bericht mit einer heftigen Bewegung zu: »Hier sind Ärzte«, wetterte er, »die Sie, Herr Präsident, glauben machen wollen, es gehe ihnen nur darum, die Wahrheit herauszufinden. Und doch geben sie zu, daß sie einigen wichtigen Vorfällen nicht weiter nachgeforscht haben!«
A, B, C, D! Wofür diese Buchstaben denn stünden. Wenn auch die Verteidigung ihren Doktoren angeraten habe, diesen Dingen nicht nachzuspüren, habe doch die Staatsanwaltschaft Ermittlungen angestellt.
Alle drei Verteidiger waren aufgesprungen. Ehe Horn noch zum Schweigen gebracht werden konnte, schrie er laut, was denn mit dem »Drüsenraub« sei. Und was mit dem ›verstümmelten Fremden‹. Und was mit dem Tod der beiden Studenten, die in der South Side wohnhaft gewesen seien und von denen man den einen im eisigen See ertrunken und den andern auf der Straße erschossen aufgefunden habe.
Und so ging die Sitzung in einem höllischen Aufruhr unter.

Am Nachmittag setzte Horn sich mit dem Tatmotiv auseinander. »Herr Präsident, ich habe aufgezeigt, daß dieses philosophische Nervenkitzelmotiv Schwindel war. Das wirkliche Motiv hieß Geld.

Die Entführung war um des Lösegeldes willen geplant. Seite 104: ›Sie beschlossen, einen Jungen aus wohlhabender Familie zu entführen.‹ Nervenkitzel? Abenteuer? Geld! Seite 116: ›Er hatte keinen Haß auf den Jungen. Weder er noch sein Gefährte hätte es ohne das Geld getan!‹ Geld! Und von seinem Anteil sagt Artie: ›Fünftausend Dollar sind schließlich fünftausend Dollar!‹ Auf Seite 118, Herr Präsident, heißt es in den Worten von Artie Straus: ›Wir hatten es vor allem auf das Geld abgesehen‹, und der Arzt fügt in Klammern hinzu: ›Dabei bemerkenswerter entsprechender Gesichtsausdruck.‹

Weiter auf Seite 122: ›Der Plan, Willie Weiss zu entführen, wurde aufgegeben, weil sein Vater so knickerig ist, daß wir befürchteten, kein Geld von ihm zu bekommen.‹

Sie hatten auch einmal an ihre eigenen Väter als mögliche Opfer gedacht, aber auf Seite 121 heißt es, sie hätten diesen Gedanken fallengelassen, weil dann niemand dagewesen wäre, der das Geld bezahlt hätte.

In dem Lösegeldbrief schrieben sie: ›Noch eine letzte Warnung: *Es ist dies ein rein geschäftlicher Vorschlag!*‹ Immer wieder, Herr Präsident, sprechen die Täter selbst von ihrem Motiv – man braucht nicht erst Spezialisten aus dem Osten zu holen, um es herauszufinden. Das Motiv heißt Geld.

Auf Seite 124 spricht Artie vom Geld und gibt seiner Meinung von der Macht des Geldes Ausdruck. Er war der Ansicht, das Gericht könne eine Million Dollar nicht an den Galgen bringen, wie heimtückisch auch das Verbrechen wäre. Nun, ich bin anderer Meinung. Ich glaube, das Gesetz steht über dem Geld! ›Er glaube, eine Flucht könne in die Wege geleitet werden. Man müsse ein paar tausend Dollar ausgeben, die Zuchthauswärter bestechen und jemanden finden, der einem eine Pistole zusteckt. Er sagt dies in völlig ernstem Ton, als wäre alles nur eine Frage sorgfältigen, bis ins einzelne gehenden Planens, das er schon bewerkstelligen könne.‹

Welches Gefühl der Ruhe und Sicherheit hätten die Väter und Mütter in unserer Stadt, wenn ihre Kinder durch die Straßen Chikagos zur Schule gehen müßten und diese beiden tollwütigen Hunde frei herumliefen!«

Und dann, die Stimme zu eindrucksvoller Lautstärke anschwellen lassend, rief Horn: »Ja, eines der Bücher, die Artie im Morrison Hotel zurückließ, als sie sich dort um falscher Personalien willen anmeldeten, war *Der Einfluß des Reichtums auf das Kaiserliche Rom*!«

Er las weiter: »Seite 118: ›Ich fragte ihn, ob er seinen Plan wiederholen würde, wenn er sicher wäre, nicht entdeckt zu werden. Er erwiderte: ,Wenn ich das Geld bekäme – ich glaube ja'‹!

Und Wilk sagt, Geld habe nichts damit zu tun! Und nicht der Nervenkitzel und nicht das erregende Abenteuer.«

Artie habe dreitausend Dollar auf der Bank. Rühre dieses Geld von anderen Verbrechen, Einbrüchen oder Raubüberfällen her?

Nach Jos' geplanter Abreise nach Europa habe Artie »seine verbrecherische Karriere auf andere Weise fortsetzen wollen«. Zum einen habe er daran gedacht, in einer übelbeleumdeten Gegend ein Zimmer zu mieten und sich vor geheimen Spielhöllen herumzutreiben und sich mit Verbrechern zu treffen. »Er hätte aber auch ein geschickter Geldbetrüger werden und riesige Aktienschwindeleien inszenieren können wie Koretz. Geld, Geld, Geld!« schrie Horn.

»Geistig gestört? Seite 131: ›Seine intellektuellen Funktionen sind intakt; er ist in Raum, Zeit und Situation voll orientiert, und sein Kontakt mit der Umgebung ist ausgezeichnet. Er bestreitet, je Halluzinationen gehabt zu haben, und es liegt auch kein Beweis für deren Vorhandensein vor.‹

Schließlich spricht Mr. Wilk von Vererbung. Aber auf Seite 139 stellen die Ärzte der Verteidigung fest, daß keine Anzeichen auf Vererbung hindeuteten. All das Böse in ihm stammt von ihm selbst.« Er zitierte: »Der Zustand ist innerhalb der Lebensgeschichte des Individuums erworben und wird mit ihm sterben.«

Als er die Arme fallen ließ, schien dieser Tod vor uns zu stehen.

Horn trank ein Glas Wasser. Dann befaßte er sich mit Jos.

»Keine Emotionen, sagen sie. Er hat seine Gefühle alle zum Teufel gejagt, als er sieben oder acht Jahre alt war, zur gleichen Zeit, als auch Gott aus seinem Herzen wich. Nun, hören wir, was sein Freund Artie dazu sagt. ›Ich hatte einige Mühe, meinen Gefährten zu beruhigen.‹ Das war während der Mordtat, Herr Präsident. Die Stelle kommt gleich nach ›Er erhielt mit dem Meißel Schläge auf den Kopf‹.

Auf Seite 108: ›Mein Gefährte sagte: ‚Das ist schrecklich, das ist schrecklich.' Ich brauchte fünf Minuten, um ihn zu beruhigen.‹ Gefühl oder kein Gefühl? ›Ich sagte ihm, es sei doch alles in Ordnung, und ich redete und machte Witze, um ihn wieder zur Vernunft zu bringen.‹
Und wie steht es mit Arties Mangel an Emotion?« Als er den Ärzten den Hergang des Verbrechens geschildert und erzählt habe, wie sie um halb fünf den Wagen in die Autovermietung zurückgebracht hätten – und nun zitterte er wieder –, »erstickte seine Stimme plötzlich, und er wischte sich mit der Hand die Nase ab«. Ja, er habe geweint, weil alles schiefgegangen sei.
»Kein Gefühl in Übermensch Straus? Kein Gefühl in Übermensch Steiner? Nein, denn als sie vor Gericht kamen, töteten sie auf Anraten ihres Rechtsbeistands alles Gefühl in sich ab. Das Verlangen, die eigene, wertlose Haut zu retten, ist das einzige, was in ihren Gedanken Platz hat. Kein Gefühl, und doch erzählt hier auf Seite 108 Jos dem Arzt, daß er eigentlich Kinder gern habe und den Schlag nicht hätte ausführen können, weil er immer den Wunsch habe, ein weinendes Kind in die Arme zu nehmen und es zu trösten!
Im Bericht heißt es: ›Im Gefängnis steht er deutlich unter einer großen emotionellen Spannung und ist manchmal ziemlich reizbar. Wenn die Zeitungen schreiben, er sei ein kaltblütiger Wissenschaftler ohne Gefühl und mache sich um nichts Gedanken, so ist das völlig falsch‹! Sie geben es also selbst zu! Nur Intellekt, keinerlei Emotion, sagt Jonathan Wilk, und deshalb nicht verantwortlich. Der Bericht sagt: ›Der Patient ist normalerweise nicht fähig, sich ein ruhiges, selbstbeherrschtes Aussehen zu geben, und macht in Gegenwart von Reportern und Besuchern einen vollkommen selbstsicheren, unbeteiligten Eindruck. Wenn er dagegen nicht das Gefühl hat, sich so geben zu müssen, wenn er freimütig mit jemandem spricht und sich gehen läßt, wird sehr viel Reizbarkeit und nervöse Anspannung sichtbar.‹«
Horn grinste sie an, als hätte er ihnen die Maske vom Gesicht gerissen.
Wenn noch jemand daran zweifle, daß sie den Tod verdient hätten, so müsse er an den Ausspruch erinnern, den Arties Mutter getan habe, ehe die Mörder entdeckt worden seien. Wer dieses Verbrechens schuldig geworden sei, habe sie gesagt, der solle mit Teer bestrichen und in Federn gewälzt und aufgehängt werden!

»Was wollte sie damit sagen?« fragte Horn. »Sie wollte damit sagen, daß der Mob sich eines solchen Ungeheuers annehmen müsse! Ja! Wir haben Mr. Wilk immer wieder vom heiseren Geschrei des wütenden Mobs sprechen hören. Nun, wir brauchen nicht zu fürchten, das heisere Geschrei des wütenden Mobs hören zu müssen, wenn die Todesstrafe Anwendung findet. Andernfalls allerdings bin ich weniger sicher!«

Er hielt inne, den Kopf gesenkt wie ein Stier, der zum tödlichen Stoß ausholt. Seinen massigen, untersetzten Körper mit einem Schwung aufrichtend, stellte Horn dem Gericht die Frage, wie es denn um die so innige Freundschaft dieser beiden Perversen bestellt sei. Habe Artie nicht wieder und wieder geplant, Jos umzubringen? Im Bericht sei doch davon immer wieder die Rede.

»Mit anderen Worten – diese König-Sklave-Vorstellung ist eine reine Erfindung der Verteidigung. Die wirklichen Bande waren ganz anderer Art: der eine war ein Verbrecher und der andere wußte etwas von ihm. Straus fürchtete verraten zu werden und trug sich deshalb mit dem Gedanken, Steiner umzubringen. Und der andere erpreßte ihn zu homosexueller Partnerschaft. Straus wollte Steiner mundtot machen und dann mit ihm brechen. Dazu mußte er etwas gegen ihn in der Hand haben, und deshalb wollte er, daß ihm Steiner half, den kleinen Paulie Kessler zu Tode zu würgen.«

Horn warf den Storrs-Allwin-Bericht auf den Tisch wie ein erledigtes, nutzloses Etwas. »Soviel zur medizinischen Begründung der Verteidigung. Mr. Wilk hat uns Poesie zu Gehör gebracht. Darf ich mit der Erlaubnis des Herrn Präsidenten ein wenig Prosa beisteuern?«

Und er las: »Weißes Haus, Washington, D.C.«

Es war ein Brief, der die Berufung gegen ein Todesurteil ablehnte. »Ich habe nur wenig Verständnis dafür, daß man sich auf Geistesgestörtheit beruft, um einen Menschen vor den Folgen seines Verbrechens zu bewahren, wenn sich, falls das Verbrechen nicht begangen worden wäre, keine einzige Stelle dazu bereit gefunden hätte, den Betreffenden in eine Heilanstalt einzuweisen.« Die Unterschrift war die Theodore Roosevelts.

»Ist das nicht hier der Fall?« fragte Horn. »Wenn dieses Verbrechen nicht begangen worden wäre, hätte man dann irgendeine Stelle dazu bringen können, irgendeinen der

beiden Angeklagten als geistesgestört in eine Heilstätte einzuweisen?«
So endete der erste Tag.

Blieb noch Wilks Berufung auf ihre Jugend. War man mit achtzehn Jahren zu jung zum Sterben? Gleich am nächsten Morgen kam Horn darauf zu sprechen: »Herr Präsident, wenn wir die Blüte der männlichen Jugend Amerikas, Jungen von achtzehn Jahren, nach Frankreich schicken können in den Tod der vordersten Schützengräben, zur Verteidigung unserer Gesetze, dann haben wir auch das Recht, neunzehnjährigen jungen Männern das Leben zu nehmen, die jene Gesetze verletzen, für die diese Jungen ihr Leben opferten.
Das Gesetz, dem Sie, Herr Präsident, in diesem Prozeß Geltung verschaffen müssen, bestimmt, daß ein Junge von vierzehn Jahren in der Lage ist, ein Verbrechen zu begehen und die volle und ganze Verantwortung dafür zu tragen.«
Darauf las er eine lange Liste von Namen und Altersangaben vor – junge Menschen, die gehängt worden waren. Die Litanei schien kein Ende zu nehmen. Buff Higgins wurde mit dreiundzwanzig gehängt. Henry Foster mit vierundzwanzig. Viana mit siebzehn...
Und wenn von diesen nur einige wenige auf schuldig plädiert hätten, so habe das einen ganz einfachen Grund. Offenbar sage sich ein Anwalt, wenn er nicht sicher sei, beim Staatsanwalt mit einem vorherigen Schuldeingeständnis auf Entgegenkommen zu stoßen: »Gut, dann probieren wir unser Glück bei den Zwölfen. Gefährlicher kann es bei denen auch nicht mehr werden, und ich gebe meinem Mandanten für sein Geld eine Chance.«
Warum habe man das nicht auch diesmal so gehalten? Weil das Verbrechen so unmenschlich sei – wie ja die Verteidigung selbst zugegeben habe –, daß man einfach nicht vor die Geschworenenbank hätte gehen können.
Und Horn gab eine letzte Darstellung des Verbrechens – die Schläge auf den Kopf, das Erwürgen – und steigerte sich in heiseres, schrilles Schreien hinein: »Und was taten die Ungeheuer, die perversen Unmenschen, dann dem toten Jungen im Wagen an? Geht nicht aus der Aussage des Leichenbeschauers hervor –«
Der Klopfhammer fiel heftig nieder, und Horn hielt inne. Er ließ diesen Punkt einfach fallen und fuhr ganz ruhig fort:

Herr Präsident, ich glaube, ich habe nun die drei von Mr. Wilk vorgebrachten Argumente entkräftet: die Berufung auf geistige Gestörtheit, die Frage des Motivs und das Argument der Jugend der Angeklagten. Aber die eigentliche Grundlage der Verteidigung in diesem Falle ist Jonathan Wilk mit seiner seltsamen Lebensphilosophie. Als ich Mr. Wilk um Milde für diese beiden Männer bitten hörte, die selbst keine Milde kannten, mußte ich an eine Geschichte von Abraham Lincoln denken, in der von einem jungen Mann etwa gleichen Alters die Rede ist, der reiche Eltern hatte und sie beide umbrachte, um ihr Geld zu erben. Das Verbrechen kam heraus, wie auch dieses hier herauskam, und das Gericht fragte ihn, ob er irgendeinen Grund angeben könnte, weshalb das Todesurteil nicht an ihm vollstreckt werden sollte, und der junge Mann antwortete prompt, er hoffe, das Gericht werde einem armen Waisenknaben gegenüber Milde walten lassen.

Mr. Wilk hat uns so ausgiebig mit Versen erfreut, daß ich noch einmal für einige Zeilen Prosa um Gehör bitten möchte.«

Er griff nach einem bedruckten Blatt Papier. Es handle sich, erklärte er, um die Rede eines angesehenen Kriminologen vor den Gefangenen des Distriktgefängnisses. Er las: »Ich spreche zu Ihnen über das Problem des Verbrechens, seine Ursache und seine Therapie, weil ich keineswegs an das Verbrechen glaube. Ein Verbrechen, in dem Sinne, wie dieses Wort allgemein verstanden wird, gibt es nicht. Ich glaube nicht, daß irgendein Unterschied besteht zwischen der sittlichen Gegebenheit innerhalb und außerhalb des Gefängnisses. Die eine ist ebensoviel wert wie die andere. Wer hier im Gefängnis ist, kann ebensowenig dazu wie der andere draußen etwas dazu kann, daß er draußen ist. Ich glaube nicht, daß jemand im Gefängnis ist, weil er es verdient.«

Ein Flüstern ging durch den Saal, einer erzählte dem anderen, was Horn da eigentlich zitierte. Jetzt las er langsamer, unverkennbar Jonathan Wilks gedankenschwere Plädoyermanier nachahmend: »Ich glaube, daß der Fortschritt einfach eine Frage der Annehmlichkeiten ist, die wir aus dem Leben herausholen. Die Genuß-und-Mühe-Theorie ist die einzig korrekte sittliche Theorie und das einzige Mittel, das Leben zu beurteilen.« Horn blickte auf. »Ist das nicht haargenau Jos Steiners Doktrin? Und das ist die Doktrin, der Jonathan Wilk am vergangenen Sonntag in der Chikagoer Presse zum Ausdruck verhalf!«

Diese Feststellung konnte man kaum als zutreffend bezeichnen. Die Stelle, von Mike Prager ausgegraben, stammte au einer sensationellen Rede, die Jonathan Wilk zwanzig Jahr zuvor im Distriktsgefängnis gehalten hatte.
Jos sah Wilk mit glühenden Blicken an. Doch es wollte mi scheinen, als zöge sich Wilk in sich selbst zurück, als wollte e sich vielleicht von diesen so weit zurückliegenden Worten lösen, die ihn plötzlich mit Jos verknüpften. Denn selbst in diesen letzten Stunden des Prozesses hatte ich den Eindruck daß Wilk seinen Mandanten gegenüber keine persönliche Wär me aufbringen konnte – er bemitleidete sie, war ihr rückhaltlo ser Verteidiger, aber sie hatten in seinem Herzen keinen Plat gefunden.
Der Richter beugte sich vor und starrte Horn belustigt an. E schien ihn fragen zu wollen, wen er denn nun eigentlich an den Galgen bringen wollte, Wilk oder die Angeklagten.
Man hatte in der Tat von dem Richter das Gefühl, daß er Wilk Denkart zuneigte; durch den ganzen Prozeß hindurch hatt Horn in seinem Verhalten keinen Hehl daraus gemacht, da der Richter für ihn eine Art Gesinnungsgenosse von Wilk war Und er schien den Richter unmittelbar anzugreifen, als e abermals rief: »Im Grunde beruft sich die Verteidigung au Wilks gefährliche Lebensphilosophie!
Die Gesellschaft wird fortbestehen, das Gesetz wird fortbestehen, und Verbrecher mögen meinetwegen entkommen, abe wenn ein Gericht wie dieses hier zu dem Schluß komme sollte, daß der Doktrin Jonathan Wilks zu folgen und entgege dem Gesetz nicht das Todesurteil auszusprechen sei, dann wir unseren Institutionen damit ein schwererer Schlag versetzt, al ihn hundert, nein, tausend Mörder führen konnten!«
Der Richter sah ihn immer noch mit seinem belustigten, abwä genden Blick an. Und Horn, mit einem gutturalen Grollen de Enttäuschung und Verzweiflung in der Stimme, schoß seine letzten Pfeil ab, den er vielleicht hatte zurückhalten wollen »Mr. Wilk hat gepredigt, eines der Handikaps, unter dene seine Mandanten stünden, stelle die Tatsache dar, daß sie di Söhne von Multimillionären seien. Ich käme jetzt nicht meh darauf zurück, wenn Mr. Wilk es nicht erwähnt hätte – aber e versuchte, das Gericht glauben zu machen, Sergeant McNama ra hätte Jos Steiners Ausspruch erfunden, daß die Millione seines Vaters ihm einen freundlichen Richter verschaffe könnten.«

Es herrschte eine seltsame Atmosphäre in dem großen Raum, man ahnte, daß gleich etwas nicht wieder rückgängig zu Machendes geschehen mußte, etwas, dessen Horn sich nicht länger mehr enthalten konnte.

Horn sah den Richter scharf an. »Hat Sergeant McNamara gelogen?« fragte er. »Ich weiß nicht, Herr Präsident, ob Sie den Worten dieses Beamten der Exekutive glauben, aber lassen Sie mich noch eines sagen: Vielleicht haben Sie diese beiden Angeklagten beobachtet, die hier vor Ihnen saßen und sitzen, vielleicht ist Ihnen das Benehmen ihrer Anwälte und Angehörigen aufgefallen. Mit einer ehrenvollen Ausnahme – und das ist der alte Mann, der dort in Sack und Asche sitzt und ein Anrecht auf unser aller Mitgefühl hat, der alte Mr. Steiner – mit dieser einzigen ehrenvollen Ausnahme«, – er holte tief Luft, fuchtelte mit den Armen und schrie die nächsten Worte mit schriller Stimme in den Gerichtssaal hinein – »haben sie alle gelacht und sich lustig gemacht und spöttische Blicke um sich geworfen! Und wenn der Angeklagte Steiner auch nicht gesagt haben sollte, daß er vor einem freundlich eingestellten Richter auf schuldig plädieren will, nun, dann beweist sein ganzes Verhalten hier bei diesem Prozeß immerhin, daß er glaubt, er habe einen solchen gefunden!«

Richter Matthewson erhob sich, starrte den Staatsanwalt an, setzte sich dann wieder. »Ich will nicht gehört haben, was Sie soeben sagten.«

Der Schock, den Horns nicht wiedergutzumachende Worte verursacht hatten, war so groß, daß man sich nicht einmal am Tisch der Verteidigung über den gewonnenen Vorteil zu freuen schien.

Horn kam hastig zum Schluß. »Ich glaube, die im Zusammenhang mit dem zur Verhandlung stehenden Fall erwiesenen Tatsachen und Umstände zeigen auf, daß von den Angeklagten ein Verbrechen begangen wurde und daß keine andere Strafe als die höchste Strafe, die das Gesetz kennt, angebracht ist. Ich übergebe Ihnen den Fall im Namen des Staates Illinois und bitte Sie, Herr Präsident, mit den Worten der Heiligen Schrift, für ›Gerechtigkeit und Rechtschaffenheit im Lande zu sorgen‹.«

Richter Matthewson schien Horns letzte Worte nicht gehört zu haben, da er offenbar alle Kräfte hatte aufbieten müssen, seine Selbstbeherrschung nicht zu verlieren.

»Ehe die Staatsanwaltschaft den Fall übergibt«, sagte er, »ordnet das Gericht an, daß die Schlußbemerkung des Anklagevertreters aus dem Protokoll herausgenommen wird, da sie einen feigen und tückischen Angriff auf die Integrität dieses Gerichts darstellt.«

Horns Stimme war halb erstickt vor ohnmächtiger Wut. »Sie war nicht so aufzufassen, Herr Präsident.«

Der Richter ignorierte ihn. »Sie kann keinen anderen Zweck verfolgt haben, als den Mob anzustacheln und zu versuchen, das Gericht einzuschüchtern.«

»Herr Präsident, der Staatsanwalt hatte keineswegs diese Absicht.«

Der ganze Gerichtssaal saß wie elektrisiert da, die Jungen richteten sich in furchtsamer Hoffnung auf, sie spürten, daß irgend etwas völlig Seltsames geschah, vielleicht ein Umschwung, der ihnen das Leben retten konnte.

»Ich wollte nur vor dem Gericht meine persönlichen Gefühle zum Ausdruck bringen«, fuhr Horn beharrlich fort. »Es war meine Absicht als Staatsanwalt –«

»Der Staatsanwalt wußte, daß seine Worte im ganzen Land und in der ganzen Welt gehört würden.«

»Es lag nicht in meiner Absicht –«

»Das Gericht wird sich von niemandem, zu keiner Zeit und an keinem Ort einschüchtern lassen, solange es diese Funktion ausübt.« Der Richter lehnte sich zurück.

Nach einer kurzen Pause sagte er: »Ich werde jetzt mit dem Fall zu Rate gehen, meine Herren. Ich habe praktisch zweitausend Seiten Material vor mir. Es wird einige Zeit erfordern, eine Entscheidung zu treffen und das Urteil zu finden. Ich glaube, ich werde etwa zehn Tage dazu benötigen, und setze hiermit den zehnten September als Termin fest.« Er erhob sich. »Der Fall wird vertagt auf den zehnten September neun Uhr dreißig.«

Während dieser zehn Tage ließ das ungeheure, gespannte Interesse an dem Fall nicht nach, es nahm eher noch zu. Überall tauchten Gerüchte auf; man drohte, das Haus des Richters werde in die Luft gesprengt, er selbst getötet werden, falls er über die Angeklagten nicht den Stab bräche.

Auch Jos verhielt sich nicht still. Wenn das Urteil auf Tod lautete, konnte es, nach den Gesetzen von Illinois, in wenigen Monaten bereits vollstreckt werden. Sein Geist schien schneller zu arbeiten, um irgendeinen Beweis für die Bedeutung seines Lebens beizubringen.

Er gab jetzt auch die Liste der Fragen bekannt, die er aus dem Jenseits beantworten wollte, falls es ein Leben nach dem Tode gab. Sie lauteten:

Dauert die menschliche Erfahrung in irgendeiner Bewußtseinsform nach dem Tode fort?

Gibt es ein vollkommenes Allwissen?

Sind die zivilisatorisch-kulturellen Anstrengungen auf Erden notwendig? Wie steht es um das primitive Denken?

Ist das Nichtvorhandensein eines körperlichen Wesens ein Vorteil?

Werden vom Geist vor dem Tod aufgenommene Eindrücke behalten?

Ist die irdische Gerechtigkeit der letzte Schluß oder gibt es ein höheres Gericht?

Was ist Glück?

22

Am Tag der Urteilsverkündung sperrte frühmorgens berittene Polizei das Gebäude ab. Es herrschte ein ungeheures Gedränge. Pünktlich um neun Uhr dreißig hatten alle ihre Plätze im Saal eingenommen, und Richter Matthewson erschien. Unter uns Presseleuten gaben Mike Prager und seine Freunde die düstersten Prophezeiungen zum besten. Draußen sei der Mob auf den Beinen; wenn das Urteil nicht auf Hängen laute, würden die Jungen das Gebäude nicht lebend verlassen.

Ich hatte nicht das Gefühl, daß die Menge auf der Straße ein Lynchmob sei, aber beunruhigt war ich doch. Heute möchte ich eher von einer Menge sprechen, die den Ausgang eines heiß umkämpften Wahlgangs erwartet. Alle beherrschte ein fieberhaftes »Wissen-Müssen«. Ich sprach später mit Menschen darüber, die mir an Erfahrung und Weisheit überlegen waren, und sehe heute, daß man weniger auf die Entscheidung als solche wartete, weniger auf das »Wer gewinnt?« als auf die Bedeutung der Entscheidung im Zusammenhang mit dem eigenen Ich – in jedem einzelnen muß eine Identifizierung stattgefunden haben, in jedem einzelnen muß versteckt das Gefühl gewesen sein, daß die Entscheidung sich symbolisch auch auf die eigenen, dunkelsten Impulse beziehe: *Wenn ich mich selbst zu einer ebenso gräßlichen Tat hinreißen ließe, wie würde ich dann dafür bestraft? Würde ich dafür sterben müssen?*

Wir erhoben uns alle, als der Richter eintrat. Nach der rasche[n] Erledigung der Formalitäten nahmen die Angeklagten, vo[n] Wilk und Ferdinand Feldscher in die Mitte genommen, vor ihn[...] Aufstellung, und als seine Augen ihren Blicken begegneten[,] vermochte immer noch niemand zu sagen, ob er ihnen den To[d] oder das Leben brachte. Artie war ganz bleich, seine Wange[n] zuckten. Jos blieb teilnahmslos.
Richter Matthewson verlas die Urteilsbegründung:
»In Anbetracht des großen und außerordentlichen Interesses[,] das dieser Fall nicht nur in dieser Stadt, sondern im ganze[n] Land und noch über dessen Grenzen hinaus erweckt hat, hält e[s] das Gericht für seine Pflicht, die Gründe darzulegen, die z[u] dem Spruch führten, den es gefällt hat.
Es kann nicht als ungewöhnlich betrachtet werden, daß sich de[r] Angeklagte bei einem Strafprozeß von vornherein schuldi[g] bekennt, aber fast ausnahmslos war ein solches Vorgehen i[n] der Vergangenheit das Ergebnis eines ausdrücklichen Abkom[-] mens zwischen dem Angeklagten und dem Staatsanwalt; un[d] wenn keine besonderen Gründe dagegen sprechen, ist es di[e] Praxis des Gerichts, den Empfehlungen der Anklagevertretun[g] zu folgen.
Im vorliegenden Fall ist die Situation eine andere. Die Verte[i]digung hat auf schuldig plädiert, ohne sich vorher mit de[r] Staatsanwaltschaft abzusprechen und ohne irgendeine Stel[-] lungnahme dazu abzugeben.« Ferner, so hob der Richter her[-] vor, mache das Schuldbekenntnis in diesem Falle die Aufgab[e] der Untersuchung nicht dadurch leichter, daß es die mögliche[r-]weise schwierige Verfolgung der Beweiskette erübrige, den[n] die Staatsanwaltschaft sei ja bereits im Besitz von ausreiche[n-]dem Beweismaterial sowie von Geständnissen gewesen.
Hieß das – Tod?
Es gehe um zwei Verbrechen – Mord und Kindesentführun[g] zur Erpressung von Lösegeld. Bei beiden sei es nach der Verfas[-]sung die Pflicht des Gerichts gewesen, Zeugen zwecks Feststel[-] lung erschwerender und mildernder Umstände zu hören. »Die[-]ser Pflicht wurde voll und ganz genügt. Das sowohl von de[r] Anklagevertretung wie von der Verteidigung vorgebrachte und durch Zeugenaussagen belegte Beweismaterial war so aus[-] führlich und umfangreich, als wäre der Fall vor einem Schwur[-] gericht verhandelt worden.«
Dann wurde ein anderer Punkt berührt – war es ein Punkt fü[r] Horn? »Das Beweismaterial hat das Gericht zu der Überzeu[-]

ung gebracht, daß der Fall kein solcher ist, bei dem die Verteidigung sich mit Erfolg auf Geistesgestörtheit hätte berufen können, in dem Sinne, wie der Begriff im Gesetz dieses Landes zum Zwecke der Anwendung bei Strafgerichtsverfahren definiert wird.

Das Gericht sieht sich jedoch gezwungen, kurz auf das reiche Material einzugehen, das bezüglich der körperlichen, geistigen und sittlichen Verfassung der beiden Angeklagten vorgelegt wurde. Die Angeklagten sind aufgrund dieses Materials in wesentlichen Hinsichten als anomal zu betrachten; wären sie normal gewesen, hätten sie das Verbrechen nicht begangen.«

Das waren ja Wilks Worte!

Es übersteigt ebensosehr die Zuständigkeit des Gerichts wie das Vermögen der Menschheit auf ihrer derzeitigen Entwicklungsstufe überhaupt, die letzte Verantwortlichkeit für menschliches Handeln zu begründen.

Das Gericht erkennt jedoch bereitwillig an, daß die sorgfältige Analyse der Lebensgeschichte der beiden Angeklagten und ihrer gegenwärtigen geistigen, emotionellen und sittlichen Verfassung von größtem Interesse war und einen wertvollen Beitrag zur Kriminologie darstellt.«

Das konnte nur bedeuten, daß er sich dem Standpunkt der Verteidigung anschloß.

Doch hat das Gericht sehr stark den Eindruck, daß ähnliche Tests bei anderen eines Verbrechens angeklagten Personen wahrscheinlich ähnliche oder andere Abnormitäten sichtbar machen würden. Der Wert solcher Tests scheint in ihrer Anwendbarkeit auf Verbrechen und Verbrecher im allgemeinen zu liegen. Da sie nur die Frage menschlicher Verantwortlichkeit und gesetzmäßiger Strafe im großen betreffen und in keiner Weise für den einzelnen Angeklagten eigentümlich sind, können diese Tests zwar im Hinblick auf die Gesetzgebung, nicht aber in Hinsicht auf die Rechtsprechung Beachtung finden. Aus diesem Grund kommt das Gericht zu der Feststellung, daß seine Entscheidung in dem zur Verhandlung stehenden Fall nicht durch sie beeinflußt werden kann.«

Dann hatte Horn gewonnen; dann war alles vorbei.

Die Beweisaufnahme im vorliegenden Fall enthüllt ein Verbrechen von einmaliger Entsetzlichkeit. Es ist in gewissem Sinn unerklärbar, wird aber deshalb nicht weniger unmenschlich oder abstoßend. Es ist monatelang geplant und vorbereitet

und mit aller nur denkbaren Gefühllosigkeit und Grausamkei[t]
ausgeführt worden.« Er hob den Blick und fuhr in einem gan[z]
anderen, schmerzlichen Ton fort, mit der Stimme des Manne[s,]
der nun einige der schmutzigsten Dinge im Leben berühre[n]
muß. Er komme auf den nächsten Punkt zu sprechen, sagte e[r,]
»nicht in der Absicht, das Maß der Schuld zu verringer[n,]
sondern lediglich zu dem Zweck, ein Mißverständnis zu bese[i-]
tigen, das sich in der Öffentlichkeit durchzusetzen scheint«. E[s]
betraf den grausigsten aller Einzelumstände. Er sei, so sagte [er,]
»durch schlüssiges Beweismaterial zu der Überzeugung ge[-]
langt, daß mit der Leiche des Opfers kein Mißbrauch getriebe[n]
wurde«.

Er wandte sich wieder seinem Schriftstück zu. »Es bedurf[te]
jedoch dieses Elements nicht mehr, um das Verbrechen jede[m]
menschlichen Gefühl verabscheuungswürdig erscheinen z[u]
lassen, und das Gericht stellt fest, daß es weder in den Umstä[n-]
den der Tat selbst noch in ihren Motiven oder ihrem Mangel a[n]
Motiven einen mildernden Umstand finden kann.«

Also doch Tod – endgültig?

Der Richter kam auf die nach dem Gesetz möglichen Strafen z[u]
sprechen. Für Mord – Tod oder von vierzehn Jahren bis leben[s-]
länglich Zuchthaus. Für Kindesentführung – Tod oder von fü[nf]
Jahren bis lebenslänglich Zuchthaus.

»In Anbetracht des Schuldbekenntnisses fiel die Aufgabe de[r]
Straffestsetzung dem Gericht zu, und das Gesetz sieht in diese[r]
Beziehung für das Gericht keine Bestimmungen oder Rich[t-]
linien vor. Bei seiner Beschlußfassung hätte das Gericht de[n]
Rat und Beistand anderer begrüßt, es ist jedoch bereit, sein[er]
Verantwortung nachzukommen.

Die einfachste, den Weg des geringsten Widerstands nehme[n-]
de Entscheidung wäre gewesen, die gesetzliche Höchststra[fe]
aufzuerlegen.«

Dann hieß es Leben!

Schon sah man hier und da ein freudiges Lächeln, aber Jos un[d]
Artie wagten nicht zu atmen. »Wenn das Gericht sich nicht fü[r]
den Tod, sondern den Kerker entschieden hat, so zog es dabe[i]
vor allem das Alter der Angeklagten in Betracht, die Junge[n]
von achtzehn und neunzehn Jahren sind.«

Wilks abgespanntes Gesicht leuchtete auf, denn letztlich hatt[e]
er darauf den besonderen Nachdruck gelegt – auf das jugendl[i-]
che Alter und die in der Vergangenheit geübte Rücksichtnah[-]
me auf die Jugend eines Angeklagten.

Das Gericht glaubt, daß es innerhalb seiner Zuständigkeit
egt, das Verhängen der Todesstrafe bei nicht volljährigen
ersonen abzulehnen.

ieser Entschluß stimmt offensichtlich mit dem Fortschritt in
er Strafgesetzgebung in der ganzen Welt und mit den Forde-
ngen der aufgeklärten Menschheit überein. Außerdem steht
e Entscheidung mit der in diesem Staat bisher geübten Praxis
 Einklang.

uchthaus auf Lebenszeit kommt der öffentlichen Meinung im
ugenblick wesentlich milder vor als Tod durch Erhängen,
er für die Täter, zumal in Anbetracht ihres besonderen Ty-
us, kann das jahrelange Leiden in Abgeschlossenheit sehr
ohl die strengste Form der Strafe und Sühne sein.«

ewegung kam in den Gerichtssaal, man atmete wieder. Viel-
icht rechnete sich Jos schon aus, nach wieviel Jahren sie für
ne Begnadigung in Frage kämen. Aber Richter Matthewsons
timme fuhr in unerbittlich unheilverkündendem Ton fort:
Das Gericht hält es für angebracht, ein letztes Wort über die
uswirkung des Begnadigungsrechts auf die Strafe dieser An-
klagten zu sagen. Im Fall eines so gräßlichen Verbrechens
egt es gänzlich im Ermessen der Behörden für Öffentliche
Vohlfahrt, diese Angeklagten nie zu einer Begnadigung zuzu-
ssen.

as Gericht ersucht die Behörden dringend, diese Haltung im
orliegenden Fall einzunehmen. Wenn die Strafe der beiden
ngeklagten durch eine solche Einstellung verschärft wird, ist
amit sowohl der Gerechtigkeit wie dem Interesse der Öffent-
chkeit gedient.«

ann verlas er das offizielle Urteil. Beiden wurde wegen Mor-
es auferlegt, »im Zuchthaus von Joliet in Gewahrsam gehal-
n zu werden für die Dauer ihres natürlichen Lebens«.

usätzlich wegen Kindesentführung zwecks Erpressung von
ösegeld »im Zuchthaus von Joliet in Gewahrsam gehalten zu
erden für die Dauer von neunundneunzig Jahren«.

ls die Urteilssprüche gleich eisernen Gitterstangen fielen,
rteilssprüche auf Lebenszeit und darüber hinaus, sank die
ste freudige Erregung zusammen. Aber dann quoll der Le-
ensdrang hervor und riß jedes andere Gefühl mit sich. Jos und
rtie stießen einander an und winkten ihren Bekannten im
erichtssaal zu und lachten vor Glück. Jos wurde nur für einen
ugenblick sehr still, als sein Blick den Augen des Vaters
egegnete und der alte Mann sich erhob, kaum weniger kum-

merbeladen als zuvor, und hinter Max aus dem Saal hinaus ging. Es war vorbei. Man hatte verfügt.
Jos zwängte sich mit ausgestreckter Hand zu Wilk durch. Wil nahm seine Hand. Eine Sekunde lang schien es, als wollte Tränen in Jos' Augen treten, aber der Händedruck wurde durc das ungestüme Dazwischentreten der Gerichtsdiener unter brochen, die die Jungen aus dem Raum hinausführten und ih Leben zu schützen hatten, das ihnen gerade wiedergegebe worden war.

Zu den Aufregungen über das Urteil gesellten sich im Laufe d Tages noch Gerüchte von Mordanschlägen. Mike Prager woll jede Wette eingehen, daß sie die staatliche Haftanstalt vo Joliet nicht lebend erreichen würden. Irgend jemand woll wissen, daß dreihundert Mitglieder des Ku-Klux-Klan sich b reits bei Berwyn westlich von Chikago versammelten, um m ihren Wagen die Straße zu sperren und die Gefangenen z lynchen.
Als es abends dämmerig wurde, brachte ein Geleit von Wache Jos und Artie schnell zu einem großen schwarzen Marmon, d mit laufendem Motor am Hintereingang des Gefängniss hielt. Sie waren mit einer kurzen Kette am Handgelenk anein andergefesselt. Im Wagen saßen vier Polizisten mit gezogene Pistolen, das Schnellfeuergewehr auf den Knien. Ein Wage der Polizisten fuhr voraus, zwei weitere hinterher. Die Kolor ne sauste mit hoher Geschwindigkeit davon.
So aufgeregt war die Begleitmannschaft, daß der Wagen unte wegs zweimal beinahe einen Unfall gehabt hätte. Einmal, no in den Außenbezirken der Stadt, konnte ein Zusammensto nur durch ganz plötzliches Herumwerfen des Steuers vermi den werden; Wachpersonal und Gefangene wurden durchein andergeschleudert, und Jos und Artie mußten lachen. Bei zweitenmal warf ein plötzliches Stoppen vor einem Bahnübe gang den Wagen der Gefangenen in den Straßengraben.
Aber nach wenigen Stunden schon waren Artie und Jos d Zuchthausverwaltung übergeben, und plötzlich war das ganz Drama vorüber. Die Tore schlossen sich hinter ihnen, und fü beide begann das Gefängnisleben mit Einzelhaft.

Und in der Tat schien die Welt ihr Weiterleben unter diese Gesichtswinkel zu betrachten. Als die Kommentare der Press eintrafen, konnten wir sehen, wie man auf das Urteil reagiert

Der Leitartikler der *New York Times* schrieb zum Beispiel, das Zuchthaus müsse in ihrem Fall wirklich das »Verlies« sein und ein Auslöschen des Lebens bedeuten, das praktisch dem Tode gleichkommt«.

Eine Zeitung in Indianapolis erklärte, der Richter habe die Wahrheit gesprochen – das ganze Leben im Zuchthaus zu verbringen sei eine schwerere Strafe als die Hinrichtung. Aber könnten sie nicht eines Tages freigelassen werden? Diese Befürchtung schien wie eine Epidemie um sich zu greifen. Rechtsgelehrte gaben Interviews und stellten fest, daß sie in fünfzig, ja in zwanzig Jahren bereits begnadigt werden konnten. In Chikago schrieb die *Tribune*, daß man trotz der Empfehlung des Richters nicht sicher sei, was später einmal geschehe. Und wenn das Blatt auch gewissermaßen zähneknirschend das Urteil hinnahm, erklärte es doch, daß es in erster Hinsicht ein Urteil gegen die Todesstrafe darstelle, denn wenn diese beiden nicht den Galgen verdienten, würde jeder, den man in Zukunft im Staate Illinois hinrichte, zu Unrecht hängen.

Doch schien trotz aller noch grollenden Erregung das Urteil den Schlußstrich unter den Fall gezogen zu haben. Die verschrobenen Drohbriefe und Anrufe blieben bald aus. Das Gericht hatte gesprochen, und über den Fall war entschieden worden. Und in wenigen Tagen schon wurden Straus und Steiner in keiner Zeitung mehr mit einer Zeile erwähnt. Wir brachten nur noch in der Sonntagsausgabe den Beitrag eines bekannten Professors der Rechte, der darauf hinwies, daß das ausführliche, bei diesem Prozeß vorgelegte psychiatrische Beweismaterial einen Meilenstein in der Gerichtsmedizin darstelle.

23

Einige Tage nach der Urteilsverkündung entschloß ich mich endlich, Ruth aufzusuchen. Da erst erfuhr ich, daß sie in die Oststaaten gefahren war – sie studierte jetzt am Smith College.

Während der nächsten Monate blieb ich bei meiner Zeitung in Chikago. Ich hatte eine Affäre mit einer Reporterin der *News*, einer ›emanzipierten Frau‹. Damals begannen die Bandenkriege, und ich spezialisierte mich auf die entsprechende Nachrichtenspalte – es war immer das gleiche: rasender Wa-

gen, Kugelregen, ein oder mehrere durchsiebte Körper; dan
die Gangsterbeerdigung, die genaue Darstellung der Identifi
zierungsmerkmale und selten einmal eine Verhaftung. Über
führt wurde fast nie jemand; es handelte sich einfach u
Leute, die ihre Streitigkeiten auf der Straße mit dem Schieß
eisen austrugen, sie machten es fast genau wie die Kinde
Bumm, du bist tot.

Es tauchte die Frage auf, ob ich die Belohnung annehmen sollt
die für die Mithilfe bei der Festnahme von Steiner und Strau
ausgesetzt worden war. Zehntausend Dollar sollten aufgetei
werden unter dem Polen, der die Brille gefunden, dem Detek
tiv, der sie identifiziert hatte, und einigen anderen. Und Tor
und ich sollten je tausend Dollar bekommen.

Lehnte ich ab, konnte man das so auslegen, als ob Tom nicht da
Recht gehabt hätte, anzunehmen. Und es gab für mich auc
keinen Grund zur Ablehnung. Nachher betranken wir un
gehörig bei Louie. Ich sagte, ich wolle nach Europa gehen un
schreiben.

Ich hatte sogar vor, auf der Fahrt nach Osten im Smith Colleg
vorzusprechen, und ich schrieb deshalb an Ruth. Ihre Erwide
rung war in höflichem, aber kühlem Ton gehalten. Sie gratu
lierte mir zu meiner Belohnung, ›da ich ja nun meinen schrif
stellerischen Ambitionen eher nachgehen könne‹.

Ich versuchte, ihr in einem Brief meine Ansicht zu erkläre
und sie schrieb zurück, wir stünden beide noch zu sehr unte
dem Eindruck des Geschehnisses – vielleicht könnten wir be
meiner Rückkehr aus Europa unsere Freundschaft neu be
ginnen.

In Paris suchte ich zuerst Myra auf; sie war gleich nach der
Prozeß abgereist. Sie war jetzt schlanker, anziehender denn je
sie hatte große Augen und glattes Haar und war bereits ein
Ultra-Habituée des Dôme; sie nickte und winkte jedem zu un
sagte mir, wer diese Bekannten waren – Hemingway, Gertrud
Stein und der Herausgeber von *transition*, bei dem sie ihr
Gedichte unterzubringen hoffte.

Wir tranken zusammen Pernod, und dann zeigte sie mir da
wahre Paris. Wir küßten uns am Seineufer, und es muß fas
Morgen gewesen sein, als wir ganz selbstverständlich auf mei
Hotelzimmer gingen – und dann redete sie auf mich ein: ic
sollte sie ›nehmen‹, das sei das einzige Mittel, ›um es herauszu
finden‹. Aber als wir es dann versuchten, wurde sie steif un

erkrampfte sich, und ihr ganzer Körper zitterte unter der Anstrengung, die Starre abzuschütteln, und schließlich sagte sie ganz leise, so sei das immer – sie hoffe, ich würde ihr verzeihen, daß sie versucht habe, mich dazu zu benutzen, aber...

Wir trafen uns später noch gelegentlich in Cafés und redeten und redeten. Man sah Myra immer in Begleitung der männlichen Neuankömmlinge, sie hielten einander auf der Straße an der Hand, und dann ging sie mit ihnen irgendwohin.

Nachdem ich ein paar Monate lang in Paris zu schreiben versucht hatte, ließ ich mich ab und zu im Büro des Chikagoer *Globe* sehen, und schließlich arbeitete ich ganztägig für die Zeitung. Immer hatte ich mit Vorfällen von einiger Bedeutung zu tun; es war, als kämen sie geradewegs auf mich zu.

Ich ging nach Italien, ging nach Deutschland. Es war schon etwas von dem großen Unbehagen, der zunehmenden Ermüdung Europas zu spüren, und das erschien mir alles irgendwie bekannt; ich hatte den Geschmack noch von Chikago her auf der Zunge. Alles kam, als hätte man es nicht anders erwartet. So verging die Zeit.

Dann kamen die Unruhen in Wien, die kurze, erfolglose Revolution, als sich die Sozialisten in ihren Musterwohnhäusern verschanzten. Sie waren in wenigen Tagen ausgeräuchert. Zusammen mit anderen Experten sagte ich große Umwälzungen voraus. Die Sozialisten waren aus dem Wege geräumt – was konnte den vom Größenwahn verfolgten Hitler davon abhalten, Österreich zu verschlucken?

Ich hatte meine Story gerade fertig und gab mich noch unschlüssig der niederdrückenden Stimmung nach den Schießereien hin, als ich eines Morgens in meinem Hotel einen Anruf bekam. »Herr Doktor Weiss«, meldete der Portier. Es war Willie.

Er wartete unten in der Vorhalle, zwergenhaft wie immer, den Kopf zur Seite geneigt, während er mich mit zusammengekniffenen Augen musterte. Seine geschlossenen Lippen umspielte das alte wissende, ironische Lächeln.

Ich fragte ihn, was er denn in Wien mache.

Meine Frage schien ihn zu überraschen. Wo anders als in der Heimatstadt des Großen Alten sollte er sich denn aufhalten, um seine wissenschaftliche Arbeit zu beenden?

»Gehen wir ein Stück spazieren«, sagte er und fügte hinzu, er

gestatte sich jeden Morgen einen Spaziergang von eine
Stunde.
Willie schritt rasch aus und stellte genauso rasch seine Frager
Zunächst mußte ich ihm in aller Ausführlichkeit erzählen, wa
ich von der Erhebung hielt. Dann fragte er mich ganz unver
mittelt nach den Jungen im Zuchthaus. Ob ich etwas von ihne
wisse. Ob sie sich der Gefängnisroutine untergeordnet hätter
Oder ob wenigstens Jos es verstanden habe, sich eine Ar
schöpferischen, geistigen Lebens zu bewahren.
Ich mußte ihn enttäuschen, denn ich hatte keine Ahnung. Icl
erinnerte mich nur noch an eine Nachricht, die mir Tom Dal
nach dem Prozeß hinterbracht hatte: man schien Artie jetzt z
glauben, daß er zumindest an dem ›Drüsenraub‹ unschuldi
war, denn wie ein Gerücht besagte, das bei der Polizei in de
South Side umging, war der Taxifahrer in Wirklichkeit vo
dem Bruder eines Mädchens verstümmelt worden, das er ver
gewaltigt hatte. Aber deshalb blieben Arties andere Verbre
chen immer noch in mysteriöses Dunkel gehüllt.
Man hätte die Jungen weiter beobachten und untersuche
sollen, meinte Willie. Ob ich wisse, daß Dr. McNarry vo
kurzem gestorben sei.
Nein, das wußte ich nicht. Ich brauchte sogar einige Zeit, un
mich wieder in die Tage des Prozesses zurückzuversetzen un
mir den Arzt als den Wortführer der psychiatrischen Vertei
digung vorzustellen.
Wie angebracht, wie sehr den ganzen Umständen angemesse
das gewesen wäre, meinte Willie, wenn die drei Familie
McNarrys Vorschlag angenommen hätten. Aber vielleich
könne man den Plan noch einmal aufbringen, gerade jetzt, un
damit McNarry, der als einer der ersten Psychiater Amerika
aufgeschlossen genug gewesen sei, Freud zu akzeptieren, ei
Denkmal setzen.
Aber von welchem Vorschlag McNarrys er denn eigentlic
spreche, fragte ich.
Oh, das wisse ich nicht? Kurz nach dem Prozeß hab
Dr. McNarry allen drei Familien – den Kesslers ebenso wi
den Angehörigen der beiden Täter – einen wundervolle
Gedanken vorgetragen. Schließlich waren sie ja durch die Tra
gödie miteinander verbunden, jede Familie hatte einen Soh
verloren.
Dr. McNarry habe vorgeschlagen, die drei leidgeprüften Mil
lionärsfamilien sollten einen Fonds zugunsten des Studium

der Geisteskrankheiten einrichten. »Ein großes Forschungszentrum in Chicago.«
»Den Vorschlag hat er allen drei Familien gemacht?«
»Ich glaube, es wäre beinah etwas daraus geworden. Paulie Kesslers Vater hat der Gedanke eingeleuchtet. Sie wissen ja, der kleine Mann war gar nicht so übel.« Und Arties Mutter sei sehr für den Plan eingenommen gewesen. »Ich glaube, die arme Mrs. Straus wäre etwas von ihrem Schuldgefühl losgeworden, wenn ihre Tragödie damit gewissermaßen anerkannt worden wäre.« Aber wer sich der Idee widersetzt habe, das sei Randolph Straus gewesen, der das Verbrechen seines Sohnes nicht habe auf diese Weise verewigt sehen wollen.
»So ein Jammer, so eine ungeheure Materialverschwendung!« sagte Willie. Als erstes hätte eine tiefschürfende Analyse des Verbrechens selbst angestellt werden sollen. »Nachdem das Urteil ja einmal gesprochen war, hätte man doch auch das ganze Material untersuchen können, das nicht zur Sprache kam.«

Welches Material? Wollte er mir vielleicht jetzt etwas von den mysteriösen Verbrechen *A, B, C, D* erzählen? Hatte Willie also doch etwas gewußt? Eine seltsame Unschlüssigkeit bemächtigte sich meiner. Sollte ich mich noch einmal in die ganze Sache hineinziehen lassen? Aber ich konnte nicht anders. »Hat denn wirklich noch mehr dahintergesteckt?«

Er spreche von ganz anderem Material. Er spreche von der Ausdeutung.

Mir fiel ein, daß er ja selbst versucht hatte, eine Erklärung zu finden und Theorien aufzustellen. Der Meißel, das Werkzeug – aber auf noch etwas anderes hatte Willie damals so großen Wert gelegt, erinnerte ich mich jetzt wieder. Er hatte von zwei Dingen gesprochen, von dem Werkzeug und von dem Versteck der Leiche. Was er mit dem zweiten wollte, hatte ich nie begriffen. Das Werkzeug war Arties Idee gewesen, aber das Sumpfgelände hatte Jos ausgesucht.

»Ja, ganz richtig«, sagte Willie, »das war der Anteil von Jos. Artie – das Werkzeug, Jos – das Behältnis.« War dann also die ganze Tat ein Symbol? Willie mußte mein Zögern, meine Ratlosigkeit bemerkt haben, denn er versuchte es von einer anderen Seite her. »Wissen Sie etwas vom Todesinstinkt?« Alles Leben sei ein Kampf mit dem Todeswunsch, und im Falle von Jos und Artie hätten wir gesehen, wie dieser Wunsch die Oberhand gewonnen habe.

»Versuchen wir nicht immer, jedes Geschehen der letzten Theorie anzupassen, die wir gerade aufgestellt haben?« fragte ich.

»Warum ist Jos wohl gerade auf diese Stelle verfallen?« wiederholte Willie.

»Auf das Sumpfgelände? Er kannte sich dort aus. Er hat doch dort immer seine Vögel beobachtet.«

»Er hat auch an vielen anderen Stellen Vögel beobachtet. Etwas hat ihn getrieben, gerade diese Stelle zu wählen und nicht die Dünen oder den See oder einen anderen Ort.« Artie zum Beispiel müsse bei anderen Gelegenheiten andere Plätze gewählt haben – wenn man einmal voraussetze, daß Artie tatsächlich noch andere Verbrechen begangen habe. In diesem Fall aber habe Jos auf der von ihm ausgesuchten, angeblich einzig richtigen Stelle bestanden.

»Na schön«, sagte ich. »Warum also ist er auf das Hegewisch Moor verfallen?«

»Es geht nicht um das Hegewisch-Moor als solches – es geht um die ganz spezielle Stelle.«

»Da unter dem Eisenbahndamm?« fragte ich. »Das Abflußrohr?« Das war mir in der Tat immer merkwürdig vorgekommen, denn es stellte ganz offensichtlich kein besonders sicheres Versteck dar.

»Na, sehen Sie jetzt, wofür dieses Versteck steht?«

Ich sah das Loch vor mir, das weiße Betonrohr, und das sagte mir überhaupt nichts.

»Das Rohr.« Er starrte mich an, bis ich schließlich das Gefühl hatte, er selbst sei ein wenig wie Jos und Artie und von seiner eigenen Genialität besessen. »Ein nackter Körper in diesem Rohr«, sagte er. »Er paßte doch nur so gerade hinein, nicht wahr, und das Wasser, der Körper in dieser glitschig-flüssigen Umgebung, und etwas Wasser fließt durch das Rohr, oder sagen wir die Zisterne, das Behältnis –«

Ich starrte ihn meinerseits an und begann zu ahnen, worauf er hinauswollte.

»Wie oft hatte Jos nach eigenen Angaben den Wunsch, nie geboren zu sein?«

Da wußte ich, was er meinte, und ich verwarf das Bild auf der Stelle, angewidert fast, während es doch – und nun empfand ich noch größeren Abscheu davor, es war wie eine obszöne Vorstellung – im Geist bereits ausschmückte, vervollständigte mit den buschigen Sträuchern vor der Öffnung des Rohres.

Nun redete Willie auf einmal wie ein Wasserfall, als wolle er mir meine Langsamkeit beim Erfassen der Symbolik verzeihen. Ich müsse mir Jos als kleines Kind vorstellen. Als das letzte Baby einer Mutter, der diese letzte Geburt die Gesundheit geraubt habe. Diese Mutter habe, wie in der Einbildung des Kindes alle glaubten, einen so hohen Preis bezahlt, um es zu bekommen – sie habe mit ihrem Leben dafür bezahlt.

Vergegenwärtigen Sie sich, daß ihm dieser Gedanke zur Selbstverständlichkeit wurde. Er erwähnte Dr. Allwin gegenüber, er habe das Gefühl, seine Mutter getötet zu haben, weil ihre Krankheit von seiner Geburt ausgegangen sei. Aber was er in Wirklichkeit meinte, was er nicht sagen konnte, war dies: er hatte das Gefühl, daß sein Vater sie getötet hatte, mit dem an sie gestellten männlichen Verlangen.«

»Davon sprachen Sie damals schon«, sagte ich. »Und auch von der Madonna-Vorstellung als von einem Mittel, den Vater auszuschalten.«

»Und als Jos dann größer wurde – war da nicht seine Furcht, sein Abscheu vor Frauen einfach die Angst davor, sie zu gebrauchen, und deshalb die Inzest-Furcht, seiner Mutter zu gebrauchen, seiner Mutter weh zu tun?«

»Und doch wollte er eine Frau umbringen«, hielt ich entgegen. »Er war es doch, der ursprünglich ein Mädchen als Opfer aussuchen wollte.«

»Das Komplement der Überzärtlichkeit ist die Überroheit«, erwiderte Willie. »Aber hinter dem Wunsch, ein Mädchen zu töten, steckte noch mehr.«

Er erläuterte es mir an der Lebensgeschichte des Jungen. Habe seine Mutter nicht als letztes Baby ein Mädchen haben wollen? Damit habe sie Jos sozusagen zu einem Mädchen gemacht. »Sie schickt ihn in eine Mädchenschule. Im Bericht heißt es, der alte Herr habe die Ansicht vertreten, Jungen müßten eben Jungen sein – aber die Mutter war verrückt mit ihrer Ordnungs- und Reinlichkeitsliebe. Hier haben Sie einige Charakteristiken, die bei Jos sichtbar werden. Seine feminine Ordnungsliebe, alles mußte immer an seinem Platz sein. Und der Konflikt in ihm wird immer heftiger – ist er ein Junge oder ein Mädchen? Und als er dann in die Public School kam, durfte er die Toilette nicht benutzen! Das muß schrecklich für ihn gewesen sein. Immer alles einhalten! Der Mädchenjunge aus der Mädchenschule! Und zu dieser Zeit begann er sich zu sagen, daß er keine

Gefühle mehr zeigen dürfe und alles in sich verschließen müsse. Na, und wo fühlt man überhaupt nichts?«
Meinte er damit den Tod? Da fiel mir das andere wieder ein. Wir hatten gerade davon gesprochen, wie oft Jos diesen Wunsch verspürte. *Er wünschte, er wäre nie geboren.*
Wir gingen langsamer. »Dann geht er auf die Twain. Er ist so merkwürdig, kränklich, und hat immer Hautausschläge, er ist allergisch, steht mit der Welt auf Kriegsfuß. Er ist ein einsames Kind, er ist der komische Vogel, er ist der letzte, den sie in ihre Juniorenliste erwähnen – verdammt, wir kannten doch damals Jos alle schon. Ich war älter als er, aber wir wußten alle, daß er als komisch, garstig, eingebildet und das alles galt. Jetzt entwickelt er seine Manie für Sprachen und Vögel. Sprachen, da heißt doch Verbindung aufnehmen. Und er hatte mit keinem Menschen Verbindung. Er hatte keine richtigen Freunde. Er suchte den Schlüssel, das Mittel der Verbindung mit anderen, die universale Sprache. Das mit den Vögeln, wissen Sie, da habe ich noch nicht genau herausbekommen – Fliegen ist ein gebräuchliches Geschlechtssymbol – einen Augenblick!« Willie hielt inne, den Kopf zur Seite geneigt. »Welches war der erste Vogel, nach dem er Ausschau gehalten hat?«
Ich muß ein völlig dummes Gesicht gemacht haben.
»Ein Kind, das Vögel beobachtet. Für welchen Vogel interessiert sich jedes Kind zuerst? Für den Storch. Er ist skeptisch. Das Kindermädchen lächelt spöttisch, während sie ihm zum ersten Mal die Geschichte vom Storch erzählt. So berichtet Dr. Allwin. Und da fragt er seinen Vater, und der Vater sagt: Babies kauft man im Laden. Und der kleine Jos will herausfinden, wer nun recht hat. Er beginnt den Vögeln zuzusehen, um das große Geheimnis zu enträtseln, das allen Kindern zu schaffen macht. Auch draußen im Hegewisch-Gelände war er eigentlich noch das Kind, das nach dem Storch Ausschau hält.«
Ich muß ihn sehr zweifelnd angesehen haben, denn er sagt sogleich: »Schön, vielleicht ist das eine etwas gewagte Erklärung. Wir werden ja sehen. Er verläßt die Twain. Das war die Zeit, als er zuerst für seinen Bruder in Uniform schwärmte, dann für diesen Jugendleiter, und schließlich kam Artie –«
»Wir alle hatten aber doch mal einen ähnlichen Kinderschwarm«, warf ich ein, »deshalb sind wir noch nicht gleich homosexuell geworden, oder?«
»Doch, ein klein wenig wurden wir das alle, aber wir sind es wieder losgeworden. Das Dumme bei Jos war nur, daß er be-

iesem ganzen Mädchengetue in seiner Kindheit nicht wußte, vas er eigentlich war. Und so hat er sich darin verrannt. Und ein Konflikt muß ihn heftiger geplagt haben als je zuvor. Denn ie dürfen nicht vergessen, daß ihn sein Kindermädchen völlig urcheinandergebracht hatte, als er noch ein Kind war. Sie atte ihm einen ganz falschen Begriff von der sexuellen Entpannung gegeben, so daß er, obwohl er das selbst nicht wußte, s immer so haben wollte, wie sie es ihn gelehrt hatte, er lebte och im oralen Stadium, dem ersten Stadium, vielleicht war er uch polymorph pervers – Stadium der Erkundung. Er vernarrt ich in Artie, und selbst wenn er es mit einem Mädchen verucht, stellt er sie sich als Artie vor. Aber er muß die ganze Zeit nit sich gerungen haben, um endlich ein Mann zu werden. Ind in diesem Entwicklungsalter, dem gefährlichsten Alter, efindet er sich, als seine Mutter stirbt – der einzige Mensch, u dem er offenbar wirklich Zuneigung empfand. Dann läuft er Plan an. Die Rache am Leben. Für Jos läuft alles darauf inaus, ein Mädchen zu töten. Er hat keinen anderen Gedanken nd versucht auch Artie davon zu überzeugen, daß es ein Mädchen sein müsse.«

Das hing mit dem Krieg zusammen«, sagte ich.

Ja, der Krieg lieferte ihm das Bild. Das Bild auf dem Plakat. Männerangelegenheiten. Aber das alles machte ihm die Welt ur noch verhaßter. Und sich selbst dazu. Und er wollte das lles loswerden, indem er ein Mädchen umbrachte. Was für ein Mädchen?« Willie blickte auf und sagte im Ton der Endgültigeit: »Das Mädchen in ihm selbst. Jos mußte das Mädchen, den veiblichen Anteil in sich selbst umbringen, ehe er ein Mann verden konnte.«

Das sei wirklich fabelhaft, sagte ich. Er habe da eine ziemlich chlaue Theorie entwickelt. Vielleicht sei es ganz gut, daß die Ärzte nicht vor Gericht davon angefangen hätten, sonst hätte ich Horn einen Festtag daraus gemacht.

Meinen Sie?« Seine Stimme bekam einen fast streitsüchtigen Klang. »Und jetzt sehen Sie sich die Mordtat selbst an. Wie vollten sie vorgehen? Sie redeten wochenlang hin und her, egten alles bis ins einzelne fest. Da war der Meißel, um dem Opfer einen Schlag auf den Kopf zu versetzen – das war Arties Anteil, das wissen wir. Und Artie hat das Werkzeug auch enutzt. Dann der Äther. Sie wollten das Opfer einschläfern. os sah das Ganze nicht als einen Mord, sondern als einen odesschlaf, als den Schlaf vor dem Leben, könnte man sagen.

Der Äther war seine Idee, das hing mit den Vögeln zusammen Aber der Äther war noch nicht alles. Danach sollte eine Schnu benutzt werden, sie wollten das Opfer mit einer Schnur erstik ken, eine seidene Schnur sollte es sein, nicht einfach ein Sei und jeder sollte ein Ende halten, damit beide in gleicher Weis daran beteiligt wären. Ist das nicht der Gedanke einer rück wärts verlaufenden Geburt? Was lasen sie damals gerade? Jo hatte nichts als Huysmans' *A Rebours* im Kopf. Und die Per versität, die invertierten, umgedrehten Vorstellungen solche Schriftsteller wie Huysmans, Vorstellungen wie die Teufels messe, die Idee, alles rückwärts zu machen, umzukehren indem man den gegensätzlichen Begriff verwandte, schwar für weiß, Mädchen für Junge, Tod für Leben – die Schnur man kann diesen Hinweis nicht völlig beiseiteschieben.«
Ich sagte, ich wolle da gern eine ganz vage Wahrscheinlichke zugeben, aber erst müsse ich sehen, wohin das alles führe.
»Es führte zum Friedhof«, sagte Willie. Plötzlich wurde er seh nachdenklich. »Wissen Sie, das ist eine mögliche Verbindung an die ich noch gar nicht gedacht hatte. Jos saß am Steuer. Un in seinem Geständnis sagt er, sie seien zu einem Friedho gefahren und hätten dort gewartet, bis es dunkel wurde – ei paar Stunden lang. Jetzt – warum an einem Friedhof? Siche weil er damals den Tod im Sinn hatte, und Jos muß es gewese sein, als rufe er nach seiner Mutter, so wie das ein Kind tu wenn alles schiefgegangen ist und es sich fürchtet. Nun wa dies nicht gerade der Friedhof, auf dem seine Mutter begrabe lag, aber er hatte, wie er sagte, fast jede Woche ihr Gra besucht, und so war die Assoziation gegeben, und er fühlte sic zu einem Friedhof hingezogen als zu seiner Mutter; und dor warteten sie, mit dem toten Jungen, bis es dunkel wurde. Dan fuhren sie ihn zu dem richtigen Grab, das sie ihm zugedach hatten, und ehe sie die Leiche in das Rohr steckten, fand noc ein Ritual statt, und auch das war die Idee von Jos. Erinnern Si sich, er war so überempfindlich, daß er niemanden schlage konnte, er konnte keinen toten Körper berühren, und doch ta das, was nun kam, Jos und nicht Artie: er nahm die Flasche mi der Salzsäure, mit der sie die identifizierbaren Teile der Leich unkenntlich machen wollten – sie bildeten sich ein, sie würd das Fleisch auflösen –« Willie sah mich an, und seine Auge schienen mich abermals auf die umgekehrte Geburt hinzuwei sen. »Jos nahm die Säure, und er sagte, er habe sie auf da Gesicht gegossen und auf das Glied.« Er verstummte.

Wie sie sagten, dachten sie, man könnte den Jungen identifizieren, wenn –«

Aber nein, das hatten sie sich gewiß nicht eingebildet«, sagte Willie.

Er spielte seinen letzten Trumpf fast beiläufig aus, so wie ein Schauspieler seine entscheidende Zeile gelegentlich nur lässig hinwirft: »Wenn nun kein Glied da war – hätte er dann nicht ein Mädchen umgebracht haben können?«

Ich sah nun in der Tat, wie sich alles zusammenfügte. Wenn Jos immer den Wunsch gehabt hatte, das Feminine von sich zu tun, wenn dies sein großer Konflikt gewesen war, wenn er ein Mädchen symbolisch hatte töten wollen in einem Akt, der Selbstzerstörung war, wie jeder Mord Selbstzerstörung ist, war es ihm dann durch dieses Ritual mit der verschwindenmachenden Säure nicht gelungen? Hatte er dann nicht das Mädchen in sich getötet? Er hatte zuerst versucht, das Gesicht unkenntlich zu machen, so daß das Kind er selbst sein konnte, und dann hatte er noch das männliche Geschlecht beseitigen wollen. Das Kind konnte somit er selbst als Mädchen sein, und dieses Kind war nackt in einen Schoß gelegt worden, der Vor-Geburt zurückgegeben. Und der Schoß war ein Abflußrohr – so ähnlich, als Rohrsystem, hatte er sich die Frau ja immer vorgestellt. Wenn er wünschte, nie geboren zu sein – nie geboren zu sein als mädchenhafter Junge –, dann war das Ritual vollständig, dann hatte er sich von dem Fluch befreit, der ihm anhaftete. Er war wieder ungeboren, war im Schoß der Mutter, die in der Erde ruhte.

Und dann ging mir die andere Möglichkeit auf. Wenn er das männliche Element entfernt und den Körper in den Schoß zurückgegeben hatte, konnte man das dann nicht auch als ein Mittel verstehen, einen Irrtum wiedergutzumachen, so als ob er damit hätte sagen wollen, daß er eigentlich als Mädchen hätte geboren werden sollen? In der Tat haftete, wie Willie gesagt hatte, diesen Vorgängen etwas geradezu verblüffend Ausgeklügeltes, Gestalterisch-Symbolisches an. Denn hier wurde die Dualität der Natur symbolisiert – hier drückte sich widerspruchsvoller Wunsch aus: einerseits ein Mädchen, andererseits ein Junge zu sein – dargestellt an einem Bild, das beide Auslegungen zuließ!

Und war es Jos nicht vielleicht auch bewußt geworden, daß dies eine passende Lösung seiner beiden Konflikte war, da ein Mädchen ja nicht von dem körperlichen Mal des Juden gezeichnet

sein konnte? Sein Verhalten kam also sowohl einer Todesgest[e]
wie einer Lebensgeste gleich, die er getan hatte, getrieben vo[n]
dem Wunsch, ungeboren und doch auch neugeboren zu sein.
Wir gingen schweigend weiter.
Schließlich sagte ich zu Willie: »Sie glaubten einmal, das Töte[n]
hätte sich auf ihn als eine Art Läuterung auswirken könne[n.]
Wenn sie nicht gefaßt worden wären.«
»Bei physischen Infektionen«, sagte Willie, »entwickelt de[r]
Körper Gifte, mit denen er die Krankheit abtötet und sich selbs[t]
heilt. Vielleicht verhält sich die Psyche ähnlich.«
Noch ein Gedanke kam mir, der das Bild veränderte, das ich mi[r]
bisher von dem Verbrechen gemacht hatte. »Dann war also Jo[e]
nicht lediglich Arties Komplice. Dann war er nicht nur an de[r]
Tat beteiligt, weil er Artie liebte. Er mußte den Mord begehe[n]
infolge eines Zwangs, der in ihm war. Geradeso wie Artie.«
»Das ist auch meine Meinung«, sagte Willie. »Nachdem Arti[e]
erst einmal den Anstoß gegeben hatte.«

Wir hatten mechanisch kehrtgemacht und den Rückweg ange[-]
treten. Willie kam noch einmal auf die Wahl gerade des Ab[-]
flußrohrs als Versteck der Leiche zu sprechen. Habe Jos nich[t]
seine Kindergruppe zu dieser Stelle geführt, vielleicht um tat[-]
sächlich den Storch zu beobachten, der in der Gegend vo[n]
Chikago selten zu sehen war? Und die Kinder mußten ihn a[n]
seine eigene kindliche Versenkung in den Ursprung des Ge[-]
burtsgeheimnisses erinnert haben. So habe er dann zwangsläu[-]
fig die Leiche des Jungen dorthin gebracht, gleichsam als über[-]
gebe er seine Seele ihrem Ursprung. Und was habe er dor[t]
verloren? Seine Brille, seine Augen. Er brauchte nicht mehr z[u]
sehen, er war ja im Mutterschoß oder im Grab.
Die Tiefe von Willies Erklärung erweckte in mir ein Gefühl de[r]
Bedrückung. Wenn das alles zutraf, dann befanden wir un[s]
ja hoffnungslos in der Gewalt finsterer Mächte, die uns trie[-]
ben, ohne daß wir ihnen wehren konnten. Es war nur eine Er[-]
weiterung von Wilks mechanistischer Philosophie, zu dere[n]
physiologischen Determinanten nun noch die Mechanik de[r]
Psychologie und der Psychoanalyse hinzukam.
Wenn jemand gesehen hätte, was in Jos vorging, hätte er ih[m]
dann nicht helfen können? Hätte dann nicht eine wenige[r]
gefährliche Form der Katharsis gefunden werden können? Wa[r]
er nicht im Begriff gewesen, zu einer Frau in normale Bezie[-]
hungen zu treten?

Willies Gedanken schienen neben den meinen einhergegangen zu sein. »Was ist aus Ruth geworden?« fragte er.
Immer noch versetzte mir ihr Name einen schmerzhaften Stich. »Ich weiß es nicht.«
»Myra war hier«, sagte er.
»In Wien?«
»Zur Analyse.« Ein so wehes Lächeln hatte sein Gesicht überzogen, daß der Schmerz auch mich erfaßte. Ich fragte mich, ob Willie sich in Myra verliebt haben konnte. Und da erst sah ich sie richtig als die Gefangene ihrer eigenen Komplexe – ein weiteres unschuldiges Opfer des tragischen Verbrechens.
Willie hatte sich vollkommen in der Gewalt, als er fortfuhr: »Sie wissen wahrscheinlich nicht, daß Sie in ihrer Phantasie eine Rolle spielen. Vielleicht hätten Sie ihr zu einem bestimmten Zeitpunkt helfen können. Sie ist wieder in die Staaten zurückgefahren.« Seine letzten Worte murmelte er fast: »Ich glaube, sie hat sich jetzt ganz gut damit abgefunden.«
Als wir uns verabschiedeten, warf er mir einen flüchtigen Blick zu, sein Mund lächelte ein wenig verzerrt, und dann wandte er sich um und schritt davon.

Einige Jahre später traf ich Myra in New York. Sie war im psychiatrisch-sozialen Dienst tätig und stand immer noch unter einer übergroßen inneren Spannung. Ich ging mit ihr ins Theater und dann anschließend in ihre mit modernen Kunstgegenständen ausgestattete kleine Wohnung; sie erzählte mir ausführlich von sich, von ihren Affären – sie war sogar einmal kurze Zeit verheiratet gewesen. So offen, so mitteilsam, so rasch in ihren Bewegungen, so ausgefüllt mit dem Neuesten, den neuesten Büchern, den neuesten psychoanalytischen Theorien, die neuesten Jazzplatten bevorzugend – Boogie-Woogie damals – und doch unter einer Last von Krankheiten schwankend, die sie psychosomatisch nannte.
Sie starb an Krebs. Und im gleichen Jahre wurde Artie Straus im Gefängnis von einem eifersüchtigen Zellengenossen umgebracht.

Während jener Jahre fielen mir gelegentlich Willies Hypothesen wieder ein, und ich dachte weiter über sie nach.
Aber dann schob ich diese Gedanken als intellektuelle Spielerei beiseite. In den dreißiger und vierziger Jahren hatten wir ausgiebig Gelegenheit, uns mit dem Problem Ursache-Wirkung

auf wirtschaftlichem Gebiet zu beschäftigen, und der Fall Straus-Steiner verlor an Bedeutung.
Doch diese ganze Zeit über ist das analytische Denken weiter fortgeschritten, und heute erscheint Willies Hypothese keineswegs besonders überspitzt. Auch sieht dieses Denken gar nicht mehr so hoffnungslos aus, denn in der kurzen Zeitspanne einer einzigen Generation haben wir erlebt, daß man mit Erfolg den dunklen Mächten begegnen kann.
Es muß ironisch wirken, wenn ich dies im Tone der Zuversicht sage, wo wir doch während der gleichen Jahre einen Ausbruch von Paranoia und einer Nietzscheschen Manie mitangesehen haben, die den Tod von Millionen zur Folge hatten. Jedoch übergäbe man heute einen Artie und einen Jos, wenn sie noch Kinder wären, eher als damals der Behandlung eines Psychotherapeuten.
Obwohl die Psychiater der zwanziger Jahre großen Nachdruck auf die Voraussage legten, daß dieses Verbrechen in seiner besonderen Form kaum nachgeahmt werden könnte, haben wir genug junge Menschen zu zweien, in Gruppen und auch als Einzelgänger erlebt, bei denen der Zerstörungstrieb durchbrach. Vielleicht tritt diese Art der geistigen Störung gerade kurz vor dem Zeitpunkt besonders stark auf, da sie durch Kontrollmöglichkeiten gebannt werden können, wie ja auch die Zahl der Polioerkrankungen offenbar kurz vor der Entwicklung des vorbeugenden Serums sprunghaft zunahm. Und manchmal komme ich nicht von dem Gedanken los, daß der Fall Straus-Steiner selbst bei mir als Serum gewirkt hat. Da war nämlich ein Zwischenfall oder möglicher Zwischenfall, und das war während des Krieges.

Ich hatte geheiratet, hatte mich wieder scheiden lassen und war nun als Korrespondent bei der Dritten Armee. Der Krieg ging seinem Ende entgegen, er sollte nur noch einige Wochen dauern, als ich den Fall Straus-Steiner zu guter Letzt ganz erfaßte.
Wir hatten den Rhein überquert und standen alle unter dem Einfluß eines nicht als solcher diagnostizierten Kampfschocks einer Art von Taumel, und ich fuhr gleich einigen anderen Kriegsberichtern mit einer Panzerkolonne einfach aufs Geratewohl durch Deutschland. Mein Jeepgefährte war ein draufgängerischer Bildreporter, der für eine der Wochenschriften arbeitete, ein Mann, der zusammen mit den Luftlandetruppen ab-

gesprungen war und es zu einem legendären Ruf gebracht hatte.

Die Fahrt vom Pressequartier zur Front dauerte täglich länger, die Panzer drangen immer weiter vor, und auf diesen langen Fahrten saßen Frank und ich abwechselnd am Steuer, und wir spielten eine Art Spiel. Ein Spiel, dem sich fast alle Kriegsteilnehmer hingegeben haben: wir spielten mit dem Gedanken einer Vergewaltigung.

Unser Spiel bestand im Ausmalen der Situation: Eines Tages würden wir auf einer Straße fahren, die die Panzer gerade freigemacht hätten, die Infanterie wäre noch nicht nachgerückt, und dann würde plötzlich ein einzelnes Mädchen auftauchen...

Das Spiel kettete uns in seltsamer Weise aneinander. Nur ganz am Anfang, bei meiner ersten Arbeit für den *Globe* in Chikago, hatte ich mich so gut mit einem anderen verstanden. Und hier wie in jenen Chikagoer Tagen mit Tom Daly rührte das daher, daß ich das Gefühl hatte, mein Partner sei *der* Kerl, der richtige, abgebrühte Zeitungsmann.

Was das Spiel mit der vorgestellten Vergewaltigung betraf, so sagte ich mir, daß sich darin der Haß ausdrückte, der sich in Frank während jener ersten Tage in der Normandie angesammelt hatte, als es ihm in seiner Fallschirmspringerausrüstung fast an den Kragen gegangen wäre. Er hatte gesehen, wie man andere, die sich hilflos in Bäumen verfangen hatten, einfach abknallte, und er brauchte ein Ventil für seinen Haß auf die ›Fritzen‹.

Und dann ergab sich eines Tages die ideale Situation. Wir näherten uns bereits der Elbe, und Frank und ich waren noch ein Stück weiter gefahren als die anderen. Die Straße war übersichtlich, und hier und da arbeiteten Deutsche auf den Feldern, als ob es niemals einen Krieg gegeben hätte.

Als wir in eine Kurve einbogen, sahen wir einen Baum quer über der Straße liegen. Wir fuhren heran. Und da war ein Mädchen. Mit einem Essenskorb am Arm schritt sie durch ein nahes Feld. Sie entsprach genau den Vorstellungen unseres Spiels: sie war jung, vielleicht siebzehn, und sehr hübsch.

Frank rief: »Halt!« und sie blieb stehen. »Du herkommen!« Sie kam heran. Wir stiegen beide aus dem Jeep. Nur ein flacher Graben trennte uns von ihr. Die Gegend ringsum lag verlassen da. Außerdem waren wir über die Demarkationslinie hinausge-

fahren – unsere Truppen würden nie hierher kommen und sich Beschwerden anhören können.
»Wo du hingehen?« fragte Frank in seinem gebrochenen Deutsch. Sie sagte, sie bringe ihrem Vater Essen aufs Feld.
»Du haben Russen gesehen?«
»Nein«, sagte sie und versuchte, sich keine Angst anmerken zu lassen.
Frank sah mich an. »Das ist *die* Gelegenheit«, sagte er, und er befahl dem Mädchen: »Du hinlegen.«
Sie starrte uns an.
»Du hinlegen!« wiederholte er und zog seinen Revolver. Obwohl Berichterstatter eigentlich keine Waffen tragen sollten, besaßen die meisten von uns Pistolen.
»Nein – nein –«, begann das Mädchen zu stammeln.
Ich fühlte mich wie ausgedorrt. Alle diese Wochen hindurch hatten wir auf eine solche Situation hingelebt. Zweifellos war es uns ernst gewesen damit. Zweifellos war es auch mir ernst gewesen damit.
Gleichzeitig jedoch erschrak ich vor Frank. Er würde es tun und sie dann erschießen. Ich hatte bisher alles mitgemacht, ihn noch angestachelt; ich hatte es *auch* tun wollen. Und wenn ich ihm jetzt in den Arm fiel, war ich ein Kneifer, ein Feigling.
Ich lachte – ein gezwungenes Lachen. »Steck's auf, Frank« sagte ich. »Laß sie laufen.«
Er warf mir einen wilden Blick zu, als wollte er mich erschlagen. Die Sache hätte auch genausogut anders ausgehen können. »Es lohnt sich nicht«, sagte ich. »Der Krieg ist vorbei.«
Er schien einen Augenblick zu zögern. Dann steckte er seinen Revolver weg. Er lachte. Das Mädchen schnappte nach Luft, drehte sich um und rannte davon. Wir kletterten in den Jeep.
Nach dem Krieg hielt ich mich in New York auf, wo ich in der Auslandsabteilung eines Nachrichtenbüros arbeitete. Eines Abends, bei einer sehr offiziellen Party mit Leuten aus Kreisen der UN, traf ich Ruth. Sie war mit ihrem Mann gekommen, einem Wirtschaftler. Sie saß in der anderen Ecke des Raumes und einen Augenblick lang waren wir nicht sicher, ob wir uns erkannt hatten.
Ich stand auf und ging zu einem Tisch mit Erfrischungen, und da stand sie auf einmal neben mir. »Ja, ich bin es«, sagte sie.
Sie sah nett aus. Das war schon immer das richtige Wort für sie gewesen, ein nettes Mädchen, eine nette Frau. Ich hatte sie seit fünfundzwanzig Jahren nicht mehr gesehen.

Wir erzählten einander, was aus uns geworden war. Ruth hatte zwei Kinder auf der High School.
Wir sprachen nicht von Jos. Als man aufbrach und wir vor der Tür in einem kleinen Gedränge warten mußten, waren wir beide für einen Augenblick unschlüssig. Ich sah sie an und dachte: *es hätte sein können.* Alles hätte sein können. Und alles konnte wiederkommen. Und ich dachte auch: es hätte sogar sein können – für Jos.
Und so sagte ich, als ich merkte, daß sie mich einladen wollte: »Du stehst ja wohl im Telefonbuch. Ich rufe dich mal an.«
Und ich ging meiner Arbeit nach und heiratete wieder, und wir wohnen heute in Norwalk.
Ich bin jetzt fünfzig. Und fünfzig ist auch Jos Steiner.
So traf eines Abends die Nachricht ein, daß man prüfen wolle, ob Jos begnadigt werden könne. Jemand im Büro, ein alter Zeitungshase wie ich, sagte: »Hör mal, warst du nicht damals...«
Da fiel mir wieder ein, was Jonathan Wilk seinerzeit gesagt hatte – daß für die beiden ein Leben in Freiheit erst in Frage käme, wenn sie mit fünfundvierzig oder fünfzig in eine neue Lebensphase eingetreten wären.
Meine Chefs erreichten es, daß ich den Auftrag erhielt, Jos im Gefängnis zu interviewen, denn schließlich, so sagten sie, kenne ich ja wohl von allen noch lebenden Zeugen des Prozesses den Fall am besten. Was ich darüber schreibe, sagten sie, könne sich auf die Chancen seiner Freilassung entscheidend auswirken.

Unterhaltung bei S. Fischer

Emile Ajar
König Salomons Ängste
Roman. 305 S., geb.

Johan Borgen
Die dunklen Quellen
Roman. 298 S., geb.
(Goverts)

R. Wright Campbell
Vertrau' dem Mut
Deiner Taube
Roman. 168 S., geb.
(Goverts)

Joseph Hayes
Insel auf dem Vulkan
Roman. 318 S., geb.

Joseph Heller
Gut wie Gold
Roman. 479 S., geb.

Jerzy Kosinski
Blind Date
Roman. 272 S., geb.

Timeri Murari
Liebende sind ganz anders
Roman. 215 S., geb.
(Goverts)

Jan Trefulka
Der verliebte Narr
Roman. 256 S., geb.

Richard Valeriani
Reisen mit Henry
400 S. und 16 S. Abb., geb.